从囚徒到文化大师
——利哈乔夫传

（俄）瓦列里·波波夫 著
谷羽 译

新星出版社 NEW STAR PRESS

"阅读俄国"丛书编委会

主　任　刘利民
副主任　刘文飞　邱运华
委　员（按姓氏拼音）
　　　　　杜桂芝　梁雪梅　林精华　刘利民
　　　　　刘文飞　邱运华　隋　然　王宗琥
　　　　　杨秀杰　于明清　张如奎

"阅读俄国"丛书总序

中俄两国互为最大邻国，两国已有数百年交往历史，在这数百年间，从《尼布楚条约》（1689）奠定两国边境地区百余年的相对安宁，到《瑷珲条约》（1858）使俄国得以窃取中国大片领土，从康熙1708年在北京设立"俄文馆"，到叶卡捷琳娜女皇18世纪下半期在俄国兴起"中国热"，从"十月革命一声炮响，给我们送来了马克思列宁主义"，到20世纪50年代的中苏"蜜月时期"，再从之后不久爆发的中苏"意识形态论战"和"珍宝岛事件"，到中国改革开放后中苏关系的"正常化"……中俄两国的关系起伏跌宕，风风雨雨，直到近年，在中俄两国建立"全面战略协作伙伴关系"之后，两国领导人才在不同场合多次重申，中俄两国关系现处于历史"最好时期"。在这样一个历史时期，我们有必要进一步强化我们对俄国的了解和研究，而这一切的前提和基础，无疑就是对俄国的深入"阅读"。

阅读俄国，首先就要阅读它的文学和文化。俄国作为欧洲大陆一个相对后起的国家，其文学在19世纪中期的勃兴和繁荣对于俄罗斯民族意识的觉醒和俄罗斯国家的崛起发挥了至关重要的作用，并因而催生出俄国文化中的"文学中心主义"现象。以普希金为代表的俄国文学"黄金时代"和19—20世纪之交的俄国文学"白银时代"交相辉映，而在这两个"时代"

的相交处，则耸立着由陀思妥耶夫斯基、托尔斯泰和契诃夫的创作构成的世界文学史上继古希腊罗马文学和莎士比亚之后的"第三高峰"。文学以及以文学为核心构成和内在动力的文化，向来被视为俄罗斯民族最珍贵的国家财富和精神遗产。

这套"阅读俄国"丛书便旨在诉诸这笔财富，陆续推出一批以俄国文学和文化为对象的翻译和研究成果。本丛书将以三个"开放性"为编选原则和出版愿景：首先是选题的开放性，本套丛书以俄国文学为中心，同时辐射至俄国文化的各个领域，包括俄国的语言、哲学、宗教、艺术等，只要是有助于我们理解俄国和俄国文化的成果，均可纳入；其次是出版形式的开放，本丛书不设固定数目，没有固定时限，成熟一本推出一本，所选书目将分别列入三个系列，即"俄国人文著作翻译系列"、"俄国文学经典作品翻译系列"和"俄国研究著作系列"，后一系列着重推出中国学者的相关研究著作，以期赢得翻译和研究间的平衡，实现中国学者和外国学者间的对话。三是译者和作者队伍的开放性，本丛书由首都师范大学立意推出，编委会由首都师范大学的俄国研究学者组成，但本丛书的选题则面向全世界的同行作者，翻译工作则仰仗全中国的优秀译者。

让我们共同努力，创建一座"阅读俄国"的专业阅览室，一家"阅读俄国"的读书俱乐部。

"阅读俄国"丛书编委会

| 目　录 |

致谢　／001

序言　／002

写给中国读者的几句话　／003

光明的往昔　／1

彼得堡学校　／9

每个人都跟他相称的人交往　／24

归来　／37

围困　／50

口袋里的墨水瓶　／58

让黑暗消退　／65

孤岛　／81

七百年文学的回归　／101

持异端邪说者　／134

保护者　／161

秘密文件夹　／175

老爷的愤怒　／201

老爷的关爱　/213

从戈尔巴乔夫到叶利钦　/233

园林　/246

伟大的受难者　/257

沙皇案件　/276

最后的岁月　/285

遗产继承人　/298

弟子　/303

德·谢·利哈乔夫生平与活动年表　/312

参考书目　/321

德·谢·利哈乔夫主要著作与文集　/322

人名索引　/328

译后记　/355

致 谢

本书撰写过程中得到很多人士的帮助,作者衷心感谢弗·叶·巴格诺、叶·戈·沃多拉兹金、丹·亚·格拉宁、亚·瓦·拉甫罗夫、季·尤·库尔巴托娃、尤·伊·库尔巴托夫、格·米·普罗霍罗夫、亚·伊·鲁巴什金、伊·帕·斯米尔诺夫、伊·亚·斯涅高娃娅、拉·瓦·索科洛娃、叶·阿·茨维特科娃,特别感激季娜伊达·尤里耶夫娜·库尔巴托娃提供了照片和插图资料。

序 言

最近几十年在暴风雨般的历史进程中有许多名人一度光彩闪耀。所有新的"思想主宰者",风行一时、似乎马上要建立公正社会的政治家之流,总是来去匆匆。然而在我们的意识当中,一个人的名字跟无可争辩的真理、清晰明确的理想一直无可争辩地联系在一起,这个人就是——利哈乔夫。

任何社会都极其渴望出现堪称楷模的人物,并因为有这样的人物而感到心安:我们的情况说起来还不错,因为我们毕竟还有……利哈乔夫!他有良心、正直、知识渊博——从来没有任何丑闻,总是无所畏惧,勇于大声说出自己的见解,我们都愿意跟随他,拥戴他。

尤其是在萨哈罗夫去世之后,俄罗斯唯一拥有如此崇高威望的人就是利哈乔夫!在我们新的历史时期,有很多英雄人物,但每个历史时期只会记住一个、最主要的人物——其他名人则由于各种各样的原因相继被人忘却:有的因性格软弱,跌倒在行进途中,有的则与此相反,可能过于大公无私,过于个性张扬,让人敬而远之。巍然屹立的——只有利哈乔夫。

正是在他的身上汇集了我们所看重的一切优秀品格。

为什么高尚品格恰恰汇聚在利哈乔夫的身上呢?

写给中国读者的几句话

亲爱的诸位中国读者！美好的、富有创造性的生活，无论在中国还是在俄罗斯，都是由伟大人物缔造和支撑的，他们充满智慧的建树和成就，是人们心目中的楷模。在中国，我想，孔夫子至今依然是这样的典范。在俄罗斯，利哈乔夫院士是诸多杰出人物当中的佼佼者。他漫长的人生历经坎坷艰难，格外引人注目。他不止一次展现出大智大勇，既拯救了自己，彰显出非凡的个性，也多次在最危机的时刻拯救了俄罗斯的名誉，以自己的才智和行动维护了俄罗斯在世界上的声望。利哈乔夫的人生经历激发了我们最美好的情感，因此我希望诸位阅读这本传记也会受益良多。

（瓦列里·波波夫）

2015.4.12

光明的往昔

那几年发生了天翻地覆的变化,苏维埃政权成了历史,所有的人恍然大悟,曾经允诺给我们的、所谓光明的未来,只不过是幻影;相反,遥远的过去,革命之前的年代倒成了光明岁月,在二十世纪末期,人们忽然明白了,这一百年可谓公正的只有开头的十七年。贵族保持了荣誉,商人信守经商的承诺,农民不仅供养着俄罗斯,还供养着其他的国家,生活还好,工人学会了熟练的技术,工业得到了发展,工程师和医生过着富裕的生活。多年来我们遭受蒙蔽欺骗,根本没有什么光明的未来——与此相反,光明的倒是往昔。在世纪末尾,所有的观念都发生了转变,又回到了世纪之初:绕了一个圆圈儿,回到了原点!人们突然间醒悟了,有什么东西保存了下来。而光明往昔最主要的维护者——原来是利哈乔夫。他自己得以生存,可贵的传统都保存在他的心里。这样的人没有第二个。他还依照那个时代的准则生活,遇到女士,就站起身来,他认为说谎有失体面,荣誉和尊严被视为必须恪守的信念。

利哈乔夫的家庭倒是个普通平常的家庭,没有什么特别突出的地方,充其量是那个时代最常见的家庭。可是我们距离那些"信念"已经非常非常遥远了!不过——只要利哈乔夫还在,体现在他身上的理想,就是可见的,经过努力，是可以达到的。所有人满怀希望的目光都转向了"光明的往昔"。

被革命消灭的贵族，无疑是民族的精英。利哈乔夫的父亲是贵族。的确，这个贵族称号是由于特殊贡献被国家授予的，并非世袭贵族，不过这在某种程度上反倒挽救了德米特里·谢尔盖耶维奇，因为在我们这里，贵族永远不得安宁。

而利哈乔夫家族的"根"来自小城镇索利加里奇的商人，那个小城镇坐落在科斯特罗马河沿岸，在科斯特罗马和沃洛格达之间。

7　很多人匆匆忙忙急于"砍断"自己的根，德米特里·谢尔盖耶维奇跟他们不同，他像那些有尊严的人一样，了解并且敬重自己的祖先。在著名的《回忆录》当中，他怀着热爱之情详细描述历代的先辈。

利哈乔夫家族彼得堡这一支的开创者是巴威尔·彼得罗维奇·利哈乔夫，他是索利加里奇商人家的孩子，1794年成了圣彼得堡第二商会的会员。当然他来彼得堡已经有很长一段时间，而且相当有钱，因为不久前在涅瓦大街大商场对面，购买了相互毗连的楼房，开设了有两座机床的金匠作坊和金银首饰商店……

产品目录上写着：军官制服需要的各种银饰件和镀金饰件，金银绦带、边饰、流苏、穗子、金线、银线、璎珞、锦缎、绫罗纱绸等等……画家瓦·谢·萨多夫尼科夫有幅名画——涅瓦大街全景图，其中画了一座商店挂的招牌上写着"利哈乔夫"（这种只写出姓氏的招牌通常都是最有名的商店）。商店正面的六个橱窗里陈列着交叉的军刀和各种各样的绣金服饰和金银绦带等商品。从其他文献资料可以了解到，沙皇宫廷里也有利哈乔夫金银饰物作坊的产品……

七十岁的巴威尔·彼得罗维奇和他的一家人获得了圣彼得堡世袭荣誉市民称号。圣彼得堡世袭荣誉市民这一称号，是沙皇尼古拉一世在1832年下诏书颁布的，目的是安抚商人和手工业者。虽然说这一荣誉称号是世袭的，可我的祖辈在每一位新沙皇登基之后，都被授予斯坦尼斯拉夫勋章和荣誉证书。非贵族出身的人能够获得的最高奖赏就是斯坦尼斯拉夫勋章。那时候商人要获得良好的名声和口碑，除了诚实经商，取得业绩，还要做出有益于社会的活动与奉献——特别需要慷慨地捐赠。比如说，我们知道，在俄罗斯与土耳其打仗期间，巴威尔·彼得罗维奇就向作战部队捐赠了一万把军官使用的军刀。

巴威尔·彼得罗维奇·利哈乔夫1764年1月15日出生，1841年去世，埋葬于沃尔科夫东正教墓地。

德米特里·谢尔盖耶维奇的祖父，米哈伊尔·米哈伊洛维奇，已经不再从事金银首饰的制作。依据亚历山大三世的指令，军队服装大大简化，豪华装饰被取消，黄金装饰品需求量锐减，金银首饰行业趋向衰落。

米哈伊尔·米哈伊洛维奇改作别的行业，他组织了一支装修队，专门为地板打蜡。他住在弗拉基米尔教堂对面，出了名的严厉，性格古怪，在家里常常大发脾气。后来他当了弗拉基米尔教堂里的领班。在他之前担任这个职位的是他的岳父。米哈伊尔·米哈伊洛维奇以勤恳认真、精细诚实闻名。很多人都知道弗拉基米尔教堂为陀思妥耶夫斯基做安魂祈祷的故事，事后米哈伊尔·米哈伊洛维奇揭穿了教堂职员营私舞弊的把戏，他们为作家遗孀开列的账单是蓄意编造的。米哈伊尔·米哈伊洛维奇给作家遗孀写了封信，附上一份清单，指出哪些开销是教堂职员虚报冒领的，他把宗教仪式所需的款项精确到每个戈比，算得清清楚楚，他坚持要求教堂职员把侵吞的款项如数归还给作家的遗孀。在教堂领班米哈伊尔·米哈伊洛维奇的监视之下，果然归还了这笔款项。

利哈乔夫在回忆录中写道："在颁发给我祖父米哈伊尔·米哈伊洛维奇的'彼得堡荣誉公民'证书上，也写上了他子女的名字，其中就有我父亲谢尔盖。"

利哈乔夫家族世世代代无愧于自己的姓氏——他们特别善于创业，精力旺盛，敢作敢当，成就斐然。上溯到最远的祖先，显然属于农民。后来成了商人。德米特里·谢尔盖耶维奇的父亲，谢尔盖·米哈伊洛维奇，已经站在了更高的台阶：他考进了那时候刚刚创办的电机学院（坐落在伊萨基耶夫广场),大学毕业后成了工程师,一路升迁顺利,后来还做了国家的官员。"由于受过高等教育,为官清正,多次获得勋章(其中有弗拉基米尔勋章和安娜勋章),他从商人阶层脱颖而出,进入了'非世袭贵族'行列……其贵族权利不能传授给后世子孙。"

谢尔盖·米哈伊洛维奇是个精力非常充沛的人,有进取心,做起事来不知疲倦。上大学期间,当辅导教师维持生活,不向严厉的父亲伸手要钱。尽管生活清苦,他却天生乐观,交际场合令人倾倒,跳起舞来出类拔萃。在俱乐部的舞会上他认识了未来的妻子,出身于老派商人家庭的维拉·谢苗诺夫娜·科尼雅耶娃。

很难说德米特里·谢尔盖耶维奇更像父母当中的哪一个。他的哥哥米哈伊尔和弟弟尤拉,无疑更像父亲,继承了他的开朗性格,钻研技术的能力,热爱生活的激情,两个人跟父亲一样,也都成了工程师。德米特里的性格不同,比较稳重、拘谨。利哈乔夫的外孙女季娜在她写的回忆录当中承认,她始终弄不清外祖父的性格。三个儿子当中大概只有这一个秉性像母亲。很多人发觉,在利哈乔夫身上有某种旧教派信徒的气质——潜在的固执、不甘屈服、严谨自律。还有一些纯属于生理的特征,也跟旧教派信徒相像,比如,利哈乔夫从来不在家里养狗,一辈子不抽烟。

少年米佳世界观的形成,从一开始父母就给了他强烈的影响。父亲谢尔盖·米哈伊洛维奇荣获非世袭贵族称号,加上在官场升迁顺利,使得他们家在彼得堡过上了上流社会的贵族生活,这对孩子们的教育树立了最好的榜样。

维拉·谢苗诺夫娜和谢尔盖·米哈伊洛维奇对歌剧极为痴迷,马林斯基歌剧院是他们的最爱。他们的好朋友古利亚耶夫在剧院乐队里拉大提琴,这两家一起在剧院第三层租赁了长期包厢。他们家找房子也总是在著名的马林斯基歌剧院附近,他们的儿子米佳在昂格利斯基大街的住所出生,那里距离歌剧院舞台只需走五分钟就能到达。

舞台上下雪——是让米佳的想象力受到震撼的第一个场面。正是在舞台上,而不是在街道上雪花纷纷洒落。这几乎预示了在未来的岁月里,他对文化和艺术的关注会超过对现实生活的观察。

童年记忆中印象深刻的还有一件事——那就是夏天跟随父母在伏尔加河上游览观光,在所有的经历当中米佳记住的只有一件事。他跟船长的小女儿在船长室里玩耍,两个孩子带着玩具在地毯上爬来爬去。朝向甲板的舱门敞开着。突然,他听见了父亲说话的声音:"你们看,我们的船驶过了日古利!"还是小孩子的米佳一下子惊呆了,产生了从来没有过的感觉。他忽然意识到,这个瞬间他会一辈子牢记在心,因为他错过了观看日古利的机会:牢记不忘的恰恰是这种感触!如果他走到甲板上去,看见了那座城市,反倒会印象模糊,难以记住。人的心理常有这样的瞬间:记忆确切的往往是没有完成的行为。不过,一个小孩子有如此细腻的感触,清晰地说明了他特殊的天赋。

转眼又到了秋天——这是剧院新的演出季节,观看演出已经成了习惯,甚至是不可缺少的了。演出大厅笼罩着蓝色的天鹅绒。休息室里的镜子闪闪发亮,幕间休息时大家都去那里走一走,互相打招呼,点头致意。能够在"上流社会"、在名人之间成长该有多么幸运啊!出入休息室的有:格·温杜洛夫、海军上将维谢拉戈、奇哈乔夫、海军上将比利廖夫、普列谢耶夫、帕梅朗采夫等等……所有这些人,我们都不认识,但是我们有一种感觉:既然利哈乔夫在暮年满怀敬重回忆这些人,说明他们都是杰出的、有尊严的人士。这样的经历太重要了,亲身感受上流社会的直率、诚恳,永远不会举止轻浮过分亲昵,不会炫耀学识渊博,不因受过良好的教育而趾高气扬,因为在他们看来这种教养是绝对必要的,是自然而然的。在我们的时代,利哈乔夫与我们分享那种涵养,那无可挑剔的举止,在他的童年,那曾经是行为规范,在艰难岁月,是精神支撑:在最为痛苦煎熬的时刻,自尊、自爱和修养帮助他"不丧失颜面"。

童年——是人生最好的时期。何况这美好的童年得来不易。对于不太富裕的利哈乔夫一家说来,珠光宝气地坐在包厢里(在上流社会概莫能外)

并不简单——可是他们保持了尊严,总是衣着优雅,颇有"风度",让高雅社会看作是"自己人",对儿子的培育也从中受益。他们维护了声誉,教导儿子也要永远"珍惜"荣誉,至于为此要耗费多少心血与精力——那是秘密,只对少数人透露过。上流社会养成的习惯后来给了利哈乔夫极大的帮助——尤其在艰难岁月里,当很多人都弓背弯腰的时候,他却一直"挺直了脊梁"。

德米特里·谢尔盖耶维奇回忆道,有一年他们家的境况不太好,由于物价飞涨,他们未能在马林斯基歌剧院附近租到房子,只好住到了彼得城堡一带,为了去歌剧院看演出,不得不来回走过结了冰的涅瓦河。

有一天过河时妈妈不慎摔倒了,可爸爸沿着一条窄窄的小路走在前面,风声呼啸,他没有听见妈妈的喊叫声,她的毛皮斗篷裹住了双臂,怎么挣扎也站不起来。走在后边的一个行人救了她。即便是这样,他们也没有打消去剧院的念头。他们继续走路,仍然在包厢里绽放光芒。

上流社会的生活方式并不能根除各种各样的生活难题。所有的人都会遇到困难——但是不要轻易向困难低头,而是要克服困难,继续在包厢里闪光。这种上流社会的教育帮助利哈乔夫自始至终挺直了腰板。

或许有人说:我要是生活在那个时候就好啦,无忧无虑,那倒也不坏!这是一种最简单的懒惰说法。不对,那时候的忧虑操劳也不少。只不过要善于想办法处置应付。

至今记得很清楚,当我了解到,利哈乔夫一家在当时不是最富有,也不是最贫穷,我感到特别惊讶!原来他们只有冬天才生活在彼得堡的住宅里,每到夏天,为了节省开支,就另租别墅居住,他们不得不退掉租赁的房子,把家具搬出来找地方存放。等到秋天再寻找住宅,希望找到好一点、便宜一点的房子,然后把家具搬进去,重新布置一番。如果每年经历的这些劳累都落到你的肩上,你想想,这容易吗?难怪当时就流行一种牢骚与抱怨:冒傻气!

每到夏天,他们过的是无忧无虑的别墅生活,一家人沉浸于美好的遐想!其中融入了多少亲情、梦幻与天赋才华啊!利哈乔夫家族的老一辈人依恋缪斯，这种情怀在夏天不会平息，反而更加高涨。整个夏季大部分时间会在库奥卡拉避暑，这个小城镇是彼得堡文艺名流的消夏之都，他们在那里会痴迷地参加各式各样的游艺娱乐活动……很多人都消失了，消失得无影无踪，只保留在利哈乔夫的记忆里——或许，因此对他们的兴趣与日俱增：因为他是那些人当中的最后一个，他记住了那个完全不同的时代，他经历了那个时代，捍卫那个时代。原来，那时候跟现在全不一样，就连去浴场游泳跟现在也不同。有人可能以为，不就是脱衣服，下水游泳，从来不都是这个样子吗？出乎意料的是，在世纪之初，租下别墅的人，立刻会承担起很多义务。比如，他要把特制的木板小房子装在马车上，运送到浴场。主事的房客（在这种情况下就是利哈乔夫的父亲）带着孩子坐马车去浴场，选择一个合适的地点，把木板小房子安置在那里。小房子里存放着躺椅、泳装、玩具。利哈乔夫喜爱的玩具是一只带龙骨和船帆的小快艇，他喜欢在泳池离岸不远、水不太深的地方带着快艇戏水玩耍。所有这些东西无论白天黑夜都好好地保存在木板小房子里。那可真是个令人惊奇的时代。假如那存放游泳衣物的木板小房子放置到当今的游泳场，不难想象，头一个夜晚它会有怎样的遭遇……可那时候人们头脑里竟然没有任何坏念头。的确，历史不会站在原地不动，时代在变迁，变化更大的是——风俗习性。而利哈乔夫仍然站在那里，在那个时代，那时候的木板小房子夜晚不会遭到破坏。因此非常渴望凝望他：他的面庞上有那个时代美好生活的反光……

  那些年代的人们很爱玩，跟现在一样，玩起来就是几个小时，直玩到天黑，但是，也会以更多的精力和时间做别的事情。利哈乔夫回忆道："那时候人们热衷于慈善演出，以出乎意料的表演带给观众惊喜。排练滑稽剧，抽奖，跟有名的别墅房客开玩笑。也有严肃的戏剧演出，有文学晚会。"住在库奥卡拉的都是些什么样的人啊！列宾朗读他的回忆录。楚科夫斯基以各种各样的声音模仿他养的鳄鱼的叫声。列宾的夫人熟悉各种青草野菜，了解野菜与草膳的做法。所有的房客（除了新来的）彼此都认识，经常互相访问、做客。创办了很好的聚会制度，以社会集资的方式筹办了幼儿园。

1915年科尔涅伊·楚科夫斯基从英国归来,开始打赤脚走路,尽管穿着非常考究的服装。作家们施展想象,标新立异,设计自己的装束(后来崇尚灰色和非个性化成了时髦):高尔基按照自己的想法穿着打扮。美男子列昂尼德·安德列耶夫衣着独特,马雅可夫斯基与众不同……"在通往库奥卡拉的大道上经常能看见这些人,他们有的住在库奥卡拉,有的经常到这里来……"

从年轻的利哈乔夫接触这些人这些事,感受到的喜悦甚至兴奋,就能预感到:艺术的优雅生活那时候就已经吸引了他,让他感到陶醉。

当时已经出现了"命运"施展魔力的征兆,仿佛预示着他的未来:说来很巧,他们家租的别墅,房东是塞尔维亚人阿·沙伊科维奇,在临近革命爆发前最后三年,他正在把《伊戈尔远征记》翻译成塞尔维亚语。后来,《伊戈尔远征记》成了利哈乔夫一生当中研究的重大课题,原来《远征记》跟他就生活在同一个屋檐下,可是那时候他还小,还不明白这一点!或者说他隐隐约约有某种感觉,有所体现? 有时候,某些莫名其妙的事物会以令人惊讶的方式影响我们的命运。

利哈乔夫对语言相当敏感,那时候流行的谚语,只要他听到过,就能记在心里,比如:"衣着不整"(неглиже с отвагой),"气势汹汹"("держится фертом",字母"Ф"就像个双手叉腰的人)。他记得家里人爱说的俗语:"干吧,叶梅里亚,这周该你干活儿啦";"上帝选中了你,我们都不行"。他自己又补充了一句:"两句话都在'安抚',宣告,对别人的夸口和故作善良要采取容忍的态度"。

耳朵如此灵敏,对文本有这样精确的解释,已经说明了他擅长分析的才能。

但是生活的河流要"流"向哪里呢? 人的性格"爱好"有时候会被这河流粗暴地冲毁。许多事情都取决于时间——也取决于学校。通常说来,学校应当培育天才,开拓人的心灵。当今最重要的大事——是参加国家统一考试,其余的事情可以统统抛开不管。但利哈乔夫小时候还是另外一种样子……

彼得堡学校

1914年秋天，父母第一次送米佳·利哈乔夫上学，他们对学校进行精心挑选，最后选择了博爱协会创办的学校，大画家亚历山大·伯努瓦当年就曾在这里读书。学校坐落在克留科夫运河河畔，对面是尼科尔斯基教堂著名的钟楼，那是旧彼得堡一个风俗古朴的安静角落，地名叫科洛姆纳。

那时候父亲被任命为电站站长，隶属于邮政电报总局管辖，就在邮政总局附近，在伊萨基耶夫新街上，就在电站楼旁边，他们家得到了官方分配的一所住宅。电站大厅里活塞推动油光闪烁的巨轮，他们的住宅就在隔壁，因此一直感受到不停的震颤抖动。少年米佳·利哈乔夫喜欢到电站去看机械运转的情景。利哈乔夫一家居住的黄色两层楼老房子至今还能找到，原来的伊萨基耶夫新街，现在改称雅库鲍维奇街，从那里能通向伊萨基耶夫广场。

克留科夫运河旁边，离家不远有所学校。选择在那里上学，离家近是一个原因，但并非最重要的理由。

利哈乔夫在他的《回忆录》中写道："我八岁上学，一开始就进入高级预备班。家长选择的不是班级，而是班里的指导教师。这位老师在这个高级预备班确实很有名，他就是卡比东·弗拉基米罗维奇！这位老师仪表堂堂、为人严谨、聪明，当需要给予关切的时候，他像慈父一般善良。他是大写的教师。学生都尊敬他、热爱他！"

利哈乔夫从八岁就一直记着自己的老师！即便不提"热爱"这个词，我们能以同样的敬重，记住自己的老师，哪怕是高年级的老师吗？就以我个人为例吧，我记得所有的老师，却不想提他们任何一个人的名字，担心会口出恶言，这与本书的风格太不协调。可是德米特里·谢尔盖耶维奇不仅记着第一个老师，还记得并且敬重其他各位老师。

不过，既然是学校，无论多么好的学校，毕竟都是一种考验，离开气氛和谐的家庭，进入陌生的环境，就像社会对你那么冷漠，你在家里被爱与尊重所围拢，在这里你不仅要学会爱与尊重，还要学会服从。再说围绕在你身边的那些人，你未必都喜欢。怎么办？伪装？适应？说谎？

"我和同学们立刻就发生了冲突。我是新生，他们已经上了一年多了，很多人是从其他学校转学来的。他们都是'有经验的'学生。有一天他们握紧拳头朝我冲过来。我背靠着墙，尽力抵挡他们的拳打脚踢……"

"我是多么不想上学啊！"利哈乔夫回忆道，"晚上我跪在地上，周围堆放着枕头，背着妈妈祈祷：'上帝啊，求求你，让我生病吧！'"

我们当中谁不记得儿时的那些痛苦？那些折磨不会不留痕迹地消失。有的人个性受到挫折，一辈子过着可怜的生活；另外一些人尽力适应环境，在强者面前巴结逢迎，欺负弱者，逐渐变成了自我满足的小人。

米佳·利哈乔夫或许比别人更绝望，他既不愿意无路可走，又不想成为那伙坏学生当中的一员，因此才默默祈祷。

14　"上帝"听见了他热切的祷告，满足了他的请求，果真让他生了一场大病，后来就在家里自学，为了不落下功课，还请了补习教师，第二年他就转到了新学校。换了别人，大概就忍了，就想和解了。可是利哈乔夫不想那样做。你的两条腿要朝哪里走——是往高处走，还是走下坡路？是想让别人给你好的评价，还是走向堕落与毁灭？如果你很早就对这一点有所感悟，并学会稍稍调整"方向"，那就太好了。1915年秋天，父亲决定让米佳进入查理·伊万诺维奇·迈伊实科学校读书,他的大哥米哈伊尔就在那里上学。学校位于瓦西里耶夫岛第十四街,校园的四层大楼在当时修建得风格很时髦,高大的半圆形窗户别出心裁,彼得堡的进步知识阶层都很看重这所名校,纷纷把孩子送到这里来读书。大教育家卡缅斯基的名言成了这所学校的校训:"起始于爱——教育跟随!"学校的正式名称为:"中学与实科学校",与传统的古典中学不同,这所学校视野开阔,注重民主,给学生以自由。这并非放纵与任性,而是校长查理·迈伊完全自觉的施教方针,他立志在自己的学校为自由社会培养出自由的公民——这正是当时的先进知识分子和社会精英的理想所在。挑选教师要符合学校的要求,教师讲授的科目要推陈出新,有创造性,有时显得有点儿离奇荒诞,充满了幻想。从迈伊的学校出来了不少杰出人才。他们骄傲地把自己称呼为"迈伊的金龟子",其中有画家亚历山大·伯努瓦、画家尼古拉·列里赫、建筑师福明等。

"各班学生的身份不同,"利哈乔夫回忆说,"在这里学习的有梅契尼科夫的孙子,银行家鲁宾施坦因的儿子,也有看门人的孩子。"哦,我们已经明白了,这种高尚的冲动通向哪里,通向"自由、平等与博爱"。

利哈乔夫所说的那个年代,培养高尚、宽容,否定帮派习气与傲慢。利哈乔夫幸运地赶上了所有高尚的思想以及它们最好的时期,这些思想尚未被庸俗化,尚未变质,落入地痞流氓的手中。

迈伊实科学校"开设"了手工、木工等实用课程,让孩子们学习,为他们在严酷的现实中生存,提供了坚实的基础,而那个等待他们的时代很快就要到来了。

学校里的教师都很优秀,教学富有创造性,不同凡响,校园里笼罩着民主的氛围,禁止告密行径。甚至学校的门卫也很出色,能用各种外语跟学生们交谈。利哈乔夫在他的"回忆录"中写道:"查·伊·迈伊实科学校给我的兴趣和我的生活留下了鲜明的印记,我想说,这是观察认识世界的经验。"

15

唯一成问题的是从家里到学校要走的那段路——由于战争，接下来爆发革命，城市生活变得越来越混乱。从市中心到位于瓦西里耶夫岛上的迈伊学校要乘坐电车，行车路线经过康诺戈瓦尔捷街心花园，驶过特洛伊茨基大桥，到达瓦西里耶夫岛，但是要想挤上电车却很难：当时赶上第一次世界大战，广场上挤满了士兵。当兵的允许免费乘车，但是只能在停车站上车。由于这种状况，其他乘客根本就没办法挤到车厢里去……那时候平民百姓就懂得了让当官的体恤下情。不过童年毕竟充满了意想不到的欢乐。在街心花园总会遇到些有趣的事，比如，春天复活节期间有集市，可以在拥挤的人群中挤到售货亭前面购买"复活节玩具"：可以别在大衣上的带大头针的小鬼（别在别人的大衣上），"卷曲的舌头"和玩单杠的木偶等等。

正是在那个地方，少年米佳产生了一种感触，这念头在很多方面影响到他未来的追求："要知道彼得堡——彼得的城不仅面向欧洲……在它背后有整个俄罗斯的北方和北方的民间文学、民间艺术、民间建筑，从这里乘船，通过河流湖泊就能抵达诺夫哥罗德，其间的距离其实并不远。"

少年利哈乔夫的全部情感，迷恋于追寻最有趣、最重要的事物，这在未来的生活中会逐步发扬光大：请记住这一点，千万不要忽略！

但是社会混乱逐渐加剧，到了1917年终于爆发了革命——起初是二月革命（进步的社会阶层欢迎它，很多人甚至都扎上了红布条）。利哈乔夫回忆了"体面社会阶层"的愤怒，血腥的镇压让他们愤怒，比警察、比当兵的还要残暴。

利哈乔夫提到十月革命就好像在讲述个人的亲身经历——不同于"特定时期规定的说法"，而是真实地回顾一个事件和它周围的反映。有一次接受采访，利哈乔夫说自己觉得有趣的一件事，就是十月革命像什么事也没有发生一样地就发生了。这不——有些人宣告，苏维埃现在取得了政权，但苏维埃以前就采取了行动，这没有什么新鲜的。这不——混乱无序了。可混乱无序早就存在。饥饿，十月之前也有饥饿。如果说以前没有听说过的——那就是豆饼、豆粕、燕麦掺麸皮的面包。学校不再供暖。有时候，学生们按照老师的口令,从书桌上跳下来取暖,"像马车夫一样呼出哈气暖和自己的双手"。

但是最大的不幸在于——"胜利者"不想停止脚步,他们要改变一切。"我们要建立自己的新世界!"这是他们爱唱的歌。眼下最重要的是摧毁旧世界。对于培养年轻人来说还有比迈伊实科学校更好的学校吗?不幸,迈伊学校被关闭了!1918年2月24日查理·迈伊实科学校最后一批毕业生毕业。在这最后一批毕业生当中就有米佳的哥哥米哈伊尔·利哈乔夫。其他年级(其中包括德米特里·利哈乔夫所在的那一班)被改编进"团结劳动学校",以前的莎菲学校的女生也被调整到这里来上学。面对新政权,哪一所学校也逃不脱"根本性的改变"!像以前那种样子的迈伊学校不可能再存在下去了。过了一年,米佳转到了另外一所位于彼得城一带的学校,原因是他们家搬到了那个地方居住。

1917年二月革命剥夺了谢·米·利哈乔夫工程师的勋章、官职和"个人"贵族称号。由于在发电站任职,有些人控告他"支持旧制度",在这人为制造的案件中,他被宣判犯有"违抗法令罪"。整个社会弥漫着亢奋的激情——摧毁一切旧体制,向"剥削者"复仇!1917年夏天肃反特设委员会(简称契卡)进行了侦查,要追究利哈乔夫的刑事责任,却找不到证据。

1917年9月1日,证明了"自身清白"的谢·米·利哈乔夫宣告退休,腾出了诺沃·伊萨基耶夫街6号的房子。

同年秋天,位于彼得格勒区的国立第一印刷所的工人推选工程师谢·米·利哈乔夫担任技术部主任。这家印刷所是由两位杰出的建筑师列·伯努瓦和留·施廖杰尔于1910年设计建造的,它坐落在卡特钦街与奥拉宁鲍姆街的交界处。工程师利哈乔夫一家在奥拉宁鲍姆街的一座四层楼房里得到了公家分配的住宅。这座楼房和印刷所的建筑式样都属于"北方的时尚风格",这种建筑风格在彼得格勒区一带特别流行,以后市中心的建筑也受到了这种风格的影响。那幢楼房以我的观点看来略显拘谨,甚至呆板。利哈乔夫一家的住宅位于二层,面积很大,出入有两个门,一个门朝向奥拉宁鲍姆街，另一个门通往印刷所。

起初一段时间米佳继续在瓦西里耶夫岛上的查·迈伊实科学校上学，从1918年年底电车停止了运行，而步行上学十分危险。

社会的震荡没有给他们家带来好处：只有危害，然而这种危害外表上看不出来，受伤害的是他们的心灵。谢尔盖·米哈伊洛维奇在原来的职位上，被"群众的愤怒"吓坏了，在这里工作也免不了提心吊胆，他尽力告诫自己对工人们要平等相待，常常请他们一起喝酒，为此甚至变卖了几件珍贵的礼物，那是由于任职勤勉旧政府授予他的奖品。如今上级和下级之间形成了"不拘礼节"的关系，是不是他的工作就无可挑剔了呢？利哈乔夫性格严肃的太太维拉·谢苗诺夫娜在娘家受旧教派习俗的熏陶，对丈夫行为举止的前后变化持否定态度，很不以为然，他们夫妻之间的关系失去了以往的和谐一下子变坏了。那时候对我们主人公的性格有何说法呢？印刷所的工人们是这样说的："利哈乔夫的大儿子（指米哈伊尔）——是雄鹰，小儿子（指德米特里）——是窝囊废！"

是的，德米特里·利哈乔夫显然不像他大哥那样活跃、开朗，他更倾向于思考，而不喜欢强烈的情感表达与张扬的行为举止。他更习惯沉稳内在的生活，正是这样的秉性决定了他做事更坚韧，更有始有终。

1919年秋天，米佳·利哈乔夫开始在第十团结劳动学校上学（那时候没有不劳动的学校），这所学校以前叫做列·德·林托夫斯卡娅学校，位于彼得城区普鲁达洛夫大街，利哈乔夫一家的新住宅离这所学校很近。德米特里·利哈乔夫在林托夫斯卡娅学校学习了四年，直到1923年，高年级的课程都是在这里学的。冬天，学校里不生火取暖。学生在报纸上写字做作业。上美术课用糊墙纸的背面画画儿。

尽管条件艰苦，1921年夏天学校还是组织了远游活动，在俄罗斯北方游历了两个星期，这次远游对利哈乔夫一生的命运产生了重大影响，唤醒了他对俄罗斯历史、古代罗斯文化的浓厚兴趣。

"我遇到了一所非常好的学校！"利哈乔夫在回忆录中写道，"跟迈伊实科学校比较,'林托夫卡'短缺的是设备,校园面积狭小,可是它的师资配置令人赞叹。这所学校是1905年以后成立的,教师大多来自官办学校,由于从事革命活动而被学校弃用或开除。剧院老板林托夫斯卡娅把这些失业的教师召集在一起,提供资金,组建了这所私立学校,同情变革的知识分子立刻把他们的子女送到这所学校来上学(当时同情革命很时髦)。校长弗拉基米尔·吉利洛维奇·伊万诺夫办公室里存放着宣扬马克斯主义的革命书籍,他把这些书籍借给自己信得过的高年级学生阅读(还在革命之前他就这样做了)。友谊、共同的事业,把学生和教师紧密地联系在一起。

毋须掩饰,革命已成为风尚,杰出的人物,出众的头脑,都迷恋革命,认为他们能够挽救濒临毁灭的人类。利哈乔夫终生推崇的教师列昂尼德·弗拉基米罗维奇·格奥尔克正是他在"林托夫卡"上学期间遇见的老师。

"列昂尼德·弗拉基米罗维奇拥有优秀教师全部的高尚品格。他具有多方面的才能,聪明、机智、干练,交往中善于平等待人,仪表堂堂,具备演员的天赋,特别善于理解青年人,即便是非常艰难的局面,他也能找到摆脱困境、进行教育的出路和方法。他的言谈举止总是显得那么温和优雅。他为人处事从来不会强人所难。他的性格最接近他心爱的作家——契诃夫。他的视野非常开阔。他推崇普希金,但这并不妨碍他欣赏学生维金斯基深奥的诗句——这个学生日后成了'现实艺术派'的领袖之一。"

利哈乔夫回忆道,在他的同班同学当中,有人迷恋尼采,另一个推崇王尔德,了解到这些情况,列昂尼德·弗拉基米罗维奇就用几节课的时间介绍尼采和王尔德,讲解极为精彩。那所富有"革命激情"的学校,有那样高水平的老师和学生,现在是再也见不到了!

不过,革命母亲已经开始向自己的"孩子们"展露她的脾性。"列昂尼德·弗拉基米罗维奇生活非常艰苦,"利哈乔夫写道,"教师的收入十分微薄。我从那所学校毕业后不久,这个老师得了斑疹伤寒。这场病损害了他的心脏。有一次我在电车上碰到他,觉得他似乎变胖了。列昂尼德·弗拉基米罗维奇对我说：'不是胖了，我是浮肿！'"

生活发生了根本性的改变。逐渐成长的革命青年已经开始蔑视沙皇时代，虽然他们对这个大帝国几乎是一无所知：他们知道的只有军事的崩溃，前线总打败仗，平民百姓的不满。"这些老头子丢尽了脸，我们年轻人总会做得更好！"这是年轻人的口头禅，他们天生就看不起老年人，只相信自己肩负的使命。新政权非常巧妙地利用了这一点。

"现在让我们看看美好的新生活，这就是我们渴望的那种生活！"年轻人大声欢呼说。

出现了很多朝气蓬勃的歌曲，其中有些歌非常出色。年轻人都愿意歌唱、欢呼，对于那些青年来说这完全是合乎自然的，感受新生活的欢乐，自己创造出来的欢乐！

我们的火车，向前飞奔！
行驶到公社停一停，
我们没有别的道路，
冲锋枪握在我们手中！

那时候认为——冲锋枪很好。开辟新的道路怎么能没有冲锋枪啊？

1918年9月5日官方正式宣布了红色恐怖令，用以"回击社会上不甘失败的阶级的反抗"，那些统治阶级无论如何不想离去，他们力图绞杀新政权，直到组织秘密团体，目的是进行抗争。苏维埃政权隐忍了将近一年，但是忍耐力崩溃了，现在——只有一条路可走，那就是杀死那些"疯狗"！恐怖令的公布带有"正义愤怒"的气概，必定在广大人民群众中引起反响。果然不出所料！对于"被打倒的"、千百年来剥削人们的剥削者、统治者，怎么能不愤怒？我们刚刚踏上一条"光明大道"，他们竟然千方百计地破坏阻挠，叫我们怎能容忍？我还记得一段滑稽的共青团歌曲，仿佛是年老的唠叨鬼跟斗志昂扬的年轻人的对话："当着邻居的面穿背心裤衩，体育运动……照我看——就是荒唐堕落！"

有些看不惯年轻人的老年人，还想出了一些类似的挖苦嘲讽的词句！后来还有更叫人惊讶的场面："叔叔被流放到纳雷姆——年轻人冲他喊叫：'活该！活该！叔叔是——坏蛋！'"

现在我们多数人会站在那位被流放到纳雷姆的叔叔一边，可当年正是"小牛犊狂热撒欢的"时代，年轻人冲着被流放的叔叔哈哈大笑……就好像年轻人永远正确似的。

我记得自己的父母年轻时的照片——快乐、漂亮、两个人都穿着洁白的运动服。他们在十七岁的年龄，从荒僻的乡村进入有名的高等学府，学习成绩优秀，有什么理由能阻止他们的欢呼呢？

在年轻人这支欢呼雀跃的队伍里找不到利哈乔夫的身影，他属于过去的那个时代，所有最宝贵的知识都是从那里获取的。虽然他毕业于有"革命精神"的林托夫斯卡娅学校，在那里受到的是传统的古典教育。还在中学期间他就参加了同年级学生之间的哲学辩论，辩论题目现在的中学生就是做梦也梦不见！这是他的志向追求——坚持不懈探求真理，这种探索精神起初让他陷入了集中营，而后则一步步走向科学的巅峰。一个明确了人生目标的人，即便遇到各种各样的风云变幻，也不容易迷失方向。制造混乱的那些恶人，正好利用时机引诱我们，让我们晕头转向，参与到他们的队伍中，浑浑噩噩地追随他们——而真正富有创造性、有主见、有本领的人，在任何风暴中都不会迷失自我，他们善于维护崇高的精神。亲身经历了那些暴风骤雨般的岁月，忽而让人感叹，忽而叫人愤懑，利哈乔夫在回忆录中从不涉及动荡混乱以及个人的损失。只有那些与崇高文化有关的事情才会引起他的兴趣。那场席卷全国、破坏文明的运动不在他的回忆之列，他只记述20年代在玛丽娅剧院舞台上演出的《霍万辛纳》和《基捷日城》，这高尚的艺术作品体现了俄罗斯人的惶恐与罪孽。水平低下的演出——他是不屑一顾的。贵族气质为他划定了属于自己的世界。

"十月革命事件几乎跟我无关。我对那些动荡风波很难理解。"他的口气中透露出高傲。接下来的"兴奋喜悦"也难以使他受到感染。利哈乔夫的行为举止显示出保守的绅士风度，他并非害怕大街上横冲直撞的鲁莽，更不屑跟那些狂暴的青少年为伍，参与他们愚昧的狂吼乱叫。利哈乔夫依然停留在革命前的生活里，尽管很多同龄人"迷恋"崭新的酒神节狂欢活动，但他觉得这些跟他无关。没有人像他那样在内心深处依然保留着对往昔的依恋，因此他成了被遗忘的种种宝贵文化的"守护者"。广场上的喧嚣对他毫无吸引力。未来的书籍专家深感忧虑的完全是另外一些事情。

"在印刷所的经历使我受益良多，"利哈乔夫回忆说，"我对印刷事业的兴趣归功于印刷所。书籍刚刚印出来的书香味儿，至今让我觉得最好闻，让人神清气爽，心情舒畅。"他已经充满激情地预感到自己未来的使命了（尽管当时还不可能有十分明确的意识）。

一个人对人生目标有了感觉，似乎一切都可以顺利抵达，不料，现实会让他梦想破灭。

"有段时间，父亲受命代管国家出版社社长的个人藏书，这位社长并非无名之辈，他就是当时文学界很多人都知道的伊利亚·姚纳维奇·姚诺夫。他的藏书中有十五、十六世纪威尼斯出版的阿里德版本的精装古典书籍，有十六、十七世纪荷兰出版的艾利泽维尔珍本图书，有十八世纪罕见的精品书，有各种丛书集，贵族之家的影集，比克萨托尔的圣经，采用印度最薄的纸印制的豪华版但丁周年纪念作品集，莎士比亚作品集，狄更斯小说集，拉吉舍夫《从彼得堡到莫斯科旅行记》手稿，来自费奥方·普罗科维奇图书馆的书籍，还有很多当代作家本人签名的图书（比如谢·叶赛宁、阿·列米佐夫、阿·托尔斯泰等等）。"

仿佛命运已经在注视利哈乔夫："我们这些人当中谁会成为科学院院士呢？最有可能的——是他！"

"我记得那时候的一些笑话，"利哈乔夫回忆道，"一群信徒听了阿·卢纳察尔斯基跟悔过自新的都主教维金斯基辩论后，想把都主教揍一顿……原来都主教维金斯基在费拉尔莫尼法庭提供证据，反对彼得格勒人们拥戴的都主教维尼阿明……"

背叛者——会受到最严厉的惩罚！这也是人生的教训。

生活越来越艰苦。在饥饿的二十年代，夏天仍然去别墅（已经不能去芬兰了，边界已经关闭），米佳去找农民，用家里珍贵的东西换牛奶，常常到被人遗忘的墓地，仔细辨认石碑上刻的瑞典文词句。他的内心世界大致已明确方向：对于他来说，生活——就是课本。很多时候徒步行走，划船喜欢逆流而上，皮肤晒得微微发黑，身体结实，仿佛预感到未来将面临严峻的考验。

1923年，利哈乔夫还不满十七岁，就上了列宁格勒大学，而且立刻选择了社会科学系语言文学专业的罗曼—日耳曼与斯拉夫—俄罗斯语言课程……在他身上很快呈现出学者的才华和研究者的执著精神。他决心献身于人类社会最重要的学科——语言学。他的性格已经成型——不过分张扬，然而坚韧、不屈不挠。

一上大学，选择专业时跟家长的意见不一致，他需要说服家人。父亲谢尔盖·米哈伊洛维奇是电机工程师，酷爱艺术，为培养儿子全面发展耗费了大量心血，但对米佳选择人文科学做职业并不赞成。父亲认为："每个有知识的人都需要文化——不过一定要从事严肃、具体的事业。"另外两个儿子随他，走了他的道路。利哈乔夫家族历来都是商人、工程师，他们重视机敏干练，长于实践，德米特里·谢尔盖耶维奇是家族当中唯一一个注重"精神追求"的人。道路既然已经选定，无论谁也休想让他改变。

那些年代的生活全都渗透着政治——阶级之间的冲突，跟"该诅咒的过去"进行斗争。大学里的形势也不简单。利哈乔夫回忆道："出现了'红色教授'和普通教授。其实，没有什么教授，作为教职的这种称呼已被取消……跟有"各种各样的教师"一样，学生的构成也是五花八门：有从中学升上来的，但是大多数是从国内战争前线回来的士兵，是成年人，他们仍然穿着军装……"

看起来，那是个最为"政治化"的时期——因为事情明摆着，未来将属于"红色政权"，因此很多大学生也作出了追随潮流的选择，并且立刻

"见诸行动"……然而这种选择不合利哈乔夫的心意。他有另外一些伙伴。

"在大学里,"利哈乔夫写道,"也有些彼得堡上流社会知识分子家庭的子弟,小时候有家庭教师陪伴,一张口能熟练地讲两三门外语[在我的大学同学中,像这样的学生有伊·索列尔金斯基、伊·阿·利哈乔夫(未来的翻译家)、彼·鲁克尼茨基(未来的作家)]等……我选修了罗曼—日耳曼语言课程,很快又开始去听斯拉夫—俄罗斯语言课……'红色教授'知识面稍窄,但他们称呼大学生为'同志们';老教授知识渊博,他们称呼学生为'诸位同行'……只要我觉得有意思,无论谁上课,我都去听讲。"

只选科学,不选政治:这一立场十分坚定!

年轻的德米特里·利哈乔夫很少谈论自己,不过,他的性格已经清晰可见。在他身上凸显出隐忍的自制力、坚定刚毅,还有几分固执的书呆子气:"尽管周围越来越混乱,我认定需要做的事情一定去做。"

这是他对科学真理的忠诚,决不追随"时代的时髦潮流",而这种对真理的忠诚最终使他成为国家著名的道德楷模,然而在到达这个高度前还要经受诸多考验。伴随生活探索者的始终是"痛苦的历程"。

中学毕业生米佳·利哈乔夫的知识水平和知识面的宽广让人感到惊讶。我想,当年他所拥有的知识百分之九十九现在的中学毕业生恐怕都不懂。但是更让人诧异的是他如饥似渴的求知欲望。

"我去上维·马·日尔蒙斯基开设的十九世纪初英国诗歌和他讲授的狄更斯课,听弗·卡·缪勒讲授的莎士比亚,听布利姆开设的日耳曼语文学导论,听尼·谢·杰尔察文讲授斯拉夫学导论,上科学院通讯院士德·伊·阿勃拉莫维奇讲授的罗斯古代文学编年史料课,上弗·叶·叶甫盖尼耶夫—马克西莫夫开设的课程,听他讲涅克拉索夫诗歌,还有俄罗斯新闻学,听谢·卡·博雅努斯讲授的盎格鲁撒克逊文学和中世纪英国文学史,上亚·亚·斯米尔诺夫开设的法国古代文学课,跟巴索夫学习哲学入门和逻辑学(可惜这位杰出的学者英年早逝),跟奥布诺尔斯基学习古代宗教斯拉夫语言,跟列·彼·雅库宾斯基学习当代俄语,听艾亨巴乌姆、鲍·阿·克尔热夫斯基、施什马廖夫以及很多其他教师的课程或讲座,参加学术辩论会,听形式主义研究者与传统学院派文学专家激烈争辩,一度想学习用教会音符唱歌(但没有学会),去听爱乐乐团的交响乐演奏会。"……大学旁边还有坐落在伊萨基耶夫广场的艺术史研究所(祖鲍夫斯基研究所),那里常常举行有关舞台艺术的精彩辩论,市里还有活跃的戏剧演出,举办新潮画家的精彩画展。所有这些文化艺术活动都融进了年轻的米佳·利哈乔夫的意识,以致后来他渊博的学识总是让人感到惊讶,而博学多识却是在暴风雨般的年代里积累的。各种各样的知识非但没有分散他的精力,反而开拓了学术视野的地平线,使他不断得到充足的养分。在那个时候利哈乔夫就对"罗斯古代文学时代风格的变迁"产生了兴趣。即便这样努力,他仍然觉得遗憾,抽不出时间去听时代偶像诗人叶赛宁和马雅可夫斯基的朗诵。

虽然他当时还很年轻,可他的生活是多么充实、多么严肃认真啊!他几乎从来一句话也不提怎么样被朋友们"拉到"酒吧里喝啤酒,东拉西扯地聊天。他觉得那都是荒唐胡闹。那时候他关注的都是比较严肃的事情。

1918年9月5日宣告红色恐怖以后,开头几个月就打死了一名都主教、八名高级僧侣、十个神甫、一百五十四个助祭和九十四个修道士。

对恐怖事件感到愤怒的人们更加频繁地去教堂祈祷,他们当中就有利哈乔夫。很多有名的歌剧演员无偿地参加教堂里的合唱。契卡枪毙人的次数越来越多,处决地点大多在格罗霍夫街2号、彼得帕夫洛夫斯克、克列斯托夫岛、斯特列利纳公园。利哈乔夫一家住在奥拉宁巴乌姆街,夜晚,从敞开的通风窗口传来连续的枪声:彼得帕夫洛夫斯克要塞、克朗维尔卡河边又在枪毙人了。

"我们不唱爱国歌曲,"利哈乔夫在回忆录中写道,"我们哭泣,祈祷。1923年我就怀着这样的悲愤学习罗斯古代文学……我想把俄罗斯铭刻在记忆中,就像牢记母亲临终时的痛苦模样……1928年我大学毕业了。"

1928年利哈乔夫大学毕业,那一年恰恰也标志着斯大林控制权力、开始其独裁专政的一年,开始打击迫害知识分子团体、压制他们的聚会和言论。而当时有很多小组或社团,城市里知识分子的社交生活非常活跃(这种活跃招来了连续不断的拘捕)。年轻的利哈乔夫就处于这种活跃社交生活的中心。俗话说,"临终时急促喘息",所有的人都在拼命地"呼吸"。大家觉得,似乎这种紧张的精神交流以后再也没有机会了。以前的中学老师不愿意跟他们喜爱的毕业生离别,彼此见不到面都觉得可惜。于是他们参加社团、小组,听讲座,成立"学会",继续争辩,探讨哲学问题,拟定提纲、计划。

当时有很多活跃的社团,其中一个叫"艺文哲科社"(全称是"艺术、文学、哲学与科学研究社")。

"伊万·米哈伊洛维奇·安德列耶夫斯基(利哈乔夫还在中学期间就受他的精神影响,保持经常交往)住在教堂街一座楼房的顶层,每逢星期三,大家在他的两个狭小房间里聚会,与会者有年高望重的学者,也有中学生、大学生。我记得(最有名望的学者)……谢·阿·阿斯科尔多夫(阿列克谢耶夫)、维·米·尤金娜、莫尔热茨基博士、伊·叶·阿尼奇科夫、列·弗·格奥尔克、叶·普·伊万诺夫、亚·阿·吉捷基、米·米·巴赫金、亚·彼·苏霍夫和其他很多名人;年轻人有——沃洛佳·拉科夫、费佳·罗津贝格、阿尔卡沙·谢利瓦诺夫、瓦丽娅·莫拉佐娃、科里亚·古里耶夫、米沙·沙彼罗、谢廖沙·艾涅尔林克等。"那么多人的名字很难一一列举。开会的时候按座位顺序传递一本很大的册子,出席者在上面签名,伊万·米哈伊洛维奇·安德列耶夫斯基在空白页上方用"哥特式"笔体写明报告的题目、报告人的姓名和日期。1927年,当危机时刻来临,"艺文哲科社"最年轻的参加者之一科里亚·古里耶夫把这本记录册卷成一卷,外面包了防水布,在克列斯托夫岛上找了个隐秘的地方埋藏起来。

后来,鉴于教堂受到日益严重的压制,会议的内容越来越偏重于宗教性质,于是起了一个新的名字"圣谢拉菲姆·萨洛夫斯基兄弟会"。这样一来,他们的会议宗旨似乎跟政治没有任何关系,其实这种说法并不确切。

他们对国家摧毁东正教教堂的粗暴行径明确地提出了抗议——这就意味着他们与这个国家的政权进行对抗。

会议参加者中发现了形迹可疑的人，力图把与会者引向公开表态，发出更强硬的声音，他还意图明显地透露消息，说惩罚机关对他们的例会已有所觉察，正准备逮捕，要大张旗鼓地提出政治起诉。在这种情况下不得不在例会上宣布"兄弟会"解散。这一次他们暂时脱离了危险。

利哈乔夫在回忆录中写道："当时人们以为，滑稽可笑的聚会能减少风险。为了安全地消磨时光，大家才聚在一起，谁也没有想到人们会受到侦查逮捕。沃洛佳·拉科夫是我在林托夫学校的同班同学，他邀请我参加他们'航空学院'的小组聚会……这个小组的成员夏天徒步长途跋涉，沿着奥赛梯军队行军的路线从弗拉基高加索市走到苏呼米，拄着手杖穿越高加索山区，宣告他们忠实于友谊、幽默与开朗乐观……当自由哲学和宗教逐渐受到禁止，被官方宣布为非法组织，我们在大学里组织的学生小组，在那个时期的生活中，就发挥了特殊的重要作用，给小组加上伪装，并非有从事秘密活动的目的。相反，这种伪装的喧哗笑闹的形式恰恰是为了引起外界对我们小组的关注。这样的事果然发生了。在小组成立一周年前夕，一个成员的父亲从罗马来了一封电报表示祝贺，这封电报引起了侦查机关的注意……1928 年 2 月 8 日凌晨，抓捕我的人来了。"

侦查人员（显然受过旧式教育）外表客气、有礼貌，甚至把一杯水递给几乎要晕倒的谢尔盖·米哈伊洛维奇。逮捕行动已经在很多地方展开，因此很多人都知道需要随身携带保暖的衣服，水杯……这只水杯日后在集中营的岁月里曾给他带来慰藉。告别的时候，说的话普通平常："这是个误会。我很快就回来！"

利哈乔夫回忆了他的"离别行程"：凌晨走过美丽的列宁格勒，过了涅瓦河，然后走过沿河街……他还不知道自己被带往监狱。从宽阔的利捷伊内大街转向狭窄幽暗的施帕列尔街，穿过一道更加昏暗的拱门，进入里面的院子。

每个人都跟他相称的人交往

那是位于施帕列尔街的一座不起眼的三层楼房,原来是关押政治犯的旧式监狱,列宁曾在里面坐过牢。

新政权倾向于行政机构越简化越好,这个地方现在被简称为羁押所。从前这里关押革命者、反抗专制制度的斗士,现在由于"政治原因"在这里关押各种各样的人:过去的"社会上层人物"(比如,彼得格勒童子军军长舒瓦洛夫伯爵)。他旁边有个乡下来的男孩子,因偶然观看涅瓦河上的快艇,侦查人员发现他对"技术秘密"极感兴趣,觉得他形迹可疑,就把他抓进来关在这里。

利哈乔夫在他晚年写的《回忆录》中,把自己在施帕列尔羁押所的观察,跟另一位大学者、著名史学家安齐费罗夫的坐牢印象进行了非常精确的比较,后者也曾被羁押在这座监狱。也就是说,监狱——成了挽救知识分子的典型场所,监狱不再是令人恐怖的地方,而是无所畏惧的学术研究必须经历的生死考验。文化的形成类似于盾牌,为了捍卫我们的生活,让我们不再恐惧,把恐惧转化为理论和文字表格。真正的学者要以拯救的目光看到正在发生的动荡混乱,并把这种现象看作科学研究的客体。早在那个时候,年轻的利哈乔夫就具备了这样的观点。"关注这样的人物,对他们的兴趣支撑着我，让我变得更坚强。"利哈乔夫写道。他记述了监视他们的狱吏、严厉的典狱长，逐渐接近他们，越来越愿意跟他们沟通交流，几乎是陪伴他们在监狱里游览参观，带领他们观看"历史悠久"的牢房囚室。

利哈乔夫立刻在混沌无序之中觉察到某种体系的存在，非常接近于理论的发现。关押他们的牢房号码为273，宇宙绝对零度为负273度，也是这个数字，他被捕的原因是参加"宇宙学"小组。这里存在着某种相关性……退一步说，这样的钻研有利于锻炼脑力，不至于让心理陷于崩溃。

利哈乔夫开始被提审，大学生小组参与者跟一对罗马人夫妻之间的关系是审问者追查的重点。利哈乔夫写的一篇报告成了他跟两个罗马人来往的罪证，报告的标题是《论古老的正字法》，审讯者认为从这篇报告可以看出作者对新生活感到不满。强化的精神生活在牢房里依然继续，尽管他们坐牢也是由于这样的原因，这里的听众文化程度都很高。仿佛举行特殊的"巡回学术讲座"。施帕列尔羁押所举办的"报告会"、"学术会"，其突出特点是学术勇气、冲击力以及言论的奇特。"思想自由"让这些受羁押者拥有优越感，根本不把那些抓捕他们的小人放在眼里，没有任何恐惧感。案件"审理"得拖沓、刻板。负责审理利哈乔夫案件及其"同案犯"的是侦查员斯特罗明（二十年代侦查知识分子的起诉书大都出于他的手笔），审理此案后，其地位迅速提升，随后把一个重要案件交给他，审理两位著名院士——普拉东诺夫和塔尔列，这一次他栽了跟头，两个院士的硬骨头他无论如何也啃不动。其实他审理"科学院宇宙小组"案件也没有说服力，没有"挖掘出"任何实质性的犯罪证据，他只不过善于炫耀慷慨的激情，但是却难以让人信服。起诉人的精神猥琐与知识贫乏是显而易见的，因为知识渊博与精神高尚在当时受到责难……他们被押去见监狱长，监狱长用愤怒的声调（看得出来是为了凸显他的威严）宣读了判决书（利哈乔夫被判刑五年），没有可怜的辩解与申诉，听见的只有轻蔑的反问："完了吧？我们能走了吗？"说这话的是伊戈尔·叶甫盖尼耶维奇·阿尼奇科夫。斯大林去世以后，阿尼奇科夫成了列宁格勒师范学院的教师。阿尼奇科夫和利哈乔夫高傲地从审判室走了出来。不久,他们离开了施帕列尔监狱。等待他们的是新的、更加严酷的考验。

经过了施帕列尔监狱相对平静的一段囚禁生活,囚禁者开始被押送到外地,他们要经过一段很长的街道,走到尼古拉火车站(现在改名为莫斯科火车站),然后被押进"斯托雷平车厢",当时已经启动了消灭"人民公敌"的斗争,既是道德层面的摧毁,也是肉体的消灭。

得知关在监狱的人要被押解到外地,沿路聚集了被关押者的许多亲人和朋友。那时候还允许送行。允许送行是允许,但是不许接近。"成群的亲人和朋友,他们大多是同学或同事,大家都不害怕,骑兵团的士兵端着上了刺刀的枪支粗暴地驱赶他们。"

车厢被分割成许多单独的囚室,塞进去的人大大超过规定的人数。押解的卫兵根本不考虑囚禁者的权利或者是否舒服,他们的任务恰恰相反——就是折磨和羞辱犯人。

没有人能躲避粗暴的拳打脚踢——在凯姆斯克转运站,从车厢里往外赶人的时候,押解的士兵一脚踹到利哈乔夫的脸上。利哈乔夫有一次接受采访的时候说过,使他得到拯救的是强大的精神力量,他仔细观察整个过程,就像观察科学研究的对象。在位于白海岸上的凯姆斯克转运站,不知为什么下令让犯人背着行李绕着一根柱子跑步。押解人员经常用粗话骂犯人,可是他们之间竟然使用法语交谈。利哈乔夫把这些看作超越现实的荒谬演出,因而脸上露出了微笑。正是这种冷眼旁观的态度帮助他忍受磨难与痛苦。被捕者的生死存亡难以预料,死神可能随时降临。上轮船之前,他在凯姆斯克转运站的一个人满为患的棚子里几乎站立了一个夜晚,一个乌克兰神父悄悄告诉利哈乔夫说:"到了索洛韦茨基岛,应该去找尼古拉·彼斯康诺夫斯基神父——或许他能帮助你。"

随后人犯被押解上"格列勃·博基"号轮船,这艘船将把他们运送到索洛韦茨基岛。上船时,专门入户盗窃的贼奥甫钦尼科夫偶然挤到了利哈乔夫身边,他一再重复说:"别急,别急,最后再上。"不料这句话竟然帮了利哈乔夫的忙。

轮船抵达了索洛韦茨基岛，第一批先上船的人都在底舱里，离船上岸他们反倒成了"最后一批"，他们长吁短叹，等到最后才走出船舱。

天空阴沉，高墙围拢的索洛韦茨基修道院变成了"索特营"——索洛韦茨基特别集中营……并非所有坐船来这里的人都能活着走出高墙。下面是利哈乔夫有关索洛韦茨基岛囚禁生活的最初印象：

我们这些活着的人，被带进2号澡堂。在寒冷的澡堂里被命令脱下衣服，所有的衣服被送到消毒室去消毒。伸手试试洗澡水——只有凉水。大约过了一个小时才来热水。为了让身体暖和，我不停地用热水冲洗。最后，衣服又拿了回来，有一股硫黄气味儿。我们都穿好了衣服，被押送着走向尼古拉门。在大门洞里我摘下了一直戴在头上的大学生帽，画了十字。在这之前我还从来没有见过真正的俄国修道院。现在感受到了索洛韦茨基岛的气氛。修道院的建筑不像新设立的监狱，反倒像个神圣的教堂。走过了第一道门，第二道门，我们被带到了第十三队。那里借助"马灯"的灯光，清点了我们的人数，一个个检查搜身。

……我一下子躺倒在硬板床铺上，直到第二天早晨才醒过来。我睁开眼看到的，完全出乎预料。硬板床铺空荡荡的。除了我以外，只见高大窗户宽阔的窗台上坐着个安静的神父在缝补他的长袍……跟神父交谈了几句话，我问了他一个很荒唐的问题，问他是不是认识尼古拉·彼斯康诺夫斯基神父（索洛韦茨基岛上关押着的人有几千）。神父抖了抖自己的长袍，回答说："你问彼斯康诺夫斯基？我就是。"他自己还没有安顿好，看上去平静、谦逊，谁又能料到，他将以最好的方式安排我的命运。

当时的处境是："……我得到了自己的一份口粮，一块面包和一大搪瓷缸子开水，这个搪瓷缸子是关心我的父母送给我的。每次劳动回来，都用这个缸子盛满稀粥……在十三队，我换过不知多少工种！干同样一种活儿的机会很少碰到。干得最多的是——在发电站锯木头，在码头做搬运工，在穆克萨罗姆大道上拉沉重的载货雪橇（临时代替拉货的马匹），在皮革工厂当电工（按老的叫法是'修道院的铁匠铺'），在饲养场做喂狐狸的饲养员，最后，在集体农庄里看管牛群……"

在所有的犯人编队中，十三队人数最多，也最可怕。那里重新采用了以前使用的各种惩罚措施。犯人要受严格的军事训练，目的是摧毁他们的意志，不敢有任何反抗的念头，最繁重的体力活儿都派十三队的人去承担。所有被遣送到索洛韦茨基岛的犯人，必定编进十三队，在这里起码要受三个月的煎熬。这个队的名字还叫"检疫队"。那里的种种规定出奇地残酷。谁要是完不成每天的劳动定额，就会被"关禁闭"——也就是脱光了衣服，站在石头上，一动也不许动。整个身体顷刻间会落满了蚊子，四周像一片嗡嗡响的乌云。有些人从石头上摔下来活活被折磨至死……十三队又被称为坟墓队。被冻僵的、骨瘦如柴的尸体沿着滑道叮当作响地落进土坑……

在十三队，很多囚犯打牌的时候，很快就会输给那些骗子，输掉所有的东西，甚至包括好几天的口粮。出人意料的是，利哈乔夫对十三队里各种可怕的现象也产生了研究的兴趣，这样的兴趣有助于消除沮丧心理，他告诉自己说，这就是"研究考察"，1930年他在地方性丛书《索洛韦茨基岛》上发表了学术性文章《囚犯赌牌》。喏，这简直不是服苦役，而是学术出差了！利哈乔夫正是用尽一切气力，以这样的心态看待身边发生的所有事件。他观察、思考，并记录下来。他在索洛韦茨基岛写出了《给经历苦役者的建议》，其中包含了对囚禁生活的细致观察和很多可贵的告诫。请看"我的物件"一节：

> 在板床上该怎么样睡觉呢？板床通常都很短。如果伸直了身体，那么两只脚就会伸到床外悬在那里，有人经过，就会碰到，把睡觉的人惊醒。值班的看守会用木棒或皮带抽打伸出床外的脚丫子，因此必须学会蜷着两条腿睡觉。我至今还保留着在集中营里养成的蜷腿睡觉

的习惯。另外,毛毯经常被人偷窃,若是把上身穿的衣服盖在毛毯上边,很容易丢失。因此我学会了这样做:毛毯的两边一定要裹紧,压在身体下面(这样睡也比较暖和),短呢子上衣或者皮袄要穿在腿上,把两条腿伸进袖筒,保证不会丢失,也很暖和,如果窃贼动手往下拽,就会把人弄醒。值班看守即便抽打双腿,也会减轻疼痛。当然这适用于所有连队睡板床的囚犯。

还有为了早晨起床更快,衬衫和上身穿的衣服要一起脱下来,连同衬裤放在自己身边。这样衬裤和裤子、衬衣和厚外套一起穿起来很方便。愿大家成功。

当然,利哈乔夫在这里获得了丰富的人生经验,了解了很多情况。在索洛韦茨基集中营,教授身边睡着刑事犯,妓女旁边站着宫廷女官,她能说一口流利的法语,无可挑剔……

彼斯康诺夫斯基神父和大主教维克多·奥斯特洛维多夫(集中营首长信任神职人员,知道他们不撒谎骗人)经过反复努力,安排利哈乔夫到办公室工作,这样一来,不仅拯救了他的身体,而且拯救了他的灵魂——他们实现了自己的设想,虽然并非立刻奏效。看得出来,年轻的利哈乔夫身上有一种气质引起了一些人对他的关注,这些人严肃、深刻、有责任心,他们欣赏利哈乔夫的睿智、细心、追求完美。利哈乔夫急切地盼望命运得到改善,因为彼斯康诺夫斯基神父答应过帮助他,出乎意料的是却由于得了斑疹伤寒被关进了隔离室。沃洛佳·拉科夫和费佳·罗京贝格把他推到隔离室,他们仨是可笑的"科学院宇宙小组"的"同案犯"。很久之前的经历——仿佛前尘往事。

这"犯罪"遭到可怕的惩罚实在是匪夷所思!

在隔离室工作的医生,也是很久前就认识的熟人——伊万·米哈伊洛维奇·安德列耶夫斯基,林托夫斯卡娅学校的老师,起初他建立了"赫里菲尔纳克"小组,在那里年轻学生跟米佳·利哈乔夫展开了激烈的争辩……他们的"哲学对话"后果很可怕!过去的老师,现在是医生,以前的学生如今得了伤寒。眼下老师必须抢救学生的性命。除了他，参与抢救利哈乔夫的另外还有个好人，医疗所的办事员，贵族出身的格奥尔基·米哈伊洛维奇·奥索尔金。等到利哈乔夫病情有所好转，奥索尔金给了他半瓶红酒以示鼓励。周围的生活恐怖又卑鄙，在这样的环境里，像安德列耶夫斯基和奥索尔金这样的人就显得与众不同。

"格奥尔基·米哈伊洛维奇·奥索尔金的外貌和举止给我留下了很深的印象，"利哈乔夫写道，"中等身材，金色的头发，留着髭须和胡子，随时保持着军人姿态……一直精神抖擞，面带笑容，机智灵敏——我一辈子都记得他的模样……为了救助干活劳累身体瘦弱的知识分子，他做了很多事情：在医务委员会上跟医生们商量好，降低劳动定额，把许多人送到医院治疗，或者安排成医护人员（药剂师助理，护士），有些人只要能认识拉丁字母，能区分碘酒和蓖麻油，就能做这件事……"

奥索尔金挽救过很多人的性命——可是他自己却不幸遇难：他的所作所为不可能长期延续而不受惩罚。马克西姆·高尔基曾经访问索洛韦茨基岛，在那次有名的访问之后，为了对犯人的申诉进行报复，契卡工作人员拟定了三百人的处决名单，其中就有奥索尔金的名字。但即便是死，他也要死得光明磊落。集中营里跟往常一样秩序混乱，就在临近处决的那几天（奥索尔金知道这件事），他的妻子前来看望他。她出身于戈尔岑公爵家族，已经领取了护照，准备去巴黎。契卡工作人员同意奥索尔金跟妻子见面，但要求他以军官的名义发誓，不把处决的事告诉她（契卡工作人员常常拟定处决名单，认为属于正常死亡）。

利哈乔夫偶然遇见了奥索尔金陪着他妻子散步，他像往常一样精神饱满，面带笑容，机智幽默。他的妻子看上去很平静，后来她就走了。1929年10月28日，奥索尔金跟其他被选定的一共三百人都被"契卡复仇主义分子"枪毙了。

利哈乔夫服刑期间就认识了这样一些真正的人，这些人依据利哈乔夫的表现也很器重他的人品。每个人都跟他相称的人交往。经过很多年以后，利哈乔夫赴英国牛津大学，在那里见到了奥索尔金的妹妹，跟她讲述了她哥哥遇难的经过。他发现奥索尔金的妹妹对此竟然一无所知。

利哈乔夫的朋友们在集中营里终于为他安排了一份新的工作，不巧的是他得了伤寒，病得很重，跟其他患病的人一起躺在医院里，后来转入了所谓的"康复病房"，那所房子房顶很低，外面的风能吹到屋里来……过了几十年以后，利哈乔夫再次来到索洛韦茨基岛，找到了那个狭窄的房子，无论如何也不相信，他曾经在那里住过！但正是在那里他养好了身体，开始做新的工作。

索洛韦茨基集中营虽然是为那些出类拔萃者的死亡而设立的，可是不管多么奇怪，这里短缺的仍然是聪明人。因为那里需要有管理能力的人来管理。大家都知道，让傻瓜来管理是不会有好结果的。领导人需要总结报告，需要"展览橱窗"，需要"重新改造的成果"，需要有效的运作，甚至需要收入——除了聪明人，谁也难以完成这样的任务。集中营里有博物馆、有剧场、有经营核算，文化宣传部门包括了演员、乐手、经管人员，必须对"危险的罪犯进行教育改造"。要让傻瓜来经手，必定从根子上毁了这些大事。

集中营里还有个意想不到的机构——犯罪学研究办公室。那里聚集了一些犯人，他们收集图片，都对绘画、书法、诗歌感兴趣。领导这个单位的是聪明人亚历山大·尼古拉耶维奇·科洛索夫，以前做过法官，在沙皇军队里当过监察官，他善于自我表现，在集中营首长面前，让他们了解并相信，要想研究犯罪心理的奥秘，那就绝对离不开他们的实验室。德米特里·利哈乔夫心里蕴藏着高度的研究热情，这份工作无疑具有很强的吸引力。

还在十三队的时候，有一天利哈乔夫正在往车上装猪粪，一个人走到了他的身边，只见这位先生"外表庄重，英俊，已经不再年轻，留着灰白胡子，穿着黑色的半大衣，手里挂着自制的手杖。原来这就是亚·尼·科洛索夫"。

经过了简短的交谈,利哈乔夫答应了(确实并非立刻就表示同意)长期在犯罪学研究办公室工作。

不过这件事拖延了很长时间。利哈乔夫从十三队调到了十四队,得了伤寒,病情沉重,病好了以后才到"犯研办"(当时所有的人都这样称呼犯罪学研究办公室)报到上班。十四队的队长普利特维茨,过去是男爵,曾担任彼得帕甫洛夫斯克要塞卫戍司令,他把利哈乔夫安排在科洛索夫手下,听他指挥。

在集中营里,利哈乔夫的命运发生了重大转折。以前干的都是脏活儿、累活儿,今后他所做的,大致跟他终生从事的事业相类似——就是文件分析。由于从事新工作,他才有机会进入索洛韦茨基岛很好的博物馆,在那里编写圣像清单,有些以为早已失传的圣像,却奇迹般地在那里得以保存。

这座独一无二的宗教珍品博物馆,在人间地狱里,在无神论战斗风暴中,凭借什么条件才得以妥善保存下来了呢?利哈乔夫讲述了令人惊异的情节,这在任何一部长篇小说中都很少见:"20年代中期,负责管理索洛韦茨基集中营的首脑是爱沙尼亚人艾赫芒斯。相对说来这个人是个有文化涵养的人。结果他从博物馆馆长被提拔为集中营的首长,而且极其严厉,不过对博物馆仍然很重视,在他离开那里以后,原来比较特殊的局面依然得以保持。"

利哈乔夫来到索洛韦茨基博物馆的时候,他受到了震撼(他对俄罗斯古代文化的痴迷由此开始)。当时担任博物馆馆长的是精明的冒险家尼古拉·尼古拉耶维奇·维诺格拉多夫,他善于给集中营首长留下好印象,一是绝对忠诚,二是积极开展反对宗教的工作。其实他是个非常细致的艺术专家,由于他采取了十分"灵活的策略",博物馆才得以保存并免于毁灭。假如在他位置上的是个理想主义者,不愿意采取任何折衷的做法——博物馆大概早就毁了。就这样博物馆不仅继续存在,而且还开展科学研究工作,利哈乔夫立刻兴奋地投入到这项工作中。正是在这里他积累了生活智慧。他发现,在那些远非是理想主义者的人身上,有时会闪现出上帝的火花,这种人同样值得尊重,应该欣赏他们的优点。他跟各种各样的人交往,态度温和,胸襟坦荡,使得他成了那个时代最高尚、最有威望的人,这样的人生智慧是在索洛韦茨基岛获得的。正是在这里他学会了辨别人性,成了一个执著而顽强的学术研究者……

刚刚获得批准可以走出城堡区域,利哈乔夫就像成熟的学者那样开始研究索洛韦茨基岛上的建筑。他的文件里保存了当时的计划,要对岛上所有的古代建筑和当代建筑进行描绘和鉴定。利哈乔夫以惊喜的口吻赞赏道:

"大索洛韦茨基岛上有三百个湖泊,其中最大的湖泊彼此相连接,这样就能不断地给圣湖输送清洁的水,湖岸上巍然高耸的索洛韦茨基修道院建筑在圣湖与白海之间的狭窄地带,海面与岸上的落差据说是 8 米。这样的落差使得修道院里可以利用各种技术修筑输水管道和排水工程,很快建造了修理船舶的船坞、建造了优良的面包作坊、洗衣房、铁匠作坊(这在十六世纪比较罕见!),还有为食堂供水的管道等等工程。修道院的建筑有力地反驳了古代俄罗斯技术落后的荒唐说法。"

赞赏古代文化,研究它、描述它的强烈心愿,后来构成他全部生活的追求与实践,其萌芽就滋生在这里。在负有特殊使命、令人恐怖的索洛韦茨基集中营,他特别善于发现自己喜欢做的事情,寻找自己的道路,这条道路日后将把他引向荣耀,使他成为享誉世界的著名学者。

在这里,他结识了一些杰出的人物,其中就有作家柯罗连科的侄子。领到了允许走出城堡的通行证,他们俩多次在索洛韦茨基岛上到处行走,还沿着堤坝走到另一座岛上,边走边聊。索洛韦茨基岛四周都是冰川期留下的砾石,海岛深处的原始森林里还有很多漂石——利哈乔夫和柯罗连科打算为自己留下点儿纪念,作为最高的精神寄托:在石头上刻下自己的姓名。不过,那一次没有来得及这样做。后来苦役犯的生活使他们分开了。几十年以后,利哈乔夫回忆了这件事,索洛韦茨基博物馆一位富有自我牺牲精神的女职员,长时间在森林里寻找,终于找到了那块石头,发现上面刻着两个姓氏:"柯罗连科,利哈乔夫"。原来忠实的朋友没有忘记自己的誓言，把两个姓刻在了石头上，此后不久柯罗连科就被枪毙了。但这块石头却出了名——以后很多游人来这里拍照，刻字的石头上了电视，还出现在有关利哈乔夫的电视纪录片里。索洛韦茨基集中营的苦难像"奠基石"一样成了利哈乔夫一生的基础，奠定了他作为受难者与思想者的个性，在受难中展现出精神高度。正是苦难经历使得利哈乔夫日后成了卓越的名人。

衬托这种"心灵燃烧"的背景，是可怕的集中营生活，想想那种环境，不免让人毛骨悚然。

除了剧场和博物馆，索洛韦茨基岛上还有由单人囚室和禁闭室构成的第十一队，有出了名的谢吉尔卡——建在山上的惩戒隔离室，提到它就叫人胆战心惊，有很多台阶的陡峭阶梯通向那里。大家都知道钟楼下面有个小小的房间，在那里朝单独的囚犯后脑勺开枪，有时候押送途中就处决，免除了大批枪毙犯人的手忙脚乱。

参观过索洛韦茨基集中营的高尔基是否都了解这些情况呢？他所看到的充其量只是"和平社会的图景"，索洛韦茨基岛没有任何过火的举措，是在挽救误入歧途的人！高尔基跟一个男孩子交谈了很长时间，谈话很亲切，男孩子把他知道的一切都告诉了作家，作家走了以后，男孩子就被枪毙了。

人数最多的一次大规模处决发生在1929年10月28日。在关押利哈乔夫的第十三队牢房，大家忽然听见猎犬布列克"汪汪汪"叫了起来——这就意味着又有一批人被押出了火烧门（圣门），拉出去执行枪决：猎犬的叫声从来没有出过差错。

利哈乔夫本人逃过了枪毙的厄运，应该感谢奇迹（或者说该感谢性格？）。他非常幸运，到牢房里去抓他的时候，恰巧他不在那里。利哈乔夫的父母来探望他，在外面租了房间，他住在那里，他的朋友在那里找到了他，提醒他要躲避。

他告诉父母说，接到紧急通知，必须赶快去上班，实际上他走到了存放木柴的院子里，在木柴垛中间藏了起来。他在回忆录中写道："我在那里忍着，望着天上的星星，听见了处决人的枪声。"

1929年一个晚上枪毙三百人的"处决定额"完成了，这个夜晚太恐怖了。利哈乔夫保全了性命，又回到父母身边。留下来一张照片：经历了那个夜晚之后，利哈乔夫跟父母拍了一张合影。照片上的他们想笑，可是他们的眼睛里充满了痛苦，尤其是谢尔盖·米哈伊洛维奇的眼神更忧郁。

利哈乔夫一直为这一事件感到难过，他说："一定有个难友代替我被枪毙了！"他常常重复一句话："现在我应该替那个人活着，要尽可能地多做事！"

集中营里最可怕的一段时期过去了。利哈乔夫开始在犯罪学研究办公室工作。他对要做的事——重要的、有意义的事情非常重视。他的上司亚历山大·尼古拉耶维奇·科洛索夫为人精明、干练。科洛索夫出主意，利哈乔夫很投入地去完成，这让他的上司很满意。科洛索夫在索洛韦茨基把未成年罪犯组建成一支少年队——这挽救了数以百计的少年犯。原来这些孩子混编在成年囚犯中间，没有特别的监管，在这种条件下，不断有孩子死亡；成立少年队以后，专门为他们修建了简易住房，发给他们衣服、鞋子，更主要的是建立登记制度并提供饮食。听到人们传说少年队里生活条件良好，孩子们开始自动地到那里去，而在这之前，利哈乔夫要花很长时间在棚子里、在床底下寻找他们，跟他们谈话，还常常受他们欺骗，要花费心思，琢磨说什么样的话才能打动他们，为此常常很苦恼。利哈乔夫晚年在回忆录中谈到这项工作时感到很欣慰。

当很多"索洛韦茨基集中营的囚犯"被押送到大陆去挖掘白海运河时，有传闻说科洛索夫要调动工作。在送别的晚会上，利哈乔夫和他的同伴一道举杯感谢亚历山大·尼古拉耶维奇·科洛索夫，他情不自禁哭出了声音。是科洛索夫帮助他摆脱了危险的处境，摆脱了毫无意义的生存状态，使他的生活变得有意义，有价值，挽救了他的心灵。

很多熟人，其中包括"科学院宇宙小组"的朋友已经转到大陆，参加白海运河修建工程，他们来信说那里的生活条件要好得多，工作也更有意思。"科学院宇宙小组"案件的"同案犯"费佳·罗京贝格在白海的熊山担任了会计,这是个很好的职位,他把利哈乔夫称呼为"杰出的会计师",希望利哈乔夫也到那里去工作。但是这边很长时间不放人。有一天同情他的办公室办事员让他看了他的案件卷宗。里面写道:"与索洛韦茨基密谋暴动案有关"。利哈乔夫明白了,有一件事大概是这段文字的起因,他曾经碰见一批被押向刑场处决的囚犯,因为其中有他认识的一个人,就摘下帽子向他深深地鞠躬。在这里这样的做法是不能原谅的。

有一天利哈乔夫被告知可以离开了——不料在临行前再次受到了阻拦。到了第三次才得到允许启程,曾两次为他送行的人这一回没有流泪,也没有多少想说的话了。利哈乔夫终于离开了索洛韦茨基岛,乘坐的还是那艘把他送到这里来的"格列勃·博基"号轮船。现在他知道了,这艘轮船的名字"格列勃·博基"就是集中营首长的名字,此人以残忍和狡猾著称,他曾经亲自陪同马克西姆·高尔基视察索洛韦茨基特别集中营。

利哈乔夫经受了服苦役的考验,他没有背叛自己,没有丧失尊严。相反,他离开索洛韦茨基的时候变得更加坚韧。多年以后,有一次他接受采访,谈到了集中营是对一个人道德的磨炼:"最重要的是不能让'道德溃疡症'侵蚀到你的肌体,如果你不能防范,有丝毫的软弱,就难免会出现道德的崩溃。"

利哈乔夫在回忆录中写道:"熊山用阳光迎接我们,在索洛韦茨基岛我们已经很久(从夏天开始)没有见过太阳了,迎接我们的还有刚刚下过的初雪,洁白的雪。我心里感受到一阵喜悦。正是在这一天我产生了获得自由的体验。1932年8月8日当我真正获得释放的时候,却没有再次出现这样的心情。"他在这里学会了珍惜生命,在险恶的环境里发现崇高,他对索洛韦茨基岛的评价具有双重性,不仅仅把它看作恐怖的集中营,同时把它视为可贵的历史坐标,伟大的基督教与文化中心。利哈乔夫又上了一次"大学",成绩优异,遇见了杰出的人士,他们对他的评价也很高。利哈乔夫认识到了自身的价值。每个人总跟他相称的人交往。

归　来

利哈乔夫囚徒生涯的最后几个月是在白海运河建筑工地度过的（是费佳·罗京贝格叫他到那里去的）——他在熊山、兹瓦诺克、基赫温等几个铁路车站上工作。他担任货车调度员，完全胜任担负的职责，成绩优秀，甚至获得了"白海建筑工程突击手"的光荣称号。1932年8月初发来了指令，让他去熊山领取刑满释放证书。在这之前不久，利哈乔夫的父母还有他的弟弟尤拉来到基赫温看望他，尤拉酷爱游泳，尤其擅长扎猛子。父母和尤拉在基赫温很高兴，他们愿意整个8月都在那里度过。但是利哈乔夫坚决不同意，他在这里早就待不下去了。他总结似的说道："我在施帕列尔羁押所关了九个月，在索洛韦茨基岛关了三年，在白海—波罗的海运河工地待了九个月：熊山车站、兹瓦诺克车站、基赫温车站。"

就在当年8月上半月，他们几个人就回到了列宁格勒。得到的印象并非喜悦。正如利哈乔夫所写的："从1917年到1950年，家里的气氛一直很灰暗，很少明亮时刻，难得欢欣快乐——喜悦似乎已经绝迹。人们断绝了来往，害怕被当成资产者，被拒之门外……几十年中能够记住的唯一亮点——是夏里亚宾的蓝色上衣。有人说，国外的汽车是彩色的，我不敢相信……在被捕之前，订购了一件制服（用了40卢布，价格很贵！）。订购的衣服是深蓝色的,可是我总觉得是黑色的。我坐牢期间,弟弟尤拉穿了这件制服。等我从集中营回来,父母给我买了黑色的粗呢子制服,一直到战争结束我都穿这件衣服。除了一件肥大的深棕色托尔斯泰式短上衣,其他的衣服全都是黑色的。没有刮脸刀,要想刮胡子只能使用推子推。"

他不期望有任何高兴的事。他们家的生活水平急剧地下降了。父亲失去了以前的职位,同时失去了位于奥拉宁巴乌姆街一处很好的公家住宅,如今他们一家人住在离原来的住所不远的地方,在拉赫金街一所公共住宅里,跟他们住在一起的是工程师凯萨列夫一家,他是利哈乔夫的大哥米哈伊尔的朋友。

如果突然有人上门来登记(这种事很不简单),那么工作就可能遇到麻烦。大家都知道,斯大林本人正千方百计地宣传在白海工程中"锤炼改造"干部取得的成就,想方设法支持"经过改造"的干部,准许他们在大城市定居,排除障碍为他们安排工作。可实际上当权者不太相信领袖这"善良的冲动"(难的是他们又不能不对此负责),当权者不愿意帮助刑满释放人员安排工作,即便那些"运河开凿者"怀里揣着优秀证书。除此之外,由于利哈乔夫突然被捕,没有来得及领取大学毕业证,尽管他听了几乎所有该听的课程,还撰写了两篇论文:一篇是为罗曼—日耳曼课程写的,论十八世纪末至十九世纪初莎士比亚作品在俄国的传播,另一篇是为斯拉夫—俄罗斯语言课程写的,题为"牧首尼康的故事";然而很久以后他才能得到大学毕业的证明,而步入生活,得到安置却不容拖延。关键时刻拯救他的还是父亲。在利哈乔夫的一生中,父亲发挥了决定性的作用。当年父母到索洛韦茨基岛的探视,使利哈乔夫"躲过"了枪毙的厄运,其他几次探望都给了他物质上和精神上的支撑。现在,谢尔盖·米哈伊洛维奇凭借自己与图书出版界的人际关系,可以帮助儿子安排工作,并让这个职位尽量与儿子的兴趣和才能相吻合。谢尔盖·米哈伊洛维奇曾经在印刷所担任工程师(那时候德米特里还是大学生),同时还在图书之家书店兼职(书店楼顶上有座地球仪,很多人都知道那里又叫金格尔之家),国家出版社列宁格勒分社就坐落在那座大楼里。因此，还是大学生的德米特里·利哈乔夫，就能借用父亲的图书证在国家出版社图书馆里学习。现在他们父子俩到这里求职，出版社对这一老一少十分了解，他们接纳了德米特里·谢尔盖耶维奇，让他担任文学编辑。

他刚刚开始着手工作，忽然胃溃疡复发，疼得要命。索洛韦茨基岛留下的恐惧不会轻易消失。再者说，恐怖依然存在。周围的人说不定什么时候就会被捕入狱。镇压的浪潮尚未平息，相反——越来越汹涌高涨。痛苦影响到了身体健康：利哈乔夫上班坐电车时晕倒在车厢里，口吐鲜血。在医院里，医生告诉他的父母，由于失血太多，抢救过来希望不大。抢救他的外科医生阿勃拉姆松，当时也有风险，内心害怕，他及时地为利哈乔夫输血。连续地住院挽救了利哈乔夫，使他避开了被驱除出这个城市的厄运（当时出版社拟定了"驱除名单"，其中就包括利哈乔夫的名字）。命运第二次拯救了他！后来，他长期在疗养所里休养，借助读书忘掉疼痛和惊恐，读有关艺术的著作，有关文化史的书籍。出院以后在家里休养，继续读书。生病期间，他失去了工作。父亲安排他在印刷所里担任外语校对员。德米特里·利哈乔夫本人经历了很多痛苦，他的父母分担了他的苦难与焦虑。

1934年利哈乔夫被调到科学院出版社当校对员，出版社坐落在涅瓦河沿河街一座古老的楼房里。校对图书清样，眼睛特别劳累，但这并未妨碍他下班后如饥似渴的阅读，他认为必须阅读的书籍数量不是减少了，反而增加了。伟大的学者总是伴随着伟大的激情与志向。

心地善良的利哈乔夫对校对工作特别痴迷（何况这仿佛继承了父亲做过的事，他的一生很长时间献给了书籍出版）。利哈乔夫跟其他同事一起编辑出版了工具书校对员手册。有段时间，正如他自己所承认的，校对——将是他终生的职业，让他能安心在此工作的主要原因是——不为人知，不受打扰，钻进巢穴。

运气不错！他的同事校对员当中，也有不少人曾有被捕的经历。他回忆道，基洛夫遭到暗杀以后，街道上空空荡荡：人们尽力什么地方也不去，害怕被什么人看见。利哈乔夫就躲避在他的校对"洞窟"里。但是,写作、从事学术研究的强烈心愿,无时无刻不在伴随着他。

利哈乔夫自己也承认,一开始,写作并不顺利。原来他上的学校虽然都很好,那里传授给他广博的知识,教导他如何思考,却没有教给他怎么样写作。在学校的最后几年,据利哈乔夫回忆,由于教室里寒冷,手指颤抖,写字都很困难。

他在大学里写的学位论文,一篇写莎士比亚在俄国,另一篇探讨"牧首尼康的故事",可能都包含着有价值的思想,但利哈乔夫承认,文章写得很幼稚,没有可取之处。句子与句子之间缺乏有机的联系,无论如何写不成一篇有条有理的文章。

普通人很容易跟自己的缺点和解(这有什么可奇怪的!),也有不少名人,取得了显著的成就,格外自尊自爱。他们的缺点似乎被他们的成就衬托得更加明显。利哈乔夫跟他们不同。他一辈子不懈追求,精打细算,那些嫉妒他的人甚至说,他时时处处追求完美,令人生厌,对于进入他的视野,跟他的学术研究无关的东西,他甚至从不理睬。因此杰出的学者很多——可利哈乔夫却只有一个。

他开始学习写作。现在,用这个句子来描写大名鼎鼎的利哈乔夫显得极不恰当……但确实曾有过这样的经历。

绝大多数平常人自认为他们的写作能力不错。"写得再好——有什么用呢?"但是利哈乔夫找到和阅读的书籍,以他的观点看来,全都写得才华出众,首先得是文学艺术大家——阿尔帕托夫、吉韦列戈夫、穆拉托夫、格拉巴里、弗朗盖里等人的杰作,他在写作中尽力模仿他们的风格。经过顽强的努力——他确实获得了成功!

离开监狱,重返正常的生活,利哈乔夫写的第一篇严肃的论文标题为"小偷语言特点初探",发表在《语言与思维》杂志上,立刻遭到了米哈伊尔·沙赫诺维奇的猛烈批判,他认为这是"有害的胡言乱语"。但当时有名的语言学家和艺术家如阿巴耶夫、贝霍夫斯卡娅、巴申贾吉扬等人都给予赞扬或肯定。利哈乔夫的第一篇文章使他在语言学家中出了名。那时候担任文学研究所副所长的奥克斯曼，认识利哈乔夫，就约请他到文研所来工作。利哈乔夫是个有自制力也很谨慎的人，尤其是经历了苦役之后更是如此。他明白，类似于沙赫诺维奇的抨击文章发表以后，通常被批判的作者会被逮捕。他明白，遭受苦难的并非只有他一个人。不过，"科学的召唤"毕竟比恐惧更有力量。重要的是，他一生的志向已经确定。他的第二篇论文也已经准备就绪，要交给《语言与思维》杂志，将在文集中发表。

1935年利哈乔夫结婚了。季娜伊达·亚历山大罗夫娜·马卡罗娃，是他的终身伴侣、重要的助手，也是他的激励者。她从新罗西斯克来到列宁格勒，在他们俩相遇之前，她已经成了真正的列宁格勒人，说话几乎听不出俄罗斯南方的口音，后来乡音就完全消失了。

季娜伊达·亚历山大罗夫娜有个外孙女，名字也叫季娜，祖孙两个人同名。季娜·库尔巴托娃在她的回忆录中满怀着敬爱，详细地讲述了外婆的经历。外祖母和外孙女特别亲密，这种情况很常见。

两个季娜一起看影集里的照片，影集是季娜伊达·亚历山大罗夫娜从新罗西斯克带来的，里面有她年轻时的很多相片。

"啊！这是我和宁卡·乌尔瓦切娃的合影！"季娜伊达·亚历山大罗夫娜大声说，立刻显得年轻了。她出生在一个多子女的家庭。影集里有很多长辈和亲戚的照片——黑头发、宽肩膀，季娜伊达长得也是那种模样。年轻时她乐观开朗，精力旺盛，擅长游泳，游过宽阔的新罗西斯克海湾根本就不当成一回事。

从照片上看，即便在饥饿的二十年代，季娜伊达·亚历山大罗夫娜依然穿着漂亮，面带笑容，在伙伴当中显得尤为突出。"外婆年轻时像电影里的明星一样！"外孙女季娜这样形容。季娜伊达·亚历山大罗夫娜回忆说，年轻的时候，她和朋友们经常在一起聚会，大家有说有笑，可是他们只喝茶、吃面包。

尽管那是段暴风雨般的岁月，季娜伊达·亚历山大罗夫娜却对社会活动不感兴趣，让人惊讶的是，她居然没有加入"共青团"。虽然他们家不是贵族，她父亲只是普通的劳动者，可是他们不喜欢红军。从照片看，所有的家庭成员和亲戚穿的都是白军的服装。季娜伊达·亚历山大罗夫娜回忆说，白军进入新罗西斯克的时候，她的亲人当中有一个欢呼道："我们自己的人来啦！"一切苦难都来自布尔什维克，来自革命和国内战争，这是显而易见的事情。

季娜伊达梦想上大学将来当医生，但是未能如愿。她刚刚二十岁的时候，母亲得伤寒病死了。她父亲后来没有再结婚，成了单身汉，操持家务的重任都要由季娜来承担。马卡罗夫一家搬到列宁格勒的时候，季娜二十七岁。经过学习她成了会计，进入出版社工作，就在那里遇到了德米特里·谢尔盖耶维奇。季娜伊达带大了三个弟弟，从饥饿、严寒和贫困中救助了他们，她看到米佳·利哈乔夫，感觉他仿佛是自己的弟弟。季娜伊达·亚历山大罗夫娜最初对这个英俊的小伙子的情感并非是赞赏，恰恰相反，是对他的同情。利哈乔夫受胃疼病折磨，日常生活没有规律，给人留下了很凄惨的印象。"可怜的人！"季娜伊达跟同事说话时谈到了自己的感受。"天气都冷了，他还穿着球鞋！"谁又能料到，就是这双球鞋决定了两个年轻人的命运。起初是同情，给予帮助的意愿，对于好心肠的回答，于是——逐渐产生了爱情！现在，利哈乔夫拥有了最可心、最出色的生活伴侣——他能展翅腾空飞行，在很多方面要归功于妻子的支持。

……后来，利哈乔夫告诉外孙女季娜，他爱穿球鞋，实际上并非由于穷，他在集中营里多年劳动，习惯了穿球鞋，觉得走起路来轻快方便。因此无论生活有多大变化，他都对球鞋心怀感激！

利哈乔夫去世以后，他的卷宗里积攒了许多资料，从中查阅，偶然发现了有关家庭生活的记载……以前他认为科学研究是最重要的事业，谈论家庭琐事似乎羞于启齿。不过，现在请看：

……在诺夫哥罗德等待孩子出生。步行去沃洛托沃，去涅列基查……回到拉赫金斯大街9号楼12号住宅，自己家住在五层。公共住宅里有三个房间，工程师科萨列夫是米沙的朋友，也住在这座楼里……父亲坚持把有两个窗户、最大的房间让给我和季娜居住。父亲住进了那个小房间，那里有土耳其沙发，还有我们全家的食品贮藏柜。祖父夜晚看书。进深长、有一个窗户的房间给祖母住，那个房间很"豪华"：有画家莫塞的冬季风景画，还有戈别林双面挂毯。尤拉和第一个妻子尼诺契卡离婚后，也住进了这个房间。在我们有两个窗户的房间里，还摆放着一些皮革作坊的下脚料，那是上个世纪末谢·米买来的，想做成玩耍的牌卖给弗拉基米尔俱乐部使用。以前还有一架"基杰里克斯"牌的钢琴，不得已只好把它收拾起来。折叠床藏在沙发后面。

……我们去了小马路的产科医院。早晨助产士打来电话说：生了两个女孩儿！

奶奶维拉·谢苗诺夫娜高兴地叫着说："我们哪能一下子抱两个孩子呀？"巴尔曼斯基在出版社对我说："孩子都是上帝的赏赐啊！"……哭起来争先恐后地哭，要生病两人也一块病，要淘气一块儿淘。不过，欢乐也是双倍的欢乐。先出生的女婴起名叫维拉，跟外祖母同名，好让她多照顾，后出生的女婴叫米拉，这个名字好听，便于一块儿庆贺。工会基层委员会给孩子买了礼物：两张儿童用的小木床。坐着汽车带着小木床回家，非常得意！因为维拉哭的时候更多，她的小床紧挨着季娜睡的轻便折叠床，另一张小床伸手也能够得着。夜晚12点，闭着眼睛的维拉被抱到妈妈的床上，跟妈妈一块儿睡。我从出版社回来，胃溃疡发作，一阵阵疼痛。季娜失去了出版社的工作——出版社做了编排分类以后，我把稿子带回家进行编辑剪贴。跟熟人和朋友尽量不见面，免得再次被捕入狱。

年轻人希望幸福，他们为幸福付出自己的努力……他们难以预见到生活将给他们带来的矛盾和冲突。

许多人都认为这个家庭是无可挑剔的，谁也不记得他们夫妻之间有过争吵。利哈乔夫总是很克制,不流露自己的情感,不愿意跟人交流。不过,了解他们家庭的人都说他们夫妻俩的关系充满了温柔和信任,遇到最艰难、最棘手的事,他们总是两个人商量怎么应付,做出最重要的决定。季娜伊达·亚历山大罗夫娜对于当时困扰德米特里·谢尔盖耶维奇的那些难题立刻给予理解与包容。

最揪心的事,当然是怕再次被捕。德米特里·谢尔盖耶维奇回忆说,每天早晨看到楼梯上张贴的居住者名单都很害怕,所有被捕者的名字当即从名单上勾掉:上帝保佑,千万别落入"人民公敌"的行列!被勾销的名字逐日增多。所有这些危险日子利哈乔夫都熬过来了,他感觉未来的前景充满了光明。

1937年之前他一直做校对员,当然,他不止一次想过:莫非这就是任职的顶点?不过从另一方面着眼,这项工作让他处于"不显眼"的位置,不必对那些尖锐的问题表态,免去稍有不慎说句错话就被捕的危险。在一次访谈中他说过:"主要的是任何会议都不参加,但是我每天都看新闻。再说当时我确实患有胃疼病。表决清除(指持续进行的一致声讨'人民公敌'的运动——瓦·波按)意味着迅速的灭亡!但是这样的死亡表决,我从来都不参与!"

那个时候这当然属于一项功德。躲避表决当然要做得不被觉察,可是危险正步步逼近。有一天他因为胃溃疡躺在医院里,城市里恰巧进行例行的公民证登记——这是一次相当严峻的事件。凡是有"不当行为"者或有可疑行迹的人,都不颁发新公民证,这就意味着将被驱逐出这座城市(这还算是从轻发落)。利哈乔夫的"同案犯"苏霍夫和捷列霍夫卡已经陷入公民证被剥夺的危险境地。

这时候,利哈乔夫年轻的妻子采取了坚决的行动来拯救她的丈夫。她知道在出版社担任学术校对员的叶卡捷琳娜·米哈伊洛夫娜·马斯蒂科从小认识克雷连科,而这位克雷连科现在担任人民司法委员会的委员,此人以严厉残忍著称。要劝说叶卡捷琳娜·米哈伊洛夫娜去见克雷连科并不容易,女人大都不愿见年轻时交往过的男人,出现在威严的人民司法委员面前毕竟叫人害怕,何况还要提出这样的请求,弄不好结果会很凄惨!但是季娜一再恳求她,还把自己非常好看的上衣送给她作为酬谢。这样一来果然拯救了丈夫。克雷连科对待小时候的女友态度很好,答应给她帮忙,不料等利哈乔夫去面见克雷连科的时候,他在接待室当着很多人的面,冲着利哈乔夫大吼大叫,好像这位人民司法委员在面对面斥责一个"求情者"。了解内情的人事后解释说,克雷连科本人也处境危险,"头顶悬着利斧",这种当众斥责是为了显示他的"革命警惕性",这种戏剧性的演出目的是要挽救他。实际上他完成了小时候女友的委托,几个月以后从人民司法委员会寄来了一封公函,宣布撤销了对利哈乔夫的起诉文件。

利哈乔夫打起了精神(有这样的好妻子无往而不胜!),他下决心从校对员"地下室般的工作状态"中走出来,转入科学研究,他的第一篇论文题为《小偷语言特点初探》,属于语言学研究范畴,论述尖锐、大胆,让人感到震撼,曾引起一片哗然。利哈乔夫写了第二篇论文以后,决定报考研究生,选定的目标是语言研究中心——语言文化研究所。那里汇集了语文学界的精英——日尔蒙斯基、梅夏宁诺夫、施什马廖夫。

利哈乔夫的申请被接受了。他提供了"白海建设工程突击手"证书。斯大林对著名的白海运河建筑工程突击手的喜爱是人所共知的。

不料,在有些警惕性很强的同志看来,利哈乔夫在这个"伟大的熔炉里"并没有锻炼为"真正的苏维埃人"。因此报考研究生未被录取。一开始考历史,利哈乔夫在回答问题时提到了布哈林的著作,而这样做当时是不允许的,是犯忌讳的……为此,不少党员相继被捕,难道你不知道?这样一来回答别的问题时间也来不及了。这一门考试失败了。

第二门是专业考试,表面看提的问题很简单,回答问题大约需要半个小时,要一一列举很长很长的一串很难记住的术语,利哈乔夫(心里已经明白,这是故意刁难)感到很生气,决定拒绝回答这样的问题。提出这个问题的是一位有名的语言学家,以后没有发现这个人还有其他的卑鄙行为,因此利哈乔夫不想说出他的姓名。

怎么会出现这样的"偏题怪题"呢？现在我们只能加以猜测了：究竟是受到了政治压力，还是纯粹出于"嫉妒心理"？很可能这两个原因会掺杂在一起。不过，我们对这些从事科学研究的人士不必想得过于悲观。很可能考场上也设有"陷阱"，我们最好还是记住那些光明磊落的时刻。

过了一段时间，利哈乔夫的大学老师，大学者维克多·马克西莫维奇·日尔蒙斯基，见到他的时候，很委婉地对他说："我听说，我们研究所的门您居然没有敲开？"利哈乔夫回答说，这是所有的可能性当中最为温和的一种结果了。又过了两年，日尔蒙斯基本人也经历了被捕（说不定这次谈话就是被捕的原因？），这位学者亲自建议利哈乔夫到语言文化研究所来工作，因为他在那里任职，利哈乔夫也想进入那个单位。但是利哈乔夫谢绝了。看来起作用的是他受到伤害的自尊心。利哈乔夫外表很随和，可是他记性很好，遭受的屈辱不会忘记。不过——最重要的是他已经迷上了俄罗斯古代文学。

向科学的第一次冲击失败了，利哈乔夫又回来担任校对员，出乎意料的是得到了一次提升——由于编辑组长去度假了，他就临时坐到了组长的位子上。这个位子被称为断头台绝非无缘无故，很难想象它是个很危险的职位。在这里所做的任何一个决定都可能是最后的决定。被派来的，准确地说被秘密派来担任主编的是——党员达耶夫，他有权随时解除利哈乔夫的职务（随之而来的就是逮捕）。"要保持警惕性！可是身为编辑组长的利哈乔夫丧失了这种警惕！"利哈乔夫被解除了职务，答应他可以"按合同工作"。这之后可能会被逮捕。可随后出现了意想不到的转机！利哈乔夫杰出的能力之一就是——在陷入绝境的时刻化险为夷，出奇制胜！谁也想不到他居然进入了俄罗斯文学研究所（即普希金之家），开始在俄罗斯古代文学研究室工作。

利哈乔夫的学术研究工作几乎都跟涅瓦河沿岸的学术机构有关：起初是大学（原为沙皇政府十二部所使用的楼房，还是彼得大帝在世时由建筑师特列基尼设计建造的);然后是科学院出版社,带圆柱的古典风格的建筑是由克瓦林基设计的;接下来是俄罗斯文学研究所(普希金之家),带圆形穹顶的高大楼房,是由建筑师卢基尼设计的,离沙嘴角很近,在那里涅瓦河分为大涅瓦与小涅瓦(以前那里是海关大楼)。

彼得堡俄罗斯文学研究所并非突然诞生的。1899年成立了纪念普希金百年诞辰委员会。一开始它只打算为诗人建立一座纪念碑,后来又想到收集这位大诗人的手稿、著作以及跟他生活有关的文物。用沙皇下令拨发的资金购买普希金的藏书,后来在巴黎发现了大收藏家亚·费·奥涅金有关普希金极其丰富的收藏品,在这之后收集普希金遗物与手稿、收集普希金同时代作家的手稿的工作一直持续下来没有间断。其中主要的一部分藏品是由鲍·利·莫德扎列夫斯基收藏的。正是他撰写并留下了《普希金之家的章程》。普希金之家正式创建于1905年。那里不断收集与许多俄国作家有关的藏品。普希金之家起初设在科学院,1927年搬迁到原海关的大楼。

临近1937年普希金之家拥有了另一个名称——俄罗斯文学研究所,在收集文物藏品的同时,展开了深入的科学研究工作。德米特里·谢尔盖耶维奇·利哈乔夫开始在这里的俄罗斯古代文学组上班。

科学院院士亚历山大·谢尔盖耶维奇·奥尔洛夫把利哈乔夫介绍到俄罗斯文学研究所工作。利哈乔夫在科学院出版社担任校对员的时候就认识了这位院士。奥尔洛夫为人胸襟宽阔、大胆、性格奔放,喜欢站在普希金之家二楼的平台上跟经过那里的人大声说话,不怕别人侧目而视或恶语相向。起初奥尔洛夫因为一些小事曾跟利哈乔夫发生过争执,在他看来,这个"校对员"爱吹毛求疵,后来他们有机会互相交谈,利哈乔夫的知识水平让奥尔洛夫感到惊讶。在这以后,只要奥尔洛夫到出版社来办事,他们俩就会交谈很久。利哈乔夫被赶出出版社之后,在普希金之家担任研究所副所长的奥尔洛夫不容反驳地提出:"我们要利哈乔夫!"一开始利哈乔夫在普希金之家被分派到出版组,但是他经常参加俄罗斯古代文学组的会议。有一次利哈乔夫受到傲慢的指责,感到委屈,就不辞而别离开了研究所,奥尔洛夫找到了他,拉着他的手把他送回俄罗斯古代文学组——这之后利哈乔夫在这里一直工作了五十七年,成了他想成为的杰出学者。既有权力又单纯质朴的奥尔洛夫就这样决定了利哈乔夫的命运。从1937年起直到生命的最后一刻,德米特里·谢尔盖耶维奇都在普希金之家工作。他的全部学术生涯都在这里度过。

1937年俄罗斯古代文学组的负责人是瓦尔瓦拉·帕甫洛夫娜·阿德里阿诺娃-别列特茨。她在利哈乔夫的生活与工作中发挥了杰出的作用。毋庸置疑,她了解利哈乔夫的"履历表",但他们之间的关系没有受到任何影响,相反,彼此相处得很好。瓦尔瓦拉·帕甫洛夫娜是著名文学理论家别列特茨院士的遗孀,她是俄罗斯真正知识分子的代表性人物。别列特茨院士当年享有盛名是因为他提出了很多有趣的假说。他做学术报告时常常介绍"才具中等"的俄罗斯作家,他们被天才作家的光芒所遮掩,往往被人忘记,他强调说,正是这些"中等"的作家描写刻画他们的时代最为准确,而天才作家最擅长表现自己的心灵和智慧,很难依据他们的作品去评判现实情况。他的论断无疑具有某些真实可信的成分。瓦尔瓦拉·帕甫洛夫娜在基辅大学上学时是别列特茨的学生,后来成了他的妻子。教授坐在中间与那一班学生合影的照片至今还挂在俄罗斯古代文学组的墙壁上(俄罗斯古代文学组后来升格为俄罗斯古代文学研究室)。瓦尔瓦拉·帕甫洛夫娜担任研究室主任期间,研究室的学术环境非常和谐、自由、富有创造性。与高门大嗓、言辞激烈的奥尔洛夫不同,瓦尔瓦拉·帕甫洛夫娜为人文静、和善,她从来不会对发言者"痛下针砭",而是想方设法寻找出路,纠正疏忽与错误。她的住宅舒适优雅,成了所有同事最喜欢的聚会场所,她常常约请同事们到家里做客,慷慨大方地款待他们,温和而友好地帮助他们解决学术研究和生活中遇到的难题,她善于发现同事们的才能,引导他们进入最适合的渠道。当考古研究所约请她为《古代罗斯文化史》撰写十一至十八世纪文学一章的时候,她把这项工作转交给了利哈乔夫,她的眼光非常准确。

对于利哈乔夫来说,是古代罗斯拯救了他。还在索洛韦茨基岛他就研究高雅的修道院,其中的圣像使他摆脱了痛苦和屈辱。现在,利哈乔夫沉浸在古代罗斯的文化中可以躲避当代生活给他的惊恐。可以说,恐怖的现实把他放逐到古代罗斯——而他在那里得到了自我救赎。

"……我记得生活还没有安顿好的惶恐,"利哈乔夫写道,"父亲给季娜一点钱过日子。我们从来不去电影院,不去剧院。带很多工作回家来做。两个女儿在成长。她们俩常到爷爷谢尔盖·米哈伊洛维奇的房间里去玩,爷爷喜欢给两个孙女好吃的东西,他中午在印刷所吃饭,晚上给自己买火腿肠、鲟鱼(当时不太贵)。奶奶维拉·谢苗诺夫娜常常跟爷爷吵架,一生气就不给他做晚饭吃。"

在利哈乔夫笔下,两个孪生女儿,一对小姊妹性格互不相像。维拉生性活泼,保姆带她们俩出去玩的时候,维拉常常跑到街道的另一边,不愿意跟随保姆走(这似乎已经预示着多年以后她的遇难死亡)。住在别墅的时候,维拉喜欢去邻居家串门,找那个腼腆的小男孩儿一起玩,她们私下称呼他季卡林。维拉还喜欢让小猫米亚克丽娅趴在她的肩膀上,带着它转悠……

"夏天,我们在磨坊溪一带租了别墅,"利哈乔夫回忆道,"有浴室。天气闷热……我们住在赫洛波夫尼齐新村别墅的时候,我已经在俄罗斯文学研究所工作,无尽无休地修改和抄写有关基辅罗斯文学那一章(阿德里阿诺娃-别列特茨提供的课题——瓦·波按),这部著作在战后获得了斯大林一等奖。这一章修改了不下十次,每一次都让语言更精炼,直到读起来像散文诗一样和谐流畅。遗憾的是编辑的修改破坏了内在的节奏。"

1941年6月11日,利哈乔夫进行了副博士论文答辩,论文题目是《十二世纪诺夫哥罗德往年史汇编》,当时他仍然和父母及两个女儿居住在公家住宅里,合用的厨房里只有一个水龙头,隔壁住着个出卖灵魂的告密者。

围 困

……似乎那个美好的夏天不会发生什么不幸的事件。论文答辩非常出色，两个女儿健康成长叫人高兴。稍不顺心的不过是生活中的一些小事。因为论文答辩安排在6月11日进行，利哈乔夫所有的注意力都投入到了这件事情上，再加上助理研究员薪酬比较少，因而暑期租用别墅的事处置得不够妥当。高级研究员的称号和相应的薪酬增长要等到8月，到那时全部生活将发生悲剧性的突变。而现在只租到了比较便宜的别墅，地点不在他们喜欢的卡累利阿地峡一带，而是在城市南边的西韦尔斯地区，在那里全家人差一点儿丢了性命。

星期天在浴场听人说爆发了战争（西韦尔斯地区，奥列杰日河畔，沙岩下面有一些很舒适的小浴场）。有人在上面走，提到基辅遭到了轰炸。一开始人们尽力压制心中的惶恐：一种可能是没有完全听明白，另一种可能是他们以为说的是当时常常进行的防空演习。

但最坏的消息得到了证实。战争!!! 刚开始，人们像往常一样，尽力躲避灾难，不让恐惧感淹没了一切。就算是那边某个地方发生了灾难，可我们这里还安全；万一战争从旁边绕过去，我们还能过从前舒适的日子，那是花费了很多心血才安排好的生活呀。利哈乔夫决定把家人留在别墅，他返回城里去工作。

不料德国人的进攻非常迅速,他们很快就推进到了列宁格勒附近。别墅区的邻居巴尔芒斯基救了利哈乔夫一家人的性命,他是利哈乔夫在出版社的同事,曾做过白军军官。巴尔芒斯基偶然听说了德国人正渐渐逼近(没有官方通告,了解真实的危机状况非常困难),他想办法弄到了一辆汽车,带着自己的家人和利哈乔夫的妻子及两个女儿离开了西韦尔斯,这样一来他们才算脱离了险境,因为德国人很快就占领了那片地方。

1941年夏天,利哈乔夫一家人去植物园游览时拍了一张非常重要的照片——那时候战争已经爆发。照片上的两个女孩儿衣着美丽,面带笑容,德米特里·谢尔盖耶维奇本人身穿考究的浅色大衣,看上去仪表堂堂。不过,他的目光充满了忧虑,似乎看到了未来的苦难。他确实已经感受到了这些凶险正步步逼近。当权者没有向市民通报城市可能会陷入包围,人们受到了蒙蔽,没有任何准备,其结果是大量平民遇难死亡。领袖们关心的不是这场危机,而是他们意识形态的胜利,这更加重要。所有涉及危难来临的言论都受到清除,甚至遭到惩罚。与此同时却掀起了打击间谍的风潮,同过去一样,形成了与现存危险分子进行斗争的一场运动,对普通民众加强了控制,那些看上去与众不同的人往往被视为危险分子。德米特里·谢尔盖耶维奇考究的浅色大衣被认为是一种炫耀,因此不止一次被视为"可疑分子",特别是那些不辨真伪的孩子更热衷于这样做。他们像契卡工作人员一样保持着"高度的警惕性",有几次跟着利哈乔夫奔跑,用手指点着他的大衣喊叫:"间谍!间谍!"新的意识形态产生了深刻的影响:与普通民众有显著差别的人——就是敌人!

研究所学术秘书米哈伊尔·潘琴科有一天提着个箱子去澡堂洗澡。有些"警惕性很高的公民"立刻对他产生了怀疑:箱子里装的是什么?

苏维埃政权所有令人反感的特征在战争爆发之初急剧膨胀。显然,平民百姓的安危从来没有进入领导者的考虑范畴,他们首先想到的是如何自救。利哈乔夫有过类似的经历,因此他在植物园拍摄的照片目光是那么忧虑。正是凭借他在集中营的痛苦经验,防患危机的习惯以及为此早作准备的谋划,才在九死一生的围困中拯救了他的家人。陷于困境者的誓言是:"不畏惧、不相信、不祈求!"只有靠自己的机灵应变寻找时机才有望得救。尽管当局的严厉法令引得"人心惶惶",他储存了粮食、土豆,几次去药房购买了十一桶鱼油:要尽最大努力保全两个女儿的性命。他还烤了大量的面包干,装在枕套里存起来。后来他责骂自己说:"为什么不想得更长远?为什么不储藏更多的食物?"当权者似乎在想方设法"蒙蔽"平民,折磨百姓。在集中营里消灭"人民公敌"——围困仿佛为当权者大规模消灭自己的敌人提供了时机。包围圈越来越收缩,上级却下令用军用列车把粮食、食品运到城外,在巴达耶夫储存场大量焚毁:这就是他们吹嘘的"警惕性"!警惕性用错了方向——总是怀疑自己人。利哈乔夫写了围困时期的回忆录,文字尖锐、坦率,是我读过的有关列宁格勒陷入围困危机时期最为惊心动魄的回忆录之一。

利哈乔夫回忆道,他曾经看见城市上空罕见的红彤彤的云彩,那是在巴达耶夫储存场焚烧葵花籽油。那些油可以供给多少市民食用啊!

社会上有些人似乎注定了要丧失性命,虽然他们没有任何"反苏维埃"言论或行动。当包围圈形成封锁后,首当其冲要被饿死的是那些来这个城市出差的人,尽管他们可能是为国家效力,要办理的事情也很重要。但是不发给这些人口粮卡片,他们就只有死路一条。难以活命的还有那些躲避德国人,想进到城里来的农民,可是不放他们进城,列宁格勒四周停满了载着男女老幼的车辆。

当权者对待基洛夫工厂的工人态度也很恶劣。其实这些工人本该值得珍惜:因为工人阶级不是被宣布为我们国家最重要的阶级吗?此外完成重要的军事物资供应的任务恰恰落在这些工人的肩上。由于基洛夫工厂接近前线,工人们的住宅大多在工厂附近,因此他们被抛弃了。即便他们到了新地方,"没有资格"领取口粮卡,他们成了头一批被饿死的人。生命遭到了唾弃!国家才是"人民的头号公敌"——在城市陷入包围时表现得尤为明显。正是利哈乔夫怀着无所畏惧的精神与责任心记载了这一点。正是他表现出了大无畏的勇气,因此才获得了举国推崇的威望。

利哈乔夫还勇敢地写道,当权者置人们的生死于不顾,那种社会条件不仅导致肉体的死亡,而且造成了大规模的道德沦丧。在正常的符合人性的社会条件下道德规范发挥作用,而在违背人性的社会条件下,道德规范就趋向瓦解崩溃。无所畏惧地写到这一点的利哈乔夫,列举了不少事例:亲人之间互相抛弃,互相揭发,互相蔑视,一些人由于得不到他们认为按规定可以得到的口粮,就会反目成仇,置亲人于死地。当然,造成市民大量死亡的首犯无疑是国家——利哈乔夫在他的回忆录《围困:我们怎样活下来》中对这些苦难的叙述既准确,也很大胆。

在接受采访时他说,在一连串的谎言中,当权者甚至撒谎说,人们每天靠"八分之一磅"面包还能工作,并且活下来。官方拍摄的有关围困的影片中甚至带着骄傲的口吻提到这一点:"何等顽强啊!"实际上这是弥天大谎!其实这"八分之一磅"的面包常常是领不到的!为了得到这"八分之一磅"的面包,季娜伊达·亚历山大罗夫娜必须夜里两点起床,穿过冰天雪地的城市,整宿排队。季娜伊达·亚历山大罗夫娜就这样从饥荒中挽救了全家人的性命。在有些家庭,没有人夜里去排队,领不到这"八分之一磅"的面包,全家人就活活饿死了。

对于政府来说,他们认为自己更重要的工作是——描绘"群众性英雄主义"场面。这当中牺牲了多少条生命啊?……牺牲得越多,越显得"英勇悲壮"!

按照上级要求每个单位都宣布了似乎是自愿组成的"民兵"名单。报刊骄傲地报道未经训练的、没有武器的民兵奔赴前线。缺乏枪支(平均十个人一条枪)——这是军事秘密!民兵的大量牺牲也被报道为表现了爱国激情。当有的人(比如文学研究所学术秘书米哈伊尔·潘琴科,未来的科学院院士亚历山大·潘琴科的父亲)拒绝参加民兵时,他立刻就被开除了。后来米哈伊尔·潘琴科参加了军队(毕竟在组织和枪支装备方面比民兵要稍强一些），不久他就在战场阵亡了。

文学研究所的同事被大批裁减，裁减名单是研究所所长寄来的，他本人住在莫斯科。裁减名单（随时张贴在机关门口）本质上就是死亡名单。被裁减的人立刻被剥夺了口粮卡，很快就陆续死亡。利哈乔夫讲到过一个被裁减的同事，仍然住在研究所里，因为他的住房被占据了，所有同事都亲眼看到他变成了一个可怕的幽灵。

这样的灾难绕过了利哈乔夫。他有过坐牢的经验，知道该如何应付突发的不幸事件。他穿着保暖的罗曼诺夫羊皮半大衣（那是对索洛韦茨基岛的纪念），拄着奥尔洛夫送给他的结实的木头棍子。由于服苦役时损坏了身体，不符合参军的条件。

然而正是他留下了最准确、最深刻、最无所畏惧（也最可怕的）有关围困的回忆录。大多数作家都在撰写苏联神话，他不愿意那样写作，他要记录实际发生的苦难。有关列宁格勒英勇捍卫者的神话当然有它的依据，但是利哈乔夫记载从轮船上下来的水兵在沿河街向敌人开枪射击的同时，也记载他们闯进普希金之家砸碎了珍贵文物橱窗的玻璃进行抢掠。有关那个时代（包括以前的时代和随后的时代）最精确的见证——都出自利哈乔夫的手笔……

他详细而诚实地讲述了他和全家（除了父亲）如何得救。他们储存了咖啡、十公斤土豆、十一桶鱼油。除此之外，卖了古董文物，还有祖父米哈伊尔·米哈伊洛维奇赠送的礼物。有时还可以去找住在城市附近的农民，用珍贵物品交换食品，那时候农民还没有因饥荒而饿死。那些被派去挖战壕的市民，把荨麻运回来，用它煮汤。利哈乔夫一家的救命人，按照德米特里·谢尔盖耶维奇的说法，当然是他的妻子季娜伊达·亚历山大罗夫娜，早在围困之前，她就准备了烤面包干。除了每天夜晚坚持排队领取面包，她还去找农民的大车，用自己好看的衣服交换食物。并非随便什么东西都能交换，只有女人最时髦的衣服和物品最容易出手。当时穿着最漂亮的主要是食堂服务员、厨师的妻子、女售货员，她们被称呼为"围城中的女皇"。

利哈乔夫一家人过着半饥半饱的生活。外孙女季娜在她的回忆录中说，从外祖父和外祖母的举止就能立刻看出他们是被围困的人——他们把桌布上的面包屑收集成一小撮，下意识地送进张开的嘴巴里。

利哈乔夫回忆说，有一天冒着炮火走过通往宫廷广场的桥梁，他走得很慢，走了很长时间（腿疼走路吃力），他突然对自己说："挺住这一刻——一切都能挺过去！"

这是对自己的激励，或者说是祈祷，也可以说是誓愿，大概这种信念帮助他熬过了一切苦难：然而围困对他的考验尚未结束。

在利哈乔夫看来，围困造成的主要灾难与其说是肉体的痛苦，不如说是人们道德观念的变化。为了挽救自己的性命，有些人的做法在平常岁月里是不会出现的，甚至是难以想象的——可当时的生活本身就很荒谬。利哈乔夫如实地讲述了他的老父亲吃东西时大声喘气，嘴吧嗒吧嗒的声音很响，这让他很受刺激。当然父亲有病，跟所有被围困的人一样，经常挨饿，但是这并不能舒缓他难受的心情。

列宁格勒被围困的第一个冬天最为可怕，稍后食物供应略有改善，利哈乔夫的父亲谢尔盖·米哈伊洛维奇由于严重的营养不良，就在那时饿死了。城市里食品供应极其紧张，生活的各个方面依然令人恐怖，即便家里死了人，也不能正常埋葬。亡者的遗体被放在小雪橇上拉到人民之家附近的公园（那里后来成了列宁公园，旁边有"巨人"电影院）。遗体被丢弃在那里——然后有汽车运走。德米特里·谢尔盖耶维奇就这样用小雪橇把他去世的父亲拉到那个公园，把遗体丢弃在那里……送葬的人们浑身冰凉，仿佛他们的心也被冻透了。

也有的人还活着，就被抛弃了。听说作家协会大楼的膳宿公寓过几天开门，著名学者、陀思妥耶夫斯基的研究专家科马罗维奇的妻子和女儿，就把他送到了大楼（位于沃伊诺瓦街，就是过去的施帕列尔街）门前，扔在寒冷的台阶上，就匆匆忙忙离开了，要不然她们俩就赶不上火车，自己也性命难保。要谴责这两个女人恐怕也过于残忍——人们被置于非人的条件下，往日的道德准则就不起作用了。

莫德扎列夫斯基的家人把年迈的老母亲丢弃在火车站上，那儿有开往疗养地的列车，但检票员不让老太太上车。还有个研究所的"官员"，简直卑劣到了厚颜无耻的地步：公然把他的情人带到了大庭广众之中，不怕普希金之家的众多同事侧目而视。

围困摧毁了人类所有的道德守则——日后再想恢复那些规范极为艰难。四十年代，跟三十年代一样，给社会道德、给往昔的"高尚修养"带来了不可挽回的摧残。

季娜伊达·亚历山大罗夫娜的父亲亚历山大·马卡罗夫也死了。作为女儿，她当然尽可能地去看望父亲，不过她的全部精力都放在如何拯救利哈乔夫一家人上。那时候人们不得不做出可怕的抉择——拯救什么人，让他活下去，撇开什么人，任由他去。

季娜伊达·亚历山大罗夫娜想办法"结识"了投机商贩罗尼卡，用家里值钱的东西跟他换米和油。两个女孩儿能吃上葡萄糖，那是利哈乔夫凭他得到的营养证领取的。按照德米特里·谢尔盖耶维奇的要求，两个女儿背诵普希金诗歌。德米特里·谢尔盖耶维奇细心观察，从事创作的人能顽强地活下来：写作、绘画。创作使他们摆脱了绝望——精神状态在艰苦岁月能起很大的作用。

不过，利哈乔夫在寒冬快要结束的时候，已经临近死亡的边缘。

1942年3月学者之家开办了提供饮食的膳宿公寓。谢天谢地！幸亏利哈乔夫在战争爆发前夕通过了副博士论文答辩，不然的话他就没有资格进入膳宿公寓，那就只能饿死了。利哈乔夫回忆说，经过长期饥饿，特别想吃东西，正是在那里第一次闻到了一碗热粥的香味儿。德米特里·谢尔盖耶维奇的体力渐渐得到了恢复。季娜伊达·亚历山大罗夫娜雇了辆雪橇来接他，回家时没有用雪橇：德米特里·谢尔盖耶维奇自己步行走到了家门口。四周的水洼在闪光。春天来临了！

后来传唤他去斯莫尔尼宫。利哈乔夫回忆说，走进斯莫尔尼宫，在走廊里他被"酒足饭饱的气味"所震撼，他想起了那个被解职的研究所同事，没有口粮卡，奄奄待毙，幽灵一样在普希金之家徘徊彷徨。

利哈乔夫在斯莫尔尼宫得到了一项"特殊的任务"——跟文学家玛·阿·吉哈诺娃合作,在难以置信的艰苦条件下撰写《俄罗斯古代城市的防御体系》一书。这本书写得很出色,有爱国激情,文字质朴,装帧美观,古代历史鼓舞了战士们的斗志。据一位见证者回忆,甚至在敌人炮火攻击下,奥拉宁包姆小广场上仍然有人朗诵这本书。利哈乔夫已经找到了自己的道路:以俄罗斯古代的榜样来培育爱国主义精神,尽量不涉及"复杂的"现实。人们承认,某些军事术语,比如"壕堑"、"防坦克桩"最早都是出现在这本书里,整个战争期间被广泛引用。

利哈乔夫不仅从事写作,也挽救了家人的性命,必须承担的工作,他都出色地完成了。敌人轰炸时,他和其他同事熄灭一切灯火,然后一起站在普希金之家的房顶上值班警戒。1942年他被授予"保卫列宁格勒"奖章。外孙女季娜回忆说,外祖父最引以为荣的就是这枚奖章,把它看得最重,甚至超过那些最高的奖赏。

出书的成就,乃至荣获勋章都难以让他免除灾难——那时陷害别人轻易就能骗取巨大的功绩。那一年,利哈乔夫被传唤到一个"机关",要求他"提供帮助"。利哈乔夫拒绝了。于是他们让他知道,等待他的是什么样的下场,一个带枪的士兵把他押送到地下室。可利哈乔夫有过坐牢的经历,他知道,最可怕的就是——精神崩溃。当被押送到上边来时,他再次拒绝了他们的要挟,甚至还冲那些人笑了笑。有人递给他一张纸:

"把您没有告诉任何人的秘密全都写出来!"

"这一点我难以答应!"顽强的利哈乔夫说道。

"为什么?"

"我说梦话的时候会说出来。"利哈乔夫不无讽刺地说。

他被释放了……但被取消了通行证,这就意味着剥夺了他的口粮卡,难免会饿死……然而生活再次验证了:正确的道路是最可靠的。他们一家人被列入了疏散名单(看起来有警惕性的机关也有疏漏的时刻)——因此死神又一次擦肩而过。

口袋里的墨水瓶

利哈乔夫一家人疏散到了喀山。在战争年代，正是喀山成了科学研究的首府——因为科学院和很多科研单位搬迁到了这座城市。

利哈乔夫一家还有一点比较幸运——天气已经暖和了，他们走的不是结冰的拉多加湖，不是那条"生命线"，那时候那条路线又被称为"死亡线"。有不少传说，说汽车绕过长满艾蒿荒草的沼泽地，走在前面的车陷进了冰窟窿，小孩子掉进了水里，没有人敢去救他们：谁走近蒿草都会陷进去。利哈乔夫一家撤退的时候，拉多加湖上的冰已经融化，因此他们先乘火车到了鲍里索夫市的格里瓦车站。跟他们一道疏散的有利哈乔夫的老同学，并跟他一起服过苦役的卡里斯托夫，他们曾一起在基赫温车站工作。他们心情不错，看来，苦难已被甩在身后。当列车到达鲍里索夫市格里瓦站的时候，他们开玩笑说："如果鲍里斯头上长着马鬃，不晓得该是什么模样！"① 按照要求，行李要用柔软的东西包裹起来，下火车上轮船的时候，他们费了好大气力才从岸边堆积如山的行李堆里找到自己的包裹。利哈乔夫和卡里斯托夫匆匆忙忙跳上已经启动的轮船。在那个紧张时期，弄不好

---

① 这里的玩笑利用了谐音词，"鲍里索夫市"来自人名"鲍里斯"，车站名"格里瓦"词义为"马鬃"。——译者注

就可能跟家人长久分离。码头和甲板已经有很大空隙,跳上船很困难,但他们俩毕竟"飞过了"那段距离,随后瘫倒在甲板上。

轮船行驶到科伯纳。在那里换乘火车到达基赫温,利哈乔夫和卡里斯托夫曾经被流放到那个小镇,也是在那里获得了自由。如今基赫温再次成为"获得自由的福地"——这一次是终于摆脱了围困!在基赫温他们头一次能喝粥喝饱肚子。

接下来火车缓慢地向喀山行驶,中间一个个车站常常停车很久。长时间不能洗澡,在伊万诺沃终于在澡堂里痛快地进行淋浴。好不容易抵达了喀山。在进入喀山之前,火车跨越伏尔加河的大桥行驶了很长时间。

在火车站迎接他们的是科学院愁眉苦脸的工作人员,疏散人员被带到了科学院楼,安置在大礼堂里一张张折叠床上。在那里就这样住了两个月。礼堂里很冷,也不方便。公共厕所离住宿的地方很远。前厅里的列宁塑像伸出一只手臂,正好指明了去厕所的道路。局势尚不明朗,让人提心吊胆。有传闻说不久还要疏散,搬到另外的地点、另外的城市。后来他们被安顿在喀山市劳动宫。利哈乔夫回忆说,疏散到这里的人以黑色幽默称那个地方为"劳动棚",因为鞑靼语里的"宫"意思就是"棚子"。

在这里利哈乔夫一家人——包括德米特里·谢尔盖耶维奇、他的母亲维拉·谢苗诺夫娜、妻子季娜伊达和两个女儿,被安置在一个房间,那里还住着数学家尼科尔斯基一家三口:丈夫、妻子和吃奶的婴儿。数学家的妻子总是摇晃着孩子,同时大声唱歌,有人给她提意见,她还觉得委屈。

什么人能弄到些小土豆预备过冬,就觉得很高兴……

……我还记得那时候的喀山——因为我也曾在那里生活过,不错,当时还是个孩子。我记得靠近伏尔加河那一带鞑靼人居住的地区,都是低矮的房子,记得被沟壑隔开的另一个楼房林立的地区——那是俄罗斯人的居住区。我记得雪花飘落到好看的铁管子上,人们从铁管子里接水、担水……

跟那时的许多人家一样,利哈乔夫一家人生活也很艰苦。季娜伊达·亚历山大罗夫娜经常在市场上变卖东西，购买食物。经过痛苦的犹豫和怀疑，他们决定把两个"小玩意儿"（他们这样开玩笑地称呼两个女儿——维拉奇卡和米拉）送进幼儿园，因为那里毕竟管孩子们的饭食。

我小时候也在喀山上过幼儿园，那是一所专为科学工作者子女开设的幼儿园，说不定跟利哈乔夫的两个女儿上的是同一所呢？记得天花板下面光线幽暗，大家心里慌乱不安，谁也不愿意待在那里。有一天我实在忍不住了，就偷偷地逃跑回家，站在沟底朝上看，看见了自家的窗户，不由得心里一阵难过。忽然，亲爱的奶奶探出身来，她拿着个小锅在那里打磨，发出了嘎吱嘎吱的响声。我忍不住掉下了眼泪，我心里特别爱奶奶，但也明白不能出现在她面前，甚至不敢喊一声："我在这儿！"

利哈乔夫回忆道，两个双胞胎女儿，维拉身体比较结实，也比较活泼。米拉不愿意上幼儿园，常常哭闹耍赖。维拉正好相反，她愿意去，总是高高兴兴。偏巧她在幼儿园传染上了百日咳，引起了严重的肺炎！

虽然疏散到喀山来的不乏社会精英，然而要找个好医生并不那么容易。绝望的利哈乔夫不得不求助于普希金之家的同事斯科利比里，他的名声并不太好（战后得到了充分的肯定）。可为了挽救女儿的性命，还有什么不能做的呢！可恨的斯科利比里疏散到喀山，住在有名的教授缅什科夫家里，他是诊断儿科病的专家。缅什科夫来了，仪表堂堂，穿着昂贵的教授皮大衣。他给维拉做了检查，看完病说，要救她的命只有一种药，就是磺胺吡啶——可要买到这种药非常困难。利哈乔夫想办法去见科学院主席涅斯缅扬诺夫。他是杰出的化学家。他最有名的一项发明是用石油制造出了人工合成的黑鱼子酱，当时引起了很多人的嘲笑。涅斯缅扬诺夫的女秘书听了利哈乔夫的请求，就从保险柜里取出一小包磺胺吡啶交给了他。维拉的性命终于得救了。

……利哈乔夫生平的每个阶段，任意抽取一章，都可以加个标题："绝处逢生！"

尽管生活中忍受着贫困匮乏，利哈乔夫每天都去科学院图书馆，那里很冷，他依然穿着在索洛韦茨基岛穿的羊皮半大衣，撰写论文《古代罗斯的民族自觉》。

在卫国战争最艰苦的岁月里，利哈乔夫没有中断自己的科研工作。"我把十八世纪的墨水瓶装在口袋里随身携带，这样墨水就不会结冰了。"

到了夏天，生活变得稍微轻松了一点儿。我记得早晨很早起床，跟随父母步行去育种站，他们俩都在那里工作。喀山的卡邦湖水面很大，湖水被初升的太阳照得闪闪发亮。回来的时候父母的背囊里装着土豆和甜菜。我记得，我们站在大田中间，挖掘土豆，妈妈直起腰来，用手腕理一下前额的头发（双手很脏，沾满了泥土），同时跟大家一起仰望傍晚的天空。我记得在晚霞的映衬下，空中出现了十字架，奇怪的是几乎一动不动。人们争论：这是我们的飞机还是德国飞机？大家都熟悉我们国产飞机的剪影，这几架飞机一点也不像我们的。

各种消息在喀山流传——就连孩子们也在院子里悄悄议论，据说喀山的飞机制造厂正对缴获的德国飞机进行实验，主持这件事的不是别人，而是斯大林的儿子瓦西里，他为这次试验专门来到喀山！当然对此没有任何官方的消息，不过这些口耳相传的悄悄话夹带着希望：很快我们就会拥有一切想要的东西，我们一定会胜利！

亚历山大·潘琴科，是利哈乔夫未来的学生，同样也是科学院院士，他的父亲米哈伊尔·潘琴科在战争中牺牲了性命，那时候萨沙也还是个孩子，他记住了利哈乔夫个子瘦高，略微有点儿驼背，也出现在喀山的土豆田里挖掘土豆……他讲过一个故事，有一次利哈乔夫参加了某个分配委员会，正好他们碰见了他，当时萨沙穿着一双儿童胶鞋。后来萨沙·潘琴科跟利哈乔夫一样，也成了有名的学者，他跟利哈乔夫之间偶尔会因见解不同，爆发出"电闪雷鸣"，妈妈就会提醒儿子说："别忘了那双胶鞋！"

疏散期间科研工作一直没有中断，学者的思想保存在他的头脑里：这些想法永远不会离开他。

瓦尔瓦拉·帕甫洛夫娜·阿德里阿诺娃-别列特茨就生活在利哈乔夫

身边。她在寄往列宁格勒的朋友娜塔莉娅·帕甫洛夫娜·柯尔帕科娃的书信中写道:"利哈乔夫一家人从旁边的房间里给我送来咖啡和开水,他们去买东西,我从早到晚抄抄写写不停地忙碌。"她住在一个很小很小的房间,厨房里的烟筒就穿过那间小屋子。利哈乔夫回忆说:"瓦尔瓦拉·帕甫洛夫娜把她那份口粮交给我们,在我们家搭伙吃饭。她使用个红色小碗,像鸟儿吃食一样,饭量很小。"

我还记得我们家在喀山的房间,被火炉里窜动的火苗照亮。锅里煮着甜菜,飘散着一股甜甜的气味儿。黑色的喇叭忽然发出了警告的声音:"防空警报!防空警报!不要忘记关灯!"

德国人在轰炸伏尔加河上的桥梁,不过喀山上空没有出现敌人的飞机……

……1944年4月,阿德里阿诺娃-别列特茨给列宁格勒的朋友柯尔帕科娃写信说:"寄给您阿赫马托娃的诗(诗人已经疏散到塔什干)。非常出色,令人震撼!"……这里指的是一本诗集。"维拉·谢苗诺夫娜给她的两个孙女读诗,两个女孩儿像二重唱一样跟着朗读《鞑靼出身的外祖母给了我……》和《灰眼睛国王》。"

当权者忽然想起来学者该享有某些优先权。"伟大的斯大林"下令给他们凭卡领取的口粮增加定量。

两个女儿维拉和米拉喜欢从她们家居住的科姆廖夫街步行去列宁故居纪念馆,那段路不太远。我还记得那个纪念馆。当然,吸引两个小姑娘的并非对列宁爷爷的忠诚。她们俩只不过喜欢那所舒适、宽敞、陈设很好的住宅——像这样的住宅她们在生活中还从来没有见过,除了列宁拥有这样的住所,这样的房子在别的地方很难看到……

奶奶维拉·谢苗诺夫娜得到机会去伏尔加河沙朗卡学者疗养院进行疗养。到那里去需要乘坐快艇。后来把米拉送到了奶奶身边。利哈乔夫原本打算把维拉也送到那里去,但在这之前他去沙朗卡看望母亲,随后改变了主意。他发现，经过了包括围困在内的种种艰苦的考验，母亲维拉·谢苗诺夫娜的心理发生了某些变化。她对儿子依然还是个副博士流露出不满！"我在这里跟塔尔列的姐姐是好朋友！"维拉·谢苗诺夫娜说话的口吻很高傲。因此利哈乔夫决定不把维拉送到疗养院去了。

围困结束了，是该考虑返回列宁格勒的时候了。但我们知道，有许多工厂、研究所、剧院战后留在了它们疏散所在的地方。

故乡的城市并没有热情接待待利哈乔夫，恰恰相反，不想让他回来。原来1942年他上了黑名单（由于他拒绝充当告密者），他的房子被人侵占了。有一次出差，小偷偷了他的钱包、证件和粮食供应卡。列宁格勒虽然解除了围困，生活才刚刚开始安顿——没有口粮卡，很可能会饿死。这一次救了他的是维克多·安德罗尼科维奇·马努伊洛夫，他是普希金之家的全权代表，战争期间保护了楼房与设施，他还救过很多人。马努伊洛夫四处奔走，为利哈乔夫领取了口粮卡，重新办理了证件。

战后过了很多年，我在科马罗沃的创作之家才头一次遇见维克多·安德罗尼科维奇，他已经老了，身体发胖，圆圆的脸，头戴圆顶小花帽。不知为什么他在创作之家光线幽暗的走廊里来回溜达，若有所思，冷漠孤僻，就像个善良的家神，口中念念有词小声嘟哝着什么，有时候由于心不在焉会走进别人的房间……

由于学术事务利哈乔夫有机会从列宁格勒出差去诺夫哥罗德，那是他特别喜爱的城市之一。在双胞胎女儿出生之前，他和妻子季娜伊达曾经到那里休假。现在城市变得都认不出来了。到处荒草丛生，还有很多危险的大坑。城堡一带居然成了马厩：原来那里驻扎过爱沙尼亚骑兵团，那里还驻扎过西班牙"蓝色师团"，因此墙壁上留下了西班牙文的字迹……

利哈乔夫很长时间不在家，当他回到喀山的时候，在"劳动棚"的楼梯上碰见了一头卷发的米拉，这是他以前从未见过的。米拉忽然有些不自在。两个女儿长大了，对于未来应当有所考虑了。但是在第一批允许返回列宁格勒的疏散者名单当中，没有利哈乔夫一家人的名字……

阿德里阿诺娃-别列特茨给她列宁格勒的朋友柯尔帕科娃的一封书信中写道："……米佳·利哈乔夫很快就回去，他会详细告诉您有关我们研究所搬迁的事。"还是写给这位柯尔帕科娃的另一封信，有这样的词句："……我担心利哈乔夫很难跟您见面了，他得为讨回自己的住宅四处奔走。"

要讨回住宅，的确需要奔走，要有战斗的勇气。利哈乔夫在《回忆录》中写道："我们的房子被占据的原因是我没有办理保留证。1942年我被从列宁格勒居民登记册上除名，理由是我不同意做秘密工作人员。"

一个机灵的司机占据了利哈乔夫的住宅，在房子里堆放了很多木柴。不过，当需要的时候，利哈乔夫也能采取激烈的举动：

"轰走了司机（他抢占了几家人的住宅），把家具搬进去，全家准备搬回来。"

我对喀山回忆的最后一幕——是胜利日。我从前厅里走出来。阳光明媚的早晨。奶奶坐在长椅上正跟邻居高高兴兴地聊天。

"怎么还愁眉苦脸的呀？"奶奶笑着说，"今天是胜利日啊！艾丽卡跑着去学校，想了解是不是倒课……看——她开心地跑着，两只脚丫子直踢屁股蛋！"

于是我朝远处看，只见沟那边的山坡上一个小小的、蹦蹦跳跳的身影，那是我的姐姐……战争终于结束啦！

让黑暗消退

1946年,利哈乔夫荣获"1941至1945年伟大的卫国战争期间英勇劳动"奖章。这种奖章我记得很清楚,因为我的父母也获得了这样的奖章,他们俩都是农艺师,在喀山育种站工作,我父亲培育出了高产的黍子新品种。

但是,卫国战争以后,并非所有的疏散者都能返回列宁格勒。首先被批准返回的是那些符合要求的人。利哈乔夫一家人虽说不是头一批,但毕竟得到了重返家园的机会。

我记得我们家回到列宁格勒的情景。城市给人的印象非常奇怪,如果跟城市现在的面貌相比较的话,印象尤其强烈。第一,城市显得特别空旷。起初住在这里的只是原有居民很小很小的一部分。记得我们的萨别尔巷。城市似乎忘记了自己原有的面貌,仿佛变成了乡村:到处生长着牛蒡,鸡群四处乱跑。与此同时能够感觉到她的伟大、神秘、悲壮的美——这种感触确实非常强烈。记得我跟小伙伴们在破坏严重的救世主喋血大教堂玩耍,从马赛克碎片当中搜集好看的小石子,拼凑成自己的图画。城市涌动着激情,即便是那些不了解她的历史和文化的人,也会受到感动。

人们受够了战争的苦难。但不难发现前所未有的精神高涨。大家都觉得，取得了这样的胜利，一切都应当朝好的方向发展。毁坏的楼房修复的速度很快。我记得跟随父亲去他们的全苏农艺研究所，走到伊萨基耶夫广场，沿着小莫尔斯卡沿河街，经过吉尔比奇内巷拐角处一座被炮弹炸毁的楼房，眼瞅着一座新楼房很快就修建起来了。

  日常生活逐渐好转。我记得有一次急促的门铃声响了，我打开门，看见拎着一包包食品的妈妈高兴地站在门口。父亲从楼梯拐角处慢慢走了上来，双手端着个巨大的红色牛腿。

  "限额取消了，在喀山买不到这么好的东西！"奶奶高兴地对我解释说。

  我记得耳朵听着"限额"这个词，嘴里嚼着好吃的食物，感觉特别开心。我记得我们萨别尔巷拐角处的面包店，有一天那里忽然运来了白白的圆面包和棱形面包，可以随便购买，原来面包卡取消了，一想到这些，就叫人兴奋！

  德米特里·谢尔盖耶维奇成功地夺回了原先属于他的住宅，不过那所房子依然是公用住宅。后来，利哈乔夫一家还换过几处住所……也许，这或多或少反映出利哈乔夫从小就生了根的习惯，差不多每年秋天都要换个"居住地点"。利哈乔夫的妈妈，维拉·谢苗诺夫娜，为培育两个孙女付出了很多辛劳。她是个善良的女人，但喜欢发号施令。跟很多女人一样，个性很强，她认为她的三个儿子都能挣大钱——因此不大赞成德米特里·谢尔盖耶维奇跟季娜伊达·亚历山大罗夫娜结婚，在她看来这个儿媳妇的出身"太一般"，配不上他们的家族。因此婆媳关系一直不合。一有机会，这个强势的老太太就单独居住了，住的地方离她的小儿子（大概是她最喜欢的）尤拉不远。尤拉是个多情的人，结过几次婚，维拉·谢苗诺夫娜每次都积极地介入小儿子的婚事，她指望在她的"调教下"哪怕有一个儿子能娶到"体面的"儿媳妇好符合她的心愿。除此之外，尤拉有辆汽车，他可以经常带着妈妈去办她认为重要的事情。自然她也常去看望德米特里·谢尔盖耶维奇一家人，在那里总是精力充沛，做了很多有益的事。不过，她的权力在家里(更确切地说,是在几个家庭里),在小儿子家里可以施展,在这里却行不通,因为德米特里·谢尔盖耶维奇跟他的兄弟不一样,他的全部精力都投入了学术研究,不允许家里出现任何无谓的争吵。整个战争期间,他没有停止学术研究,战争刚一结束,1945年,读者就看到了他新出版的著作《古代罗斯的民族自觉》和《伟大的诺夫哥罗德》。他的工作迅速而有成效,他尽力避免表述的复杂性,这一点不难理解,而有些假装渊博的学者缺乏真知灼见,常常利用复杂性作为掩饰,制造出"词语迷雾",这是他们自救的唯一手段。1946年利哈乔夫成了列宁格勒大学的副教授,不过他只能在历史系讲课,想去语文系授课却得不到批准。有次他顺路去财务室询问,为什么他的薪酬那么少,那时候他才惊讶地得知,他属于实验员的编制。"永不瞌睡的眼珠"从来没有放过德米特里·利哈乔夫,一直盯着他,让他这个坐过牢的囚犯知道自己的位置。然而利哈乔夫即便在索洛韦茨基集中营也不忘科学研究,要想阻止他简直是不可能的。1947年他的著作《罗斯编年史及其文化历史价值》出版,同一年他顺利通过博士论文答辩,论文题目是《十一至十六世纪罗斯编年史文学形式历史演变概观》。他的副博士论文和博士论文答辩相隔了六年,而那是非常艰难的岁月,其中包括了围困期间的险恶,这六年也是他顽强钻研、取得成就的六年。我们不会忘记,利哈乔夫在喀山把墨水瓶装在口袋里,免得墨水结冰。他的墨水永远不会冻结!

1948年利哈乔夫成了俄罗斯文学研究所(普希金之家)学术委员会的委员,其学术威望日渐增长,他担任这一职务直到1999年逝世为止。

毫无疑问,他同样具有生活情趣,觉得这有助于形成良好的教养。从童年起他就养成了夏季休假的习惯,认为这不仅有益于健康,而且有益于提高修养和认识大自然——小时候他就是这样避暑的。

他们一家人去波罗的海沿岸地区。无疑这是最正确的选择。尽管战争刚刚结束不久(那里甚至仍然时有冲突),波罗的海沿岸最富有"欧化风情",是我们国家服务最周到、最有文化气息的地区。对于两个正在成长的女儿来说,那里是最好的"寄宿学校"。

有一张照片,是利哈乔夫全家人在里加火车站站台上的合影——全家人的衣着都很漂亮,德米特里·谢尔盖耶维奇的服装尤为考究……他收藏的物品后来交给外孙女维拉保存,其中有一根从锡古尔达买的手杖,上面雕刻着"1948年"。

锡古尔达——是景色优美、具有欧洲风格的疗养地。别墅的女房东是拉脱维亚人,两个孪生姊妹过生日,她送来美丽的花束。每天必定外出散步:有知识的父母带着有教养的孩子行走在风景美丽的城市郊区,他们常常去加乌亚河边的帕拉基斯洞窟游玩。德米特里·谢尔盖耶维奇随时随地会温和、随意地讲些有认识价值的故事。利哈乔夫后来指出,培养孩子热爱知识,再没有什么能比散步游览更好的方式了。想当年波罗的海沿岸地区曾经是知识分子消夏的"麦加"(理想圣地),十月革命前,那里是属于芬兰的库奥卡拉。

在那里的生活引起了他对文化的兴趣——大概他想仿照那样的模式来培育两个女儿。别墅的女房东非常喜欢利哈乔夫调教出来的两个女儿,她开玩笑地请求说:"把米拉给我留下来吧!"

……为什么她想要留下米拉呢?是不是那时候在旁人看来,米拉在家里受到的关爱少一点儿?其实——这是一个谜……

莫斯科艺术剧院的演员库德里雅夫采夫在不远的地方租了别墅,他说起话来没完没了,非常可笑,晚上常常朗诵狄更斯的小说。

连续两个夏天在波罗的海沿岸避暑,使得两个女孩儿有了很多回忆的内容:陪伴父母一起散步,参观里加的博物馆,跟历史学家巴济列维奇谈话。利哈乔夫家族也有全体出动都到这里来游览的时候。德米特里·谢尔盖耶维奇的弟弟尤拉有辆小轿车,由他开车到凯梅里去看望妈妈维拉·谢苗诺夫娜。他们一起开车去维堡,去有名的蒙列帕公园,这对利哈乔夫后来撰写《园林诗学》很有益处。他们尽管喜欢旅游,却没有忘记重要的事情。他们去别墅访问语言学家罗曼诺夫夫妇,坐在他们家优美的凉台上,德米特里·谢尔盖耶维奇和主人一道准备即将出版的《往年纪事》。

1950年德·谢·利哈乔夫与鲍·亚·罗曼诺夫合作翻译并注释的《往年纪事》，列入《文献典籍》丛书出版。也是在1950年，德·谢·利哈乔夫翻译并注释的《伊戈尔远征记》问世。他花费了巨大的精力向当代读者展示了古代罗斯七个世纪的文学成就，这是他一生的重大奉献。

1951年他的文章收入集体编撰的《古代俄罗斯文化史》，得以发表（当他还是"新手"的时候，瓦尔瓦拉·帕甫洛夫娜·阿德里阿诺娃–别列特茨交给了他这项任务，撰写这篇文章，为此他投入了极大的热情，花费了很多时间和精力）。1952年由几位作者合作编撰的《古代俄罗斯文化史》第二卷出版，利哈乔夫由于这部书稿中的文章获得斯大林一等奖。

他的升迁异常迅速。1952年他的著作《俄罗斯文学的诞生》出版。（后来他说，他不喜欢这本书——他对自己的著述要求十分严格。）1953年他当选苏联科学院通讯院士。1954年他的著作《俄罗斯文学的诞生》获得苏联科学院主席团奖。

种种迹象表明，拨开乌云见晴天的时期终于到来了，每个人都可以做他喜欢的事，并取得成就。不过，如果我们翻开当年的报纸，不免会吓一大跳。例如有个"医生谋杀案"，依据荒诞不经的证据提起诉讼，数以百计的优秀专家被杀害，其中有很多为克里姆林宫效力的医生。这不仅仅是谋杀，而且是自杀——睡意朦胧的领袖甚至杀害了为他看病的医师。

当时我十三岁，我们家里忌讳谈论政治。因此我记得，我呆呆地站在报纸栏前面，那是炮兵巷一个阳光明亮的寂静角落。报纸看上去绝对非同一般——不知不觉之中意识到发生了什么悲惨的灾难：我们国家政府的主要报纸《真理报》的版面变得让人认不出来了！通常报纸头版有照片，有醒目的大标题，有各种栏目。现在看到的整个版面都是小小的铅字，没有照片，没有标题，全都是一行行小写字母构成的名字——参与谋杀的医生的名单。我记得当时心里一阵恐怖。谋杀者怎么会有这么多人？

对学者、文化活动家、军事将领大规模的镇压已经准备就绪。领袖恍惚中觉得，在伟大的卫国战争胜利以后，我们的人民自由得忘乎所以了，生活得太过舒服了……他们忘记了恐怖！而没有了恐怖，他的权力就难以维持下去。

于是他的各级督察开始严格"执行领袖的指令"。

在那个恐怖年代里，利哈乔夫取得的成就让人难以置信，甚至显得有些怪诞。有很多胆子很大的人，在我们这个相对没有风险的岁月，愤怒地喊叫说："在那样的年代，他怎么能这样得意？应该进行斗争啊！"

我的一个老朋友给我讲了一件事，他是那件事的见证人，由于他跟利哈乔夫关系很好，向来互相信任，因此我没有怀疑他的理由。利哈乔夫的妈妈，一个很活跃的女人，她有很多十分重要的原因不喜欢苏维埃政权。有一天她跟一个熟人聊天，说了些发泄不满的话。见证人说，当时德米特里·谢尔盖耶维奇也在场，他听了非常激动，甚至生气地说道："妈妈！再不要这样说啦！我已经坐过牢了，不想再坐了！"

只有感情特别迟钝的人才会就这件事指责他。这样一来，我们这个时代"胆子很大的那些人"或许能够了解那时候该如何把握自己了，他们说的话根本就不值得听。真不知道（更确切地说，知道）他们这些人在那样的年代会有怎样的表现，想必——都会乖乖地遵纪守法。

的确——在斯大林活着的时候，利哈乔夫没有在任何反抗宣言上签过名，对于一个"受监视的释放犯"来说，签名就意味着毁灭，其实，对于我国任何一个居民，签名的结果同样悲惨。再说，当时也没有那样的宣言。恰恰相反，有的是劳动者愤怒的群众大会，一致要求严厉惩罚"疯狗"一样的"人民公敌"。对于这样的集会，利哈乔夫从来没有表示过"赞成"，这已经算是功德了。他只是默默地工作。我认为，与公开地反抗野蛮与暴政相比较，成功地研究我国历史与文化是同样重要的贡献。利哈乔夫基于各种情况的考虑，选择了这样的道路，他为我们的祖国做出的奉献远远超过了很多人。

有一点不难理解，当身边所有人都消失的时候，他有什么样的感受：

绝望与愤怒。国家不让人们安宁。利哈乔夫并没有袖手旁观,他为正义而斗争——他在自己的学术领域奋斗,他的努力毕竟让某些事物发生了变化。

亚历山大·伏尔先科院士回忆说,1948年他认识利哈乔夫是由他们共同的老师、著名的斯拉夫学者鲍里斯·亚历山大洛维奇·罗曼诺夫介绍的。那时候罗曼诺夫的奠基性著作《古代罗斯的人与风俗》受到了猛烈的批判,指责他违背了党指引的方向。粗鲁的批评者好像比学者更了解古代罗斯的人物与风俗应该是什么样子,他们哪里知道学者在这个领域付出了毕生的精力,把自己写的书称为"我心爱的孩子"。1949年2月26日,列宁格勒大学历史系为罗曼诺夫举办六十周年诞辰庆祝会,利哈乔夫在会上做报告,详细地介绍了鲍·亚·罗曼诺夫教授的生平、学术活动与成果。在罗曼诺夫遭受压制的时候,这样的报告意味深长。

但是恶势力拉开了广阔的战线,发起进攻。1949年4月,在大学的一个豪华大厅召开了非常奇特的学术会议。打破了以往所有的传统,邀请研究生甚至大学生出席会议,这种做法意在表明,无论什么人都休想"蒙混过关"。显然,组织者对于年轻人的"政治警惕性"抱有很高的期望。学术会议的主旨是反对那些年常常挂在嘴边的"世界主义"。这伙人的主谋想要达到的目的——强调他们的推论:人类历史上一切有价值的东西都是在俄罗斯创造和发明的。爱嘲讽者开玩笑说:"俄罗斯——成了大象的祖国。"尽管那是个严酷的时代,无论多么奇怪,当时爱嘲讽的人仍然很多,讽刺的口吻越来越被群众所掌握。

不知为什么学术委员会开始批判普希金之家创建者之一的维谢洛夫斯基院士,这位大学者已经谢世很久。教学楼走廊里摆放着长长的一排半身雕像,共有二十位教授,都是为大学带来声誉的学者,其中也包括维谢洛夫斯基的塑像。这次学术会议后,那尊塑像被搬走了。

这件事在共青团大学生墙报上迅速得到了反应。在语文系走廊里挂出了面积很大抄在纸上的壁报,在男厕所与女厕所之间占据了很大的空间。当时出现了尖刻的嘲讽:"大学生墙报共青团——挂在厕所与厕所中间!"

出墙报的作者中间也有些人"得意洋洋"：在打倒了维谢洛夫斯基以后，张贴出了一幅漫画——院士的半身雕像连同底座都被绳子捆了起来。出现粗鲁的绳子绝非偶然，绳子显然象征着普通群众的意志，他们讨厌过分聪明与科学"崇拜"。

打倒了维谢洛夫斯基，再开会就把目标转向了依然健在的学者——其实这才是他们的主要目标。受到大学生喜爱的教授古科夫斯基和日尔蒙斯基被指责宣扬世界主义，阿扎多夫斯基和艾亨巴乌姆两位教授，因病进行医疗检查未能出席会议，也受到了点名批评。

学术委员会采取了这些措施，不料却难以收到预期的效果。大厅里听众的心情完全不是他们所指望的。大多数年轻人来上大学，是为了在有威望的学者教导下获得扎实的知识，而不是为了参加政治迫害，他们心里明白，最好是让这些教授给他们上课，而当权者却要把他们赶走。

语文系系主任格·彼·别尔德尼科夫是批判活动的主要"执行者"，积极支持他的只有研究生捷敏科夫。系主任提出要求，让那些拜倒在西方面前的教授交出他们编写的教科书，不允许他们使用这样的教材给年轻的新一代语文系大学生上课。

遭受"批判修理"的教授之一格里高利·亚历山大洛维奇·古科夫斯基，原本是大学生推崇的偶像，他上课的时候教室总是挤得满满当当。他讲解十八到十九世纪俄罗斯文学，讲解普希金，都很精彩。在这次学术会议上，他对有人指责他"拜倒在西方面前"的说法，委婉地进行了反驳。他说，热爱和珍视西方文化，并不意味着"盲目崇拜"。

杰出的德国文学专家日尔蒙斯基教授，闻名遐迩，他的著作使他有理由保持精神独立，甚至喜欢冷嘲热讽。

走上讲台的是古科夫斯基的学生格奥尔基·潘杰列诺莫维奇·马克戈宁卡，日后也是著名教授。大厅安静下来。在当时这属于"优秀传统"：学生背叛老师，指出从旧制度下过来的教授学习马克思主义不够，最终会导致犯严重政治错误，相应的机关有责任分析这些过失。不料，马克戈宁卡没有讲那些唱高调的人希望他说的话。他在发言中没有提到任何一个"受批判者"的名字,反而用了很长时间批驳让·雅克·卢梭的世界主义,他在掌声中走下了讲台。在那个年代,什么都不说就是非常勇敢的行为。从这一刻起会议的进程发生了转折。

尼古拉·伊万诺维奇·莫尔多夫琴科登上了讲台,他在系里已经通过了博士论文答辩,正等待莫斯科的审批。他无所畏惧地为古科夫斯基辩护:"你们可以打我,可以砍我,但我还是绝对相信,格里高利·亚历山大洛维奇·古科夫斯基还能为苏联科学做出很多贡献!"

大厅里开始鼓掌,其中有几个共产党员,会后他们在党支部受到了批评。莫尔多夫琴科没有被捕。看来上面有指示,不要再扩大打击的范围,而要把矛头集中指向"世界主义"。不过莫尔多夫琴科从此不得安宁,博士学位被取消了。他不仅为自己痛苦,也为科学而受难,他渴望文艺复兴,却经历了中世纪。他得了癌症,很早就去世了。

著名文学理论家亚历山大·伊里伊奇·鲁巴什金,当时还是个大学生,那次开会他就在那个大厅,他把所有的细节都讲给我听。回到家里,他把自己的感受告诉父母。他说,日尔蒙斯基可能会坐牢(因为他的做派过于傲慢,又爱嘲讽),而古科夫斯基讲起话来爱激动,心里想什么就说什么——大概会受到批判。结果恰恰相反。一年之后,古科夫斯基被捕了,他是在离里加不远的布尔杜里作协创作之家的海滨浴场被带走的。就在岸上,在很多穿着泳装的人们中间,有个人走到古科夫斯基跟前说:

"您被捕了。您有什么要求?"

"我可以回住处去收拾一下东西吗?"

"不行!"

"我能委托一个熟人做这件事吗?"

"好吧。"契卡工作人员"宽宏大量"地应允了。

古科夫斯基很快走到一个熟人面前,悄悄对他说:

"我房间的桌子上放着一本有关果戈理的书稿。您把它拿走藏起来吧。"

这就是那些杰出人物生活中的重大事件。古科夫斯基希望等他回来后，继续撰写他的著作。可是，他的希望落空了：不久他就死在了集中营里。这是个真实的故事。利哈乔夫在他的《回忆录》中写道：古科夫斯基是被枪毙的。

有时候让人迷惑不解：怎么能这样逮捕？有何罪证？为什么这样匆忙——在他休假期间，在海滨浴场？不过，某些秘密的起因是可以推测的。了解内情的人说，恰恰在逮捕之前，有两个告密者去了"侦查机关"，这两个人是古科夫斯基的同事。他们的姓分别以字母"П"和"Е"开头。那些年的一个大学毕业生，我的老熟人，说出了这两个字母，但是不想进一步透露实情：因为他们俩有孩子，有孙子……担任领导的那几个人，这样干并非靠的是"政治警惕性"，而是出于恐惧感，他们指望从科学界清除这些有名望的大学者，借助这种方式让自己逐步高升。

我跟古科夫斯基的女儿娜塔莎相当熟悉，父亲四十七岁就离开了这个世界，她为父亲感到自豪。格里高利·古科夫斯基（还有他的兄弟米哈伊尔）被捕后，很多人来到他位于瓦西里耶夫岛十五条的木头房子里，向他的女儿表示同情和支持，其中有几个人是头一次来到这里。人们鼓足了勇气，开始说出他们认为必须说出的话语……然而某些老朋友却似乎忘记到这里来的路怎么走了。

像所有被捕者的子女一样，娜塔莎·古科夫斯卡娅受到了威胁。搭救她的是另一个杰出的教授家庭。教授的儿子科斯佳·多里宁，未来也是教授，为了救娜塔莎·古科夫斯卡娅，娶她为妻，希望她成为著名的多里宁家族的成员，别人就不敢再动她：作恶的歹徒大体上也有局限性，活动能力限制在一定的范围。娜塔莎确实得救了，起码不再提心吊胆，怕被驱逐出这个城市了。如今她已经是多里宁家庭的一员。原来娜塔莎和科斯佳之间不过是友好的情感，科斯佳高尚的冲动被娜塔莎视为男子汉的果敢，格外珍惜，他们俩组成了美满的家庭。双胞胎尤拉和塔尼亚出生了。10月份两个婴儿被带到外祖父家里，可惜老人在孩子出生前半年已经离开了人世。

后来改姓多里宁娜的娜塔莎成了著名的文学家、儿童文学作家。我记得她，赞赏她的智慧、才华、善良，去过她的家，在那里做客的有很多值得敬重的人。记得在那里见过她的好朋友，演员米哈伊尔·卡扎科夫，他的父亲是列宁格勒的一位作家。米哈伊尔和娜塔莎从小就是好朋友。著名学者尤里·洛特曼还住在列宁格勒的时候，也常去那里做客，后来他迁居到塔尔图，还是经常来看望娜塔莎。洛特曼在他的回忆录中写道，跟科斯佳·多里宁结婚拯救了娜塔莎。

娜塔莎本人不止一次表现出高尚、勇敢的品格。我记得1974年她为受到当局迫害的叶菲姆·格里高利耶维奇·艾特金德教授辩护。艾特金德最终受到了驱逐，但是他们之间的友谊持续终生。

因此不能说知识分子胆小怕事，好像他们不敢反抗，往往处于屈从的状态。

这样的责难来自愚昧无知之辈，他们意识到在危险的环境里他们的所作所为最卑劣，因此想把所有的人都降低到同样的水平，实际上知识分子的特质在于高尚，不属于知识阶层的人难以达到这样的精神高度。他们正是凭借知识才巍然屹立。帮助他们的不仅有道义的力量，还有知识阶层的优越感。

丹尼尔·亚历山大洛维奇·格拉宁给我讲过这样一个笑话。别尔科夫教授被捕的时候，那些人对他说：

"您是研究文学的人，作品都是您自己写的吗？"

"我应当写什么呢？"

"嗯……您是瑞典特务，您在收集什么……要炸毁喀琅施塔得！"

别尔科夫心里明白，这场灾祸难以解脱。但是怎样写招供词呢？怎么写让后人看了才能领会到这是一场冤案呢？略加思索，他写道：

"我是瑞典招募的间谍，我和招募者在喀山教堂接头，在那里他交给我任务和炸药。他的名字叫巴克莱·德·托利①。"

侦查人员囫囵吞枣地把这些话都"如实记录"下来——就这样一直保存在档案文件里。

学识渊博、擅长嘲讽以及其他优良品德,帮助知识分子坚持操守,不屈服变节。很多知识分子被逮捕、被消灭,但是知识分子的精神仍在延续。听格·阿·比亚雷教授讲课的不仅有本校的大学生,还有从其他大学赶来的学生。著名的"西方人",亚·亚·斯米尔诺夫教授讲授文艺复兴格外精彩,女大学生过于准确地转述《十日谈》的情节,让他都感到不好意思。

当时的"森林"还很茂密,尽管不停地"砍伐",有才能、勇敢的学者毕竟留了下来。妄图把崇高的精神完全驱逐出列宁格勒是难以实现的,虽然"呼啸的子弹"响在耳畔。为什么当时利哈乔夫能生存下来?

或许正是凭借这样的生存能力使他在1952年获得了斯大林奖?

他确实得到过支持,但并非所有的人都支持。"整人的打手"不想住手,显然得到了"完成计划"的指令。一次接一次的"打击"连续而来,其中也包括在普希金之家的布置安排。

列宁格勒涅瓦河畔的主要几个"整人打手",是列·普洛特金、鲍·梅拉赫、彼·施里雅耶娃等几个教授,还有副教授戈·拉比茨基。据亚·伊·鲁巴什金回忆,拉比茨基在大学里教古代俄罗斯文学。他在学生面前故意装出一副殷勤亲密的样子,常常甜蜜地闭上眼睛说:"棒极了!比5分还好!"然而这种表面的殷勤并不妨碍他在陷害优秀学者时使用最卑劣的手段。

1950年春天,利哈乔夫的胃溃疡突然变得严重了。这时偏巧在经过日尔蒙斯基和著名的"勃洛克研究专家"奥尔洛夫的推荐,苏联作家协会鉴于利哈乔夫的著作成果,接受他为作家协会会员,紧接着在作家协会豪华

---

① 巴克莱·德·托利(1761—1818),俄国公爵,陆军元帅,原为苏格兰人。知识分子大都知道这个人的名字,契卡工作人员却不知道。别尔科夫教授采用这样的化名,为自己申辩,也揭露了侦查人员的无知。——译者注

的大楼（原来是舍列梅捷夫家族的单独住宅），由官方安排举办了"集体款待"作家的宴会。虽然利哈乔夫不想直接参与这件事，但是他心里明白，再没有地方可以躲避了。

不久，"打击"就落到了利哈乔夫的头上。原来他得到允许在大学历史系授课，突然被调到实验室当实验员，而他已经获得了博士学位。很快又对他的著作说三道四。1952年春天，在普希金之家的大厅里举办讨论会，讨论刚刚出版的《伊凡雷帝书简》。这本书的最后一篇文章是利哈乔夫论作家伊凡雷帝，注释部分出自普希金之家的同事雅·索·卢利耶之手。

一周之前利哈乔夫刚刚获得斯大林奖，前面我们提到过获奖作品，是收入《古代俄罗斯文化史》的文章。现在开会讨论，显然，获奖并没有让德米特里·谢尔盖耶维奇免遭打击。看来是得到了上面的授意："可以讨论。甚至是必要的！"登上讲台的是普希金之家的同事尤·斯科利比里（利哈乔夫疏散到喀山期间曾跟他有过交往），出人意料的是他粗鲁地破坏了有关著作的学术讨论，直接了当地攻击利哈乔夫，谴责他的"世界主义"，使用的是惯常的句式："德米特里·谢尔盖耶维奇同情叛国者库尔勃斯基决不是偶然的！"

在一次接受采访时，利哈乔夫回忆了当时的情景："让人窒息的拥抱！"谴责了利哈乔夫的"古代世界主义"之后，斯科利比里转过头来猛批雅科夫·索罗蒙诺维奇·卢利耶。

然而抨击并没有收到预期的效果。真正的学者总是人数较多，他们更重视跟同事保持良好的关系，希望有一个正常的工作环境，他们不愿意看到某些别有用心的人"煽风点火"，一场风波之后要想再"恢复"学术研究往往很难。他们之间自然也有勾心斗角，但学者间的团结一致（尤其是反对外来敌人的干预）毕竟一直存在着。那些"飞黄腾达的人"也开始感觉到了这一点。

"讨论会"不了了之，即便是头上没有获奖桂冠的卢利耶，也没有受到任何处分。虽然"领导机关"极力想把自己的人安插到各个部门，但学者们的团结、相互理解与支持,帮助他们继续生活下去。有一天,开完"争吵不断"的学术委员会,利哈乔夫和鲍里斯·艾亨巴乌姆一块儿去普希金之家的厕所,艾亨巴乌姆皱着眉头开玩笑说:"大概这里是唯一一个可以轻松呼吸的地方了!"

有知识的人相互理解、相互支持,这种态度挽救了他们。托马舍夫斯基一家人是这方面最好的例子。身处逆境的左琴科跟托马舍夫斯基一家住在一栋楼里,他们想方设法帮助他,做了好吃的饭菜给他送去。在我们的城市里,真正的知识分子永远不会绝迹。

而时代出现了变化。1953年过后,立刻出现了令人惊喜的事件,放在过去大概连想都不敢想。一个大胆的计划突然被提出,在俄罗斯学者与世界学术界长久隔离之后,竟然要在莫斯科召开全世界斯拉夫学者代表大会!利哈乔夫很快成了这次代表大会的积极组织者之一。作家弗谢沃洛德·伊万诺夫的儿子,著名语文学家维亚切斯拉夫·弗谢沃洛多维奇·伊万诺夫回忆起那些岁月时写道:

"1956年的早春……我跟几个当时还年轻的学者(弗·尼·托帕罗夫,奥·尼·特鲁巴切夫)接到电话,通知我们参加会议和来自世界各地的斯拉夫学者的联欢活动,这次斯拉夫学者世界代表大会将在莫斯科召开……在着装随意形形色色的人群中,利哈乔夫衣着的雅致格外引人注目……天生注意观察的维克多·弗拉基米罗维奇·维诺格拉多夫发现了这一点,他用玩笑的目光打量着跟他并肩行走的德米特里·谢尔盖耶维奇……我记得他的浅色披风,披在他身上特别合适,那一天的天气并不太好,挺拔的利哈乔夫可谓仪表堂堂,神采奕奕……他用微笑回答维诺格拉多夫的玩笑,保持着尊严,让人感觉到他不想再继续开这样的玩笑……利哈乔夫的外表和举止与当代流行的高贵不可同日而语,跟他著作的风格相像,这是我很喜欢的。"

这段回忆非常准确而鲜明地描绘了两位大学者的不同性格——维诺格拉多夫乐观、诙谐、豁达,利哈乔夫略显拘谨,却稳重坚定……

伊万诺夫接下来继续写道:"……一年半之后,1958年9月第四届斯拉夫学者世界代表大会在莫斯科召开,我们的谈话主要涉及俄罗斯的多神教,那是我开始认真研究的一个课题。利哈乔夫特意推荐了科马罗维奇有关古代罗斯生育崇拜的遗作,建议我认真阅读。"

铁幕取消以后,斯拉夫学者代表大会第一次在俄罗斯召开,对于我们的科学发展具有重大的"康复"意义。俄罗斯的斯拉夫学者重视这次会议,(在长期中断交流之后)从国外来俄罗斯参加会议的学者也很重视,他们表现出极大的热情和兴趣。研究中世纪文学、诗学、史料学和版本学最著名的专家都来参加会议了。老一辈和年轻一代学者见面了,西方的学者(包括侨民学者)和斯拉夫(东欧)学派有了面对面交流的机会。

代表大会前出版的书籍汇集了俄罗斯杰出的斯拉夫学者的著作,其中有过去遭到查禁或"违禁"的文章。正是由于这次代表大会许多学者受到了关注,使他们声名远播——尼·卡·古德济、弗·帕·别列特茨、尼·亚·梅谢尔斯基、德·谢·利哈乔夫、伊·尼·戈列尼谢夫-库图佐夫、彼·格·博加特廖夫、弗·雅·普罗普、维·弗·维诺格拉多夫、阿·尼·罗宾逊、安·瓦·弗洛罗夫斯基、米·帕·阿列克谢耶夫、尼·伊·托尔斯泰。大量出版的还有国外学术带头人的著作。

1958年正好出版了利哈乔夫的杰作《罗斯古代文学中的人》。利哈乔夫的合作者之一伊·扎·谢尔曼写道,只有刚刚到来的解冻现象可以解释这本书的问世——书中所讲解的不是国家的制度,而是人,是人的情感,人的困惑迷茫,人对美好未来的向往,自古以来人就有这样的追求。谢尔曼写了一篇热情洋溢的书评,投递给《新世界》,这家杂志当时是俄罗斯所有读者关注的中心——书评受到了特瓦尔多夫斯基的赞赏,得以在杂志上刊登。

利哈乔夫在代表大会上做了最具有吸引力的报告《研究南斯拉夫对俄罗斯第二次影响的几项任务》。

话题涉及南斯拉夫(主要是保加利亚)对古代俄语形成所施加的影响。

接下来的片段摘自维·弗·伊万诺夫的回忆文章:

……我们几次跟罗曼·雅可布逊谈到利哈乔夫(雅可布逊——世界闻名的斯拉夫学者,离开俄罗斯以后,在国外享有很高的声望。——瓦·波按)。雅可布逊给予利哈乔夫极高的评价,特别强调,利哈乔夫没有师承,却成了出类拔萃的语文学家!

20世纪60年代初,雅可布逊来访的时候,我跟德米特里·谢尔盖耶维奇常常见面……有一次我到飞机场去迎接雅可布逊,出乎意料的是在那里见到了利哈乔夫。他说,为了跟雅可布逊会晤,特意从列宁格勒赶了过来。这在那几年并非没有风险(就在不久之前我被从大学教师队伍中开除,罪名除了不同意官方对《日瓦格医生》的抨击,再就是支持雅可布逊的文章和报告所表达的观点)……从列宁格勒回来以后,雅可布逊对利哈乔夫赞赏有加。他称赞利哈乔夫对列宁格勒的每座古建筑的历史都了如指掌。在利哈乔夫家里做客也让他很满意。他还讲述了德米特里·谢尔盖耶维奇的妻子请他品尝各种各样的果酱,并且告诉他是用什么样的浆果制作的:"您尝尝这个,是用越橘做的……"他的夫人是"传统风习最自然的化身",她是利哈乔夫人格魅力的主要秘密之一。显然,利哈乔夫的家庭款待让雅可布逊心旷心怡。

有大量外国来宾参加的国际学术会议现在已经习以为常,不再让人感到诧异了。长期闭关锁国之后,向广阔的世界推开生锈的大门,利哈乔夫是推手之一。

孤　岛

普希金之家的很多学者私下里都称呼利哈乔夫为德谢，同事们熟悉他、了解他，如果不是跟他们当中的很多人成了好朋友，那么无论如何我也不敢写这本《利哈乔夫传》。他们讲的故事，他们在这座楼房里的生活本身都很有意思。我不止一次拜访普希金之家，去看望那里的朋友：伊戈尔·斯米尔诺夫、亚历山大·潘琴科、萨沙·拉甫罗夫、斯拉瓦·巴格诺、艾杜阿尔德·舒宾、谢尔盖·格列奇施金。

沉重的大门后边，与第二道门之间，有个喧闹的大理石前厅。正是在那里我常常跟那时候还年轻的朋友们见面，他们组成了一个"烟鬼俱乐部"，那是个适合推心置腹交谈的地点。

那里有座大理石雕像——亚历山大·维谢洛夫斯基（1838—1906），仿佛"置身于他们中间"，维谢洛夫斯基是普希金之家的创建者之一，这里最初只是收集普希金手稿的地点。雕像上方的墙上高高地悬挂着一块大理石纪念板，纪念俄罗斯卓越的语文学家、普希金之家的创建者、苏联科学院通讯院士鲍里斯·利沃维奇·莫德扎列夫斯基（1874—1928）和第一任所长涅斯托尔·亚历山大罗维奇·科特利亚列夫斯基院士（1863—1925）。

第二道门后面是个嘈杂的休息室，那里有三个宽阔的老式大理石楼梯。

其中一个楼梯中间有个平台,那里有米宁和波察尔斯基的青铜雕像,楼梯末端是个宽敞明亮的平台,那里悬挂着艾瓦佐夫斯基和列宾绘画名作的复制品《别了,自由的元素!》——画面上灰蒙蒙激荡翻滚的大海出自艾瓦佐夫斯基之手,而站在水边岩石上"身披斗篷"的普希金则是列宾的手笔。

要去利哈乔夫的办公室,去俄罗斯古代文学研究室,必须上楼。从一个平台朝左转,穿过一条有点昏暗的狭长走廊,那里摆放着经典作家的半身像,还有领导者的几间办公室。这里有一扇沉重的门,门后是"利哈乔夫办公室之一",不过后来才有这样的叫法,利哈乔夫也利用它作为官方或高层会见的地点,那时候他已经主持文化基金会了。现在那里挂着块纪念性的小牌子:"米·帕·阿列克谢耶夫和德·谢·利哈乔夫两位院士办公室。"这个办公室很豪华——有沉重的、古典式的写字台、书柜,但是看不到米·帕·阿列克谢耶夫和德·谢·利哈乔夫在这里工作过的痕迹。这个办公室很有气派,却显得有几分冷清。利哈乔夫真正的办公室在另外的地方。要到那里去还得上一层楼,再上一层楼。在所长办公室长廊里,推开一扇不起眼的小门,眼前是黑洞洞的楼梯,的确,楼梯很宽阔,直到最后岁月,他都在攀登这里的楼梯。只不过最后几年,他同意让身边的助手帮他提着那个沉重的公文包。

俄罗斯古代文学研究室(它常常被叫成"研究组",和从前一样,现在也这么叫)被安置在三楼一扇不大的白门后面的四个房间里。

利哈乔夫在这个研究室工作了62年,从1937年到1999年,直到他生命的最后一息。

著名的瓦尔瓦拉·帕甫洛夫娜·阿德里阿诺娃-别列特茨长时间担任这个研究室的领导人,年轻快乐的同事把研究室称为"修女瓦尔瓦拉的修道院"——同事们对她充满了敬重与热爱之情。

战争结束不久,阿德里阿诺娃-别列特茨把研究室的领导职位交给了利哈乔夫,这样做的目的,是为了有助于他当选科学院通讯院士。正如瓦尔瓦拉·帕甫洛夫娜所说的,"科学院院士挨狗咬的时候少一点儿"。利哈乔夫积极地挑选学者，好让研究室得到进一步的发展。当时在研究室工作的有的俄罗斯古代文学专家伊·彼·叶廖明和米·奥·斯科利比里。不久接纳了研究生毕业的嘉·尼·莫伊谢耶娃和列·亚·德米特里耶夫。像基·瓦·奇斯托夫和维·叶·古谢夫这样有经验的民间文学研究者，利哈乔夫也想吸收他们到研究室里来，可是他们俩已经找到了更接近自己专业的工作。

利哈乔夫非常关注研究室的人员编制。他想聘请鲁·彼·德米特里耶夫娜来研究室工作，他从1946年就认识德米特里耶夫娜，那时她作为旁听生去历史系听他的讲座，可是他的想法得不到支持。他很生气，甚至在秘书办公室推翻了一张小桌子。最终还是录用了德米特里耶夫娜，不过，这倒更像是一次例外。德米特里耶夫娜本人回忆说：

"即便是感到不满意的时候，他也总是彬彬有礼、善于把握分寸。他能够把握自己。按性情来说，他是个腼腆的人，不过总是精力集中、善良、优雅，体现出知识分子的风度，不喜欢过分轻浮随意的举止，因此跟他交往一定要有所克制。尽管如此，他是个特别擅长对话的人：他能吸引听众并带给他们以惊喜。我记得他带着我去科学院图书馆手稿部——为了撰写副博士论文，我需要收集复印手稿做研究资料。德米特里·谢尔盖耶维奇为我做了引见，我跟手稿部三位研究员开始了愉快的交谈，形成了非常友好的氛围，这对我后来的研究特别有益。"

利哈乔夫的主要目的是在普希金之家创建一个研究俄罗斯古代文学的学术中心。他实现了自己的目标，他做得很平静，很讲究方法，既有礼貌，又很顽强——他做其他的事也是这样坚持不懈。

利哈乔夫在一封书信中写道："我们研究室里留下来的只有好人。那些不好的都走了。"利哈乔夫根本不是平静书斋里的学究，他是——战士。他的力量不仅在于知识渊博，而且善于利用自己的声望形成良好的学术环境。经过多年努力，他最终把既有才华、又忠实可靠的人汇聚到了俄罗斯古代文学研究室。在这个起初叫研究组，后来改称为俄罗斯古代文学研究室，帮助过利哈乔夫的人，和在生活与研究工作中得到过利哈乔夫帮助的人，多到不可胜数。我们在这里只能大致提到他的主要合作者：格·普罗霍洛夫、弗·布达拉庚、亚·潘琴科、奥·别洛布罗娃、娜·帕内尔科、塔·克拉斯诺波罗基科、米·罗日杰斯特文斯卡娅、伊·斯米尔诺夫、谢·伏米切夫、伊·洛巴科娃、叶·沃多拉兹金、奥·潘琴科、柳·利哈乔娃、亚·鲍布罗夫（这里提到的各位学者，都留下了跟利哈乔夫一道工作的回忆文章）。所有这些人都提供了切实的支持，依靠他们的力量，利哈乔夫开始了他的抗争，很快就显示出他的勇气和力量，成为首屈一指的正义捍卫者，赢得了无可争议的威望。

这里有必要回忆一下跟别里契科夫有关的故事。谁也没有想到，莫斯科会任命他来列宁格勒当文学研究所的所长。结果很快表明他根本不适合担任这样的职务。此人热衷于落实"上级的指令"，唯一的后果——就是让整个研究所笼罩着斗争气氛，不断地布置那些毫无意义的任务，让工作人员感到屈辱和痛苦。

在这关键时刻，利哈乔夫像"巨人似的挺身而出"——正是他出面挽救了研究所。他去了莫斯科，去科学院，因为那里了解他，尊重他。利哈乔夫走进了维·弗·维诺格拉多夫的办公室，他是苏联科学院文学语言部的书记，"负责"处理跟文学、语言学有关的问题。他是官员，也是真正的学者，是官场上最有心计的智者，他运用自己的"才华"常常做出有利于学术的好事。令人遗憾的是，后来米·鲍·赫拉普琴科取代了他的位置。此人将全副精力都投入到如何把党和政府的指示与法令"灌输到"学术领域之中。而维诺格拉多夫有威望、有涵养，也有独立精神，当然是在一定的限度之内，不超出最高当权者的许可范围。

利哈乔夫走进了维诺格拉多夫的办公室，别里契科夫已经坐在那里等候。利哈乔夫到莫斯科不是一个人去的。陪他去的还有米哈伊尔·帕甫洛维奇·阿列克谢耶夫，他在普希金之家也享有很高的声望，后来他也成了院士，很受人敬重。阿列克谢耶夫来自伊尔库茨克，领导西方文学研究室很有成就,他和利哈乔夫一样善于把优秀人才汇集在自己的研究室里。闲言碎语不攻自破——一度有传闻,说他们两个人彼此不合,虽然表面上彬彬有礼。利哈乔夫提出去一趟莫斯科的建议,阿列克谢耶夫当即表示支持。

维诺格拉多夫先听利哈乔夫的意见。利哈乔夫的谈话,概括为一句话就是:"当人人战斗以反对所有的人为目标,工作就无法进行。"

维诺格拉多夫接着听阿列克谢耶夫、别里契科夫诉说,然后给科学院主席团干部处打了电话,他说:"利哈乔夫来见我,当着文学研究所所长的面,解释了为什么他不能跟这位所长一道工作的理由。依我看来,利哈乔夫的意见是正确的。"

利哈乔夫更强有力。别里契科夫被赶走了。利哈乔夫凯旋而归。

他从来没有利用自己逐渐增长的威望为谋求个人的私利做过什么事(如果那样做,威望也就不存在了)。但他利用个人的威望确实成效显著——这也是事实。他能做到的,恐怕任何人都难以做到。奥尔加·别洛布罗娃日后是研究室里跟利哈乔夫积极合作的研究者,她在自己的回忆录中谈到了她和利哈乔夫相识的过程。

1956年,利哈乔夫应邀担任斯拉夫学者国际代表大会筹备委员会委员,他和筹备委员会的另一个委员、我国著名的斯拉夫学者安德列·尼古拉耶维奇·罗宾逊一起,带着筹委会的两个外国委员叶·希尔和伊·杜伊切夫到扎戈尔斯克来找奥尔加·别洛布罗娃。他们参观了扎戈尔斯克独具特色的修道院和博物馆,当然带领他们参观的是利哈乔夫。他怀着高度的热情,激动地让他们观看圣像和古代教堂里的刺绣品。像往常一样他的举止得体,亲切友善。他特别细心地观看了费奥凡·格列克绘制的圣像,讲述这位画家的作品极为生动,以至于让当时在扎戈尔斯克博物馆工作的别洛布罗娃受到启发,想写一本有关费奥凡·格列克的专著。从这次参观开始了利哈乔夫与别洛布罗娃长久而富有成果的合作,过了不长时间别洛布罗娃就被调到了俄罗斯古代文学研究室工作了。利哈乔夫是个卓越的组织者,随时随地能发现有才能的人,凭借这一点他做成了很多大事。

他坚持出版"俄罗斯古代文学研究室著作"年鉴,还开始编印俄罗斯古代文学作品丛书。举办公开的学术讨论会,研究所同仁在会上宣读自己的论文,然后开始探讨与争辩。

这样的学术会议是开放性的,列宁格勒语文学界所有精英都可以参加会议,这种做法在很大程度上跟利哈乔夫的个性相关。娜塔莉亚·帕内尔科是利哈乔夫的学生之一(目前领导俄罗斯古代文学研究室的就是她),她在文章中这样回忆自己的老师:

"那时候我们的每周例会(过去是,现在仍然是每周三下午两点开会),与会者实际上是彼得堡所有的"古代史学家"(古代文学研究者):研究室十三个同事,还有二十个上下关系最密切的同行(有时候人数比这多得多),他们分别来自公共图书馆手稿部和科学院图书馆、历史研究所、埃尔米塔什博物馆、俄罗斯博物馆;大学生组成了一个特别的小组……再加上短期来访学的外国斯拉夫学者,还有研究室各个年级的研究生、进修生,他们来自保加利亚、英国、捷克斯洛伐克、意大利、美国……

德米特里·谢尔盖耶维奇作为会议主席,固定不变地主持这些会议……他把报告人请进研究室,向听众简明扼要地介绍,看他听报告时的表情,单凭这些就能感受到他人格的高尚,就能领悟这里并非苏维埃的世界,而是一片独立的天地。

正是这一点吸引了很多人。利哈乔夫做到他想要做的——他们的研究室成了俄罗斯古代文学研究的中心。

在研究室里亚历山大·米海洛维奇·潘琴科是个格外重要的人物。我很幸运,能够接近他,了解他。他是个研究古代俄罗斯的学者,开朗、有才华、有个性、学识渊博。他更看重彼得之前的俄罗斯,认为彼得大帝的改革是歪门邪道。他很快就成了科学院院士。此人身材魁梧,爱激动,大嗓门,身体肥胖,举止豪放,争论起来不知节制。有段时间特别爱喝酒,一次酒后事故给他隆起的鼻子留下了永远的伤痕"作为纪念"。在各个方面他跟利哈乔夫恰恰成为对照。尽管如此,意识到他非凡的才华,利哈乔夫还是聘请他到研究室工作。他们两个人的关系史相当复杂:虽然彼此互相敬重,给对方的著作以很高的评价,但是争论一直持续不断,到后来甚至夹杂了学术上的猜忌。有些人说,潘琴科写的论著比利哈乔夫观点更鲜明、更有才气——这说自然有种种原因,而所谓吹毛求疵只不过是借口罢了。生活中并非一切都那么和谐,有才华的人或许彼此之间有更多的差别,其实也应该存在差别。

尽管有差别,两个人的合作却是研究室历史上最重要的事件之一,而研究俄罗斯古代文化尤其需要他们的合作。据潘琴科回忆,当时国家领导人尼基塔·赫鲁晓夫有个"说法":重要的是研究当代,研究过去没有意义。潘琴科回忆说,当他收到利哈乔夫的邀请,决定到俄罗斯古代文学研究室工作室,他的同班同学都觉得困惑不解,在他们看来这是件没有前途的事。"古代"被人遗忘了,其实也能带来某些好处,不会受到赫鲁晓夫的"斥责",他在科学和艺术领域,从农业园艺到绘画,到处指手画脚瞎指挥,因此在利哈乔夫的研究室可以安静地工作。研究室不参加赫鲁晓夫鼓吹的各种可悲的"运动",他们大张旗鼓地批判"世界主义"时很少牵涉到研究古代罗斯的专家。然而研究室的"成果"却顺利地年年出版。正是在这里,潘琴科才能"登堂入室",成了著作最丰厚的学者,成了科学院院士。冲突和矛盾是难免的——尤其是潘琴科继利哈乔夫之后成了"明星",经常上电视讲述古老俄罗斯的故事。他们基本的学术观念和为人处事的原则是相近的,研究室弥漫着创造性的学术气氛,招摇撞骗与投机取巧在这里没有立足之地。潘琴科写道:"这里没有人头脑一热去写什么《马克思、恩格斯与俄罗斯古代文学》。研究室的环境与氛围不允许出现这种做法。"

亚历山大·潘琴科认为他们还有一件事做得是正确的,那就是:"……我们不去迎合左倾的潮流,比如结构主义。在欧洲和美国,结构主义在20世纪60年代末就衰落了。"我想,利哈乔夫在这个问题上的见解未必这么决绝。我知道,伊戈尔·帕夫洛维奇·斯米尔诺夫是他的研究生,他研究的课题恰恰就是结构主义,他们的研究半途而废,并非学术的原因,纯粹是外部的干涉。

当然,在研究室一直存在不同的意见,但大多纯属学术争论,是文化人观点的分歧,没有阴谋诡计或者卑劣的陷阱。把利哈乔夫与潘琴科联系在一起的还有一个因素,那就是潘琴科的父亲也曾在这里工作,担任研究所的学术秘书,后来在战争中牺牲了。潘琴科还是个小孩子的时候,疏散到喀山,有一次在地里挖土豆,旁边就是利哈乔夫,有一次得到利哈乔夫的照顾,还从某个委员会领到了一双孩子雨天穿的胶鞋。潘琴科把"那双胶鞋"一直记在心里。

帕内尔科回忆说:"这并不意味着,我们这里总是平静与和谐。其实常常会发生交锋与争吵,比如,永远的'冤家对头'亚·米·潘琴科跟雅·索·卢利耶,当他们就报告表达见解的时候,往往会唇枪舌剑地碰撞一番。雅科夫·索罗蒙诺维奇透过他'文艺复兴'信念的眼镜观察事物……而亚历山大·米海洛维奇则以阿瓦库姆①式的激情给他痛斥与反驳。"

在组织与领导研究室的工作当中,利哈乔夫一直表现出让人敬佩的坚定性,从不为某些指令所左右,甚至也不怕凶险的"征兆"。比如,雅科夫·索罗蒙诺维奇来见他的时候,批判"世界主义"的斗争正处于白热化阶段,他就是由于被认定是"世界主义"分子而丢掉了原来的工作……可是利哈乔夫跟他简短地交谈之后,当机立断接纳他来研究室从事研究工作。

利哈乔夫不仅关心科学事业的繁荣,很多事情他都看在眼里。有一次研究室会议散会后,他询问同事格利安·普罗霍罗夫,为什么他的脸色那么难看。利哈乔夫这轻轻的询问像雷声一样震撼,准备走出大厅的人们又

---

① 阿瓦库姆(1620—1682),俄国分裂教派首领,思想家、作家,以擅长争辩著称。——译者注

返了回来。许多人已经从"自由"广播电台知道普罗霍罗夫的住所和别墅遭到了搜查,原因是他跟亚历山大·索尔仁尼琴有联系。那些年在知识分子当中没有什么人能比索尔仁尼琴更受敬重与推崇。苏维埃政权几十年努力维护的声望在那个时期濒临崩溃,蒙难者索尔仁尼琴在他的著作中生动地讲述了国家在布尔什维克践踏下遭遇的劫难,因此他成了英雄。当权者对此难以容忍。仅仅读索尔仁尼琴的书这一件事就够他们忙乱张罗的了。然而压制没有效果,对于索尔仁尼琴名字的赞许、倾慕只增不减。跟我们当中的很多人一样,普罗霍罗夫也受到这种情绪的感染。为了让这种情感或多或少得到切实的体验,他给索尔仁尼琴寄去了一本地理学会出版的《民族学部报告集》,其中收入了他的一篇文章,是研究十四世纪东欧民族趋于整体化过程的。格利安·米哈伊洛维奇在为文章写的赠词中表达了自己的情感。他想起了《癌病房》中的主人公由于思念方坦卡运河而叹息,普罗霍罗夫告诉索尔仁尼琴,自己就住在那条运河附近,准备在河边迎接他。

"我很吃惊,"普罗霍罗夫写道,"他给我回信了。一开始我还不明白,是谁寄来的这张明信片:

68年4月26日。尊敬的格利安·米哈伊洛维奇!谢谢您寄来的书。这样的书籍我喜欢,有兴趣看,我也需要——只可惜时间不够用,像在峡谷里,不知道什么时候能走出去,能摆脱困境。祝一切顺利!握手!亚·索尔仁。"

毫无疑问,这张明信片引起了侦查机关的注意,于是格利安·米哈伊洛维奇被列入了"可疑犯名单"。这一点他也明白。不过在那个年代,自由的气息让人陶醉,他想由着性子做点大胆的事,故意冒犯一下这个讨厌的政权。

在索菲亚参加学术会议期间,普罗霍罗夫认识了一个与会的俄侨,该人的父亲曾是谢苗诺夫军团的军官,他请求普罗霍罗夫把他父亲的回忆录《我在旧禁卫军团服役》转交给索尔仁尼琴。偏巧那个时候"地下出版物"

刊登了《14年8月》，索尔仁尼琴在附言中写道，他需要有关革命前俄罗斯的回忆录。格利安答应给他帮忙，回到俄罗斯以后，通过熟人把那本书交给了索尔仁尼琴。他给回忆录作者的儿子寄了一张明信片，上面写着"书已到位"。这张明信片也成了契卡工作人员侦查的线索。

审讯时侦查人员一再追问，力图证实"书已到位"，指的是书在索尔仁尼琴手里。格利安则坚持说"书已到位"，指的是书在一个人家里的书架上，他借过一本书阅读，后来把书还给了那个人。至于那个人是谁，他始终没有说。

没有得到任何证据，契卡工作人员给普希金之家发了一封公函，宣告普罗霍罗夫的罪证确凿。他们要求各个研究室当众宣读这封公函，以便让其他人产生恐惧感。

普罗霍罗夫向审查机关递交了抗议信，之后发来了第二封公函，这一次口气更强硬，明确指责格利安·米哈伊洛维奇为人"虚伪"。不久克格勃①和瓦西里耶夫岛区党委派代表来到普希金之家，下令召开全体会议。在这次会议上他们想要达到的目的是，继承"30年代的光荣传统"，发动群众支持他们的决定：剥夺普罗霍罗夫的苏联国籍，取消他的语文学副博士学位。不料时过境迁，毕竟不是"一致要求"枪毙人的时代了，附带说，那时候如果某个人的女儿出国，群众就可以"集体要求"取消他的学位并开除公职。

在普希金之家，事情的进展出乎有些人的预料。格利安·普罗霍罗夫回忆说：

> 我进行了苍白的申辩，必须说，我不想这样做（这是'侦查机关'的要求——瓦·波按）……
>
> 坐在大厅里的有我的同事们，以主持会议的所长瓦西里·格里高利耶维奇·巴扎诺夫为首，他大概都不认识我，还有两位院士：亚历

---

① 指苏联国家安全委员会。——译者注

山大·米海洛维奇·潘琴科和德米特里·谢尔盖耶维奇·利哈乔夫，他们都不同意这样做。只有告密者总务主任和煽风点火的契卡人员非常卖力，可是没有效果，他们拼命帮着克格勃和区党委会的代表说话。兼顾党性与精神高尚的瓦西里·格里高利耶维奇会后被叫到区党委，他在那里又犯了心脏病。

这个事件过去了一年以后，普罗霍罗夫再次被传唤到利捷伊内街的大楼里，在那里硬逼着他在一份供词上签字，承认他受到过警告，他与犯罪活动有牵连。经过好几个小时的"谈话"，痛苦不堪的普罗霍罗夫迫不得已只能签字，侦查人员见他签了字，大声叫道："现在我们将在另一个地方跟您见面！"

据普罗霍罗夫回忆，事件的后续发展都在《德米特里·利哈乔夫和他的时代》①那本文集里公布了，大致情况是："我的直接领导德米特里·谢尔盖耶维奇·利哈乔夫被请到斯莫尔尼宫，市党委会（尽管他一直是非党人士），去见大权在握的党委书记格里高利·罗曼诺夫，书记在谈话中附带责备了院士，说他庇护了像我这样的坏人。利哈乔夫怎么回复他的，我不知道，但是罗曼诺夫同意停止对我的侦查，并答应允许利哈乔夫的女儿、有才华的学者维拉出国深造。罗曼诺夫答应的事都得到了落实。

"市里住宅旁边值班监视的汽车开走了，别墅附近夜晚突然用前灯灯光照射行人的汽车也撤了。传唤、审讯停止了，侦查也不再进行了——或者换成了另外的方式……但重要的是——我获得了自由，在俄罗斯，在普希金之家可以随意行动，不受干涉，而邀请我到那里工作并且给我以保护的人——是德米特里·谢尔盖耶维奇·利哈乔夫。"

讲到这些绝不能说，普希金之家大的环境对利哈乔夫特别好，也不意味着他起初工作很顺利。实际上恰恰相反！叶甫盖尼·沃多拉兹金是利哈

---

① 参见：德米特里·利哈乔夫和他的时代：回忆录。随笔。文件。照片。叶·戈·沃多拉兹金编，圣彼得堡，2006。

84　乔夫的老同事，两个人关系密切，他编了一本同代人的回忆录文集，其中对利哈乔夫的学术活动，对那些年的环境有很详细的回忆。下面是亚历山大·瓦西里耶维奇·拉甫罗夫的回忆片段，他现在已经是科学院院士了：

"在那个想起来叫人痛苦的年代，普希金之家可谓是真正的文化绿洲上长出来的一棵善恶共生的怪树，有才华的杰出学者与党内负责宣传监督的狂热分子共存于同一环境。"

研究所的某些科研人员持正统派观点，想凭借"对苏维埃政权的忠诚"来弥补个人的平庸少才及学问不足。他们对"贵族分子"利哈乔夫深恶痛绝，一有机会就想"咬"他一口。他们尽力跟臭味相投的人抱成一团，由于这些人不断捣乱，普希金之家几十年间环境险恶，甚至黑帮分子横行。利哈乔夫就是在这样的处境中生存和工作。

拉甫罗夫回忆说："作为《文献典籍》丛书编辑委员会成员，德谢积极促成两本书的出版：安德列·别雷的《彼得堡》和马克西米利安·沃洛申的《创作的面貌》，这两本书都跟我有关。在他的协助之下还出版了另外一本广为人知的书，帕斯捷尔纳克的文集《空中之路》，这本书的问世以及随后出版的《日瓦格医生》引起了当权者的愤怒，帕斯捷尔纳克的名字几十年间遭到封杀。亚·拉甫罗夫和谢·格列奇施金为《空中之路》作了注释，利哈乔夫为这本写了序言。"

正是利哈乔夫，依靠有才华又有勇气的年轻同事，把禁止出版的俄罗斯文学作品还给了我们。

我想起那时候的萨沙·拉甫罗夫，还是个脸色红润、快活的年轻人，留着知识分子喜欢的短短的胡须。他走路脚步轻快，几乎像奔跑一样。他总是提着个很大的塞得满满的公文包，里面装着"国外出版的"最有锋芒的书籍，还有盛着最高级的波尔图葡萄酒的长颈玻璃瓶。这一付"绅士做派的装束"在那个时期的知识分子当中是相当有代表性的。他的衣着和提包并不意味着致命的风险，实际上正好相反。亚历山大·拉甫罗夫成了科学院院士，成了研究勃留索夫、别雷、索洛古勃最有权威的专家之一。想起那些欢快的、充满了冒险精神的青春岁月，我不由得一阵兴奋，亚·拉甫罗夫和谢·格列奇施金合作编辑出版了瓦列里·勃留索夫颇为大胆，甚至有些出格的小说选集，这位作家在相当长的时间里被描画为苏维埃的忠实奴仆。谢·格列奇施金和亚·拉甫罗夫把勃留索夫从社会偏见中"解放"出来！那是个非常好的时期。很多事情都是在德谢的"庇护"之下做成的，"德谢"是年轻的知识分子同事对利哈乔夫简短而充满敬意的称呼。

我也想起当年自己跟利哈乔夫第一次见面的情景。我跟语文学界没有直接联系，原因是更关注文学界，不过跟普希金之家的年轻学者保持着亲密的友情，尤其是跟当时还在文学理论研究室工作的伊戈尔·帕夫洛维奇·斯米尔诺夫来往频繁（这个研究室位于大楼的顶层，从哪里能够看到涅瓦河水波浩荡的奇妙画面，看得见瓦西里耶夫岛沙嘴和彼得保罗要塞）。

有一天，我们"休息"，更确切地说是跟伊戈尔·帕夫洛维奇在靠近芬兰湾的科马罗沃创作之家开心地聊天，那是白夜时期，我们没有觉察夜晚是怎么到来的。我们急需到商店买酒，可商店已经关门，这时我们才意识到已经是夜晚了。

商店开门要等到上午九点，十一点才开始卖酒。这样规定当然很明智。一大早就饮酒肯定是不好的，除非有某种特殊的理由。

九点钟我们去商店买酒，找了个熟识的女售货员想碰碰运气，但碰了钉子，实际上是委婉的拒绝，我们也不想胡搅蛮缠。

我们从商店走出来，面对着橱窗平心静气地跪下来，跪在奇妙松软的黄沙土上（科马罗沃就坐落在优良的沙滩上，因此那里的克马尔［蚊子］非常少①）。我们态度温和，甚至可以说自我惩罚式地跪在那里。

当女售货员扭过头来看我们一眼的时候，我们就弯下身子，把头垂向地面，准确地说，把头垂向沙土地。其实这样做起来并不难，甚至对松弛肌肉还有好处。说不清过了多长时间，女售货员转过身来，朝我们招了招

---

① 作者在这里使用了谐音词，科马罗沃（Комарово）和蚊子（комар）谐音，带有戏谑口吻。——译者注

手。我们赔着小心走进商店,很优雅地挑选了一"小瓶",说实在的,这让女售货员和我们都觉得很高兴。我们并不想整天都泡在伏特加里,只不过想喝一小杯,让精力更加集中,然后就开始工作。接下来是非常安静的一天,我喜欢跟伊戈尔·帕夫洛维奇一道写作,各写各的作品。当时伊戈尔·帕夫洛维奇是德米特里·谢尔盖耶维奇·利哈乔夫的研究生,这件事他说过不止一次,提到自己的导师时显得格外恭敬,在那个虚无主义盛行的年代,发自内心的敬重十分罕见。

映着早晨的阳光,"小酒瓶"闪闪发亮,我们感受到生活的喜悦。两个人(首先是伊戈尔)想出了一个主意,一边走一边互相抛掷传递酒瓶,这很有意思,但是也很惊险。抛掷着小酒瓶,我们穿过了公路,沿着绿树成荫的骑兵街往前走。我们的游戏玩出了花样,越来越复杂,要接住抛过来的小酒瓶难度越来越大。最后,我一个箭步没有赶到,"小酒瓶"咔嚓一声碰在一块砖头上,不知道这碎砖头怎么跑到了草地里。我捡起来的只是玻璃瓶的瓶颈。

"算啦!"伊戈尔·帕夫洛维奇说,"都怪我。我愿为这过失受罚,到创作之家磕头谢罪!"

"我们再去买一瓶,好不好?"我宽宏大量地说。

"不!"伊戈尔痛苦地嘣出了一个词,扑通一声跪倒在地,然后站起身来就往前走。当我们走近创作之家的时候,院子的门忽然敞开了。用手扶着门的是个高个子、戴眼镜的人,他身材匀称,面容和善。伊戈尔多次跟我说过他的导师,我立刻就猜出了这是谁……除了他,什么人能有这样的风度和举止呢?

"您好,德米特里·谢尔盖耶维奇!"我的朋友有礼貌地问好,一条腿跪在地上,"……您请进!"

"不,不!请吧,您!"德米特里·谢尔盖耶维奇微笑着说,继续用手扶着门。

"谢谢!"伊戈尔·帕夫洛维奇(日后也成了大学者)感谢老师,膝盖移动着进了门。

我跟在他身后也走进门,胆怯地问了声好。在这之后,德米特里·谢尔盖耶维奇把门敞开。

……是啊,我多么渴望也能有一位这样的导师啊!

下面说的是最近的经历。我认识弗谢沃洛德·叶甫盖尼耶维奇·巴格诺已经很久,他现在担任普希金之家的负责人,由于他的关系,我拜访了俄罗斯古代文学研究室。

……穿过了一个公用房间,那里有几张办公桌供研究室同事使用,有书橱和卡片柜,我们走进了利哈乔夫的办公室。在这里真切感受到这就是他的工作地点!书桌(原来归科学院院士沙赫马托夫使用,后来属于利哈乔夫)现在仍然呈现出工作状态,上面摆满了书籍和杂志,有些书是翻开的,有些书里夹着很多纸条。在利哈乔夫的椅子后面是宽阔高大的书架,古老的书籍,革命前出版的成套的《历史札记》杂志。角落里是个带木靠背的沙发,那是瓦尔瓦拉·帕甫洛夫娜·阿德里阿诺娃-别列特茨留下的礼物。

墙上挂着为数不多的几张照片,其中一张是别列特茨教授在基辅大学讲习班期间跟他的学生们的合影。听讲座的女生中间——有年轻的瓦尔瓦拉·帕甫洛夫娜。

有一扇窗户朝向船头形装饰的圆柱,窗户的高度几乎与圆柱顶端齐平,这扇窗户旁边还有一张桌子,桌子的斜对面挂着一张通讯院士列夫·亚历山大洛维奇·德米特里耶夫的照片,利哈乔夫和他共用这个办公室,在这里编撰多卷本的俄罗斯古代文学作品集。

伊丽娜·阿纳托里耶夫娜·洛巴科娃曾经担任利哈乔夫的主要助手,她很忠诚可靠,保证利哈乔夫的工作时间,应付潮水般想跟利哈乔夫见面的人,如今她还在这里工作。她在自己的回忆录中写道:

作为德米特里·谢尔盖耶维奇最后一位助手,我跟随他工作了七年，我把这段时间看作自己一生最大的荣幸。

……1975年第一次看见利哈乔夫的时候，我还是大学一年级的学生：大学语文系举行学术会议，纪念《伊戈尔远征记》正式出版175周年……最鲜明的印象是——德米特里·谢尔盖耶维奇·利哈乔夫！……过了很多年以后我才知道，正是这一天他遭到人身攻击，做完报告后，不得不找医生去看病……

从1976年开始，每逢星期三我都到普希金之家旁听俄罗斯古代文学研究室的学术例会，主持会议的几乎总是利哈乔夫，他听了别人的发言后也常常发表自己的见解。那些讲话总是让人感到惊奇。他谈得总是那么具体，善于倾听，随时准备交换自己的看法，强调指出发言者研究的优点，进一步从事研究的前景，意见之精确常常给人印象深刻，乃至超过了对报告的感受。所有的会议都充满了自由交换意见的精神，听不到颂扬吹嘘的语调，有的是科学的严谨和与人为善的态度。在我的记忆中，只有两次德米特里·谢尔盖耶维奇忍不住发了脾气，来做报告的人完全不具备专业素养，却又狂妄傲慢，利哈乔夫非常罕见地跟他们发生了冲突。

同事奥·维·潘琴科回忆说：

当我第一次走进俄罗斯古代文学研究室的时候，从通知栏里看到了研究室主任德·谢·利哈乔夫的"指令"，他以领导者的玩笑口吻"命令"同事们迅速行动起来去俄罗斯博物馆参观卡基米尔·马列维奇的画展……在这道"命令"的旁边，还张贴着一张告示，德米特里·谢尔盖耶维奇在其中列举了一系列词语，比如"感受"、"印象"、"某地"、"某个问题"、"在某方面"等含混词语，禁止使用在"俄罗斯古代文学研究室"的著作中……

利哈乔夫既反对公文腔的呆板，也反对使用"情感"过分的语句，他制定了说话与写作的严格规范，不允许出现平庸低俗的语言，一时在社会上流行的套话空话,还有语意含混故作高深的伪学究腔。他不仅批评"偏激"的语言,也抨击"偏激"的行为……起码在自己领导的研究室里做到了这一点。

……跟利哈乔夫办公室相毗邻的几个房间里摆满了书籍、旧家具(最好看的桌椅沙发是从瓦·帕·阿德里阿诺娃-别列特茨家里弄到这里来的)。墙上有亚·谢·奥尔洛夫院士的照片(他在利哈乔夫的一生当中发挥了关键性的作用),还有古德济、叶廖明、阿勃拉莫维奇等几位教授的照片,他们都是语文学界的权威人物。

在一张桌子上我看到了一本蓝色封皮、用打字机打印出来的论文,那是利哈乔夫的副博士论文《诺夫哥罗德往年史汇编》,论文里夹着书签,说明至今仍有人在参考使用。我还看到墙上有一幅带有玩笑意味的绘画,一群乘客在汽车后视镜中映照出来的扭曲可笑的面孔,这些乘客当中就有利哈乔夫。

"这是利哈乔夫跟同事们一道去诺夫哥罗德参加学术讲座,这张画是格利安·普罗霍罗夫画的!"研究室同事莉季娅·索科洛娃介绍说。

根据大家讲的故事,我认为格利安·普罗霍罗夫跟研究室的所有同事一样,为人非常严肃认真,不过,偶尔也会流露出快乐的天性。利哈乔夫一个关系密切的同事米莲娜·罗日杰斯特文斯卡娅回忆说:

……德·谢过六十周岁的庆祝会,我没有赶上,不过,不止一次听说过那次庆祝活动,玛丽娜·阿列克谢耶夫娜·萨尔米娜以拍摄滑稽影片《车站上的骗子》的名义,用摄影机拍摄了庆祝会的情景。普希金之家俄罗斯古典文学研究室的同事,都成了影片里的演员。我记得,艾·梁赞诺夫和格·达涅利亚拍摄的这一类讽刺喜剧片当时还没有在宽银幕电影院上映。

1976年临近德米特里·谢尔盖耶维奇七十周岁的时候,我们决定再次组织类似的庆祝活动……德·谢·利哈乔夫有关俄罗斯前文艺复兴时期的报告吸引了很多听众，在学术界引起了巨大的反响和争论……1958年在莫斯科举行的第四届国际斯拉夫学者代表大会上，德米特里·谢尔盖耶维奇第一次说出了有关这一课题的思考，后来在《安德列·鲁勃廖夫和智者叶皮凡尼时代的罗斯文化》一书中依然探讨这个问题，20世纪70年代初，他的专著《十至十七世纪俄罗斯文学的发展》继续深化了这方面的研究……欧洲的文艺复兴与俄罗斯前文艺复兴——这个课题，在我们组织的1976年娱乐晚会上得到了体现，学者之家举办节日晚宴，庆贺德米特里·谢尔盖耶维奇的寿辰，老先生约请我们参加……一开始朗诵了一首诙谐幽默的诗，是亚·潘琴科跟伊·斯米尔诺夫两个人合写的，他们俩是娱乐晚会的主要写手，我和格利安·普罗霍罗夫充当他们的助手……

在真挚追求的道路上
我们确实感到迷茫！
我们渴望着文艺复兴，
梦想未遂，就要死亡。

当叶卡捷琳娜女皇
让官员们备受恩宠
她丝毫也不怀疑，那——
就是俄国的文艺复兴

或许，事实的确如此，
"彭士酒的蓝色火苗"，
像条绳子紧紧拴住了
薄伽丘和马基雅弗利？

德米特里·谢尔盖耶维奇喜欢我们善意的玩笑，他会发出由衷的笑声，有时候也会加入我们的游戏。

研究室组织娱乐晚会成了很好的传统。为人十分严肃的弗·帕·布达拉庚写的戏谑诗作格外出色：

"老古董"的确是行话，
它意味着职业的归属……
此刻话题不牵涉本质：
在北方被遗弃的首都，
今天"老古董"兵团，
举杯为您老人家祝福……

四个快乐的夜晚无论如何不会影响认真的工作，相反，加深了同事之间的友情与合作精神。工作进行得非常认真。依据利哈乔夫的提议，研究室的成员经常外出参加学术讲座，主要是去历史悠久的城市，那里有历史古迹，有古代的手稿，有历史博物馆。根据米·伏·罗日杰斯特文斯卡娅的回忆："德米特里·谢尔盖耶维奇认真对待我们这些外出访问，尽力提醒所有的同事都能参加。1976年我们带领这些学者先后去过普斯科夫、比特罗扎沃茨克、切尔尼戈夫和基辅。"

科学研究的兴趣自然占据了上风——但是，外出旅游时的环境是轻松、友好的（格利安·普罗霍罗夫送给研究室的画就是有力的证明）……

"你们在哪儿开会？喝茶了吗？"我问。

"就在304号房间！我们走吧！"索科洛娃说道。

这个房间稍微宽敞一些，一个窗户朝向船头形装饰圆柱，另一个窗户朝向小涅瓦河……那里，在交易所大桥后面有个小广场，不久前命名为利哈乔夫广场。在那里挂了个纪念性标志牌。

房间又窄又长，中间有一张椭圆形的桌子，往常开会讨论或者喝茶的时候，利哈乔夫就坐在那张桌子后边。

叶甫盖尼·沃多拉兹金回忆说：

利哈乔夫把家庭里亲人之间的关系带到了普希金之家俄罗斯古代

文学研究室（起初叫研究组，至今仍然有人沿用这个叫法……）。在这里，像任何一个家庭一样，有自家的欢乐和烦恼，这里就是他的家。他的角色就像是一个家庭的家长，这体现在研究室的同事没有一个人不是他亲自约请来的……有一天利哈乔夫对我们的一个同事说："您不明白，您在孤岛上生活。"这里的确是一座岛屿，这里可以停泊，可以在这里工作，不必在意风雨的喧嚣……二十卷（！！！）罗斯古代文学作品书库是他恢弘构思的累累硕果！……

利哈乔夫创造出了一种教堂的氛围，有些事情在教堂做有失体统，他们就不做那样的事。想要拜访利哈乔夫的人很多，像潮水一样持续不断，求见者各种各样，千差万别，对待这些来访者，同样采取有所区别的态度。可以观察到一种现象，有利哈乔夫在场，这些人都"精神振作"。有时候给人一种印象，在他的办公室，来访者似乎发现了他们自身原先不知道的、保存在内心的善良……他们力图用利哈乔夫的语言跟他说话，就像刚刚做完手术迈出第一步——这种场面让人看了很受感动，对未来充满希望。

……研究室书架上方挂着一张大幅的利哈乔夫画像。格利安·普罗霍罗夫用画圣像的手法为利哈乔夫画像，同时略微带一点立体派的味道。在画的一角轻轻描绘出伊戈尔公爵的骑兵正从远方奔来，他们的头顶有一轮黑色的太阳，就像《伊戈尔远征记》所写的那样。

"这幅画像是举行葬礼时用过的，"索科洛娃说，"稍后带到这里来了，追悼会时挂在墙上，就这样一直挂到现在。"

这里的确是"利哈乔夫岛"。

七百年文学的回归

讲利哈乔夫的故事,说他取得的成就如何巨大,但若不提他的著作——他一生最重要的成就,那无论如何是有欠缺的。

望着他的藏书中摆满了长长书架的个人著作,我深深地叹了口气,心想:"看吧,多少卷的巨著啊,无论如何我是抱不动的!"忽然发现——脚步难以移动。尽管我并非专业人士,但深深受到吸引,内心激动!他的著作文笔质朴,没有任何难以理解的复杂艰深的术语,而有些语文学家特别爱用各种各样的术语炫耀他们学问高深,把普通读者"拒之门外",他们指望用这种办法来显示自己"高深的造诣",其实他们缺乏真知灼见。利哈乔夫与这种歪风邪气毫无共同之处,恰恰相反,他有话可说,因此他尽力做到让所有的人都能听明白……话题并不轻松——可他说出来力求通俗易懂!这一点正好可以解释,为什么利哈乔夫受欢迎的程度超过了所有人。但是,文字的轻松恰恰意味着艰难——需要付出顽强的劳作。要想从被遗忘的幽暗中挖掘出古代俄罗斯文学绝非易事。其实,那个时代决定性的"艺术门类"恰恰是古代俄罗斯文学,圣像画来自文学,它所反映的并非生活,而只不过是文学中的精神,音乐(宗教的歌曲)情况也是如此。利哈乔夫的兴趣转向了古代俄罗斯文学,他挖掘并挽救出了七百年的俄罗斯生活——

以前我们自以为了解那七个世纪的文学，实际上并不了解。

俄罗斯古代的全部文学都是宗教文学——它还能是其他题材的文学吗？但是，在与宗教进行斗争的苏联时期，要让这样的文学实现回归，是个非常艰难的任务。普希金之家的学术秘书谢尔盖·亚历山大罗维奇·伏米切夫回忆说，在开始编纂多卷本俄罗斯古代文学作品集之前，有一个官员问利哈乔夫：这部文集从哪一部作品开始？利哈乔夫回答说，当然是从最古老的作品，从伊拉利昂的《教规与神赐论》开始。但是在准备出版这部文集的国家文学出版社，利哈乔夫"听说"，《教规与神赐论》被要求只能放在最后一卷，而且要有删节！他的努力遭遇了当权者的蛮横阻挠。一个负责审查的小官员向利哈乔夫提出了令人吃惊的无理要求："不要像圣像画那样表现圣徒，而要像实际生活那样如实地描述他们！"不过，利哈乔夫对他报之以平静而智慧的微笑，所有的困难都被他克服了。

利哈乔夫为保护古代文化付出了巨大的努力，因为"俄罗斯古代文化"不仅受到当权者的蔑视，而且对于那些浅薄的、腐化堕落的群体说来，又过于繁难沉重。很多人去看波罗金诺的歌剧《伊戈尔公爵》，仅仅为了向别人炫耀他了解古代的罗斯……可是利哈乔夫比他们所了解的要深远得多。不过他们懒得了解那么深。有一天他们向利哈乔夫提出了建议："您那么有威望，能不能跟教会谈谈，让他们祭祀祈祷别用古代的俄语，就用当代的语言行不行？这样一来，大家都感到轻松！"利哈乔夫回答说："这还不算轻松！把我们七个世纪的历史全部抛弃，那就更轻松了！"

不过，利哈乔夫有关古代俄罗斯文学的写作尽力做到通俗易懂，虽然这并不意味着语言的过分简化。他心目中的读者是普通的知识分子。他的著作里总有某些出人意料又引人入胜的东西——学术著作很少像他的书籍这么富有吸引力。

在《关于艺术起源的札记》这篇文章中，利哈乔夫提出了最原始的问题：古代文学、古代文化是怎么样产生的？产生的原因是什么？他的回答非常具体，同时又有点儿出乎意料：由于恐惧。

出于对空旷、对无边辽远的恐惧感,人们选择在高地修建教堂,作为意识的支柱,作为精神的安慰:上帝、神性——就存在于这无边的原野,辽原已经人性化,不再虚幻!歌曲之所以产生悠长的拖腔——是为了克服四周空间的无边无际,从而能够掌控它。响亮的钟声产生于同样的目的:让孤独、忧愁的人们把心思凝聚在一个共同的关注点上。为了克服死亡和丧失亲人的恐怖,人们在墓地上堆起高大的坟丘,让坟丘长久存在,要毁坏坟丘非常困难。如果一个坟丘被铲平,遭到破坏——在旁边这样的坟丘会在这片土地上重新出现。艺术的产生就是为了"由于创造而不再害怕",不怕身边发生的各种各样的遭遇,从恐惧当中解脱出来。

就在那个时候,产生了幽默——作为克服恐惧的有效手段,力图凭借笑声来贬低敌人,战胜敌人。公元1118年在与波兰国王波列斯拉夫开战之前,俄国人用玩笑话对他进行嘲讽:"……你的肚子滚圆,砰一声会被打穿!"

接下来,列宾著名的绘画《扎波罗什人给土耳其苏丹写信》——就是这一传统的继承与发展①。

艺术以其严谨有序的模式取代混乱无序,这有助于把握各种情绪,甚至包括痛苦。艺术并非取消痛苦,而是取代混沌状态,让一切归于和谐——其中也包括不幸。与此同时,利哈乔夫认为,如果混乱、无限的恐惧难以替代——那么世界就变得死气沉沉,萧条呆板。有时候人们会忘记混乱与生活的恐惧,这时就需要指出混乱的存在。无论是古代的艺术,还是最现代的艺术流派都是这样做的。利哈乔夫引用了毕加索的例子,是他"再次把最初的恐惧感带进绘画艺术",目的是阻止沙龙艺术中过分甜美、习以为常、缺乏自信、彼此混同的画风……艺术号召与混乱无序展开斗争。艺术的任务——并非追求平静,而是"对骚动不安进行梳理"。对混乱无序的各种"展示",在不同程度上都是对它的一种调整梳理。在那些有创造性的大画家当中不乏先见之明的预言家,他们以超前的意识创作出表现未来

---

① 参见:德·谢·利哈乔夫,《关于艺术起源的札记》,语境;1985。莫斯科,1986。

恐惧的作品，实际上他们是在提前发出警告，意在拯救人类。

利哈乔夫指出，有些批评家和艺术理论家，实际上是"艺术的隐秘敌人"，他们极力要自己闭上眼睛，也迫使别人闭上眼睛，对充满惊恐的艺术作品视而不见，以便维持"表面的秩序"。

按照利哈乔夫的见解，中世纪的艺术保持的时间最久，因为它反映的并非现实，而是"高度的稳定"，是永恒的、不朽的主题。

在《艺术创作哲学概论》这部著作中利哈乔夫探讨了一个重要的问题——真理与神话的关系。"神话——是谎言吗？"利哈乔夫问道……要知道真理也很难界定，这一概念具有很强的主观性……真理只不过出自某些具体的人之口，总是受到言说者激情的歪曲，他们力图让真理适应当前的某些境况，以验证他们个人见解的正确。鉴于真理为数甚多，难以从中选出唯一的真理——于是那些严谨而有说服力的神话就取代了真理的位置，这些神话反映了世界最完美的图景。没有系统化的梳理，没有神话想象的加工，现实就不可能转化为艺术作品。尽管神话同样带有主观的色彩。关于陀思妥耶夫斯基的神话就有好几个有说服力，甚至完美的版本，但是绝对地彼此不同……有梅列日科夫斯基的陀思妥耶夫斯基神话，有列昂季耶夫的陀思妥耶夫斯基神话，还有巴赫金的陀思妥耶夫斯基神话。神话——是与复杂的现实世界交涉时的一条便捷的途径。神话使世界趋向单纯化。

利哈乔夫强调指出，随着时代的变迁，神话的风格也在逐渐发生变化，这与社会的需求有关。风格要推陈出新，以便激发人们的思想，为新的时代做准备，也对新时代进行解释。

遗憾的是，在这一章我只能对利哈乔夫的诸多创见做一点简明扼要的转述……

风格——浪漫主义、现实主义都是自发产生的，只是后来经过学者的归纳梳理，确定了它们的规律。当新风格一旦确立并得到解释，旧风格就逐渐消失。旧风格的核心已经诞生出新风格的萌芽，但它的每次出生都需要特殊的努力、特殊的才华，甚至非凡的天才。

利哈乔夫写道："这说明了为什么杰出的天才作家总是出现在风格转换的关键时期。莎士比亚属于巴罗克风格与古典主义交替时期；普希金属于浪漫主义与现实主义交替时期；果戈理属于浪漫主义与自然主义交替时期。属于最后这两种风格交替时期的还有陀思妥耶夫斯基。拉斯特雷利建立了包含洛可可因素在内的巴罗克风格……新风格的建立往往会利用混乱而'自由'的材料……审视不同风格相继交替的链条，我们能发现一个典型的特征：一种简单的风格，不断地趋向综合，逐渐成为一种富有观赏性的复杂风格，随后，突然间崩溃瓦解，再次被一种简单的、但跟前一种风格有明显区别的风格所取代，这种替代都是瞬间爆发的，没有过度与渐进的过程。"

作品和创作者之间的关系从来不是单一的，在不同的时代两者之间的"比重"一直在变化。在俄罗斯古代编年史当中，作者是不受器重的（尽管他的技巧毋庸置疑）——仿佛那些事件都是自动发生的，只不过要如实地记录下来。

利哈乔夫指出，文学的继续发展存在两种倾向：个人因素、个性成分、个人情感的分量不断增长（尤其是从十六世纪开始）——与此同时作者与他的作品之间相脱离的状况则越来越严重，而这样做完全是有意识的。从十七世纪开始，新时期的文学，作者致力于造成一种印象，仿佛作品是独立存在似的，就好像是别人创作的，而不是他自己写的。这种倾向在十八世纪得到了进一步发展。这个世纪——是戏剧的世纪（也就是说，情节都是借剧中人物之口说出来的，而不是由作者出面来讲）。这个世纪——是模拟讽刺的时代，讽刺喜剧的作者仿佛"无所事事"，面对伟大的创作源泉，只不过指出它的某些值得嘲笑的欠缺与不足。这个世纪还是先锋小说的世纪，这些小说好像是在一个"旧箱子里"发现的，跟作者没有任何关系，他不过是把偶然找到的一部手稿公布于众罢了。这个世纪出版的多数书籍——都像是被挖掘出来的笔记，并非爱情小说，而是偶然发现的相互关联的一系列情书。所有这些做法，都是为了增强可信性：并非作者杜撰，只不过依据实际情况介绍某个人的生活。

这种狡猾的心机一直在文学中流传,有时候变得格外精巧。杰出的俄罗斯作家列斯科夫把自己的小说说成是别人的作品,似乎是偶然听来的,或是无意间在床头柜子里找到的,他只不过为作品增添了一些注释,也许是荒唐的,违背作者原意的注释,他再一次说服读者相信,事件——是真实可信的,作品的公布者则纯属偶然,他跟作品的创作没有任何关系:你看他完全是信口开河,对作品几乎是一无所知……哪里还谈得上什么作者的权利问题呢?

利哈乔夫指出并描绘了作者与他的作品之间的复杂关系,这不仅有利于各个时代的作家,有利于研究文学演变的学者,也有利于心思细密寻根问底的读者。

利哈乔夫在他的著作中还研究分析了相邻文化之间互相影响这样一个重要的学术问题。它们的交往究竟是侵略性的损害还是带来了丰硕的成果呢?我们知道,这两种情况都存在。利哈乔夫似乎早就预见到了这个产生于文化交界处的问题。他指出了相邻文化交界的两种类型。他写道:"如果边界保留了一块沟通交流的区域——那么这个区域通常是有利于创造性的空间,是形成文化的区间[①]。"

这样的边界我们当中的有些人还记在心里。失去这样的边界感受是很悲惨的。记得我写过一篇文章,题目为《口音不纯的俄语》。如果你忽然听到相邻的另一个民族的人夹杂着可笑的口音说俄语,谁也不会觉得有什么尴尬:"这、这推鬼了(这太贵了)!","你听我靴,清矮的(你听我说,亲爱的)!"除了对邻居的喜爱、舒适的情感,这里不存在任何不好的情绪。可是换一个时间和场合,任何玩笑都意味着危险。俄语在某些国家突然成了"侵略性的语言",带给人痛苦、带给人毁灭。

利哈乔夫预见到了这种局面,他的说明相当准确。他写道:"如果边界

[①] 参见:德·谢·利哈乔夫,《文化边界的两种类型》,载《艺术创作哲学概论》,圣彼得堡,1996。

区域遭到破坏,它会造成文化的僵化与死亡,使文化陷入一种僵硬粗鄙的形式①。"

利哈乔夫学术研究的最大功绩——是他为我们挽回了七个世纪的俄罗斯古代文学。在他之前有很多杰出的学者研究古代罗斯,但是他创造的景观最完整,也最具有说服力。

在他的著作《伟大的遗产:罗斯古代文学经典作品》中,利哈乔夫满怀热情地使我们确信(也使很多持不同见解的评论者相信):俄罗斯文学有接近一千年的历史!她比英国、法国、德国文学都要古老!她的起源约在十世纪后半叶,伴随着基督教的传入,教会的确立,传教布道需要文字和文学,这样一来文学作品就出现了。文学起源的另一个源头是民间文学,它存在的时间更早。书写文字来自拜占庭,当时那座城市是基督教的首都,文字的传入受到了南部斯拉夫人的影响,基里尔和梅福季两兄弟起了关键作用,主要经过了保加利亚(利哈乔夫很重视对保加利亚古代手稿的研究绝不是偶然的)。就这样——书写文字经由保加利亚传到了俄罗斯,保加利亚人翻译了拜占庭的古代手稿。伴随着最初的教会,最早的宗教仪式,翻译与掌握圣经,俄罗斯的语言文化、哲学语言就产生了。

当利哈乔夫为我们"挖掘"伟大的俄罗斯古代文学作品的时候,俄罗斯古代教堂建筑、圣像画已经有很高的声誉,我们大多数人对俄罗斯古代文学的了解只有一部戏剧《伊戈尔大公》,它是根据《伊戈尔远征记》改编而来的,情节有很多压缩,显得很单薄。利哈乔夫为我们"清洗了"伟大的俄罗斯古代文学,就像清洗一幅巨大的落满灰尘的壁画。在他之前,俄罗斯古代文学只不过被认为是尘封的档案,是索然无味的论文资料库。利哈乔夫让我们认识了最初的文学,她是其他艺术的源头。

在利哈乔夫看来,文学基础具有"英雄气"。他引用了一个生动的例子,最古老的文学作品之一,公元1111年的《编年纪事》(伊帕契耶夫抄

---

① 参见:德·谢·利哈乔夫,《文化边界的两种类型》,载《艺术创作哲学概论》,圣彼得堡,1996。

本）就说到了莫诺马赫向顿河的进军,当时莫诺马赫的威名已经传到了罗马。

利哈乔夫让我们这些"缺乏好奇心的懒人"看到了远古时代生活的伟大、人的伟大。与现在相比较,那时候人的生存、人的意识要更加高尚。有一件事情并非偶然,人死了以后埋入坟墓,头要朝西,脸要冲着太阳,与自然界的重大现象紧密相关。利哈乔夫引用了古代经书《亚当和夏娃的故事》,其中说道:"思想——源自云……呼吸——来自风。"

不过,俄罗斯古代文学的主要内容是——世界历史。我们仿佛从高山之巅看到了人类的迁徙活动。俄罗斯古代编年史的英雄是有名有姓、实际存在的人物:鲍里斯和格列布、亚历山大·涅夫斯基、德米特里·顿斯科伊、谢尔盖·拉多涅日斯基,他们相继出现在历史上,为自己赢得了荣耀。

俄罗斯历史并非"沉没的岛屿",它载入了世界史,俄罗斯历史事件与世界史事件是相互联系的。毋庸置疑——有关世界史的最初知识是从希腊语翻译过来的,也有其他的信息来源,这反映在编年史当中,并且经过了反反复复的多次修改。

《鲍里斯与格列布生平和遇难的故事》在世界史的进程中确立了自己的位置。

《不幸与厄运的故事》从亚当和夏娃写起,写醉鬼和赌徒,他们已经堕落到不可救药的地步。

编年纪事记载了那几个世纪的重大事件:与波洛伏齐人的战争;大公的更迭,有平稳的交接,更多的是流血的争夺;土耳其人攻占君士坦丁堡;诸位公爵会盟莫斯科。

利哈乔夫指出了往年史汇编具有神话体裁的特征:人物的神性化,情节和语言重复出现。亚历山大·涅夫斯基率领人数不多的亲兵反抗入侵者数不胜数的军队——自天而降的天使击退了敌人。

在另一篇《往年纪事》中,多夫蒙特公爵也以同样的方式取得了胜利。正如利哈乔夫所指出的,在俄罗斯古代文学中,尤其是那些赞颂英雄的作品，能够发现一种意向，不是塑造生动的人物形象，而是把人物神圣化，描绘雄伟的战士，在上帝庇护下打败敌人。

利哈乔夫指明，《往年纪事》最充分、最鲜明地反映了俄罗斯历史上最重要的两个时代——红太阳弗拉基米尔时代、接受基督教（十世纪）和征战波洛伏齐人的时代。第二个时代是十六至十七世纪，这是诺夫哥罗德捍卫独立、充满戏剧性的百年历史。

利哈乔夫发现，《往年纪事》的某些篇章，语言像花环一样美丽豪华，同时又保留了词语的多义性、密码一般的神秘性。无名氏作者时时引用包含民间智慧的警句，激起读者由衷的赞叹。内容的重要也反映在编排抄写的精美，不仅封面，就连内页也经过了美化。

不过，在那遥远的世纪还产生了另外一些文学作品——并非国家题材，而是民间的作品，比如《德拉库尔的故事》和阿法纳西·尼吉丁的《三海纪行》。

有趣的是，在《往年纪事》中反复出现《格拉西姆与狮子》的传奇，它讲的是圣徒格拉西姆的故事，很多野兽都听从他的调遣，他去世后，狮子守护着他的坟墓。从这个传说多次在各种纪事中出现，不难判断它也是个非常感人的故事，在当时广泛流传。

利哈乔夫不仅指出了俄罗斯古代书籍的庄严性、国家观念，同时还深入探讨了某些题材中包含的嘲讽挖苦与诙谐幽默的因素——这是民间活的心灵突破了清规戒律的生动表现。首先该提到的是《丹尼尔·扎托奇尼克的祈祷》，故事的主人公是个到处流浪的骗子，对神圣与高尚事物进行挖苦嘲讽，他以自己有伤风化的笑话突破了一切禁忌。这样就产生了展示个性的题材，特立独行的人物想方设法要打破各种法规的藩篱。可以归入这一类作品的还有《不幸与厄运的故事》，其中的主人公玩骰子赌博输了个精光，沦落到社会的最底层，他却一点儿也不后悔。

最叫人惊奇的是，如此"卑劣"的题材，居然没有受到查禁，并且还一再传抄，跟那些合乎教规的书籍一样，细心地编排出版。这说明了俄罗斯古代文学非常罕见的自由——显然，即便在这样"无拘无束的题材"当中也能发现思想。甚至伊凡雷帝在自己的作品中也喜欢戴上"疯子"的面具，装扮成一个恶行累累的罪犯。

作为俄罗斯古代最重要的作品之一，《往年纪事》经过了利哈乔夫的潜心研究，详加注释，于1950年出版，它讲述了俄罗斯土地和民族的起源，俄罗斯国家的形成以及她的胜利与失败。

《往年纪事》中叙述的历史以淹没世界的大洪水时期为开端，从诺亚和他的三个儿子——闪、含、雅弗写起，他们是所有人类——西方民族、东方民族和南方民族的祖先。《纪事》接下来写斯拉夫人居住在多瑙河沿岸。由于受到瓦拉几亚人的侵扰，斯拉夫人开始迁移，并分化出了几个支脉（阿·亚·沙赫马托夫院士认为，《纪事》作者对西方的法兰克人有这样的称呼）。波兰人居住在维斯拉河一带，波利安人居住在第聂伯河流域，德列戈维奇人住在德维纳河沿岸，德列夫利安人住在伊尔门湖附近的森林里，那里后来修建了诺夫哥罗德。波利安人基伊和霍里夫被称为基辅城的创建者。

但总的名称"斯拉夫人"保存了下来。《纪事》当中记载，其他民族向斯拉夫人进贡，这些民族部落有：楚德族人、涅利亚族人、维西族人、穆罗姆族人、车列米斯族人、摩尔多瓦族人、别乔拉族人、亚米族人、立陶宛族人、吉米戈拉族人、科尔西族人、纳罗瓦族人、利比族人等等。《纪事》中提到南斯拉夫人（波利安人）与波洛伏齐人的冲突，提到与可萨人的敌对：起初可萨人驱赶斯拉夫人，后来斯拉夫人战胜了可萨人，逼迫他们缴纳贡品。

书中记载了公爵之间的多次纷争，记述甚详，比如雅罗斯拉夫打败了斯维亚托波尔克和波列斯拉夫，弗拉基米尔和罗格尼奥达的争吵，当时罗格尼奥达年幼的儿子手持利剑去寻找他的母亲。

《往年纪事》具有决定性的主要内容是——俄罗斯公爵们向欧洲中心区域的一次次出征，向最繁荣、最强盛的君士坦丁堡进军。我们从学校教科书上熟知《英明的奥列格》(感谢普希金!),这位大公向我们展示了他的威武:他下令给船只安装上轮子和船帆,从陆地到达了君士坦丁堡,那里的城防并不坚固——伟大的城市在他面前陷落了。关于他因战马而死的神话,也来自这部《往年纪事》。

《往年纪事》,是俄罗斯古代诸多公爵英雄形象的画廊。那里描绘了弗拉基米尔大公豪华的盛宴,宴席上有"很多牛羊和兽肉做成的美味佳肴"。有勇猛的斯维亚托斯拉夫,他那一句呐喊"我要向你们进军!"使他世世代代威名远扬。还是这位斯维亚托斯拉夫,攻陷了城池,关注的不是让臣服者纳贡,不是财富,不是食品,而是没收战败者的武器,以此让市民处于恐惧之中。《往年纪事》详细记载了那些重要事件的准确时间,公爵执政的年代和他们出征的日期。毫无疑问,《往年纪事》是研究俄罗斯古代历史与文学最重要的资料源泉,是很多有才华的学者"用武之地",他们的观点各不相同,有时候互相矛盾,他们对《往年纪事》的研究与阐释为他们带来巨大的学术荣耀。

《往年纪事》标明了重要的年代:

898年——是基里尔和梅福季发明斯拉夫文字的时间。

907年——是奥列格大公出征并与希腊签订条约的年份。

911年——是出现彗星的一年,引起了各种各样的猜测、解说,奥列格跟希腊重新签订条约,奥列格因他的战马而死。

一些最著名的历史学家和语言学家不止一次讨论过历史上那些事件的真实性。奥布诺尔斯基院士研究了《纪事》中有关奥列格与希腊人签订的条约,认为译文自然通顺,但是有许多自相矛盾和难以理解的词句。

阿列克谢·亚历山大罗维奇·沙赫马托夫院士是利哈乔夫研究俄罗斯古代文学的先驱,他认为907年的条约可能并不存在,它是出于某种政治策略的需要,在911年条约的基础上重新编写,后来补写了一个签约的时间。

破解《往年纪事》时间编排与文字的谜团,解释形成错乱与互不衔接的原因,历来是历史学家和语言学家的课题。利哈乔夫在这项研究工作中做出了自己的奉献,不说是主要贡献,也是重大的贡献。

《往年纪事》中称邀请瓦良格人的时间是——859 和 862 年。《纪事》作者认为"罗斯"这个词本身就来自瓦良格语,瓦良格人的一个部族有这样的说法。在《纪事》编写成书的年代,为什么斯堪的纳维亚各民族当中没有瓦良格族呢?《纪事》作者强调说,这是因为斯堪的纳维亚的这个民族全部都到我们这里来了,原居地没有留下一个瓦良格人。作者表达出来的意志十分坚定:为了证实自己的理论,他甚至把"罗斯"这个词硬加在更古老的一些文献中,其实当时并没有这样的一个词。作者的这种固执己见该如何解释呢?是迫于政治的指令码?

"正是这样的原因!"利哈乔夫给予肯定,并且在他研究《往年纪事》的文章里令人信服地论证了这一点,他在研究中发现,文本中所有的怪诞、错乱与牵强之处,都是在"国家指令"干预下,出于那个时代的政治需要所做的变动和修改。

按照利哈乔夫的看法,这就是《往年纪事》的宗旨。拜占庭给俄罗斯带来了基督教,随着时间的推移,它过度的操纵让那些勇敢的俄罗斯公爵感到压抑,他们不得不很狡猾地推行自己的政策——表面上不违背"宗教的庇护",实际上保留了独立性。当拜占庭依照惯例再次派一位都主教到基辅来的时候,雅罗斯拉夫大公不听从这位主教的劝阻,公然把奥列格,还有他的两个兄弟鲍里斯和格列布封为"圣者"。这两兄弟被他们的长兄斯维亚托波尔克谋害而死。对鲍里斯和格列布的崇拜在俄罗斯深入人心,从而削弱了拜占庭的影响。

终于有一天,伊拉利昂成了基辅第一位俄罗斯人担任的都主教,登上了宗教权力的最高职位。可是,一旦觉得自己有了权力,他不仅不再屈从拜占庭宗教的管束,而且开始玩弄权术,由教会出面干预大公的政治事务。基辅洞窟修道院院长菲奥多西诅咒斯维亚托斯拉夫,开始为他的兄长伊贾斯拉夫祈福祷告。最后,大公与修道院达成了和解,这样一来对双方都很有利。维亚托斯拉夫大公把第聂伯河旁边的一块土地送给了基辅洞窟修道院的乌斯宾斯基教堂,修道院扩大了它的权利和影响,成为整个俄罗斯最有声望的东正教中心。

《往年纪事》的作者形象极为重要。显然,这样的历史著作短短的几十年是不可能写成的,其中收集了年代更久远的一些纪事,有的是出于作者自愿,有的是"迫于指令"。《往年纪事》作者的笔法,作者的意愿,明显地受到了监督与控制。那么作者究竟是谁呢?利哈乔夫研究这个问题,跟研究俄罗斯古代历史的权威米·德·普利肖尔科夫院士发生了争执。米·德·普利肖尔科夫院士是研究俄罗斯古代文学具有世界影响的权威之一,他认为《往年纪事》的作者(编纂者)可能有两个大作家——伊拉利昂(著名的《教规与神恩论》的作者)和涅斯托尔。有些研究者甚至认为这两个人实际上是同一个人,作者用不同的名字掩饰自己的身份。

利哈乔夫满怀自信地指出,《往年纪事》的作者是涅斯托尔。他否定了伊拉利昂的著作权。伊拉利昂的写作时间稍早,是在反抗大公的统治和宗教权力的时期。《往年纪事》的写作已经完全出于"国家管控的渠道",宗旨是颂扬大公威猛庄严的权力。因此《往年纪事》的作者只能是一个人——那就是编年史大作家涅斯托尔,在他写作期间教会与世俗的权力已经关系和谐。利哈乔夫以详细的论据论证了"国家指令"的确实存在,有些专家对他的论据持有疑义。可是他的论述非常周密,因此他的论据显得更有说服力。后来在学术争论中利哈乔夫不止一次成为胜利者,他的笔法更鲜明,比别人更有情感,头脑更机敏,很快能找到需要的论据和引文。他还以涅斯托尔为例,出色地证明了才华和力量能够影响历史,创造出当时需要的神话,并且具有更强的说服力。

随着大公权力的逐步增强,原来受到欢迎的拜占庭的影响现在被认为是外来的压迫了。

于是涅斯托尔非常精彩地提出了瓦良格人进入俄罗斯并且成为统治这个国家的公爵,而拜占庭似乎跟我们没有直接的关系!——一个完美的政治进程。随着瓦良格公爵的到来,从留里克开始,原来纠缠不清的问题立刻就迎刃而解了:根子在哪里?在遥远的斯堪的纳维亚!否则不得不在本土追溯公爵的根基,而绝大部分公爵的出身都很平凡,现在很好——他们的远祖是遥远的留里克!既神秘又有分量!天才的涅斯托尔以巧妙的手法立刻解决了两个棘手的难题:赠送给诸位公爵一个虽说神秘,却无可指责的高贵出身,同时把俄罗斯的"引导者"由拜占庭悄悄转换成了斯堪的纳维亚。

《往年纪事》中写到瓦良格人特鲁沃尔是伊兹博尔斯克罗斯公爵的祖先,写到了瓦良格人留里克在古代治理诺夫哥罗德,还写到治理别洛耶湖畔世袭领地的是瓦良格人西涅乌斯。涅斯托尔指明这几个瓦良格人就是所有罗斯公爵的祖先。

利哈乔夫在他的著作中准确地指出了这个神话的疏漏之处,并且解释了那个时期这样写作的必要性。涅斯托尔相信上面提到的三个瓦良格人是亲兄弟,却没有足够的证据(他这样写的目的在于,让所有罗斯公爵高度重视"兄弟情谊"这样的思想)。

利哈乔夫答辩的副博士论文题为"十二世纪诺夫哥罗德往年史汇编",因此他以充足的理由指出,《诺夫哥罗德往年史汇编》具有反瓦良格人的倾向(对于诺夫哥罗德人来说,这些瓦良格人邻居是心怀叵测的人),在他们的《往年史汇编》当中没有一句话提到过瓦良格人。

对于罗斯公爵是瓦良格人的后代这一流传很广的说法(一直流传到今天),利哈乔夫表示怀疑,他认为这只不过是《纪事》作者富有灵感的凭空杜撰。直到现在很多人不愿放弃这个美丽的传说。也许他们有自己的道理?语言学和文学一样,有时候一切取决于写作者的才华。利哈乔夫的重要学术成就,当然不能说是对涅斯托尔的胜利——涅斯托尔出色地完成了他自己的事业,让历史的洪流进入了"它所需要的河床",无论如何"你没有办法跟他进行争辩"。利哈乔夫的胜利是让那些原先既有理论又有声望的语言学权威们处于尴尬境地。记住,这件事绝不会不痛不痒地悄悄过去。新名字、新理论往往建立在某些人的"尸骨"之上。只不过从语言学的角度着眼，仿佛是平静的、清除灰尘做学问——实际上学术界欲望沸腾，不流血是不可能的：一个人的胜利意味着另一个人的失败，有时候则有丧失威望与好名声的风险。利哈乔夫本人在不久的将来也会亲身体验这样的"语言学悲剧"。不过，那跟《往年纪事》无关——在语言学界也不会发生"血淋淋的"殊死战斗（尽管大多数学者依然对"瓦良格说"确信无疑）。

涅斯托尔肩负的重要职责在于为东正教进行辩护，展示宗教具有拯救性的力量。涅斯托尔在诸多历史文献中利用了《赫尔松传说》——这是有关弗拉基米尔大公的故事，正是他为罗斯带来了正教。《赫尔松传说》初看起来非常可怕，其中讲到弗拉基米尔当着赫尔松公爵夫妇的面，侮辱了他们的女儿，然后杀死了公爵夫妇，后来弗拉基米尔大公被敌人弄瞎了眼睛，可是受洗以后，不仅眼睛恢复了视力，心灵也见到了光明。显然，在涅斯托尔看来，《赫尔松传说》绝非丑化，而是颂扬：只有这样才能表现接受基督教之前生活的恐怖与黑暗，只有这样才能证明接受正教的必要性以及正教所具有的拯救性威力。涅斯托尔具有高瞻远瞩的思想，更重要的是那个年轻的国家需要这样的思想：俄罗斯人民虽然最后皈依基督教，却注定成为历史进程中的第一等有宗教信仰的民族！

利哈乔夫一方面与涅斯托尔进行争辩，指出他"历史幻想"的现实根源，另一方面却赞赏他的才华与"国家智慧"，为我们带来杰出的艺术范例，有的源自民间文学，有的取自其他的历史纪事作品。

奥尔加借火烈鸟的帮助烧毁科罗斯坚城写得极为生动，虽说有些悲壮残忍。

别尔戈罗德城民众的故事，具有民间传说的诙谐风格，当他们的城市快被佩切涅格人包围的时候，他们用泥土填埋了城外的水井，佩切涅格人没有水喝，只好撤退而去。

如果没有利哈乔夫的著作，广大读者就无缘看到俄罗斯古代文学中天才的创作，而那些作品只能在学者们小圈子里相互争论。

阅读利哈乔夫的著作，我们认识了那个时代。我们的生活，我们的意识延长了七个世纪——直接通往遥远的古代。

涅斯托尔的遗骸具有不朽的威力，保存在基辅洞窟修道院幽深的地道里，在光线昏暗、曲折狭窄的走廊里不时会看到那些伟大长老保存完好的手臂或者面孔。

出自弗拉基米尔·莫诺马赫大公手笔的《训诫录》是古代俄罗斯另一本重要作品，是利哈乔夫帮助我们走近了这部经典著作。如果说《往年纪事》是以宏大的历史画面让我们感到震撼，那么我们在这里遇到的则是那个时代具体的个人画像，个性鲜明，出人意料，甚至让读者感到惊奇。《训诫录》写于十一世纪末十二世纪初，吸引人的地方是心理活动细腻准确，说明那时候的文学作品是通俗易懂的。

这本书的手抄稿偶然被编进了《拉夫连季编年史》，成了一个孤本，所以才流传到现在。它的原稿可能在1812年莫斯科大火中跟《伊戈尔远征记》的稿子一起被烧毁了，那都是穆辛—普希金伯爵收集的古代文学珍本手稿。假如这本手抄稿跟《伊戈尔远征记》手稿一样毁于大火，那么有关它是否存在，有关它的来历，就会像《远征记》那样引起诸多争论——其中那么多生动的细节，在很多当代读者看来简直是不可思议的，不相信那是发生在遥远的古代。尽管这本手稿保存到现在，依然有很多传闻，对它的"真实性"存在怀疑，有人说它写于十八世纪，目的是维护沙皇的权力，就仿佛弗拉基米尔·莫诺马赫本人亲自向这些沙皇进行告诫一样！要知道保存在克里姆林宫里的那顶皇冠，真是莫诺马赫大公戴过的，从他执政到如今，一直是权力的象征。

104　　怀疑论者认为手稿的体裁本身对于十一至十二世纪的作品说来毫无典型性。但是《拉夫连季编年史》是最古老的编年史，一直流传到当代，它的真实性无可置疑，这已经得到了科学的验证。其中包含了《训诫录》，还有莫诺马赫的生平传记，有他写的一封书信，寄给奥列格·斯维亚托斯拉维奇公爵(他称呼这位公爵为戈里斯拉维奇，因为是他造成了兄弟自相残杀的悲剧）。

根据利哈乔夫的描述，保存下来的这封书信可能最大限度地接近于原作，给他留下了强烈的印象：令人震撼的并非重大的历史事件，而是充满了情感的鲜活生命，让人惊讶、出乎意料的莫诺马赫的形象。那久远的历史是这样的：

公元1096年，在穆罗姆城下与奥列格军队的战斗中，莫诺马赫的儿子伊贾斯拉夫被杀死了。莫诺马赫的长子穆斯基斯拉夫给奥列格写了一封信，要求他从苏兹达里和穆罗姆撤兵，并建议奥列格与莫诺马赫重新和好。

弗拉基米尔·莫诺马赫娶的妻子是盎格鲁撒克逊最后一任国王哈罗德的女儿吉特。1066年哈罗德在黑斯廷斯附近抗击诺曼人军队的战斗中阵亡，因此，穆斯基斯拉夫不仅有盎格鲁撒克逊国王的血统，还获得了另一个荣耀的姓氏——哈罗德。（米·帕·阿列克谢耶夫院士曾经有一段时间与利哈乔夫一道在普希金之家工作——关于他们之间的关系本书有所提及，他的奠基性的著作是《弗拉基米尔·莫诺马赫的〈训诫录〉与盎格鲁撒克逊王国的对应关系》。）

凶猛而奸诈的奥列格回信拒绝了穆斯基斯拉夫的和平建议，随后他的军队被穆斯基斯拉夫打得大败，奥列格不得不逃到罗斯边境以外。穆斯基斯拉夫试图让他留下来，并请求他的父亲莫诺马赫给奥列格写一封书信，与他和解（被杀死的伊贾斯拉夫是奥列格的教子。内战仇杀就是这样可怕！）。莫诺马赫在他的书信中不仅宽恕了奥列格，还安慰他说："命运在上帝手中——谁也没有过错！"他写的句子意思很简单，但从他的口中说出来就出乎意料："男人在战斗中丧生，有什么可惊奇的？"[①]——他还请求释放他的儿媳，伊贾斯拉夫年轻的遗孀。

大概这是历史上第一次如此坦荡地流露内心的痛苦和基督教的宽恕精神。

---

① 参见：德·谢·利哈乔夫，《弗拉基米尔·莫诺马赫文集》，载德·谢·利哈乔夫，《伟大的遗产：古代罗斯经典文学作品集》，莫斯科，1975。

当然这里也显示了政治韬略——莫诺马赫开始倡导一种思想，封建分封并不意味着相互敌对。在他的统治时期，引进了亲吻十字架的仪式——其含义是拒绝相互仇视。

莫诺马赫也支持《往年纪事》的编写，支持鲍里斯与格列布的宗教崇拜，支持罗斯公爵来自瓦良格人的说法——只要是有利于罗斯的团结、有利于战胜波洛伏齐人的主张，他都给予支持。

弗拉基米尔·莫诺马赫的第二本作品是《训诫录》。这本书是这样产生的：莫诺马赫的几个兄弟派了使者来见他，提出建议反对罗斯基斯拉维奇兄弟，把他们驱除出境。弗拉基米尔首先翻开了《圣经》中的诗篇，从中得到了精神安慰，于是把诗篇送给他的兄弟们，然后告诉自己的孩子们和那些听从他的人。在《训诫录》当中，莫诺马赫也教打仗的谋略，教如何使用土地，劝说兄弟们消除他们的屈辱感，不要背叛亲吻过的十字架，要安于自己的封地，不要轻信雇来的执事和军队将官的话，他引用了基督教的训诫："贫穷胜过财富"，"不要效仿贪恋权力的人"，"鸟儿能找到它的鸟窝"，等等。他还劝告那些商人，呼吁他们："给人水喝，给人饭吃！"[①]

他的生平传记的写作过程也很有意思。经过了七年的征战厮杀，弗拉基米尔·莫诺马赫不想再继续流血，就把切尔尼戈夫城给了奥列格，把奥列格的世袭领地也还给了他，他自己则搬到了佩列亚斯拉夫利。正像他的生平传记里所说的那样："在圣鲍里斯节那一天离开了切尔尼戈夫城。"他说话时的语调总是坦诚亲切的，引用了很多格言警句，来自教会神父们的布道词，来自伟大的神学家巴西尔的著作，还有大卫王的赞美诗。

按照利哈乔夫的思考，弗拉基米尔·莫诺马赫的文集，是俄罗斯基督教心灵、伦理、智慧的第一次流露，它具有特别重要的意义，原因在于这些都出自居于统治地位的大公之口，这就意味着它决定了那个时代的生活方式。多亏利哈乔夫让我们了解到，罗斯古代文学并非是落满灰尘的手稿，只有老朽的修道士再加上那些教授才感兴趣，原来阅读这些作品竟然饶有

---

① 同前页。

趣味，作品中包含的内容反映了那个时代的方方面面，现在读起来也引人入胜。

1967年出版的《罗斯古代文学的诗学》是利哈乔夫诸多优秀著作当中的一本，这本书1969年获得了苏联国家奖金，不仅"古代文学研究者"非常重视，而且整个社会都对它产生了浓厚的兴趣。利哈乔夫生动地证明了古代的文集——充满了智慧，毫不逊色于当代著作，甚至有所超越。奥列克·巴西拉什维利不仅是著名的演员和社会活动家，也是热情的读者，他在自己的回忆录中写道，利哈乔夫的《诗学》立刻成了书店里供不应求的书籍，有些急于买到这本书的读者提出条件交换，居然用三本《玛尔戈王后》换这一本利哈乔夫的著作！这样的情况前所未见。这本书的成功还取决于作者非凡的政治勇气。因为正是在那个时候赫鲁晓夫宣布了"反对宗教的七年计划"，宗教必须从各个地方消失。不料——这本书介绍古代的编年纪事，它的基础居然是——宗教！只有利哈乔夫有魄力做出这样不合时宜的事！随时增长的不仅是他学术上的名望，同时还有政治方面的分量！他成了一个有影响的大人物，吸引了全社会的目光。他在《罗斯古代文学的诗学》中展示了古代罗斯文集的高尚精神和艺术魅力，人们不由自主地进行比较，看清了古代大公的开明智慧，比出了赫鲁晓夫语言的贫乏、粗鲁与荒谬。利哈乔夫那时候似乎不涉足政治，他却成了一个最出色的政治人物。

《彼得与费伏罗妮娅的故事》是利哈乔夫为我们发现的另一篇特别优秀的作品。原来文学作品直到现在生生不息的吸引力，远在罗斯古代文学中就奠定了基础。"引诱与抛弃"，经过考验找到幸福，剪除恶势力，高尚的自我牺牲，神奇的拯救，然后一对恋人双双在同一天死去——所有这些令人着迷的情节，在《彼得与费伏罗妮娅的故事》都已经存在。

故事中有两条奇妙有趣的线索：蛇的引诱与聪明的少女。

头一条线索和第二条线索紧密交织在一起。故事开头写会飞的蛇妖变成帕维尔大公的模样前来引诱他的妻子。他的妻子以神秘的方法了解到杀死蛇妖的方法——"一靠彼得罗夫的哭声，二靠阿格利科夫的宝剑"。

彼得公爵是帕维尔大公的弟弟，他明白这里的话指的是他，就勇敢地承担了这项危险的任务。剩下的难题是要寻找阿格利科夫的宝剑。彼得去城外一座修道院祈祷时，在祭坛后面的石板缝隙里发现了宝剑。

遇见了帕维尔，彼得断定他就是蛇妖变的，于是用宝剑杀死了他。蛇妖的血溅到了彼得的皮肤上，他浑身结满了痂，虽然还活着，却像变成了一具木乃伊。这种病是没有办法治好的。

这时候出现了一个单纯的少女费伏罗妮娅，她象征着民间的智慧、天才和神秘的力量。

费伏罗妮娅利用她非凡的知识，制成了急需的药物，开始为彼得治疗。一开始，彼得不喜欢出身平民的少女，不想娶这个普通的姑娘为妻，可是后来逐渐认识到她心灵的纯洁，她的善良高尚，于是爱上了她，并且跟她结了婚。那些高傲的贵妇人全都不接受这个"出身平凡的女人"——在这种情况下彼得和费伏罗妮娅就离群索居，过着平常的日子，他们的生活充满了幸福，甚至不断出现奇迹。他们篱笆墙上的木杆子都开满了鲜花，他们遇见什么人，轻易就能猜出他们心里的想法。

他们的爱情令人感动，也帮助彼得保全了性命，到最后，他们以自己的方式战胜了死神——这也是这篇作品的主题所在。

当预感到死神来临的时候，他们做了一口共同使用的棺材。他们要过修道士的生活，两个人去了不同的修道院。彼得临终时刻，派人去找费伏罗妮娅，告诉她："快来陪我一起死亡吧！"

这时候费伏罗妮娅在虔诚地为修道院做事，正为教堂里的圣母缝制一件披风，她让来人转告彼得，她必须先把这件事做完。彼得第二次叫她回去——但是她不能丢下正在做的披风让它半途而废。无论古代文学还是当代文学，许多事情往往要经过三次周折才有结果。第三次彼得派人告诉她："我要死了，等不了你啦。"①

---

① 参见：德·谢·利哈乔夫，《大司祭阿瓦库姆文集》，载德·谢·利哈乔夫，《伟大的遗产：古代罗斯经典文学作品集》，莫斯科，1975。

费伏罗妮娅缝完了披风，然后——这里写得特别详细——她把线缠起来，把针插在线团上，派人告诉彼得，她愿意陪他一起死。

利哈乔夫在他的研究中强调了与针线有关的"动作"的重要意义。这是人世间劳作的象征，临终之前一定要完成，这里的真实细节具有惊人的准确性。故事里叙述语言这种细节引人注目，未来的文学作品这种描写会越来越多——但在这之前的编年纪事当中看不到这么具体的富有生活气息的细节。

费伏罗妮娅来到了彼得身边，他们俩一起死了。可是按照当时的习惯，把他们俩分别放进了两口棺材里。不料到了早晨他们俩竟然躺在同一个棺材里，于是就这样埋葬了他们。死神得到了它想要的结果——可是爱情却显示了伟大的力量，从而胜过了死神。这篇杰作就包含这么伟大的思想。十五世纪在穆罗姆城出现了对于彼得和费伏罗妮娅的崇拜。圣像画上的费伏罗妮娅通常都画成一个织布的女人，兔子在她面前蹦蹦跳跳，象征着她跟充满活力的大自然的联系。

这篇故事的原作是用古代斯拉夫语写的，现在很少人能看得懂了——经过利哈乔夫出色的转述，他带给我们又一篇杰作。

利哈乔夫告诉我们，这部作品在过去的时代流传甚广。他准确而细腻地进行解释，讲述使用的口吻跟作品中的人物一致，既新奇，又单纯、平和，也就是说，非常接近作者的语气，同时又很朴素天真，消除了面对奇迹时的亢奋癫狂，而往昔的生活当中总有种种奇迹出现，利哈乔夫致力于让叙述语言通俗易懂，就像"日常在家里说话一样"。

许多文学杰作产生于不同的国家，不同的时代，有时候相互之间却存在着神秘的联系。利哈乔夫指出，《彼得与费伏罗妮娅的故事》与法国十二世纪的骑士小说《特里斯丹和绮瑟》有"相通"之处。在那篇小说里特里斯丹变成了一棵开花的黑刺李树，树根深深扎进泥土，紧挨着他的心上人的棺材。

利哈乔夫告诉我们，罗斯古代文学不仅有出色的文本，而且有天才的作家，他们的名字永远留存在史册上。毫无疑问，其中之一是大司祭阿瓦库姆，他不愧是十七世纪最伟大的作家(尽管他不承认自己是作家——只不过在痛苦中生活，记录自己的思考与经历)。当然,《大司祭阿瓦库姆生活纪》在过去的几个世纪也很有名，但把它赠送给我们这个世纪的是利哈乔夫。他钻研文本，进行分析，把他的思考与发现跟我们分享。阿瓦库姆是旧礼仪教派的思想家，是古老的教规和古代传下来的经书"坚定不移"的遵循者，同时他又是十七世纪最勇敢、最向往自由的作家，他的思想影响到未来的世世代代。当他的敌人尼康企图把俄罗斯、白俄罗斯和乌克兰的正教联合在一起，按照"希腊方式"推行宗教改革，特别建议缩短祈祷仪式的时间，阿瓦库姆愤怒地站出来表示反抗。当时"最平静的"(实际上最狡猾的)沙皇阿列克谢·米哈伊洛维奇站在"改革者"尼康一边，不相信阿瓦库姆对皇权的忠诚与支持，阿瓦库姆及其追随者遭到了严酷的流放。他先后被流放到普斯托泽尔斯克、北方、白海，最后十五年他一直住在地牢里，很少从那里出来。虽然身处逆境，他表现出了惊人的精神力量，痛苦，却不沮丧，因为在他看来——沮丧就是罪孽。在普斯托泽尔斯克，在棺材似的地牢里，他写出了六十多篇上报呈文，大量的经文注释、训诫文、信函、对话录，而最值得一提的是完成了最重要的著作《大司祭阿瓦库姆生活纪》，这本书的光辉一直照耀到今天，毋庸置疑会进入人类书籍的"杰作清单"。

保持古老信仰的阿瓦库姆在那个时代宣扬前所未有的自由——允许家人为孩子进行洗礼(因为北方的神甫人数极少)，允许临终的信徒在家里举行圣餐仪式……作者的语言无拘无束，简短朴实，通俗易懂。"不能对上帝撒谎!""不要给我绳子，给我系十字架的细绳，手里有念珠，可以驱除魔鬼!"他说话的语调是快乐的、慈祥的。他在交往和接触物品的时候喜欢用爱称，比如"可爱的人"、"好面粉"、"小面包"等。

他的精神是乐观的——把自己说的话叫做"胡言乱语"，把自己写的作品叫做"采掘录"。

他善于描绘极为精确的生活画面:"他哭泣着,奔跑着追赶我的船。"这在他那个时代都属于新颖的写法。

阿瓦库姆和忠实于他的伙伴陀西费伊都被剪断了舌头,他们学会了用手语说话,在这种情况下还互相安慰,甚至开玩笑。在如此艰苦的生活环境里,阿瓦库姆依然夸耀,似乎他对生活确实感到满意:"我很富裕:有很多鱼和牛奶!"

嘲讽的笑话使他得到安慰:"不久前还是个浪子,现在居然当了爹啦!"("Давеча был блядин сын, а топерва—батюшко!")作者的心罕见地柔和与善良,这一点特别让我们感动和同情:"你们要像鸽子一样聪明,因为鸽子挨打的时候,总把头藏在翅膀底下,要像鸽子一样单纯,它们失去窝的时候,就再造一个。作为牧师的儿子,我曾经是个养鸽子的人。"

不过,《生活纪》最有教育意义、被人们引用最多的是他和妻子从一个流放地点被流放到另一个地方的时候,一路上筋疲力尽,不断地跌倒,妻子问阿瓦库姆说:

"这样的苦难还要延续很久吗,大司祭?"

"一直到死,马尔科夫娜,一直到死。"

"好吧,彼得罗维奇,那我们就接着走吧。"①

阿瓦库姆是旧信仰的辩护者,他为这样的信念受苦,并为此献出了生命。可是他乐观、自由的形象留在《生活纪》里,格外引人注目。阿瓦库姆强调说,人本身要在自己的心里守护道德准则。阿瓦库姆毫不畏惧地嘲笑沙皇的软弱,嘲笑教会、牧首和主教,嘲笑他们的毫无人性与诡计多端。

阿瓦库姆提倡坚韧,但绝不是僵化的教条:要为生活感到欢欣,把遭受的苦难看作上帝赏赐的特殊礼物。每个人的义务就是——只要活在这个罪孽的世界,缺乏坚定的信仰,就会终生受苦,直到死亡。忍受苦难——

---

① 参见:德·谢·利哈乔夫,《彼得与费伏罗妮娅的故事》,载德·谢·利哈乔夫,《伟大的遗产:古代罗斯经典文学作品集》,莫斯科,1975。

是一个人摆脱良心痛苦的唯一途径。

阿瓦库姆重申，掌握了这样的信念，在这个世界上甚至可以幸福地活着。这就是崇高精神的典范!《大司祭阿瓦库姆生活纪》写得无拘无束，笔触奔放，包含了非常大胆的对话，甚至以"平等"的口吻对沙皇说道："要知道你，米哈雷奇，也是俄罗斯人!"阿瓦库姆写出了自己不可重复的个性，这将产生世世代代的影响，除此之外,《生活纪》当中还有其他人物的准确画像——有他的妻子马尔科夫娜，有军队将领帕什科夫，将领的儿子，哥萨克士兵等等，总而言之，写出了那个时代的生活……阿瓦库姆是伟大的作家，他推动俄罗斯文学取得了长足的进步，他把生动性、灵活性、人物个性、精神的勇气和力量带给了俄罗斯文学。

利哈乔夫还向我们展示了另一个生活在十六世纪的伟大作家——伊凡雷帝。利哈乔夫通过很多事例指出了(也证明了)他的天才。首先，他拥有高超的语言造诣，善于利用变换"面具"和语调交替的手法，笔触锐利而精确。在他留存的作品当中，痛苦的真诚、调侃的口吻与高雅的情感相结合——还有佯装的自我诋毁，这种手法常常是突然爆发的血腥攻击的前奏，是"宣告判决"的前兆。

利哈乔夫向我们解释说，掌握语言达到如此高超的地步，除了与生俱来的天赋，还需要刻苦认真的教育培养。"沙皇作家"的几位老师都是那个时代最负盛名的文学家，其中的西里维斯特是著名的《家训格言》的作者，这本书是当时的名著，讲的是家庭和国家的秩序；另一位老师是都主教马卡里，他是《日课经文录》的编写者，此书是当时每个家庭必备的最重要的宗教读物。按照马卡里的指令，克里姆林宫里的金殿还为年轻的伊凡绘制了图画，以便有利于他接受教育。

有强烈自尊心的伊凡为自己制订了目标："做举世无双的智者!"他很年轻的时候就直接跟外国使臣谈判，使用对方的语言，不需要贵族重臣协助。1572年他用德语写嘲讽挖苦的书信，反对波兰国王西吉斯孟德。书信可能不是他本人写的，而是由他口授，大臣代笔，但是词句的选择，用语的风格,无疑都秉承了他的旨意。

伊凡雷帝最有名的信函是写给叛逃国外的库尔布斯基公爵的书信,1564年他流亡到了立陶宛。

第一封书信——语言华丽,神采飞扬,但略显沉痛。伊凡似乎还指望这位逃亡的公爵回心转意,还有回归的可能。第二封书信是占领了沃尔马尔城以后写的,那是库尔布斯基一度藏身的城市。伊凡写信的口气已经变为讽刺挖苦:"你想在这里休息,可上帝把我们领到了这里。"

伊凡雷帝和他的宠臣瓦修特卡·格里亚兹诺伊公爵的通信可称为戏谑调侃信函的"杰作"。利哈乔夫对这些具有"浪漫风格"的书信校勘得非常仔细,尽力展现出两位通信者驾驭语言的娴熟技巧。必须指出,瓦修特卡绝非平庸之辈。他是沙皇最信任的近臣之一。因此他认为可以用近乎平等的口吻跟沙皇交谈,不怕使用生动活泼、色彩鲜明的词句,这样一来他们之间的通信就非常有意思了。

1573年,沙皇的宠臣瓦修特卡·格里亚兹诺伊奉命带兵征战克里米亚汗国,他陷入了敌军的包围,但不肯轻易投降:经拼命厮杀,打死六个敌人,使十五个人受伤。他从鞑靼人的俘虏营里给沙皇写信,不无自豪地讲述自己的英勇事迹,指望尽快得到拯救:或者按照擒获他的鞑靼人提出的条件支付赎金,或者用他交换敌方被俘的鞑靼将领季威伊·穆尔扎。伊凡雷帝回信告诉他说:既然一个人承认被敌军俘虏,在雷帝手下他就成了"被人抢去的女人",用那个时代的话说——只配给人家当"奴仆"。瓦修特卡是个非常狡猾的人,他指望鞑靼人了解了他的地位,就会搓着双手尽快交换俘虏。不然的话,不知道他的身价,说不定什么时候就会砍掉他的脑袋。

谁知,"自己人"的表现竟出乎意料的"残忍"。从伊凡雷帝那里寄来了一封嘲讽挖苦的书信。他不想给敌人赎金,也不愿意交换俘虏。对伊凡雷帝来说牺牲瓦修特卡轻而易举,况且他已经做了俘虏。

"这样的交换会给农民带来好处吗?"他用调侃的语气问道。"瓦修特卡回到家里,将躺在床上养伤,而季威伊·穆尔扎回去就能战斗!"①

这让人不由得想起了斯大林的残忍:"我不能用元帅交换士兵!"(有人建议他用被俘的德军元帅保卢斯交换他的长子)。斯大林推崇伊凡雷帝绝非偶然,他甚至为电影导演谢尔盖·爱森斯坦提供了"灵感",拍摄出了电影杰作。

感到屈辱的瓦修特卡·格里亚兹诺伊给伊凡雷帝写信,提醒他说:"不是因为喝酒喝坏了身体,也不是从火炕上掉下来摔坏的。"("……не у браги увечья добыл, не с печи убился") 不料沙皇似乎在欣赏自己的残忍,继续给予尖刻的嘲讽,仿佛对高额的赎金感到惊讶:"……到目前为止,这样的东西五十卢布买一个!"②

当然,伊凡雷帝非常暴虐,利哈乔夫也强调了这一点,不过,他也指出了伊凡雷帝的另一面,那就是掌握语言的能力,就其驾驭文字的丰富多彩、艺术手法的多变以及感染力,作家伊凡雷帝是无与伦比的。

有时候他很有吸引力,把读者称呼为"我心爱的人们"。不过,这种"亲切"往往是一种姿态,接下来便是辛辣的嘲讽。

1572年伊凡雷帝给教会写信,请求准许他第四次结婚,佯装的温和潜藏着沙皇的狡诈,从而成为书信体作品的范例,文学的杰作。他最爱使用的一种手法就是装扮穷人,仿佛以傻乎乎的修道士帕尔费尼的口吻说话。在他的书信中不难发现,调侃语调比直接的威胁更可怕。伊凡雷帝为所欲为,从来不知道节制,他假装"温和",自称为帕尔费尼,这意味着——他是"纯洁的童男"!

当然,极为重要的一点在于,这个作家是沙皇——正是凭借这种至高无上的地位,他想写什么,就写什么,破坏了书信体作品历来的规范,并且对传统的形式加以嘲笑,比如,他常常利用公函、呈文、禀报这一类官

---

① 参见:德·谢·利哈乔夫,《沙皇雷帝伊凡·瓦西里耶维奇文集》,载《德·谢·利哈乔夫,伟大的遗产:古代罗斯经典文学作品集》,莫斯科,1975。

② 同上。

方文体进行挖苦嘲讽。其他人绝不敢这样做。只有沙皇的宝座使得伊凡雷帝成为"言辞刻薄的"作家，为所欲为地表达他的喜怒哀乐。

伊凡雷帝不仅擅长写直接交往的信函，以达到某种具体的目的——往往也是可怕的目的，他还常常写文章议论国家政治或者哲学问题，思考生存和可怕的死亡。

他怀着真正的恐惧和勇气写出了《给雷神的赞美诗》，这里的雷神指的是天使长米哈伊尔，通常也被认为是死亡之神。"可怕的战士！"伊凡这样称呼他。接下来说："可是我并不惧怕你的目光！"①

伊凡雷帝的遗嘱是采用抒情性的崇高文体写成的。在那个时代，大作家不像现在这么多。过了一百年，到了十七世纪，另一个杰出的作家，大司祭阿瓦库姆在他的作品中常常引用的正是"沙皇老爷伊凡雷帝"的名言警句。

利哈乔夫在他的著作中仔细审视了罗斯古代文学所有的名篇杰作，考察了各个时代不同作品道德规范的衍变。弗拉基米尔·莫诺马赫的伦理具有抒情与人性的特点。阿瓦库姆的作品焕发出爱与善的精神。伊凡雷帝时代巩固"统治秩序"的法则是严惩与死刑。为了让自己的"真理"战无不胜，雷帝用流血淹没了国家，极刑之后，修道院里"温和的"修道士们在追悼手稿中赞颂被处以极刑的那些英魂。在他的作品中语言雄辩而威严，华丽的词句吞噬了良心。他总是滔滔不绝，似乎害怕，如果沉默不语，他的良心会发出声音。利哈乔夫写道："他的豪华宣泄是他大规模杀人的继续。"

有这样一种迷信——不能挖掘法老的陵墓，挖掘必带来凶险。随着利哈乔夫开始研究伊凡雷帝的文学遗产，他原本"平和的"学术生活本该获得桂冠与成就，恰恰在这个时刻却连续遭受抨击。

---

① 参见：德·谢·利哈乔夫，《傻子帕尔费尼（伊凡雷帝）献给雷神的赞美诗和祈祷词》，载《古代罗斯的手稿遗产：依据普希金之家的资料整理》，列宁格勒，1972。

前面已经提到，1952年普希金之家讨论有关伊凡雷帝作品文集，其中包括了利哈乔夫的研究文章，他被人指责延续了"恶劣的传统"，宣扬了"世界主义"，尽管德米特里·谢尔盖耶维奇在获得了国家奖之后心情相对比较平静。参与这本文集写作的还有另一位学者——雅·索·卢利耶。随着时间的推移，利哈乔夫的威望越来越稳固，相对而言，卢利耶没有受到任何人的重视。

苏联当局对待利哈乔夫的态度"忽冷忽热"，一切他都能忍受，由于受过牢狱之灾，性格十分坚韧。他继续顽强地工作。他最重要的研究成果，给他带来声望的著作跟《伊戈尔远征记》有关。作为文学典籍之一，由他翻译成当代俄语并加了注释的《远征记》，早在1950年就出版了。正是由于这个版本，当代读者才认识了这部伟大的杰作。但是，围绕《远征记》的事件、纷争、情感纠葛远没有结束，在看似"平静"的语文学界，以历史上前所未见的规模展开了争论。《远征记》经过利哈乔夫翻译、注释、出版以后成了最受读者欢迎的书籍之一，同时引起了国外的关注，成了世界文学史上罕见的事件！为什么会出现这样的文学现象呢？在这场争论中利哈乔夫起到了什么样的作用？《远征记》早就为人所知，翻译与出版也并非只有一次，但引起浓厚兴趣与激烈争论的白热化时期恰恰是利哈乔夫所处的时代。

之所以出现这种现象部分原因可能归结为——利哈乔夫的翻译和注释证明了《远征记》作者的天才以及作品具有非凡的艺术价值，超越了罗斯古代其他的文学作品。然而真正的艺术杰作总是引起高度的审美愉悦，同时又招致尖锐的不满、强烈的嫉妒和欲望——把"天才"从纪念碑底座上拉下来，撕得粉碎，踩在污泥里，拼命地用脚践踏。这样的例子在历史上有很多。利哈乔夫本人的遭遇和《远征记》一样，既受到压制，又获得荣耀。《远征记》的内容看上去十分自然，也不难理解，它的文本没有任何离经叛道的言论，完全符合历史和古代斯拉夫文字的规范。一开始描写北方诺夫哥罗德大公伊戈尔·斯维雅托斯拉维奇率领军队走上"原野"，出兵征讨波洛伏齐人,其目的如诗中所说:"用头盔掬饮顿河水"。

接下来描写伊戈尔的战斗,被波洛伏齐人俘虏,他的逃脱与回返,写他妻子和全体基辅市民的欢欣。于是奇迹产生了——文本"洞穿"了心灵,由于形象鲜明,情感真挚,立刻引起了亲临现场的感觉,仿佛你也是参与者,有了切身感受。我们也成了文本的"俘房"。伊戈尔率领着他的子弟兵刚刚出发——"橡树上的鸟儿窥伺着他的灾祸,豺狼在峡谷里吼叫着雷雨,山鹰尖声呼唤着野兽来衔取骨骸,狐狸冲着红色的盾牌嗥叫。啊,罗斯的国土!你已经落在山冈后边!"

古斯拉夫语的这段描写笔触更有力,声音和思想"锻造"得更强烈、更严酷,可惜,现在很少人能掌握古代的语言,利哈乔夫的译文最大限度地帮助我们接近原作。

比如:"罗斯人以红色盾牌遮蔽了辽阔的原野,为自己寻找美名,为大公追求荣耀!""……在卡雅拉河上,在大顿河附近,这里的标枪要折断,那里砍在波洛伏齐人头盔上的马刀要损坏。"还有战斗的场面:"……厮杀了一天,厮杀了又一天,到第三天中午伊戈尔的军旗纷纷倒下。""青草因忧伤而低下头来","沉重的悲哀在罗斯国土上奔流!"

《远征记》给人印象深刻的不仅是它高超的艺术性,还有它对历史的深刻分析。我们从伊戈尔的父亲斯维亚托斯拉夫口中听到了他的痛苦诉说,公爵们的纷争不睦给罗斯带来了耻辱和失败。"公爵们的纷争破坏了平民的生活,马蹄下的黑土撒满了尸骨,浸透了鲜血,罗斯的国土上生出了苦难的苗芽!……你们兄弟之间自相残杀,把邪恶的人引到了罗斯的土地!"故事的道德意涵是——深刻的忏悔,谴责傲慢自大和公爵之间的内讧,导致罗斯的屈辱与失败。《远征记》的主人公,北方诺夫哥罗德大公伊戈尔·斯维雅托斯拉维奇本人两次感到懊悔,指责公爵之间的争斗是罪恶,当他被波洛伏齐人擒获成了俘虏的时候,尤其感到痛心疾首。

继醒悟和懊悔之后随之而来的是拯救,雅罗斯拉夫娜是伊戈尔大公的妻子,她那既痛苦又优美的"哭诉"唤醒了最初的希望:"我愿像一只杜鹃在多瑙河上飞翔,我愿在卡雅拉河里蘸湿我丝绸的衣袖,为王公擦净他强壮身体上那血淋淋的创伤。"原作里写的不是"杜鹃",而是"鸤鸠"("загзица"),给人的印象更强烈,尽管"鸤鸠"的涵义难以解释清楚。不过,读完了《远征记》的译本,你一定要读用古斯拉夫语写成的原作,远古岁月会渗透进你的内心,你会感觉到自己的生活里充满了"古代的声音"。历史会成为你的生命:在忏悔了罪孽之后,出现了光明,你像伊戈尔大公一样得到了拯救,从被俘的痛苦中得到解脱。"上帝给伊戈尔公指示道路,逃离波洛伏齐土地……伊戈尔沉睡,伊戈尔警醒,伊戈尔在心里盘算从大顿河到小顿涅茨克河的路程。"对伊戈尔的逃脱描写很生动:"伊戈尔公奔跑着,像一只白鼬扑向芦苇丛,像一只银雁冲向水面,飞身跃上快捷的战马,急速奔驰,像一只灰狼。"接下来是欢欣的结尾:"太阳在天空照耀,伊戈尔大公已经回到罗斯国土,姑娘们在多瑙河畔歌唱,她们的歌声盘旋起伏,飘过大海传到基辅……所有的村落都欢欣,所有的城镇都喜悦……荣耀属于王公们和武士们!阿门!"

但,我们要呼叫"阿门!"还为时过早——研究《伊戈尔远征记》是漫长而相当痛苦的"事业",它并非昨天开始,相应的也不会明天结束。利哈乔夫在他的诸多著作中还会反复涉及到《远征记》。

1952年利哈乔夫出版了《俄罗斯文学的诞生》一书,1953年他被推选为苏联科学院通讯院士。瓦尔瓦拉·帕甫洛夫娜·阿德里阿诺娃-别列特茨为这件事尽了很大努力,在这之后,她就把俄罗斯古代文学研究室的领导职位交给了利哈乔夫。1954年,由于《俄罗斯文学的诞生》这部著作,利哈乔夫获得了苏联科学院主席团奖,1955年他成了苏联科学院文学语言委员会委员。

他不会利用获得的职位为自己谋求私利——新称号只不过使他的办公桌上增多了卷宗和文件夹,里面都是别人的手稿和资料,请求他尽快审阅修改。

1958年利哈乔夫第一次被派遣出国(在多次约请之后),到保加利亚鉴定保存下来的古代手稿(这又一次使他的卷宗数量急剧增多)。同一年他出版了《罗斯古代文学中的人》。

从外表来看,几乎所有的年月里他的工作都大致相同:一张书桌,上面堆满了手稿,靠墙的书架上摆满了书籍,其中有些书翻开来放在利哈乔夫面前,对于那些手稿和收集到的文献资料来说,这里的空间实在太小。后来利哈乔夫学会了用打字机打字。打字机是老牌子的,键盘上还有硬音字母"ять"。日复一日,他有条不紊地撰写自己的著作,一生写出了数量惊人的著述,几乎他的每本书都很有分量,都引起强烈的反响。

家庭生活似乎也很和睦。两个女儿都出嫁了。1959年米拉的女儿维拉出生了,这是利哈乔夫的头一个外孙女。

1961年利哈乔夫的名字不仅在学术界广为人知,而且已经为社会所熟悉:他被选举为列宁格勒市劳动人民代表苏维埃大会的代表。

这一年他写了一本书,同行学者认为比他其余的著作写得水平更高。这种成功并非偶然。写这本书用的时间并不太长,当时利哈乔夫觉得,一直追随着他的磨难看来要结束了,他终于可以把全副精力投入学术研究了。两个女儿都已经出嫁,两个女婿都很体面,也有才华,社会环境有了明显的改善,越来越好了——这就是他的感觉。利哈乔夫的大家庭每年夏天都到泽列诺戈尔斯克去避暑,他们在里斯特温街租了别墅,一家人都住在那里……大概这是德米特里·谢尔盖耶维奇平生最幸福的一段日子,他能够平平静静地安心工作。那时候他写了一本有关版本校勘的书籍。

概括而言,版本校勘早就存在,不过,以前常用的说法是"版本批评",这个叫法延续的时间很久。对文本进行批评:出版古代手稿的时候,需要清理后人的篡改、笔误,同样要分辨后世的抄写者过于随意的歪曲和增添文字,尽力去接近原作的真实面貌,所有对最初文献的扭曲都要遭受批评。

后来产生了术语"版本校勘学"。鲍·维·托马舍夫斯基的著作《作家与书籍:版本校勘概论——1928》相当流行并受到学术界的尊重。不过书中论述的版本校勘领域的发现只讲到1928年为止。

跟利哈乔夫同时研究版本校勘问题的还有一些有名望的大学者,比如鲍·米·艾亨巴乌姆。但是他的著作立足于分析萨尔蒂科夫-谢德林的《外省散记》。

1962年利哈乔夫的著作《版本校勘:以十至十七世纪罗斯文学作品为例》由苏联科学院出版社出版。该书跟利哈乔夫许多著作出版时的情况一样,引起了浓厚的兴趣和激烈的争论。利哈乔夫从来没有涉足同语反复这样的课题,小心翼翼地引述别人的著作,可是,既然他要写,就一定有某些新颖的、出人意料的观点。

利哈乔夫第一个指出,所谓版本校勘,并非辅助性的学科,而是一门独立的研究文本历史的学问。

由于资料充足,思想丰富,观点独到,阐释有深度,再加上作者的知识渊博,他的著作在这个领域独树一帜,无人匹敌。利哈乔夫重新奠定了版本校勘学的基础理论,扩展了它的研究领域,使原有的版本校勘学的整体面貌大为改观。他写《汇编》(手稿集,在其中寻找文本)对文本的影响和很多其他问题。指出研究文学典籍史的方法,采用所谓家族谱系图的方式,构成典籍的"家族血脉之树",得出扎实的结论。

像往常一样,这部著作的主要创新之处体现了利哈乔夫思维的敏锐与突破陈规的勇气。在他之前这一领域的研究者(大部分著述出版得都比较晚),致力于用各种方法"抹杀"典籍的个性特征,尽力清除转抄本潜在的时代特点,清除抄写者添加在文本里流露个性与私心的词句,总而言之——是清理所有体现个性的东西,使文本趋向经书、趋向规范。多数学者以及因循守旧者的这种努力,就是让那些毫无变化的内容稳定下来,得到巩固。而所谓天才——最痛恨清规戒律的人,是个性昂扬澎湃的人。因此利哈乔夫《版本校勘学》的结论归结于一点:"版本校勘学最重视的是人——是站在文本后面的人。"①

---

① 参见:德·谢·利哈乔夫,版本校勘:以十至十七世纪罗斯文学作品为例,莫斯科,列宁格勒,1962。

对每个坐在安乐椅里安享温饱的人——不仅仅是语言学家,而且是所有的学者(也不仅仅是学者)来说,利哈乔夫的作为无疑是一声晴天霹雳,是对他们饱食终日,保养得很好的面孔狠狠地 了一个耳光,这是一种公然的侮辱!他们想遵守稳固的戒律与规矩,在这种循规蹈矩的生活中挣钱糊口,对于他们来说,最重要的是——温饱安定,小心谨慎,决不流露"个人见解"……他们的个性早已泯灭殆尽,可以说他们毫无个性,因此他们认为,个性对于学术研究是有害的,个性让他们惶惑羞愧……现在倒好,突然听见利哈乔夫说:"个性——最重要!所有时代历来如此!"可是到哪里去寻找个性呢?!多少个世纪以来,到处都在驱逐个性。万一忽然间——个性又受到打压呢?可怕的是利哈乔夫的著作带有鲜明的个性,这成了他最具有吸引力的原因,他的个性是不怕压制的!能做的只有"埋没"他的著作。很多人想这样做,可那是痴心妄想。

利哈乔夫最著名的读者之一奥列克·巴西拉什维利这样描写他心目中的大学者:"他研究俄罗斯古代文学,形式上没有任何反苏维埃的内容,却跟这个体制有特别尖锐的矛盾。比如,精彩的多卷本《罗斯古代文学典籍》出版,我是在保加利亚、在波兰购买的,在我们国内却买不到。为什么这些书不能陈列在我们书店的书架上呢?难道它们有什么危险吗?……在我的意识当中,利哈乔夫的形象总是联结着一个易碎的庞然大物(害怕它会被打碎!),与此同时它又特别的稳固。这种把极其矛盾的两端结合在一起的本领让我赞叹,甚至感到震撼。像利哈乔夫这样的人,我从来没有遇见过。"

作家格拉宁问过利哈乔夫一个问题:"如果总结您平生的活动,最重要的成就是什么?"利哈乔夫回答说:"让人们对七百年俄罗斯古代文学重新产生了兴趣。"

持异端邪说者

……尽管利哈乔夫获得了很多成就、奖赏和称号,可是围绕着他的种种混乱传说不仅没有平息,扩散的范围反而越来越广了。或许,在某些人看来,他的成就过于辉煌了?混乱的传说至今仍然存在。得知我准备为利哈乔夫写传记,我的几位文友几乎是异口同声地加以劝阻:

"你想干什么呀?!"

"怎么啦?"

"你就不怕弄砸了?"

"为什么?"

"你怎么不好好想一想,有多少不同的组织,甚至相互对立的团体,都自认为是利哈乔夫的'继承者'!"

"现在有多少人嫉妒他、仇视他,你知道吗?"

"嫉妒利哈乔夫?仇人?在他去世十二年之后?!他有什么地方招惹了这些人呢?"

"一个人成就越高——嫉妒他的人就越多!他们恨不得吃了你!不然就会说——'盛名难副',或者反过来说'过分美化'!所有的人都知道应当写,但是为利哈乔夫写传记却得不到人们的认可。"

"……随他们去吧。就让他们疑神疑鬼去吧,我下决心一定要写,写出真实的一切!"

"你想象不到'水下的暗礁'有多少。单就有关济明那件事,你弄得清楚吗?还是小心点为妙!"

关于济明,我已经有所耳闻。有关他的遭遇,至今都是一些"传闻",常常让人回想,事情的来龙去脉却弄不清楚。据说,获得巨大荣耀、权力的利哈乔夫就采用了无懈可击的手段,收拾了天才的竞争者济明。的确,这些传说并非出自专业人士之口,主要是来自济明的"同情者",他们似乎总是冷眼旁观,知道怎么做才更加正确。

利哈乔夫并非是反对进步的人。他是光明磊落的保守人士——这说法比较恰当。但这个"有分寸的保守主义"就惹得很多人生气。"创新派"总想走极端,因为只有走极端才会被人发现,还因为其他领域都已经被真正做事情的人们所占据。

对于利哈乔夫的攻击,更多的时候来自上层,当权者给他施加压力。出乎意料的是突然爆发了"内部战争",向他展开进攻的是"自己人"。实际上一直有人指责他,说他过于痴迷业务,过于主观。现在又多了一条罪责,责备他"主观"地玩弄权术,围绕《伊戈尔远征记》掀起了某种虚伪的"爱国主义歌功颂德的风气"。对于科学领域的标新立异,尽管他自己未必认同,但始终保持了客观而公正的态度。不过时代在变化,出现了一批新人,他们觉得利哈乔夫"阻挡了他们的道路"。他的"宏伟高大",他的"不可争议"让有些人心烦:他们质问说,利哈乔夫做了什么呢?除了颂扬古代,那些老早以前创造的东西,何况又不是他创造的!为什么到处都是他,为什么无论走到哪里,听到的只有一个名字"利哈乔夫,利哈乔夫"?为什么总是吹捧他,一个因循守旧的人,怎么成了全部现代文化的象征?这次攻击瞄准了他在学术领域的重要"基础",给他带来荣耀的——罗斯古代文学,当然,在为自己赢得盛名的同时,利哈乔夫也引来了更多的妒忌者。

"他创造的局面果真就无懈可击吗?"有些论敌这样说,"说不定这'局面'也有造假的嫌疑呢?!"

为了客观地研究分析那场冲突,我必须到普希金之家走一趟。尽管利哈乔夫离开了俄罗斯古代文学研究室已经整整十二年,可是那里至今仍在研究一个矛盾重重的事件,它跟济明有关,有关《伊戈尔远征记》的真伪问题,济明是利哈乔夫的主要反对者。研究室的研究员莉·维·索科洛娃送给我一本近八百页厚厚的书,其中包含了济明对《远征记》假说推论的全部客观资料以及学术界对这一课题的争论。这部著作的书名是《关于〈伊戈尔远征记〉真伪的争论史》。书的封面下边注明了编者是莉·维·索科洛娃,她还撰写了序言,收集文献资料,作了注释。这本书的责任编辑是语文学博士娜·弗·帕内尔科,现在她担任俄罗斯古代文学研究室主任。为这本书写评论的是历史学博士米·鲍·斯维尔德洛夫和语文学博士米·伏·罗日杰斯特文斯卡娅。

这本书不仅客观地记述了有关济明假说的讨论过程,而且还准确地描绘了那段岁月学术界和社会生活的情景。

利哈乔夫认为《伊戈尔远征记》成书于十二世纪,是"真实的"古代作品,这样的风格早就存在,这是一种说法。怀疑论者则认为,《远征记》只不过是十八世纪才出现的仿作,是雅罗斯拉夫救世主修道院修士大司祭约伊里遵照叶卡捷琳娜二世的旨意写成的,目的是为了提高爱国热情,支持女皇的飞扬跋扈,也就是为她的对外扩张政策效劳。

有关《远征记》手稿曾被著名古代手稿收藏家阿·伊·穆辛-普希金伯爵收藏的说法,同样引起了怀疑,被认为并不可信,因为穆辛-普希金为人热情,却并非一向做事严谨的收藏家。关于拿破仑攻占莫斯科后手稿在大火中被烧毁的说法,同样遭到置疑。怀疑论者强调指出,保存手稿的地方实际上根本没有发生火灾,所谓"原作"已被焚毁,目的就是让以后没有办法分辨真假。保存下来的实际上是很久以后的《远征记》抄本。二十世纪六十年代,具有新观点的语言学家重新审视历经坎坷的《伊戈尔远征记》,他们有人提出了批评意见。

对于利哈乔夫来说，这件事当然带来极大的风险——要知道，他最重要的"奉献"在于这样一种观点：完美与天才的罗斯古代文学从十二世纪开始已经存在了七个世纪。不料，他的论敌忽然要拆除罗斯古代文学最重要的一根"支柱"，把它推移到很晚的时代，宣告《远征记》是伪书，是仿作！

很多持新观点的语言学家已经白了头发，他们至今认为利哈乔夫是一切古老守旧观念的支柱，亚历山大·济明就是持新观点的怀疑论者的代表人物。

为了厘清这个问题，必须对最初的局面有清晰的了解。

《伊戈尔远征记》经过了相应的研究工作，与原作一起出版于1800年。

在这之前，《远征记》没有引起过社会的关注。这本书出版之前不久，尼·米·卡拉姆津曾发表过一篇文章，承认了《远征记》的真实性。对文学史素有研究的德国权威学者之一阿福古斯特·施廖采尔立刻就对《远征记》的真实性产生了怀疑，认为它创作之后无声无息经过了几百年，突然出现在人们面前，简直不可思议。不过，他在阅读了文本之后，撤回了自己的置疑，承认它是古代的作品。然而怀疑的意见不断出现。1812年米·特·卡切诺夫斯基教授批评《远征记》——逻辑混乱，许多事件缺乏内在联系。十九世纪很有声望的作家米·尼·卡特科夫对《远征记》的指责广为人知，他把《远征记》称为"毫无目的的荒谬之作"。

1852年以后，对《远征记》的怀疑消沉了一个阶段，当时乌·米·翁多尔斯基公布了另一部罗斯古代文学手稿，描写1380年库利科沃战争的《顿河彼岸之战》。《顿河彼岸之战》写于十四世纪末或者十五世纪，对于它的真实性没有任何人怀疑，因为这部手稿本身还有几个手抄本。《远征记》与《顿河彼岸之战》无疑具有相似性。鉴于《远征记》叙述的伊戈尔大公被波洛伏齐人俘虏的事件发生的时间更早，这似乎证实了这部手稿出现的时间也更早。研究者对这部作品会从历史和版本校勘角度做这样的分析。

然而怀疑论者从来不肯停止怀疑,在他们看来,证明某本书是伪作,比创作一本书更能带来名望。创作——并非他们的特长。这样的假说推论就形成了:不错——《顿河彼岸之战》与《伊戈尔远征记》存在着相似性,这正好说明,《远征记》是有经验的写手在《顿河彼岸之战》之后故弄玄虚写出来的,尽管《远征记》所写的事件发生的时间更加久远,但是这部手稿的神秘作者在写作过程中借鉴和利用了《顿河彼岸之战》的风格和语言。

这一大胆的假设是十九世纪末法国斯拉夫学者莱内·勒热首先提出来的,二十世纪三十年代至六十年代同属法国的斯拉夫学者安德列·马宗极力鼓吹这一说法。研究《顿河彼岸之战》的三个不同抄本成了这一"发现"的基础。捷克学者扬·伏尔切克更早开始研究和对比《顿河彼岸之战》的三个抄本时间,马宗在他的研究基础上建立了自己的假说。语言学是很奇怪的学科,它在很大程度上建立于学者们的争执辩论之上,这部分人同意,那部分人不同意,在更大的程度上他们感兴趣的是同行的意见,哪些人给予肯定认可,哪些人以敌对的态度给予批驳,至于研究的题目反倒被抛在了一边。这已经不是研究课题的反映,而是别人镜子里的映像的反映,随后出现了很多彼此重复的映像,到最后相互重叠一片混乱。很明显,有兴趣的只有他们自己,只对一点产生影响,那就是他们相互之间的关系。从旁看来这非常荒唐,讨论的课题本身,也就是具体的作品,已经被撇在了一边,一切归结为有关名声威望的博弈,语言学界全部的注意力集中到一点:谁胜谁负?的确——《伊戈尔远征记》那无名氏作者能给他们带来什么呢?可是忽然出现了某个博士,或某个通讯院士,有崭新的理论,对这种理论可以依附利用(或者与之斗争?),他可能给予切实的帮助,也可能带来危害。围绕《伊戈尔远征记》的不断争论非常明显地透露出种种狡黠的算计。

伏尔切克认为(总体说来,他们是在前辈学者研究的基础上从事研究),《顿河彼岸之战》的"抄本"(指我们习惯使用的"原作"一词)保存在基里洛—别洛泽尔斯基修道院,是最古老、最简洁的文本,写作时间接近十五世纪。这部作品还有两个手抄本，流传较广，伏尔切克认为它们是第二和第三个抄本，出现的时间较晚。《伊戈尔远征记》跟《顿河彼岸之战》的一个抄本具有无可置疑的相似性，那个抄本就是伏尔切克指出的第三个抄本。依据这些情况，马宗提出了他个人的"发现"：既然《远征记》最接近《顿河彼岸之战》的第三个抄本，也就是出现时间最晚的一个抄本，那么《远征记》的作者必定生活在跟《顿河彼岸之战》第三个抄本大致相当的年代，因此《远征记》无论如何出现的时间不会更早。基于《远征记》是十八世纪在基里洛—别洛泽尔斯基修道院里发现的，那么它的著作权应当写在约伊里（贝科夫斯基）的名下，他是修道院的院长，也是当时相当著名的作家。也有几个学者，其中包括马宗，认为《远征记》的著作权应该属于收藏家穆辛—普希金，因为是他宣布了他收藏的古代手稿当中有《伊戈尔远征记》。这些说法得到了很多赞同者。破旧立新成为勇敢的人，向来都具有诱惑力。什么样的文章和学位论文能够很快写成并且带来升迁和荣耀呢！于是怀疑论者（或者，换句话说急于获得名望者）纷纷叫嚷着指出《远征记》中"成书年代较晚"的种种特征——现代词语、波兰词语、法语词句、亚细亚甚至美国文化的某些特点。

但经过长时间的研究，马宗的理论被推翻了，反驳他的不仅有严肃的俄罗斯学者，也有国外的专家。不过，"混乱的纷争"还是一而再、再而三地出现。真不明白——为什么既折磨自己，还要折磨别人？说《伊戈尔远征记》是一部杰作，没有任何人出面争执：这一点是显而易见毋庸置疑的。然而万分遗憾，爱慕虚荣者存在着嫉妒心，有些人天生缺乏才华，这就导致在文化界会以种种隐蔽的形式，"不断地"挑起所谓的"学术争端"。似乎成心要"咬住"名著的"边缘"。名著——不错，确实是名著，但是……接下来就是找茬儿、吹毛求疵，手法各种各样，他们的心思很清楚：名著，未必那么完美，写作时间有待考证，作者也值得怀疑。在我看来这就好像在说，《鲍里斯·戈都诺夫》是普希金写的，但不是在米哈伊洛夫斯克，而是……在罗马，普希金似乎曾到过那里！空前绝后的发现！一心渴望得到博士学位！……然而这些跟我们有什么关系呢？我们阅读经典杰作的幸福感决不会由于这些所谓的"发现"而减弱。而渴望"打破陈规"的人数目同样不会减少：他们怀着窃喜的心情期待着，"名作"被颠覆，一部杰作原来并不那么"伟大"。

事情明摆着："毋须跟傻瓜争论！"不过，这里涉及学位论文的写作和学术称号，局面就变得更加复杂了：你不断受到指责，理由不仅是专业知识有欠缺，还责怪你"怀有私心，阻挡别人的道路"，诸如此类的责难不一而足。因此，利哈乔夫不得不证明《伊戈尔远征记》的真实性和经典性，为捍卫它的经典地位而反驳怀疑论者的抨击，这些人企图把《远征记》从荣耀的基座上拉下来，同时也让利哈乔夫声誉扫地。或许这第二个目标恰恰是很多人希望达到的首要目标。

利哈乔夫写了一篇语调平静、一点也不显露锋芒的文章，题为《对〈伊戈尔远征记〉的研究以及它的真实性问题》，他在文中分析并指出了跟他持反对观点的学者把《远征记》的写作时间推后几个世纪的原因，他认为那段时间不可能写出这样的作品。

利哈乔夫认为《远征记》写于十二世纪，发现的时候并非古代手稿，而是年代较晚的纸质抄本，纸的使用无论如何不会早于十五世纪，它的广泛流传时间应该更晚，这是"怀疑论者"头一个疑点。利哈乔夫在文章中回答说：的确，不是原作，是年代较晚的抄本——但是，很多古代文学作品并没有引起任何人的怀疑，比如伊拉利昂的《教规与神恩论》、《费奥多西·佩切尔斯基的教诲》、《修道院长丹尼尔旅行记》、《丹尼尔·扎托奇尼克祈祷词》等都是后来发现的，发现时都是纸质手抄本。很多有名的伪书遭到斥责与揭发，事实证明的确是伪造的赝品，大家相信，它们是仿照"纸质本"出现之前的手稿编纂的，十九世纪出现了一些炮制伪书的高手，比如巴尔丁和苏拉卡捷夫，他们的技艺已经相当娴熟。

利哈乔夫指出，有些否定论者怀疑，穆辛—普希金在1812年大火中特意焚毁了《远征记》，目的是掩盖它是伪书，利哈乔夫以嘲讽的口吻反问道,"为了销毁一本伪书,连自己的房子,自己的全部财产和极其珍贵的收藏手稿,一把火统统烧掉",难道真有人会这么干吗?

《远征记》的手抄本确实存在,这是卡拉姆津亲自证实的,他亲眼看到过抄本,还从里面做了摘录。利哈乔夫证明了《远征记》无论如何不可能是十八世纪写出来的,因为它像密码一样需要破译,阅读和理解非常困难——如果是仿作就不会写得这么艰深难懂:仿作总是尽力做到"通俗易懂"。手稿抄写的许多字母连在一起,要把它们断成词句非常困难,因此,手稿里许多词语一直弄不清楚是什么意思。利哈乔夫指出了很多片段,其中的词句难以破解,或者推测不准确,因而语义含混或受到歪曲。破解密码一样的手稿,需要花费很长时间,过了很久之后,那些模糊不清、含义不明的词句才得以破解。如果是伪书或仿本,这样做就未免过于复杂了。

对《远征记》持否定论的学者当中,当时的法国语言学家安·马宗是代表性的人物,1944年他出版了一本有关《远征记》的著作,利哈乔夫与他进行论战。他逐一驳斥了马宗的所有论点。比如,他指出《远征记》的手稿是在一本很厚的文集中发现的,文集包括很多作品。难道所有的作品都是伪作和赝品吗?或者是故意把"伪作"《远征记》夹杂在其中?历史上没有见过这样的事例:所有的伪作和赝品根本不会用这样的方式来"隐藏",恰恰相反,它们要顽强地自我展示。接下来利哈乔夫对文本进行了详细的分析,证明它确实属产生于古代,这一点毋庸置疑。

1962年苏联出版了重要文集《十二世纪经典著作——〈伊戈尔远征记〉》,其中收入了很多有威望的学者针对马宗论点的批评文章。当然,"划着一根火柴",立刻点燃了熊熊的烈焰!正是在阅读了这些权威作者的文章之后,莫斯科历史学博士亚历山大·亚历山大罗维奇·济明最终决定亲自研究《远征记》。

"厌倦了谎话连篇!"济明写道。二十世纪六十年代,是"解冻"时期,所有的人都渴望踩碎某一块往昔生活的"冰凌",揭露或者推翻某种固有的结论,从难以容忍的生活困境中走出来,可在原有的生活中也有不少人取得了成功。四十二岁的亚历山大·亚历山大罗维奇·济明是已经有了相当的名望、受人敬重的历史学家,从来没有过任何违犯学术规范的举动,总是在需要的地方引用马克思主义经典理论家和当代领袖的言论,与此同时获得了应有的名声,被公认为是严肃、诚实的学者。五十至六十年代济明出版了《伊万雷帝的改革》、《伊万雷帝的禁卫军》等一系列立论扎实、逻辑严谨的科学著作。他尊重几位最有威望的历史学家——雷巴科夫、格列科夫、吉霍米罗夫、切列普宁,跟他们保持着良好的关系。1959年他获得历史学博士学位,1962年就进入科学院通讯院士候选名单。推荐他的是两位最有威望的史学家(当代记者可能会称呼他们是那个年代的两名"教父")——鲍里斯·亚历山大洛维奇·雷巴科夫院士和米哈伊尔·尼古拉耶维奇·吉霍米罗夫院士,还有通讯院士阿尔杰米·弗拉基米罗维奇·阿尔齐霍夫斯基。因此,无论如何不能说济明在学术界无所依傍。他与利哈乔夫经历过种种偶然发生的戏剧性的冲突,彼此造成伤害,但是绝不能说济明是缺乏修养的人。说他缺乏耐性——倒是准确的。他有才华,为人正直诚实,这一点毫无疑问,他的行动也源自一种真诚的思考:为了探求科学真理兴奋地做出了决定,"豁出性命"做一次冒险的冲击。

作为历史学家,他长期以来受到《远征记》的吸引,他在一封书信中真诚地写道:"语言学家难以对文本进行分析,不得不另外有人为此而奋斗。"

利哈乔夫早就跟移居境外的俄罗斯著名语言学家罗曼·雅可布逊建立了联系,保持着最为亲切的关系。

雅可布逊是"新语言学派"的领袖,利哈乔夫并不认同这一学派提倡的新方法(其中有些方法接近数学分析)——尽管如此,利哈乔夫和雅可布逊相处友好,彼此敬重。雅可布逊的一封来信告诉利哈乔夫说:"大约两三年以前马宗说过,有位苏联历史学家根据有分量的资料,说明《远征记》是叶卡捷琳娜时代写的,作者是约伊里。"

济明本人写道:"这项斗争在很多善良的人们心中得到了良好的反响还

有一个原因,就是他们厌恶了官方倡导的盛行于二十世纪四十至五十年代的伪爱国主义。"

这样的指责让利哈乔夫觉得特别反感,难以接受。因一度做过囚犯,他屡屡受人责难,说他面对国家,面对那些有利于政权的神话,总是吞吞吐吐,不敢仗义执言!或许这种责备引起了他的思考——可能这样的指责包含着真实的成分?但是他坚持自己的信念,不想后退,他决意进行争辩,不过任何时候都不曾超越以理服人的界限,当然他的内心受到了严重的伤害。

让利哈乔夫感到格外痛苦的是站在济明一边的有些人原来跟他关系很好,他从来没有怀疑过他们的忠诚。这些人当中的一个是雅·索·卢利耶。济明给卢利耶写信说:"……我极度亢奋。坚持写作……说的是《伊戈尔远征记》和《顿河彼岸之战》……"

弗拉基米尔·伊万诺维奇·马雷舍夫是普希金之家受人敬重的研究员,研究所古代文献资料库的创建者,济明给他写信说:"事情极其复杂。需要特别小心谨慎……能不能想办法找到马宗和扬·伏尔切克1948年在布拉格出版的书籍,那是非常严谨的著作。"

1963年1月,他在给马雷舍夫的另一封书信中写道:"……还需要工作五年。解决问题要满怀自信,并且要一击致命!您的袭击手亚·济明。"

济明狂热的性格、勇于冒险的精神在这次学术风波当中得到了充分的体现,并且赢得了某些人的同情。虽然他在给马雷舍夫的书信中说过要工作"五年",但是他连一年都难以忍耐,1963年2月15日他就给俄罗斯古代文学研究室主任、科学院通讯院士利哈乔夫写信说:"尊敬的德米特里·谢尔盖耶维奇!我有一篇报告,题为《〈伊戈尔远征记〉研究》,您能不能在最近适当的时间列入研究室学术报告会的选题?……永远属于您的亚·济明。"

如此匆忙,原因不仅仅由于他急躁的性格,局势也起了促进作用。他得到信息,保加利亚侨民学者伏·尼古拉耶夫有关这个课题的著作将在美国出版，马宗本人也在撰写这个课题的著作……

或许，济明匆忙间给利哈乔夫写信，有意隐瞒了他的学术报告的本质性内容。

1963年2月27日济明在普希金之家做了报告。表面上似乎是俄罗斯古代文学研究室例行的报告会，但济明的追随者事前都已经知道，引起轰动的时机已经成熟——因此来听报告的人特别多，其中很多人跟俄罗斯古代文学没有任何关系。看来，除了学术，生活中还有某些令人感兴趣的事情。研究室会议记录册上写着参加这次会议的多达110人。

利哈乔夫因不久前做了胃溃疡手术没有出席报告会。济明报告的实质归结为一个说法，这一点已经广为人知：《远征记》接近《顿河彼岸之战》第三个手抄本，这就意味着前者深受后者的影响，尽管它的内容要比描写库利科沃之战的《顿河彼岸之战》古老得多，它根本不是十二世纪的作品，而是创作时间要晚得多、模仿古代文笔的一部"仿作"（马宗使用的就是这个术语）。报告会进行了三个多小时。会议没有得出任何确切的结论，但是"水面上的涟漪"波动的时间很久，并且越传越远。

雅·索·卢利耶在给济明的书信中指出了这次会议"正常的学术氛围"。研究室最有声望的研究员之一维尼阿明·米哈伊洛维奇·赫沃斯托夫写道："济明没有回答一个根本性的问题：约伊里是怎么样写《远征记》，是用什么样的语言写的？的确，在十八世纪出现这样的文本是难以解释的。"

"争论的声音"传到了"上级机关"，济明由于他的不肯屈服的立场，被迫在他的工作单位苏联科学院历史研究所的领导面前作出解释（领导认为他的观点缺乏依据），这样一来他的支持者人数大增，尤其是在年轻人中间。1963年3月12日，苏联科学院历史学部秘书叶甫盖尼·米哈伊洛维奇·茹可夫院士召见了济明，转达了苏联科学院副院长、苏共中央委员会委员彼得·尼古拉耶维奇·费多谢耶夫的意见——希望他以后不要再作类似内容的学术报告。历史研究所长维·米·赫沃斯托夫也跟济明进行了内容类似的谈话。

多少有些惊慌的济明拜访了当时史学界最有"权威"的几位学者,他跟他们一直保持着联系并得到他们的支持,他们是维·米·赫沃斯托夫、列·弗·切列普宁、尼·卡·古德济、鲍·亚·雷巴科夫,不过,这一次他没有得到任何赞许。

济明否认《远征记》的真实性,他为自己辩解所引用的论据多的是情感,而缺乏科学依据。他写道:"需要把《远征记》从木乃伊变成人类激情的纪念碑!"列·弗·切列普宁院士指出了"他的论著的神秘性"。

但是也出现了许多同情济明的人,大多是研究历史、语文、考古的年轻学者,他们在博物馆、图书馆和档案资料中寻找新的论据,支持济明的"具有叛逆精神"的假说。年轻人总是在"叛逆"中磨炼成长。济明在一封书信中写道:"我很高兴,年轻人保持这种高尚的立场。"

济明显然缺乏耐心,考虑问题不够周密,也不善于倾听意见不同者的见解,他自以为他想要得到的结果立刻就会实现,像他这样的人往往会遭遇失败。

他把德谢素常的克制、外表的知分寸、有礼貌与宽容,误以为是善良可欺;他以为这样一来就可以尽快庆祝自己的胜利了。利哈乔夫对这次事件总结说:"济明的做法不好,他对我隐瞒了报告的内容。马雷舍夫了解实情,却要保守秘密,最后一天还请来了成群结队很多人。"

利哈乔夫无论如何不想保持中立:济明的意图是抹杀《伊戈尔远征记》(或者让它"年轻化",实际上同样会导致它的毁灭),而《远征记》毫无疑问是俄罗斯古代文学当中最有才华的作品(不妨这么说,《顿河彼岸之战》写得就暗淡多了)。除此之外,济明还毁坏了利哈乔夫的第二根支柱——俄罗斯古代文学研究室,为建立这个研究室他投入了自己的深情与挚爱。利哈乔夫认为它挑选了最有才华、最忠实的人,既忠实于科研工作,也忠实于他个人。原来非常和谐的集体,突然出现了裂痕,这种复杂局面是由济明一手挑起来的。

1963年5月，俄罗斯古代文学研究室决定出版一本研究《顿河彼岸之战》的文集，其中也涉及他们对于《伊戈尔远征记》的态度。利哈乔夫在给罗宾逊的书信中写到了这项决定，但又着重说："在研究室讨论这一问题时谈话很不愉快。卢利耶和马雷舍夫对这样的论题坚决反对。他们说什么不了解济明的研究工作，就不能写有关《顿河彼岸之战》的文章。应当先出版济明的著作等等……研究室有关《远征记》的意见分歧让我非常生气。"

1963年12月3日，苏联科学院编辑出版委员会开会，没有做任何解释，也没有指明理由，就把科学出版社原定于1964年出版、有关《顿河彼岸之战》的文集从计划方案中撤销了。

利哈乔夫心里明白，他的终身事业遭遇了"暗中破坏"，必须加以反击，他的意志非常坚决——他要在最高层次上采取行动。利哈乔夫不仅是杰出的学者，也是伟大的战略家，他善于跟最严厉的领导交谈，他的语言既有分量，又有说服力，因此他所要做的事总能取得成功。他立刻写了一封书信，不是随便给什么人，而是直接寄给苏联科学院副主席、苏共中央委员会委员彼得·尼古拉耶维奇·费多谢耶夫。书信的结尾部分是这样写的：

"……我真诚地告诉您，我不知道人文学科当前还有什么书籍比我跟您说的这本书更重要，为了捍卫俄罗斯文化，必须优先安排、尽快出版这样的著作。期待本书出版的有全体教育工作者，不仅语言学家、历史学家在等待，而且作家们也殷切盼望它及早问世。此致敬礼，苏联科学院通讯院士德·利哈乔夫。"

利哈乔夫善于寻找必要的、有分量的、而又不委曲求全的词句。这本在他领导下由俄罗斯古代文学研究室编撰的献给《远征记》和《顿河彼岸之战》的文集，从1964年出版计划中一度撤销的选题，又得到了恢复。

这里产生了一个问题，利哈乔夫是个谦逊的学者，一直在书斋里从事研究写作，他的全部精力都献给了俄罗斯古代文学，他怎么会突然之间获得了全国性的声誉呢？其实方法很简单，但要达到目标却很难。利哈乔夫从学术活动一开始就坚持原则，当其他人时时退让或妥协的时候，他始终为其心目中的公正而斗争。利哈乔夫从不退缩。

济明的书还没有写出来，就引起了国外的巨大兴趣。为了理解这一点，必须弄清楚那几年的国际环境。

那时候西方所有的知识分子（起码有很多文化人）受到一种大胆想法的强烈吸引：“苏联创造的一切文化，都应当被取代，因为那都是党的意识形态的产物！现在，应当给新人提供出路，他们将否定旧的文化，创造出新的文化！”济明和他的理论正好适应了这股思潮。国外著名的政论家和社会活动家格列布·斯特鲁维在《俄国思想》报上写道："……旁观者很难相信，假如某个苏联学者竟敢复述马宗的观点，得到允许在学术会议上作报告，他那就会遭到置疑，他的著作可能被列为禁书。"

看来，斯特鲁维似乎想说，济明的著作具有强大的威力，苏联的"围墙"一下子统统倒塌了，发生了史无前例的事件。这让人感觉到，斯特鲁维从来没有参加过在苏联举行的学术会议。对我们的学术水平和政治警惕性显然评价不当。实际上我们的学者在学术会议上经常有出人意料的发言，在这"围墙"之内，绝对荒谬的言论者倒是常常安然无恙。

但是，怀着某种不可告人的期望，听信了传闻，说是天才的济明跟利哈乔夫和"当代轮船"（确切说是"古代轮船"）发生了碰撞，有些国外的大学匆匆忙忙从研究俄罗斯古代文学的提纲里删去了《伊戈尔远征记》。其实，要想真正了解《远征记》天才的交响乐，绝对不能听信某些传闻，可是，把金刚钻与玻璃相混淆的大有人在，他们口头上说要献身于文学研究，其实想的是如何从文学中捞取私利。

最有威望的奥夫巴乌出版社搁置了已经列入珍本丛书的《远征记》德语译本的出版。甚至大名鼎鼎的雅可布逊也写信请求利哈乔夫把济明著作的提纲寄给他。的确，雅可布逊认识他们两个人，他在书信中对利哈乔夫说："济明这一步，太丢脸了！"但接下来补充说："……处心积虑地吹捧马宗，成心败坏《远征记》的名声。遗憾的是，自从济明在俄罗斯古代文学研究室做了报告以后，不怀善意的人们对他们的过失更加执迷不悟了。英国出版商希尔先生拒绝出版《远征记》的英译本，已经考虑从牛津大学俄罗斯古代文学丛书当中删除《远征记》。牛津大学斯拉夫系的学生都在问我，《远征记》出了什么事？它究竟是不是伪作？我很高兴遇见了阿列克谢耶夫，他跟我讲述了济明的发言。我觉得，大会有关争论的记录起码应该公布出来。"不过，这件事并没有那么简单。列·亚·德米特里耶夫就报告和讨论情况写出了总结，准备刊登在《俄罗斯文学》杂志上。济明坚持，有关报告内容的转述要由他自己来写。在同一期《俄罗斯文学》杂志上很多人要求看到济明文章的全文，以便更深入地了解问题所在。可是雅·索·卢利耶在给济明的书信中建议说："如果那篇文章登出来，毫无疑问必须同时刊登答辩词。"

来自各方面的压力开始了。济明给马雷舍夫写信说："显然这是个圈套……但是我只想交出一章——只交一章，但在附注中说明，这是一部厚重著作的一部分……如果他们不同意这样的方式，那我就要大声喊叫着抗议了。"

以前受过传统教育，利哈乔夫很有耐心，他觉得跟脾气暴躁、缺乏耐性的对手很难进行辩论。1963年6月2日他给罗宾逊写信说："……我对待济明可以做得更客气一点儿（考虑到他的心情郁闷），当然，我想（从学术上）把他打得粉碎——无须咒骂，无须谴责，无须剖析论敌的心理，仅仅局限于学术范围之内，就足以把他击溃。方便时请把这些情况告诉维弗维（指维克多·弗拉基米罗维奇·维诺格拉多夫院士，苏联科学院文学部秘书——瓦·波. 按）。我自己不想给他写信。我想，我在书信中建议出版济明的著作，这些早就说清楚了。可不知为什么，他对此一直不理解。不然的话，就是他以为不应该反驳亚亚济（指亚·亚·济明——瓦·波按）。"

维诺格拉多夫不仅是杰出的学者，也是一位谋略大师，凭借这样的才气，他才占据了这么高的管理职位。跟其他科学学院院士不同，他对济明的态度很好,鼓励他,甚至邀请他到自己家里做客。实际上他对济明那本书并不支持,也没有为他写过哪怕一行字。维诺格拉多夫很久以来所遵循的策略,就是迷恋权力的官员都很熟悉的一条原则:"善于拆解——从中主宰!"在冲突对抗的双方都找到同盟者,你就会立于不败之地,在任何情况下都有稳操胜券的"好牌"。如果有必要——可以利用济明反对利哈乔夫,他的威望实在是太高了,或许这是维诺格拉多夫十分精细的盘算。据一本回忆录记载,维诺格拉多夫为人乐观开朗,擅长交际,精明机智,但并非是个能够忍让的人,他受了委屈,往往会寻机报复。有这样一个情节,1958年许多斯拉夫学者去雅斯纳亚·波良纳参观,维诺格拉多夫想让这些学者们开心,就拿利哈乔夫的穿着开玩笑,嘲讽他衣着过于古板、陈旧,不料当即受到了反驳——反驳者面带微笑,保持了尊严……大学者绝非等闲之辈,跟他们打交道要侧耳聆听、处处当心。济明的书尚未写完,围绕这本书却展开了明争暗斗,有些人的目的不在学术,而是另有私心和谋算,这让利哈乔夫疲于应付,感到气愤。他在给罗宾逊的那封书信中继续写道:

"……济明报告的苍白贫乏让我生气,因而完全没有心思跟他争论,争论甚至有害无益。如果他以这种绕来绕去的方式对待文学问题,那么他对我们的反驳也会采取回避的态度。不过,让我感到惊讶的是,他对其他问题却是以另外的方式进行争辩……有人在宣扬济明有关《远征记》理论的'意义',比如卢利耶和德米特里耶夫,还有萨尔明娜(小心翼翼的)以及其他人,他们都受到了雅索卢(指雅·索·卢利耶——瓦·波按)的影响。让我生气的是,同样的反驳理由需要重复十次。毫无益处地耗费了许多时间和精力……何况在这场争论当中有些人提出的论据根本就缺乏科学性,而属于潜在的心理学层次的问题(比如马雷舍夫针对《远征记》提不出任何实质性的问题,却一直喋喋不休)。喋喋不休的还有维弗维(指维克多·弗拉基米罗维奇·维诺格拉多夫——瓦·波按)。我问他,对于《远征记》有何看法?他引用了我对贝莎罗娃著作的评论,我在那篇文章中写道,在《远征记》手稿中同一个句子里可以用于不同的时态,还有诸如此类的一些话。维弗维强调说，十二世纪这种用法是不可能的。在这之后，我阅读基里尔·图罗夫斯基的著作，在其中也找到了这样的例句，在《往年纪事》中，在基辅洞窟修道院的圣徒传中，也找到了例证。后来维弗维无视我对自己观点的坚持，他并未进行有力的反驳，或者是不敢反驳。'上不了桌面的活动！'很多人喜欢亚亚济的'否定性'观念。很难用科学的论据跟这些人进行论战。"

132 利哈乔夫在写给安·尼·罗宾逊的另一封书信中，再次回到了一个纠缠不清的命题："济明的优势仅仅在于他的立场（对所有热衷于反面意见的学者都具有诱惑力）。"

何况聚集在济明周围的那些人能力并不弱。头一个支持者——当然是能力非凡、大名鼎鼎的学术权威，科学院院士维克多·弗拉基米罗维奇·维诺格拉多夫。他是语言学家，文学理论家，个性鲜明，出类拔萃。1934年被捕，1934到1936年被关押，1940年进行了博士论文答辩。1941到1943年被流放，但继续坚持他的学术研究，1944年成了教授，莫斯科大学语文系主任，俄语教研室主任。他是《语言学问题》杂志的创办人和主编，国际与苏联斯拉夫学者委员会主席，还担任几个国家科学院院士，是苏联科学院文学语言部秘书……出于某种个人利益的考虑，他认为有必要支持济明。

第二个支持者——是语文学博士、俄罗斯古代文学研究室研究员雅科夫·索罗蒙诺维奇·卢利耶教授。他研究俄罗斯古代手稿、十四至十七世纪俄罗斯古代作品、莫斯科公国外交政策史，也研究十九至二十世纪俄罗斯作家的创作（列夫·托尔斯泰、米哈伊尔·布尔加科夫、伊利亚·伊利夫和叶甫盖尼·彼得罗夫）。

第三个支持者——弗拉基米尔·伊万诺维奇·马雷舍夫也是很有成就、颇受敬重的学者，文学理论家、古文献学家、俄罗斯古代手稿收藏家，普希金之家的古代文献收藏库就是由他创立的，至今以他的名字命名。利哈乔夫向来敬重弗拉基米尔·马雷舍夫，可以说敬重到无以复加的程度，在他去世以后，开设了"马雷舍夫选读"讲座，为纪念马雷舍夫的文集撰写了序言。但是在那段围绕济明假说展开争论的时期，利哈乔夫和马雷舍夫的关系破裂了。

除了上述列举的几位名人，还有不少学者在某种程度上支持济明的观点，还有很多同情他的人给他出主意，在工作中给他帮助，协助他收集资料。在那个时代，济明的"叛逆"行动得到了社会上的广泛支持，当时的社会急切地盼望变革。

这些见解表面看来似乎是"进步"的，站在这种见解的对立面，利哈乔夫决不轻松。然而置身于这样的危机时刻，他的所作所为依然无懈可击、无可挑剔，他没有任何疏漏，不给济明任何"插足"的机会。这是一种前所未有的经历，提到这件事时他甚至觉得不好意思，流露出他一贯的真诚。他写道："我收到了吉霍米罗夫院士的秘书寄来的对济明论题的反驳。他的反驳意见是如此粗鲁，毫无说服力……如果这样的反驳意见公之于众，那么济明的立场就会更加稳固。"

利哈乔夫给苏联科学院文学语言部秘书维·弗·维诺格拉多夫院士写信，提出建议，不要把济明的研究当成秘密，应当发表他的研究成果，这样有利于展开争论。

但是，那是个喑哑的时代——"党"的决定是在内部讨论这本书。按照规定，亚·亚·济明要把书稿提交给苏联科学院历史学部，供内部讨论使用，以便在9月世界斯拉夫代表大会之前解决这个问题。

有些朋友劝告济明回避这显然过于"激烈"的举措，但济明"痴迷于一个想法，"济明的学生卡什塔诺夫写道，"他想以大胆的假说和严密的论证体系征服读者与听众……亚·亚是激情澎湃的辩论者，渴望争辩与投身于战斗，相信他的结论正确无误。"

济明写书进展神速。1963年3月他给同情他的朋友们写信说，手稿已经写了7个印张①，5月初——写了16个印张，6月末——写了20个印张，

---

① 印张，俄罗斯稿酬计算单位，每个印张约合4万个印刷符号。——译者注

而 7 月 11 日已经写到了 22 个印张。

弗拉基米尔·鲍里索维奇·柯布林是利哈乔夫观点的支持者，他在自己的回忆录中表示惊讶："这个人怎么能在一年内写完一本书？有时候在屈指可数的几个月当中居然能写出 25 到 30 个印张？"

7 月 9 日，济明把已经写出来的 22 个印张的书稿交给历史研究所管理处。第二天科学院历史学部（协同苏联科学院副院长和苏共中央委员会意识形态部）做出了决定，把手稿打印 12 份，组织在小范围内的讨论。

利哈乔夫的行动很坚决，他所要捍卫的，最重要的是自己和《远征记》的名声。他给共中央委员彼·尼·费多谢耶夫院士写信，他有权决定济明这本书的命运："虽然我没有阅读亚·亚·济明这部著作，但是我确信，应当把济明这本书全部公之于众，不要把任何内容视为秘密。因为读这本书的不仅有专家，还有一些人由于不了解情况，他们会觉得亚·亚·济明的论据中一定有很多有说服力的新鲜材料，因此不要单独出版这本书，应该和《关于〈伊戈尔远征记〉的真实性问题》文集同时出版，文集当中包括了通讯院士瓦·帕·阿德里阿诺娃-别列特茨的文章，我的文章，还有几位语言学家、东方学家、民间文学研究者的文章，这些文章都在论证《远征记》的真实性，也是对怀疑论者的回答。"

然而事情的发展却出乎预料——无论对于济明，还是对于利哈乔夫，这个结果都很糟糕，利哈乔夫判断这本书若能出版，它的神秘性就会消失。让济明觉得屈辱的是，他受到了欺骗，拿走书稿的时候答应要印 150 本，现在只打印了 20 本。

这个事件还会长时间引发很多人的好奇心：到底究竟是怎么一回事？由于 9 月份即将在索菲亚召开第五届世界斯拉夫学者代表大会，所以这个事件在当时引起了特别紧张的气氛，当权者的监察部门密切关注这个题目，他们当然希望在斯拉夫学者代表大会之前解决这个问题，因为它涉及斯拉夫学的支柱之一——《伊戈尔远征记》。但是和过去一样，他们所做的一切，像狗熊般弄巧成拙。

维·弗·维诺格拉多夫上报的材料里有这样的意见:"……作者是诚实的,但是过于痴迷……应当在代表大会之前讨论这本书。中央委员会形成了决议:采用胶印机把这本书印 20 本样书,分发给专家评审,然后组织讨论。济明的支持者千方百计劝说他不要送审,可是济明坚信自己是正确的,他渴望战斗。"

济明请卢利耶写一张名单,列出那些有威望的专家,估计哪些人会肯定他,就邀请那些人参加讨论。名单写了几次,翻来覆去总有变化。利哈乔夫看了名单后指出,这些人几乎都不是研究《伊戈尔远征记》的专家。如果能聆听利哈乔夫的意见,并且正式出版那本书,早就不会那么紧张了,可是事件的发展却越来越激烈,越来越复杂。

已经感到疲惫和绝望的济明,给列·亚·德米特里耶夫写信,他是俄罗斯古代文学研究室的研究员,利哈乔夫的学生,他说:"我给 180 人写了信……请你提醒我,还有什么人值得联系。他们想在代表大会之前抓紧解决。"

讨论地点再次改变,确定在历史研究所进行,不料那里三番五次提出荒唐的建议。看到那些所谓的建议,不由得会让人想起那时广泛流传的痛苦的笑话:"我们生下来,为了像卡夫卡一样变成甲虫!"请看这样的建议:印 26 份!……但是不要发到任何一个人的手里。后来又建议:印 100 份,但是约请 30 人……不要发给任何人!

我们这里的人果真擅长开玩笑。

到了这时候,济明终于明白了,只有一个人始终保持诚实的、不变的立场——这个人就是利哈乔夫。济明给利哈乔夫写信,感谢他给费多谢耶夫院士写的那封信,正是他坚持要求出版济明的著作,广泛发行,让更多的读者了解。

"……面对您,我非常愧疚……我有意无意地惹您生气,恰恰是您最需要安静、关切和照顾的时候(刚刚做完大手术——瓦·波按)。深知您多年的真情厚谊,只向您提出一点祈求,请理解我,如果可能的话,请给予原谅……再次衷心感谢您的善良,感谢您为我,为我们学术界所做的一切。祝愿您健康,再一次祝您健康。

永远属于您的亚·济明"

像我们这里经常发生的情况一样,这次事件的结果非常糟糕。济明的书,在斯拉夫学者代表大会之前,既没有讨论,也没有出版(当然,这给与会代表,尤其是国外的代表留下了非常恶劣的印象),济明本人也没有去参加大会。

8月1日济明去了克里米亚休假。这多多少少是一点安慰——他觉得这是未能在索菲亚代表大会上发言的补偿。他在写给马雷舍夫的书信中说:"拒绝去索菲亚出席会议是我自己的决定。这样做可能更好。我收到了文件,告诉我可以作为旅游者去那里。我何苦要白跑一趟呢?就让廖瓦·德米特里耶夫和他的导师去好啦!"在信的末尾补充说:"书一定要出版。我有信心坚持到底!"

济明也给列·亚·德米特里耶夫写了信,他说:"你去开会,我被剥夺了出席的机会。不要做谎言的传声筒!"

斯拉夫学者代表大会开过之后,1963年9月12日苏联科学院历史学部才最终召开会议解决济明书稿的问题。国际会议已经过去,现在对济明不必那么客气了。

会议通过了决议:书印100本,在内部进行讨论,约请的与会者经过了仔细挑选。济明决定跟大学同学商量商量,其中一个是伊·伊·乌达里佐夫,他是苏共中央意识形态部的副部长。乌达里佐夫劝他采取一些办法。济明把手稿打印出来送给很多有声望的学者。他收到了五十封回信。回信的有尤·米·洛特曼、列·弗·切列普宁院士。并非所有的人都同意济明的结论,但是都愿意推荐这本书出版。参加讨论的也有几位著名的作家,比如康斯坦丁·西蒙诺夫、尤里·多姆博罗夫斯基、纳乌穆·科尔冉宁等。

那时候济明的脾气忽然变得非常暴躁(可能跟他的病情加重有关),他写信语气很尖刻,甚至对他最好的朋友和助手雅·索·卢利耶也不客气。

对方回信也很生气:"萨申卡！您心理有问题……这都怪您跟猪一样愚蠢,'不掺和'、'沉默没有用'、'脚踩两只船'。"

米哈伊尔·鲍里索维奇·赫拉普琴科院士取代了精明的、讲究外交手腕的维诺格拉多夫,担任了科学院文学和语言部的秘书,立刻采取了更加强硬的政策,力图把利哈乔夫撤在一边,认为他的声望妨碍"党和政府决策"的贯彻执行。他给利哈乔夫写信说:"您何苦要介入这件事情呢？"

利哈乔夫本人似乎对这件事也感到厌倦了。但是他依然坚持以前的原则立场:他跟过去一样,主张出版济明的著作,让学术界有更广泛的了解;虽然提倡这样做,却并不支持令人怀疑的假说。历史研究所的叶·米·茹可夫寄来邀请函他参加(像往常一样——紧急！)讨论济明的著作,利哈乔夫回信的口吻有几分生气:"需要时间准备！跟过去一样,我一直看不到济明的手稿。我能够说出二十三位研究《远征记》的专家……是不是都要约请他们来参加呢？"

利哈乔夫明白,济明不可能得到那些权威专家的支持。阿德里阿诺娃-别列特茨给利哈乔夫写信说:"……今天我想看看它(指济明的手稿——瓦·波按)。它引起我急剧的心跳,看得时间长一点儿,我忍不住就要厌烦。"

可是,利哈乔夫仍然像过去一样,坚持科学研究的公开性,尽一切可能让更多的人了解实情,仍然主张出版济明的著作。茹可夫给苏共中央政治局书记列·费·伊利伊乔夫写信说:"按照利哈乔夫的说法,现在不出版济明的书,会引起曲解。"茹可夫建议出版济明的这本书,同时附上权威学者——利哈乔夫、雷巴科夫、吉霍米罗夫等人的文章,这样做不至于在学术界引起误解。然而"党的明智决策"往往以奇怪的方式点燃起"曲解的火焰",而不是扑灭这样的火焰。结果是——会议来了很多人,讨论之前宣布了政治局的决定:"讨论要举行,但书不准出版。"

那次会议的进程在柳·谢·索科洛娃所著的《〈伊戈尔远征记〉真伪争

137 论史(摘自德·谢·利哈乔夫书信)》一书中有详尽叙述。我愿向她致以深切的谢意。不过,这里只能引用书中的某些片段。

……济明突然生病了,第一次会议他未能出席。出现了意想不到的混乱:有些受到邀请的与会人员居然不准进入会议大厅,据说理由是拟定的名单上没有他们的名字。荒谬的局面本身当然会引起疑惑:讨论归讨论,但"上层"决定,无论如何不允许书籍出版,也就是说,这本书最终不能问世。这种决定让人感到屈辱。大厅里有人向主席团提问:

"会议的这部分内容,不会有任何实质性的结果……我这样理解是正确的吗?"

"毫无疑问!"主席团里的茹可夫院士回答说。

"这是决议吗?……是决定吗?"

"那不是我们的事。我们的责任是审查书稿……"

"是否要投票表决?"

(大厅里响起了笑声。)

"这怎么能投票表决呢?"

话虽这么说,严肃认真的讨论还是进行了很长时间。大多数学者珍惜自己的名声,他们的发言有理有据,也很客观,不愿意因"党的决定"而受影响,轻易否定这本书。利哈乔夫第一天做了一篇很长的报告。几乎一开始他就指出:"我觉得,亚·亚·济明的工作——是他的一次重大学术失败。在这种情况下,济明不可能写出有力的著作,原因在于,关于《远征记》的基础性论题是错误的,因此大量论据牵强附会,进行了有倾向性的曲解……我断然否定济明的这部著作,但这种否定不会扩展到他的其他著作。"

利哈乔夫认定,《伊戈尔远征记》创作于十二世纪,根本不是出自十八世纪大祭司约伊里之手,在众多论据当中他引用了这样一条:

……亚·亚·济明推测《远征记》的主要作者是大祭司约伊里,这之前马宗猜测作者是穆辛-普希金,这两种猜测都不可靠。如果说我们对于穆辛-普希金的文学才能缺乏了解,因此可以假定他是个神秘的天才,那么约伊里的著作至今流传,因此我们可以把他的作品跟《远征记》加以比较:约伊里的文字最为平庸,文风、语言、对文学的理解等等方面,跟《远征记》的差别极为鲜明,这对亚·亚·济明的观点是致命的打击。

利哈乔夫内容翔实的报告在汇总文集当中占了四十八页的篇幅。他从历史和文献学等各个角度展开分析,随时随地列举证据指出济明理论的错误。

在报告结尾(稍有压缩),利哈乔夫是这样说的:

亚历山大·亚历山大罗维奇的著作不值得我们推广宣传。我们也不会设置障碍,阻挠学者专家撰写文章研究《远征记》,现在,他们没有机会捍卫《远征记》,公开反驳济明的观点。济明的著作应当是公开的,可以阅读的……如果他的著作被认为是保密的,那就给这场争论增添了非科学的色彩,使济明的著作罩上了受谴责的阴影,其实它不配受这样的谴责。

亚·亚·济明要出版他的著作,应当是作者个人的出版行为(也就是说不能使用苏联科学院历史研究所的名义);作者个人要对出版的著作负责(我们国家有过这样的出版物)。

请原谅我占用了诸位这么多宝贵时间。不过,问题涉及《远征记》的真实性,这件事非常重要。

在那一天的会议上还有几个人发言,5月5日和6日上午和晚上继续开会,发言的人更多。很多人同意利哈乔夫所做的报告,持反对观点的那些学者,没有人能够推翻他的结论。

随后出现了有关这次会议的种种传闻,说法彼此矛盾,背离事实,肆意歪曲，有人说，利哈乔夫"拼了命地"指责批判，甚至说他做了两次报告，其实这是误传。最后一天他登上主席台，是代替因事缺席的帕·纳·别尔科夫宣读会议结论。

在会议的发言者中没有一个人对济明进行政治方面的指责。那几年随意进行政治谴责已经"不再时髦"，什么人要那样做，甚至会永远丧失良好的名声。但是有些"主持会议的人"比出席会议者了解的情况更多，他们强调说确实有这样的谴责。似乎雷巴科夫院士责备济明执行了"犹太复国主义者的指令"，但是在雷巴科夫会议发言速记稿当中根本找不到类似的词句。

济明参加了第二天的会议，在第三天会议上做了最后的发言。他在发言中倒是忍不住从政治上谴责了与他观点相左的学者，比如已经流亡到国外的雅可布逊、列斯诺伊……后来，马宗本人来到了俄罗斯，应他的请求，历史研究所就把济明著作的复印本交给了他。亚历山大·济明知道后发脾气说："没有得到我的允许！"马宗细读了这本书，在给马雷舍夫的书信中写道："若能出版这部杰出的著作——是为苏联科学院赢得荣誉的事情。"

尽管济明的那本书当时未能正式出版，但是1965年他的十三篇文章陆续问世，学术界还是了解了他的设想与推断。济明根本没有"被消灭"，他的文章发表在权威性的报刊上，如《文学问题》杂志、《俄罗斯文学报》、《文学年鉴》、《苏联历史》、《俄罗斯民间文学》等期刊。利哈乔夫仍然坚持全文发表济明的著作，他在各种场合不止一次提到过这一点。

可济明在官场的升迁毕竟遭遇了挫折。根据院士吉霍米罗夫的要求，济明被撤销了原先担任的古典文献委员会副主席的职位。可是正直的济明并没有因此怨恨吉霍米罗夫。1964年他给马雷舍夫的书信中写道："新年前夕去看望过米尼吉（米哈伊尔·尼古拉耶维奇·吉霍米罗夫——瓦·波按），跟老人家取得了和解。"吉霍米罗夫去世后，济明给马雷舍夫写信说："真替米哈伊尔·尼古拉耶维奇感到惋惜——他是个好人，是真正的学者。"

如果进行总结，大概可以这样说，总体而论，所有有威望、受尊敬的学者，在这一事件中都保持了自己的尊严，即便对观点相左者进行"批评",也都不失体面,既不让自己处境尴尬,也不让对方难堪。至于党的领导——那就是另一种态度了:那次争论之后很长时间,提到济明的著作,仍然像对待一次"意识形态的颠覆活动"。

过了一段时间,济明终于想明白了学术批评与政治工作的纠缠与区别,他诚心诚意地跟研究所的同事恢复过去的亲密关系,其中也包括跟利哈乔夫的交往。从一方面来说,济明失去了获得院士称号的希望,从另一方面来看,正如他的学生卡什塔诺夫回忆时所说的——"摆脱了升迁的诱惑,他得到了高度的内在自由。他把自己的全部时间和精力都投入了学术研究。济明已经身患重病,在其生命的最后六年,他撰写了十一部著作,其中八部是学术专著,一本科学普及读物,两本回忆录性质的著述。"

济明得的是非常危险的肺病——肺硬化症,因此他不得不长时间在克里米亚疗养,尤其是冬天。下面引用的是1977年1月2日他写给利哈乔夫的一封书信:

尊敬的德米特里·谢尔盖耶维奇:

谢谢您的馈赠(指寄赠的书籍——利哈乔夫与亚·米·潘琴科合著的《古代罗斯的"笑世界"》——瓦·波按)。跟您说句悄悄话——我觉得,从各个方面来看,文集都是出类拔萃之作……我的生活到了该回顾往昔的时候,回眸来路,落叶纷纷,许多事值得重新思考。我和您在思考方式上有诸多差别——人跟人原本就各不相同。尽管承受了许多痛苦和屈辱,我对您优雅的才华依然深表赞赏,深深地向您鞠躬致敬,感谢您所有的高尚之举,许多人热爱我们多灾多难的俄罗斯,感谢您为他们所做的一切善事。

当我想到您平生建树的功勋,所有个人的委屈与痛苦都归于沉默。致以深深的敬意!

一如往昔的持异端邪说者亚历山大·济明。

1977年1月2日

瓦列金娜·格里高利耶夫娜向您鞠躬致敬。

"持异端邪说者"——通常指宣扬异教邪说的人，济明用它来进行自我调侃。1980年济明病逝。

一直到今天，凡是肯用脑子的人（尤其是肯动脑筋思考事物的本质）都会明白，济明是蒙受冤屈的学者。对于这一点，利哈乔夫一直也感觉沉重。出现了一些裂痕，原来对他忠诚的人（当然远不是所有的人），开始逐渐疏远他，比如，利哈乔夫原本喜爱的学生之一季马·布拉宁，突然离开了利哈乔夫，当了出版商。屡经坎坷的济明，其著作未经任何删削，终于在1990年出版问世。然而，不出利哈乔夫所预料，这部著作并未引起强烈的反响，何况那几年原先不知名的文学杰作像洪流一般早已把读者冲得晕头转向。

……仍然有个问题让人苦恼："真正的知识分子可以给别人以'回击'吗？而且是如此准确的回击？就像德米特里·利哈乔夫所做的那样？这是不是损害了他性格平和、彬彬有礼、关心体谅别人的院士形象？"我们把这个问题留给大家进行思考。只想指出一点：利哈乔夫可以给予回击——而且是毁灭性的回击。

济明确实输给了利哈乔夫，但是人们怀着同情和热爱记住了他。济明的故事跟一则流行甚广的俄罗斯民间故事有些相似，那故事讲的是俄罗斯的一个天才，笨拙的小狮子，虽然它确实拥有各种各样的才华，可是它的国家却容不下它。

保护者

利哈乔夫的书籍至今到处可见。除了为我们详细介绍俄罗斯古代文学的有关著作,他还有多卷文集,内容充实,格外有趣,有些虽然不属于严谨的学术范畴,却也是为有学问的读者写的,可是要一一列举,做简明扼要的介绍,我却力不胜任。不过仍想提到其中的几本,因为那里对文学和生活有重要而细致的思考,这些著述至今让我们保持对经典作品的兴趣。

《文学——现实——文学》这本书充分展示了利哈乔夫对普希金、果戈理、陀思妥耶夫斯基等作家的深入思考。

比如,分析《死魂灵》,他想到了尼古拉一世跟马尼洛夫的形象有某些相似之处,这让人感到惊异。一般人会觉得,一个多愁善感、耽于幻想的地主马尼洛夫跟大权在握的冷酷君主能有什么共同之处呢?可利哈乔夫有渊博的历史知识,对各种细节进行了周详的剖析论述,让我们不得不信服。严厉的尼古拉一世确实具有浪漫主义幻想和感伤主义的性格特征。有个故事很多人都知道,有一天尼古拉在一座桥上遇到了一辆平板大车,上面拉着残废军人的棺材,他忽然从沙皇的轿式马车上跳下来,一直步行跟到墓地。在尼古拉的行为举止当中还有另外一些"马尼洛夫式的古怪特征"。比如,他下令修建了一些带浪漫色彩的建筑物,起的名字具有感伤意味。有一次在花园里盖了一个普通的小木屋,他在那里过着"非常简朴的生活",经过那里的人都以为,里面住着个"贫寒的伤兵",尽管大家都知道,他这样做是有意抚慰那些残废军人。

在《文学——现实——文学》这本书中有很多见解透彻的观察,不仅读者觉得有趣,就连作家也觉得受益。利哈乔夫分析陀思妥耶夫斯基的作品时指出,作家想方设法避开容易被人识破的陈旧俗套,不怕被人指责脱离现实,耽于幻想,就是要与日常生活有所不同。为了让读者对发生的事件确信无疑,他追求细节的绝对精确,证据确凿的"布景",描写房屋、街道、具体存在的地点名称,思考周密严谨,就连拉斯科尔尼科夫到犯罪地点走了多少步,也有精确的数目。所有这些都是陀思妥耶夫斯基的文笔独到之处。

利哈乔夫写道,陀思妥耶夫斯基对待时间的看法十分有趣:陀思妥耶夫斯基笔下的时间总是"短暂仓促"的,他叙述一系列故事总是"紧密相连"的,往往在一个事件之后,立刻造成一种逼迫、紧张、匆忙的感觉——无论做什么都要迅速麻利,在陀思妥耶夫斯基的小说里,任何人都不需要"漫长的时间"。过度兴奋的主人公似乎总是催促时间,赶时间,折磨时间,反过来,时间不容思考,想不到未来的前途,一直在驱赶和折磨主人公。利哈乔夫准确地指出了作品中人物对话的紊乱性,有些对话常常无头无尾,对话的意思含混不清,让人一时摸不到头脑,这些对话仿佛不是为了阅读,而是偷听来的,带有生活片段的偶然性(与此连带的是其可信性)。

广泛浏览十九世纪作家文集,比如谈到谜一样的作家、其价值尚未得到应有评价的列斯科夫,利哈乔夫竟然有这样的发现:"形式的羞涩赋予作品以现实感"——也就是说,描述看上去有些笨拙,讲故事的人略显拘谨,却让读者产生更加真实可信的感觉。

那个时期"时髦的阅读"被称为"纯文学阅读",与此相对立,利哈乔夫提出了他的主张,叫做"具体深入的文学阅读"。"纯文学阅读"源自时髦的口号:"为艺术而艺术。"提倡审视每一行诗的"纯价值",不要任何附加的因素,比如:作者的生平履历(英雄式的传记或者悲剧性的遭遇),与生活的相似性(无论如何无助于提高文本的价值),创作时代背景(没有必要考虑,原因是这种做法与文本的"纯美"无关,既不能使它增加,也不会使它减少)。难怪这些"纯艺术派理论家"要用一个"没有任何感情色彩的"的词"文本",来取代诗歌术语"长诗"、"叙事谣曲",甚至不再使用作品"片段"这样的词句。既然这样,那么品评文本有什么样的标准呢?他们提出了一套没有多少使用价值的方法。

针对"纯文学阅读",利哈乔夫提倡具体深入的阅读,这种方法立足于现实与文学接壤的边界。文本,最好说诗行,诗行越优美,那么它"散发"出来的气息就越多,从中能感受到时代、生活以及环境等方面的信息。这是利哈乔夫的观点,对此我们不能不认同。利哈乔夫问,为什么下列诗行引发我们的感动呢?

大自然等待,等待冬天①。
直等到一月才下雪。
初二深夜雪花飘落。

利哈乔夫解释说,因为这些诗行里隐藏着一个秘密,那就是我们所有的人天生有农民的情怀,害怕歉收:如果长时间不下雪,冬天土地干旱,就会面临饥荒的威胁。

利哈乔夫又问,"他的马,嗅到了雪的气息②……"这诗句有什么含义呢?它是凭借什么样的附加信息和有说服力的精确性引起我们的感动呢?尽管我们早就遗忘了答案。利哈乔夫解释说,熟悉马的人们,马匹饲养员、农民、骑兵,都知道这样一个秘密:原来马的视力较弱,它们更依赖敏锐

---

① 此处引用的诗行,出自普希金诗体小说《叶甫盖尼·奥涅金》第五章,第一节。——译者注
② 此处引用的诗行,出自普希金诗体小说《叶甫盖尼·奥涅金》第五章,第二节。——译者注

的嗅觉。因此,"嗅到了雪的气息"这行诗让我们知道了马的真实习性,因而受到感动。这种潜藏的秘密总是让诗行变得更丰富、更神奇,因而更有吸引力。利哈乔夫的这种理论回荡着大学期间学习钻研的回声,那时候著名教授列夫·弗拉基米罗维奇·谢尔巴为大学生开设学术讲座,其中的《慢读讲座》要求学生对一行诗反复品读,尽最大努力理解其中蕴含的所有隐秘。比如,读长诗《铜骑士》,长时间研究"难以抵挡它们的雨暴风狂",他们力图弄明白"它们:这个词指的是什么,这一行当中还有什么第二层和第三层的潜在涵义"。

不知多少次被人嘲讽为因循守旧,但利哈乔夫从不畏惧,他守护着经典文学,展示她的美,她的灵魂,不让她枯萎、消亡,使那些当时很时髦的理论家"相形见绌"。

利哈乔夫保护的不仅仅是文学。二十世纪六十年代,忽然掀起了一阵剧烈的浪潮——让旧涅瓦大街改换新装,这让当权者感到不知所措,这一次却受到广大民众的热烈支持。我还记得,那是一次很大的风潮。但是很多人认为,破旧的涅瓦大街经过"新的装扮"一定会变得漂亮。当时的设想是把大街的第一层全部改装,做成一连串的展览橱窗,所有这些地点一律交给餐厅、咖啡馆。这个主意得到了很多名人的支持,城市里最有名的画家、建筑师、工艺设计师都拍手叫好……在那个年代,"工艺设计"这个词成了最受欢迎的词,它把建筑学、政治学之类的术语驱逐到一边……人们厌恶了那些词汇!工艺设计!啊,这才是灵丹妙药!它能拯救和美化我们生活!我还记得,我们怎么样把老奶奶用惯的橡木桌子、铜吊灯扔出门外,那些东西笨重又讨厌;我们兴奋得浑身颤抖,把好看的塑料壁灯安装起来,那是直接从塔林运过来的!工艺设计!我们使用的也是从塔林运来的陶瓷杯子喝咖啡,骄傲地把杯子在"杂志"桌上,弄得细如蛛丝的桌子腿颤动不已……这就是新生活!我们要跟陈旧的事物一刀两断!已经有几家新餐厅在涅瓦大街开始营业了——比如现在已经消失得无影无踪的"涅瓦"餐厅,当时可谓时髦得不得了。我记得,那餐厅甚至画出了它的标志。一面墙——全是黑色,中间一道是红色!完了!很美!我还记得,我的朋友,工艺设计师阿尔卡尼亚,兴奋地搓着手说:"该有多少工作等着做啊!整条涅瓦大街需要美化!" 当时还要招聘美术工作者为餐厅绘画……结果也很出色!于是许多画家欢呼雀跃——他们的绘画作品终于找到张贴的墙壁!突然之间,利哈乔夫——就像是哈姆雷特父亲的幽灵一样出现了。

格拉宁回忆说:"六十年代出现了改装涅瓦大街的主张。我记得这件事让利哈乔夫很生气。我和他一起参加了建筑美术委员会会议。装修美化方案大体已经决定。所有楼房的第一层统统修建格式统一的橱窗,形成一个与众不同的空间,改造成一段步行街区。大规模的设计方案会给我们的建筑设计师和城市领导官员带来荣耀,他们想流芳百世,声名远扬。这样就引起了争论。

"德米特里·谢尔盖耶维奇发了言。他论证了改建涅瓦大街将对整个列宁格勒,甚至整个俄罗斯的文化带来毁灭性的巨大损失。如果能找到这篇讲话稿,我真想把它张贴在建筑管理局的办公室。我们都支持利哈乔夫,他的讲话起到了决定性的作用。涅瓦大街得救了,首先要感谢利哈乔夫。"

二十世纪七十年代,经常听人们说,要在朝向"空阔海域"的涅瓦河岸上修建一座"列宁格勒"宾馆,利哈乔夫在报刊上发表文章公开反对建造这样的宾馆。据说利哈乔夫的女婿,建筑师尤里·库尔巴托夫参加了这座宾馆的建筑设计,因此翁婿之间关系弄僵了。即便这样利哈乔夫也不改变他的态度!事情已经过去了几十年,为了弄清真相,我不得不去拜访库尔巴托夫本人,了解这件事的来龙去脉。

尤里·伊万诺维奇已经鬓发斑白,他是令人敬重的建筑学博士、教授,俄罗斯建筑科学院和莫斯科国际建筑科学院双重通讯院士。一开始,他对我的态度很严肃,看来怀疑我是"黄色小报"的密探,不过,当我谈起我对利哈乔夫的了解,说起我满怀兴趣读了他女儿季娜写的回忆录《我们的遗产》,他严厉的神情开始融化了。

"很多人到处探听别人的负面新闻，"尤里·库尔巴托夫说道，"然后再出卖他！不过，我对德米特里·谢尔盖耶维奇的回忆，只有光明磊落的一面。对于我来说，最大的幸运是——融入了这个家庭！因为我所热爱的建筑学——是语言学的继续，是思想的产物！没有思想——就没有引人关注的建筑：思想衰落立刻涉及生活的各个方面。置身于这样的家庭，语言、文学的高雅，思想的深邃，无形中把我的工作提高到一个新的层次。德米特里·谢尔盖耶维奇给予我这一生的影响，我难以用语言来形容。我努力保持一定的水准，同时力所能及地为他做些有益的事——他在写《园林诗学》的过程中，我能为他尽点力，为此感到欣慰……说到建筑'列宁格勒'宾馆那件事……我想指出，谢尔盖·鲍里索维奇·斯佩朗维奇拥有'苏联人民建筑师'的称号，我在他的建筑设计工作室工作，那里不仅是年轻建筑师向往的地方，很多有经验的建筑师也渴望到那里上班。在那个强力推行模式化建筑的时代，这个建筑设计室是为数不多的一个，敢于对抗模式建筑设计，提倡艺术的、精英设计理念——当然，'列宁格勒'宾馆的设计就属于这样的设计。这座宾馆修建在那么显耀的位置，在涅瓦河拐弯处，因而受到了高度关注，投入了优秀的设计力量。但是，经过多次征求意见，反复做修改之后，最后确定了设计方案，宾馆的外形仍然显得有点笨重，他的长方形直线条跟涅瓦河拐弯的弧线显得并不协调，再加上它的高度有42米，过于庞大。不过，我们尽了最大努力，想在内部和环境设计方面有所弥补：比如，小花园进入餐厅的道路，我就设计成了弯曲倾斜的小路。"

"我记得！"我立刻活跃起来，"我不止一次走过那条弯曲的小路！旁边正好有个酒吧！有一次我就是从那里被带到局子里去的！"

"原来有这么回事，"等我的兴奋劲儿稍微平息下来，他接着说道，"有一天早晨，我的同事科里亚·卡明斯基，他也参加了宾馆的设计，他是城市总设计师卡明斯基的儿子，像往常一样，上班时总带来一张新报纸。不能说他是个痴迷工作的人，每天总是看报纸看很长时间……得啦，人家是城市总建筑师的儿子嘛！总体说来，是个好人。不料他突然生气地大声说：

'哼，这些坏院士到处议论，把我们的设计方案说得一无是处！'我瞅了一眼那张报纸，看见文章下面署名是——德·谢·利哈乔夫。他知道我在什么地方工作，但这些无论如何不可能阻止他写文章……对他来说，真理远比家庭关系更重要。"

"是吗？"我问库尔巴托夫，"那您该怎么处理这件事呢？这是不是太过分了？我看，对于您说来实在是太尴尬了。"

"……当然啦，几乎都要晕倒了。我在那里坐了一会儿，头脑恢复了清醒的意识。我觉得单位里大概都不知道我是什么人的女婿……也许，能应付过去？不过，思来想去，我还是站起来去见斯佩朗斯基。我的原则是——做什么事都要诚实。'你知道，'我对斯佩朗斯基说，'有关我们的设计方案，报纸上发表了一篇具有毁灭性的文章……说我们破坏了涅瓦河的整个前景。''是的，这件事我听说了，'他平静地说道，'有什么事吗？''问题是这篇文章的作者利哈乔夫院士——他是我岳父。'斯佩朗斯基为人聪明，很有教养。而且反应很机敏。'那又怎么样？'他立刻说，'您去继续工作吧。'"

"您跟斯佩朗斯基的关系是不是因为这件事弄僵了呢？"

"没有弄僵。实际上情况恰恰相反。在这件事之前，他对待我跟对待其他同事没有什么区别，这件事之后，忽然开始跟我交往，甚至派我去有意思的地方出差，大概他是觉得我为人比较诚实可靠吧……"

"那么，德米特里·谢尔盖耶维奇为什么会反对呢？是不喜欢那种建筑形式？是不是觉得过于单调？""哦，不完全是这样。很多人对他有误解，以为他是旧制度的拥护者，更喜欢古典主义风格。他在迈伊学校读书的时候，有个美术老师很优秀，对他很有影响，按照当时流行的说法，未来的建筑物——是最初一些几何图形的相互交叉。"

"是立体主义？"

"是结构主义。因此，利哈乔夫喜欢新的建筑。他有一次去国外出差，还给我带回来了克比尤捷的建筑画册。不过，就这件事而论，他在很多方面持反对意见。当时正好社会舆论倾向保存历史遗产，而要修建宾馆不得不拆除外科医生比罗果夫有历史价值的房子。利哈乔夫反对这样做。除此之外，宾馆的高度超过42米，也是他不能接受的一个理由。他在文章中写道，这个区域已经有了一座高楼——交易所大楼，出现第二座高楼就会破坏城市的和谐。总体而言——他的看法是正确的。

"在家里处境怎么样？这件事以后您跟德米特里·谢尔盖耶维奇……还能一起喝茶吗？"

"跟从前一样——非常和谐。谁也不提建筑宾馆那件事。当然——我会向维拉诉说自己的烦恼……不过，有什么办法呢？在他看来，社会利益总是高于个人得失！我在接受采访的时候，常常提到这一点……"

"那您能不能说说怎么看待涅瓦大街的改建？"我问尤里·库尔巴托夫。有一次我接触到建筑界的人，谈话间了解到这件事也牵涉到德米特里·谢尔盖耶维奇。

"他同样持否定态度。那时候我刚好从维尔纽斯回来。那里有很多见解新颖的建筑师。新建的楼房很漂亮，一条繁华的老街道一层楼的内部装修都进行了改建。但是我不喜欢。回来后发现——涅瓦大街和利捷伊内大街拐角处著名的'塞贡'咖啡馆刚刚开始营业。内部装修焕然一新。墙上——画着几只公鸡。那时候我写了一篇文章发表在《列宁格勒真理报》，题目是《涅瓦大街需要公鸡吗？》。当时恰巧德国几个记者来访，他们见到《列宁格勒真理报》主编库尔德宁时说，你们只按照你们党的指令写稿子。库尔德宁立刻把我的文章拿给他们看，他说：'看吧，领导支持涅瓦大街改建，而我们刊登文章表示反对！'这样我和德米特里·谢尔盖耶维奇各自行动，却保持了方向的一致。而他在城市建筑委员会上反对涅瓦大街改建的发言获得了热烈的掌声。

"……的确，他不仅阻止了为所欲为破坏传统的当权者，也给那些狂妄大胆的艺术家泼了冷水……涅瓦大街保留了原貌：沿街楼房的正面虽有些磨损破旧，却显得庄严大气。"

利哈乔夫在城市里和在国家所起的作用——逐日增长。很多人对他产生了敬畏心理，开始听取他的意见，尽管并非所有的人都喜欢他。他迫不得已，不得不跟当权者进行斗争，有的时候，某些"新的声音"也引发他的不满。

哈萨克斯坦诗人奥尔扎斯·苏列伊梅诺夫当时还很年轻，胆子大，有才华，他的诗歌受到热烈欢迎，利哈乔夫跟他的争辩格外引人注目，也有很大风险（在"社会精英"的心目中，利哈乔夫拥有至高无上的威望）。苏列伊梅诺夫的诗歌，像火焰一样，点燃了读者狂热的激情。他尤其喜欢在既有封建传统，又是党所领导的哈萨克斯坦"煽风点火"，我们以为那里早就被厚厚的尘土层掩埋了，不会有任何动静。不料，突然之间，燃起了熊熊烈火！我记得，我们怀着兴奋的心情摘引他《建设者又在"建设"》这首诗中闪光的狂放诗句……

想象中——坐上了三套车。

……然后像往常一样争斗。

诗句凭记忆引用——不想去翻动蒙着尘土的档案资料……哈萨克斯坦的文艺复兴——在我们看来标志性的人物就是奥尔扎斯·苏列伊梅诺夫！他出版了又一本充满豪情的诗集《阿兹和我》，在诸多狂放不羁的诗行里，突然冒出了个奇怪的想法，他认为《伊戈尔远征记》的根源可以追溯到突厥族的传说。利哈乔夫不能容忍这样的"信口开河"，即便苏列伊梅诺夫是诗坛的"明星"。利哈乔夫写了严肃的批评文章——而且发表在党报《真理报》上。他以扎实的论据粉碎了苏列伊梅诺夫列举的所有理由。当然，利哈乔夫并没有涉及诗人的民族主义观点，但是其他的批评者对此则大加指责。奥尔扎斯很长时间里被贴上"资产阶级民族主义"这个标签，整整十七年被禁止发表作品。不过，他的名声并没有被人忘记，他熬过了艰难的贬黜岁月，重归文坛，受到热烈欢迎。有一次接受采访时他说，他敬重利哈乔夫和他的立场，无论如何，不认为他是"迫害的组织者"，尽管他也认为利哈乔夫这件事做得很大胆。利哈乔夫"斥责"苏列伊梅诺夫,其实也冒着风险,在那个风云变幻的时代,很容易被人贴上"反动分子"、"破坏自由"的标签,而且标签一旦贴到身上,就会贴很久很久。但是利哈乔夫坚持个人见解,绝不退让。他既不倾向"右",也不偏向"左",一贯独立思考。他是一个捍卫者!……但他捍卫的是思想,而不是某些人。在他看来,思想总是更崇高。

然而,当某些具体的人所作所为符合了利哈乔夫的思想——那么他对他们的支持是非常积极的。"压制者"、"迫害者"的帽子无论如何扣不到他的头顶上。他支持新文学,甚至挽救新文学,为此不遗余力,做了很多事情!……不过,他做的都是确实符合他的心意,决不受"时髦潮流"的左右。在许多大人物当中,人们之所以爱戴利哈乔夫,原因很简单:其他大人物都像"青铜铸造的",已经不流露任何情感,而利哈乔夫还有很多爱好,其中包括真正的文学,并且尽力维护它。

也许利哈乔夫在生气的时候"教训了"杰出的诗人苏列伊梅诺夫,可是得到他支持的诗人更多,有时候,他还要冒着风险!彼得堡卓越的诗人维克多·索斯诺拉正是得到了他的喜爱和无私的提携才获得了巨大的荣耀。这位诗人桀骜不驯,他不为群众写作,更不为"领导"唱赞歌,要欣赏他的诗必须具备细腻的文学听觉和敏感的心灵,而所有这些条件利哈乔夫无不具备,这跟很多身居高位却自我封闭的名人有显著的区别。利哈乔夫发现,索斯诺拉性格孤傲,决不受人驱使操控,敢作敢当,跟我们那个年代的很多人相仿,喝起酒来忘乎所以,经常话不投机就动手跟人打架斗殴。尽管索斯诺拉的写诗风格和生活方式令人惊诧,"古板"、"清高"的利哈乔夫还是欣赏他,因为他认为——文学高于一切。他不仅了解,而且"用心体验"文学史,他不可能不知道,真正的艺术作品往往处于"边界"地带,处于风险之中,因而需要救赎。受到当权者"怀疑"的索斯诺拉就得到了他的救助。当然,利哈乔夫特别欣赏索斯诺拉是因为起初他模仿"古代斯拉夫诗歌"进行创作。索斯诺拉的第一本诗集《众骑手》出版于1961年,序言出自利哈乔夫的手笔，没有这篇序言，这本诗集就难以问世。

> 我是骑手。我是战士。我是原野的唯一。
> 我是自由的游牧王国的最后一人。
> 我是骑手。我是战士。我迎接日出，
> 转身看初升的太阳，鬓角带着欢欣。
> 我是骑手。我是经历各个朝代的战士。
> 我皮带的左侧披着盛美酒的皮囊，
> 我左肩膀上站着瞌睡的猫头鹰，
> 而古老的马镫发出嗡嗡的响声。
> 我是欢乐大地的一名骑手，
> 但是我不以士兵的后代为荣。

我还记得索斯诺拉的诗歌刊登在《星火》周刊上，印数达上百万册，当时流传甚广，特别受欢迎。能够上《星火》周刊，就意味着名扬全国。索斯诺拉果然成了名人。当然，这得感谢利哈乔夫撰写的序言，不然难以得到这样的地位。我还记得《星火》周刊闪光的页面，《鲍扬的歌谣》以其欢快的乐感让我惊讶。当然，现在可以到落满灰尘的书架上去翻找那本杂志，也可以在因特网上去查阅那些诗行。但那不过是为了唤醒往昔的记忆。重要的是，那些诗句已经铭刻在心，至今记忆犹新（即便有某些小小的出入）。

> 弹起来吧，弹起来，
> 歌唱后山的战士，
> 唱小路弯弯曲曲，
> 把伤员引向山冈。

传说与神话故事，经过他的手会发出水晶般的响声，演奏出带野性的曲调（不排除马雅可夫斯基、赫列勃尼科夫、布尔留克的影响）：

> 阿廖努什卡,
> 是否难过?
> 伊万努什卡,
> 遭遇偷窃?
> 哎,数不清的琴弦,
> 弹起来吧,弹起来!

结尾的诗句是:

> 变卖那些修道院,
> 抢劫那些教堂,
> 放肆地践踏神幡,
> 弹起来吧,弹起来!
> 在双层的绒毛褥子上
> 陶醉于我们的身长!
> 就这样守着灰烬
> 人们都呜呜哭泣,
> 诗人们——故作疯狂。

索斯诺拉经历了暴风雨一般的生活——这对于诗人没有什么损害,少年时期他到了库班,参加了游击队,跟游击队员一起在渔船上躲避,这些经历他都巧妙地写进了诗歌:

> 法西斯威严地点着头,
> 我们游击队员纷纷跌倒!

结尾处好像是这样:

> 没了顿河,也没了库班……

索斯诺拉总是与众不同。那时候有些地质学家成了诗人,后来语文学家也开始写诗,索斯诺拉退伍以后进了工厂,古怪的行径使得他从普通人当中脱颖而出,成了俄罗斯有名的诗人,甚至外国人也成群结队地去拜访这位"天才的钳工"。

后来有很长时间,莫斯科有些诗人出尽了风头,比如阿赫玛杜琳娜、沃兹涅先斯基、叶夫图申科,他们的光辉遮掩了索斯诺拉的名望。他和莫斯科的那些诗人,尤其是阿赫玛杜琳娜成了好朋友,他们都很赞赏索斯诺拉,可是索斯诺拉没有他们那种轰动一时的声望。他对于"巡回演出式"的朗诵不感兴趣,更喜欢平静仔细地在推敲词句上下功夫。叶夫图申科在献给他的一首诗中唯一的一次提出了善意的批评:

为什么你走向人群,

而不走向大海?

索斯诺拉从来没有脱离过词汇的"大海"(为什么呢?),在词语的海洋中一直能发现新的潮流和纵深。原来这"声音的技巧"比任何时尚都更加持久。索斯诺拉远离了很多诗人所走的狭窄的文学道路,可是利哈乔夫选择的恰恰是他,而这种选择绝对没有错。索斯诺拉——留了下来。现在很多从事创作的年轻人推崇他,把他看作偶像和典范,不受酸碱侵蚀的"宝贵金币"。如今他的声音已经有些喑哑了,不过,他一点儿也不灰心丧气,他为自己的创作感到幸福,他的诗句任何时候、任何人都不可替代。

……雪橇,

雪橇,

雪橇,

雪橇,

雪橇,

俄罗斯人前仆后继坚持不懈地勇于进攻。

索斯诺拉是属于世纪的主要诗人之一,甚至莉莉娅·布里克都喜欢他!……而把他推向社会的则是——利哈乔夫。但不能说利哈乔夫追求时髦,一定要置身于"潮流当中"。他欣赏的另一个诗人是有名的亚历山大·库什涅尔,这位诗人音韵严谨,有真情实感,也曾得到利哈乔夫不少帮助。

利哈乔夫做了很多好事。即便曾几何时有什么人对他有所抱怨,但总体而言,他做的好事经得起检验。

秘密文件夹

利哈乔夫有许多在办公室拍摄的照片，我们可以看到他的桌子上、旁边的柜子里、椅子和凳子上，总是堆积、摆放着各种各样的文件夹。每个文件夹里——都包含着生命的片段：喜欢的或者不太喜欢的，极力想挣脱出来的，或者暂时瞌睡的……这些文件夹里的秘密，只有他一个人知道，只有他能感觉到应该把手伸向哪一个，哪一个文件夹还需要耐心等待，在打开之前需要保守机密。有一个文件夹，在他生前一直没有公开过其中的内容，尽管他不断地增添其中的篇章。即便临终时刻，也没有提到它——看来他不好意思开口。不过，大概他还是希望有人能够打开这个文件夹。或许——这样的文件夹不止一个？要知道利哈乔夫的档案资料至今尚未全部清理，许多文件、许多文件夹里的资料尚未被全部阅读——这也让人们依然保持着对利哈乔夫永不熄灭的兴趣：万一在他的卷宗里有什么重要的发现呢？！这位无可挑剔的院士，顽强地忍受了那么多的坎坷、迫害，坚定不移地走自己选择的道路，那些文件夹里会不会有什么资料，突然间为他的画像再补充些色彩呢？

确实有所补充！这位院士堪称典范，他的画像无可挑剔（许多人认为他就是这样完美的人），但文件夹补充了隐秘的故事，利哈乔夫经历的内心痛苦，显然他不想公开这样的感受，认为这些多余情绪会妨碍主要的工作。不过，最终还是——公开了。只不过是在他去世后……别墅出售了，一部分文件夹捐给了科马罗沃图书馆。研究艺术史的学者伊丽娜·斯涅高娃娅以前在普希金之家工作，现在研究科马罗沃地区史，忽而有一天给季娜·库尔巴托娃带来了一个文件夹，那是她整理利哈乔夫文件夹时发现的，上面有利哈乔夫亲笔写的词句："留给季娜和她的孩子们。"显然，这里指的是他的外孙女季娜。她开始阅读文件里的手稿……眼前展开了一个完整的世界！季娜知道很多事情，也猜得出很多隐含的内容，但是，很多文字仍然让她读得痴迷。以前她觉得，外祖父除了学术研究，对什么都不感兴趣，有时候甚至过于严肃地推脱各种各样的家务事，常常说："不要妨碍工作！"对他说来，工作——即便不是唯一的，也是最重要的。德米特里·谢尔盖耶维奇就像一个美观的老式书柜，里面有很多分门别类的小抽屉，装的都是跟工作有关的材料，所有其他的东西，只能等待时机，等有空的时候再来整理，显然那一天只有等他去世以后才会到来。到时候就可以说：你们随便看吧！这个文件夹包含利哈乔夫充满了痛苦的生活，严格自律的他不允许自己把那些痛苦吐露出来。这是他的另一种生活，不便公开的家庭生活，就其矛盾冲突的紧张性而言，一点儿也不亚于外在的、大家都能看到的生活。现在这些情感不能左右他的心理平衡，不影响他准备定期举办的学术讲座或者重要的会见，他终于可以松口说："好吧！你们看吧！"以前他把博大的心隐藏起来，埋头工作，似乎痛苦不会扰乱他的心。他的心事从不向任何人透露，就像隐藏这个文件夹一样，只有等他去世以后，文件夹才可以打开。他那著名的《回忆录》结尾写到他从服苦役的集中营回来，进入普希金之家工作，后面还有《我们怎么样从围困中活下来》。在那以后，利哈乔夫仿佛没有私人生活。接下来——只有一部又一部的学术著作。利哈乔夫断定，正是靠这些才能处于社会关注的中心。所有其他的事情——都潜藏在阴影里。现在忽然间出现了这样的手稿！……看吧，利哈乔夫牢记在心的一切是那么清晰，他所经历的一切总让他激动不已!……根本想象不到有什么能把他的注意力从最重要的事情——著书立说——吸引开。一个刺激因素,最重要的刺激因素——是女儿维拉悲剧性的遭遇……不仅仅是因为她死于车祸,更主要的是她的命运!

他从很早以前的事件写起,先写两个女儿的出生(这一部分资料我用在了《归来》一节,那一节都跟家庭有关)。在这个秘密的文件夹里让利哈乔夫最震撼、最痛心的是他女儿维拉遭遇车祸死亡的悲剧。

……根据利哈乔夫的回忆,维拉跟她的孪生妹妹不同,她的性格更加活泼,好动。

中学毕业后,两个女儿都想学习艺术。看起来这没有什么不妥。于是拿定了主意,维拉上美术学院学习艺术,米拉则进入列宁格勒大学学习。

等到维拉需要挑选专业的时候,利哈乔夫在索洛韦茨基岛期间认识的好朋友卡尔里斯托夫出主意,让她选与拜占庭有关的课题,因为这个题目跟古代罗斯有关,这对利哈乔夫一家说来很重要,进一步说,这也是进入文艺复兴时代的一个入口。维拉学习所有的课程都尽心尽力,为了更好地钻研拜占庭,除了在美术学院听课,她还去列宁格勒大学选修希腊语。

维拉在美术学院学习成绩优秀,等到了需要找工作的时候,卡尔里斯托夫建议她去埃尔米塔什博物馆。

阿丽萨·弗拉基米罗夫娜·邦克是拜占庭和近东部主管。卡尔里斯托夫说:"只有她一个人,已经上了年纪,肯定需要人帮忙。"

利哈乔夫找另一个熟人商量,他姓安齐费罗夫,也在索洛韦茨基岛坐过牢,阿丽萨·邦克一度是他的学生。"她人品怎么样?"利哈乔夫问。"我已经原谅她了!"安齐费罗夫含糊其辞地回答,至于有什么不愉快的经历,他不愿意详谈。

米哈伊尔·瓦西里耶维奇·多勃拉斯克朗斯基是科学院外国艺术研究室主任,他了解维拉学习拜占庭艺术史成绩优秀,对维拉去埃尔米塔什博物馆的计划,也没有表示明确的支持。看来这里存在某种风险,可是谁也不想大声说出来。如果利哈乔夫不是这么积极地关注女儿的前途,或许维拉本人会感受到某种阻力，因而会选择另外的道路。但是，既然德米特里·谢尔盖耶维奇自己想这样做——那就没有讨论的余地了。等维拉去拜占庭展览部实习的时候，她才发现那里的秩序非常混乱，这让她感到吃惊。不过，未来工作的困难并没有吓倒她。埃尔米塔什博物馆馆长阿尔塔莫诺夫安排维拉先做解说导游员，然后做出了决定，让她在拜占庭展览部工作，领取研究生的薪酬。做出这个决定的时候，邦克正在休假。原来这样做并非偶然：阿丽萨·弗拉基米罗夫娜是个贪恋权力的女人，她不喜欢别人暗示她的年龄，根本不想要任何助手，似乎要来的助手将要替换她的位置。她一回来——冲突就开始了。阿丽萨·弗拉基米罗夫娜逢人就说："利哈乔夫的女儿缺少才能，可是无所不能的爸爸把她塞到了这里来！"这让利哈乔夫很痛苦。他明白了，他的名声能帮助女儿——同时也严重地妨碍她。无论她干得多么出色，心怀叵测的人们依然窃窃私语："利哈乔夫的女儿！"利哈乔夫意识到，这是那些嫉妒的人在寻找机会进行报复："哦！又高升了！"简直没办法躲避这样的流言蜚语。这就是荣誉的另一面——不敢触犯他，就冲他女儿下手。

要知道，维拉工作格外努力，她做的事情很多！……她这样干有何目的？工会委员会组织去英国度假，维拉很想去。邦克拒绝给她良好的鉴定，借口是："她不参加社会工作。"尽管维拉为人善良、热情，不管谁请她帮忙，总是尽心尽力地去做。

论文答辩时间临近了。可是邦克根本就不想让博物馆拥有这样的专门人才，不想要这样的副博士。她突然邀请利哈乔夫来埃尔米塔什"谈谈心"。他们坐在小荷兰人厅，阿丽萨·弗拉基米罗夫娜开始向利哈乔夫抱怨，说他女儿不具备研究才能，不善于思考，甚至笨拙到找不出相互关联的各个现象之间的关系。她对维拉的指责滔滔不绝。可利哈乔夫也是有备而来，他坚决有力地驳斥了邦克的种种责备，逐一回击，说完站起身来，立刻就离开了。

阿丽萨·弗拉基米罗夫娜对于维拉在拜占庭部副博士论文预答辩做了

精心的准备，同时预约了参与答辩发言的评委。米·谢·拉扎廖夫教授的批评格外激烈。预答辩失败了。

德米特里·谢尔盖耶维奇想方设法安慰伤心的女儿，经过商量，他们想出了走出困境的办法：论文答辩不在埃尔米塔什博物馆，改到美术学院进行，那里的教师喜欢维拉。论文正式答辩那一天，阿丽萨·邦克带着人数众多的"援助团"赶来了，她准备扰乱这次答辩。可是，这里并非属于她的王国！主持答辩的是美术学院副院长伊·亚·巴尔捷涅夫。他立刻向邦克宣布，她不能发言，因为按规定禁止学位申请人的导师谈论答辩者的论文，而起初维拉的导师是阿丽萨·弗拉基米罗夫娜。

答辩进行得很顺利。但是邦克几乎发动了东方部所有的人，他们写信寄往莫斯科，寄给学位评审最高委员会（高评委），所有的论文都要经过那里的认定。拉扎廖夫教授还以个人名义写了一封信。

在这之前不久，维拉嫁给了尤里·伊万诺维奇·库尔巴托夫，他们的女儿季娜刚刚出生。维拉带着吃奶的季娜来到高评委，陪她来莫斯科的还有另一个季娜——季娜伊达·亚历山大罗夫娜，德米特里·谢尔盖耶维奇的妻子，也就是维拉的妈妈。维拉被叫进办公室的时候，她把小季娜留下来，让季娜伊达·亚历山大罗夫娜抱着她。

维拉出色地回答了评委会提出的所有问题，有力地反驳了埃尔米塔什博物馆来信对她的指责。她证明了自己对学术研究的真才实学。评委对细节也不放过，维拉给予解释，有些句子被指出使用不准确，属于引文，出自其他作者的文章，其中包括拉扎廖夫教授。经过一番讨论，论文得到确认。维拉回到走廊，给婴儿喂奶。

利哈乔夫思念女儿维拉，写到她精力集中，聪明，性格坚强。他回想起他和维拉一起去基斯洛沃茨克，那时候维拉经历了种种折磨，得了胃溃疡，父女俩在疗养地长时间散步，交谈。

利哈乔夫跟维拉合写的书《古代罗斯艺术遗产与现代性》出版了。这是一本很好的著作——却又引来了冷嘲热讽："肯定是爸爸写的！"利哈乔夫再次感到烦恼：什么时候人们才能相信，著名学者有个天才的女儿呢？难道永远都不相信？

文学理论家亚历山大·鲁巴什金回忆说，有一次利哈乔夫当面问他说："莫非您也认为，书是我一个人写的？"

"不，"鲁巴什金回答说，"我想，有关文学的章节是您写的，有关美术的章节——出自您女儿的手笔！"

"太对了！"利哈乔夫很高兴。

维拉博士论文的答辩轻松多了——没有人怀疑论文的作者就是她，评委都相信她的才华，大家都明白，所有的研究都是她自己做的，并且研究得很深入。她已经出版了好几本反响很好的著作，她讲课也很受学生欢迎。让人感到亲近的还有她的性格——谦和、宽容、富有同情心。

她的家庭生活也很和谐。维拉的丈夫尤拉·库尔巴托夫，是个建筑师，他挣的钱足够去法国旅游，并且在那里买了一辆汽车，不错，是我们国产"莫斯科人"牌的，这在当时也特别惹人羡慕！他们经常驾车出游，去过很多地方，比如在罗日杰斯特维诺村，他们看了纳博科夫原先的房子，维拉很喜欢那栋楼房。恰巧在那个时候，经过了长时期的中断，又开始出版帕斯捷尔纳克、茨维塔耶娃、曼德尔斯坦姆等诗人的作品。维拉经常阅读他们的诗歌，很多都能背诵。

利哈乔夫记得，有一次他们去诺夫哥罗德，维拉成了出色的导游，她的讲解生动、简练、准确，没有一句多余的话。平常她不太爱说话，不能容忍打电话聊天，有事直接说事。她待人特别有分寸感。利哈乔夫在那个文件夹里写了很多这方面的事，比如，当他跟他的老师弗拉基米尔·叶夫盖尼耶维奇·叶夫盖尼耶夫—马克西莫夫关系弄僵了的时候，只有维拉善于从中调解，让他们重归于好。叶夫盖尼耶夫—马克西莫夫教授上了年纪，忽然对利哈乔夫非常冷淡，似乎嫉妒他的成就，甚至嫉妒他出国讲学。叶夫盖尼耶夫—马克西莫夫从来没有到国外去过。有一天利哈乔夫把自己的困惑讲给女儿维拉，让她帮着想个办法，维拉很容易就做出了安排，一点儿也不仓促，仿佛是自然而然发生的一样。维拉刚从英国回来，她在那里认识了叶夫盖尼耶夫—马克西莫夫教授的一个学生吉柯·帕伊曼，她跟教授讲到了这个学生，说她能约请叶夫盖尼耶夫—马克西莫夫去英国做客。那天傍晚奇迹出现了，教授感到高兴了，他跟利哈乔夫的关系变得和缓多了。有些话说出来会引起嫉妒心，比如：叶夫盖尼耶夫—马克西莫夫过去取得了那么大的成就，却从来没有到国外去过。类似这样的说法，维拉绝不会说出口来，她随时随地都注意分寸。

利哈乔夫一直记着，维拉布置餐桌总是又麻利又漂亮，她特别善于找到每个客人感兴趣的话题，客人们走的时候都高高兴兴。她总是衣着整洁，精力充沛，总有明确的目标——能做很多事情……好像她有预感，留给她的岁月不多了。

有一天语文学教授维克多·安德罗尼科维奇·马努伊洛夫偶然顺路来做客，他对看手相十分痴迷，他预测维拉短命。维拉听了，脸色变得煞白。马努伊洛夫忽然醒悟过来说走了嘴，连忙解释安慰，让维拉不要当真……

维拉的死亡初看起来显得既荒谬又偶然，可实际上一切都有其神秘的必然性，俗话说，性格决定命运，性格引发希望——性格也预兆未来。出了车祸以后，人们才回想起某些命运的先兆。德米特里·谢尔盖耶维奇忽然想起来，有一天他乘坐电车，一个男孩子的两条腿忽然碰到了电车的轮子，跌倒在地上，被活活轧死了。从那个时候开始，"交通问题"时刻引起利哈乔夫的惊恐。维拉从小时候起，就常常冒险，比如离开保姆，自己过马路。他们家搬到巴斯克夫巷以后，去原来的学校上课，要乘电车经过萨尔蒂科夫-谢德林大街，利哈乔夫每天都提心吊胆。他在这本文件夹里以焦虑的心情写道，只有等他百年之后，这个文件夹才允许给人"阅读"……他们想方设法在附近找了一所学校，就坐落在马雅可夫斯基大街上。不料，维拉不愿意到新学校上课，她跪在地上，向父母哀求，还想在原来的学校读书。

等到她出嫁以后，她的丈夫有了辆汽车，起初是"莫斯科人"牌的，后来是"日古里"牌。利哈乔夫很紧张,他嘱咐尤拉开车一定要多加小心(维拉也开车!)。利哈乔夫写道:"有一次栏杆砸在车顶上,非常可怕!"

"虽然维拉一辈子很能干、很严谨,"利哈乔夫回忆说,"可是她做事很匆忙,似乎意识到了她的寿命是有限的,她写研究文章,写学位论文,去国外出差,都显得那么匆忙。她做的事可真不少!我和她妈妈沿着伏尔加河旅行,几乎每个博物馆里都有维拉的学生,他们说到她都满怀敬重与感激。

维拉在家里干活儿像自动机器一样——布置餐桌快,收拾餐具快,洗碗刷锅快。过复活节的时候,他们去舒瓦洛夫教堂,为他们的亲属扫墓,动手收拾的也是维拉……她死得让人惋惜——似乎想提前去父母的墓地。"

利哈乔夫全家人曾经住在靠近林业技术科学院公园,位于姆林斯基第二大道的一所住宅里,那里有个地方有座汽车库,出出进进的汽车很多。维拉就在那里遭遇了车祸,她绕过了停在人行道上的一辆货车,不料撞上了一辆快速行驶的小轿车。

"我总是替两个女儿担惊受怕,"利哈乔夫写道,"我教她们俩过马路的时候,一定先往左看,再往右看……维拉没有朝左边看,往右边看已经来不及了。"

维拉死了以后,利哈乔夫和他的老伴儿一块坐车出门……见到他们的人回忆说,他们坐车回到家门口,两个人下了车,互相搀扶着慢慢地走,已经是上了年纪的老人啦。

亚历山大·鲁巴什金回忆说,他的妹妹是护士,她丈夫是外科整形专家,他们住在那座楼房里,想带领利哈乔夫夫妇去看看整形后的维拉。利哈乔夫拒绝了,直到下葬,他都不敢看女儿的遗体。

利哈乔夫回忆道:"维拉和米拉(米拉也是艺术专业毕业,她在俄罗斯博物馆古代罗斯部工作——瓦·波按),由于她们俩都有关于博物馆方面的著作,经常带我们全家去博物馆参观,去吉塔耶娃故居,去帕甫洛夫斯克——去看服装展览、肖像画展、家具展……维拉和尤里·伊万诺维奇带着季娜去普希金山游览。"

利哈乔夫较早的一些笔记也值得回忆，他说："知识分子的修养是不易觉察的，是在谈话当中，在选择游览地点，在对所见所闻发表见解的时候逐渐培养的。"

利哈乔夫的同事，娜·费·德罗布林科娃在她的回忆录中写到，维拉的死亡是大家共同经历的悲伤：

"1981年9月11日德米特里·谢尔盖耶维奇的女儿与合作者，维拉·德米特里耶夫娜·利哈乔娃突然去世，这个不幸的消息让我们都感到震惊，利哈乔夫多年的精心栽培竟然悲剧性地结束了。维拉是被一辆汽车轧死的，那辆车突然拐了一个弯儿，好像有意在那里碰到她一样。这一年出版了她的第四本著作《四至十五世纪拜占庭的艺术》，书中附加了格·卡·瓦格涅尔写的悼词。

"维拉·德米特里耶夫娜被埋葬在科马罗沃墓地。头一天晚上有人告诉我，德米特里·谢尔盖耶维奇请我带着相机。不料那一天阴天，还下着蒙蒙细雨，墓地在树林里光线很暗，尽管我流着泪水把胶卷都拍完了，却没有一张底片是清晰可用的。不过，维拉永远活在我们的记忆当中。

"德米特里·谢尔盖耶维奇尽力保持平静，可是，当第一团泥土落在棺材盖上的时候，他忍不住长叹一声，然后迅速朝墓园门口走去……"

利哈乔夫依照俄罗斯北方十字架的样式亲手为维拉的坟墓画了十字架。他想做一个木制的十字架，如果放置一个大理石的十字架——还能感受到一丝温暖吗？！如果是木制十字架，以后亲吻十字架，仍然带有暖意！十字架上浇注一层蜡——下雨的时候，雨水会很快滑落……现在他们都相互依偎着躺在那里了。

利哈乔夫写在"秘密文件夹"里的札记是从维拉死亡和下葬以后开始的。

"……维拉下葬的时候下着雨。尽管雨水淋漓，一只大鸟却在人们头顶，在有些打开的雨伞上空飞来飞去。"

"……我在墓地上想念维拉的时候，飞来了几只蓝灰色的山雀……临去乌斯克耶（科学院疗养所所在地——瓦·波按）之前，我去了一趟墓地，大声呼喊维拉：'你听得见我说话吗？'——我求她帮助培育季娜契卡，让她成为一个幸福的好人。飞来了一只小鸟，轻轻地叫了三声，仿佛是冥冥中的回应。"

一旦利哈乔夫沉湎于幽思与幻想，往往就脱离了向来治学的严谨精神，任由自己观察到某些违背"科学"的现象：

"有一天我们的别墅来了个女人，维拉从小就认识她——忽然，有一只鸟儿扑闪着翅膀撞在我们卧室的窗玻璃上。但是没有掉在地上，它飞了一圈，又一次朝窗玻璃冲撞，摔在地上，躺在那里，却没有死。过了一会儿，又复活了。"

利哈乔夫敞开了他伤痛的、流血的心灵。利哈乔夫在这些札记中如此坦诚，甚至记述了他的梦境：

"……我和季娜坐在汽车里，忽然发现——不是季娜，而是维拉！"

……她的女儿季娜，确实很像妈妈！

下面是利哈乔夫的另一段札记：

"……1982年9月11日忌日梦见了维拉。'我们一块儿吃肉馅饼！'她说——但是不提'忌日'那个词……仿佛不愿意承认，她已经不在人世了……科马罗沃墓地开来了一辆大客车，里面全都是美术学院的教师……维拉的坟墓很庄严，伊戈尔·亚历山大洛维奇·巴尔杰涅夫对十字架（木制的）表示赞赏……准备了白菜馅馅饼、好吃的家做鲑鱼、鳗鱼、火鸡、鱼冻等食物。说起维拉，所有的人都交口称赞。强调她的教养、聪明、善于行动、光明磊落、温柔体贴、待人有礼貌，对年轻人对学生随和亲切。看到她的著作出版，文章发表，大家对她的严谨认真总是感到惊讶。人们佩服她竟然那样顽强、大胆、敢于进取，同时又善于保持一份平静的心态。她跟外国学者一直保持良好的关系，这说明了她作为女性的智慧、修养、善于自我控制以及知识分子的风度。在饮完忧伤的苦酒之后，到了该离开墓地的时候，大家说出的都是怀念和赞美维拉的话。说得最好的是——德米特里耶夫、尤兹巴施扬、格里夫妮娜、巴尔杰涅夫（全都表现出了贵族的涵养）。"

还有一则利哈乔夫的札记：

"今天5月2日。这一天维拉总是把椅子搬到花园里，哪怕地上还有积雪。她坐在椅子里，合上眼睛，晒太阳。当没有人看她的时候，她的面孔流露出委屈与疲惫。她的内心承受了多少痛苦啊！"

其实，德米特里·谢尔盖耶维奇本人也是这样。

……外孙女季娜成为继续书写利哈乔夫家庭历史故事的作者，这件事并不太"出乎意外"。利哈乔夫头脑睿智，目光深邃，看得很远，看来他把"秘密文件夹"留给外孙女季娜绝非偶然。季娜写的随笔札记明显受到了留给她的"秘密文件夹"的提示。正是她来继续书写利哈乔夫家庭生活的故事——她跟外祖父一样胸怀坦荡，目光锐利。

她小时候失去了妈妈，心里很难过。这场悲剧的可怕之处在于悲痛难以消除，它会延续到未来，给未来的岁月罩上阴影。擅长观察的作家丹尼尔·亚历山大洛维奇·格拉宁告诉我说："当我们听说了那场灾难，我和丽玛一起去看望利哈乔夫。德米特里·谢尔盖耶维奇一开始说不出话来。后来，他强忍住悲痛，开始诉说，说维拉有多么优秀：聪明，有才华，漂亮，说所有的人都喜欢她，尊重她。他说了很长时间——米拉忽然站起来，离开了房间。"

维拉的突然去世也打击了利哈乔夫的另一个女儿米拉。由于维拉遭遇车祸死亡，所有人的关注和爱都给了她，这让米拉感到委屈："她怎么啦？有什么了不起呀？"几个亲人说她觉得委屈最主要的原因是，德米特里·谢尔盖耶维奇更喜欢维拉，觉得她更有才华，学术上取得了更大的成就。其实，这不过是一种感觉罢了。维拉去世以后，米拉成了父亲生活中的支柱，各方面给予帮助，陪着他出国，经历挫折、艰难的时候都在他身边。不过，有些怨气似乎还留在心里。而这些怨气几乎都发泄在各方面特

161　别像妈妈的季娜身上。季娜的回忆录直到 2006 年利哈乔夫百年诞辰的时候才在《我们的遗产》杂志上发表。

季娜从小时候的回忆写起：写她和儿时的玩伴瓦夏在科马罗沃海湾沙滩上用沙土堆积城堡，瓦夏·康德拉齐耶夫的父亲是科学院院士。

季娜回想起外祖父年轻的时候，想起他很快活。即便谈论起索洛韦茨基集中营，他也很快乐的样子，看上去几乎就像在讲一个童话：囚犯们用白色的砖砌成了一头大象（СЛОН——索洛韦茨基特殊使命集中营四个词，开头四个字母凑在一起，就是"象"的意思），在大象的背上再用红砖排列成一个字母"У"——就代表管理处（Управление）。这样就构成了索洛韦茨基特殊使命集中营管理处（Управление СЛОНА）。那时候季娜觉得外祖父就像是个有趣的游戏，而索洛韦茨基集中营——可能跟少年儿童先锋队的夏令营差不多。

不过，她的回忆更重要的部分是记述时间更靠后的经历，那时候利哈乔夫一家人聚集在市郊绿树成荫的住宅里，在姆林斯基第二大道，旁边就是林业技术科学院公园。

曾经有人给利哈乔夫建议，鉴于他家里人口较多，希望他搬到瓦西里耶夫岛七条与沿河街拐角处的院士楼去住，那里的老式住宅很有名，墙上还悬挂着纪念板。我们选择住所——实际上是选择生活环境，跟外墙什么样子没有太大的关系。这幢楼房距离美术学院很近，当时季娜就在那里上学，如果能从姆林斯基第二大道的住处搬到这里来，她自己承认，她感觉自己就像个"外省来的姑娘"。如果能住在学院附近，能观赏涅瓦河的风景……可能会有不同的感觉？究竟什么样现在很难说了。

所有的事情都由德米特里·谢尔盖耶维奇决断——家里没有人跟他争论。他不喜欢名声响亮的院士楼里的住宅。换成其他人，可能觉得住在这里能增加个人的名望。但是利哈乔夫跟这种想法格格不入。他多次说过："我不是典型的院士！……我不傲慢。"原来他秉持另外的衡量尺度。正像季娜在她的回忆录中所写的："那所住宅光线太昏暗，瓦西里耶夫岛的气氛,连同它总是雾气蒙蒙的街道,黑乎乎的门洞以及疑神疑鬼的住户,这些都让他不喜欢。"

在这个家庭里,所有的成员都像遵从"大主教"一样服从一家之长——最终他想找个安静的地点,有利于工作,不受各种风气(比如瓦西里耶夫岛的风气)的干扰,就这样他挑选了位于城市郊区姆林斯基第二大道的住宅。至于距离"彼得堡有些地方"太远,他倒不太在意,他漫长的一生被"彼得堡"占据的时空太多了,他知道为了工作最需要的是什么,至于两个外孙女在城市郊区成长,在他看来并无大碍。德米特里·谢尔盖耶维奇一直关心她们的教育培养,常常给她们点拨和提醒。

姆林斯基大道的住宅确实很宽敞、明亮。有客厅,有德米特里·谢尔盖耶维奇的书房,有两个女儿和女婿的房间,还有外孙女的房间。

德米特里·谢尔盖耶维奇非常看重家庭,在家里他能找到安宁,躲避打扰。

季娜回想起她在家里最喜爱的一个去处——是外祖父书桌下面,挨着纸篓的地方。那纸篓是铜做的,摆在那里很像一条粗粗的象腿。季娜抱着象腿想她喜欢的事情。"天竺葵的气味儿,在阳光里飘浮的尘埃,摆在玻璃橱柜里好看的书籍"……难怪后来季娜选择了书籍装帧这个职业。

书籍很多很多——放在书柜里,堆在桌子上、安乐椅上,利哈乔夫有时候绝望地喊叫:"我要陷在书海里啦!"除了他研究需要的书籍,还有同行们赠送的书,需要为他们的著作写评论。可是,他的书房里最主要的还是他收集珍藏的大量图书,比如说各种版本的《伊戈尔远征记》。经过德米特里·谢尔盖耶维奇的准许,可以从书柜里把书拿出来,但是看完以后,一定要放回原来的地方。季娜记得外祖父严厉的喊叫声:"陀思妥耶夫斯基在哪儿啊?怎么不在原来的位置?"他十分关注两个外孙女的培养。给她们俩看各种各样的杂志,在这样做的时候还用剪子剪去那些他认为不适合孩子看的插图(让人感动的细节)。

各个方面都遵循古老的礼仪。即便是起来吃早饭也要系好领带。他是个注重穿着的人，喜欢考究的服装——礼帽、鸭舌帽（从巴黎买的便帽，从赫尔辛基买的便帽），"领带"，他会用古老的语音念这个词。他喜欢佯装愁眉苦脸开玩笑："但愿今天我能够穿着蓝色的新制服到伦敦去做学术报告！"尽管寄来了很多邀请函，但是很少批准他去国外访问。他是个做事严谨精细的人，橱子里整齐地排放着装鞋的盒子，上面是流畅的字迹，比如："利哈乔夫的鞋，下雨天穿用，2号。"

利哈乔夫在家里的时候，常常工作时间很长，这段时间禁止有任何打扰的声音。季娜记得，大门传来关门声，家里人都松了一口气：这意味着德米特里·谢尔盖耶维奇出门去散步休息了。有时候他会打开电视，他喜欢看"动物世界"等节目，甚至认识了主持"电视旅游俱乐部"节目的尤里·先克维奇，跟他成了好朋友。其他节目，尤其是涉及政治的节目，他简直不能容忍。"新闻"节目是在改革开始之后才看看。他喜欢看英国电影片，按照他的见解，影片中的服装和时代精神表现得都很精确。他不喜欢那些鼓舞士气的苏联影片，两个外孙女要想看《伏尔加啊伏尔加！》，只能趁外祖父不在家的时候才能看。

二十世纪七十年代，季娜的父母，维拉·德米特里耶夫娜和尤里·伊万诺维奇开始收藏老式家具，他们在马拉塔委托商店购买了一套红木家具。尤里·伊万诺维奇对这套家具进行了精心的修复，住宅变得既漂亮又舒适。一开始德米特里·谢尔盖耶维奇还有些生气："小市民习气！庸俗，不该这么做！"——后来这环境让他回想起童年时的住宅，不由得就喜欢了，也不再说什么了。有人来访问给他拍照，他就坐在罩着天蓝色椅套的椅子上，背后是带流苏的条纹窗帘。

在研究所里，他总是衣着整洁无可挑剔，平静和蔼——但是在他的心里隐藏着多少痛苦啊！在家里，远不是一切都那么平稳和谐。

利哈乔夫的妈妈，维拉·谢苗诺夫娜，对一家人的生活总是说话算数的，我们不妨想一想，疏散到喀山时她是怎样跟家里人一起读阿赫玛托娃的诗就够了。维拉·谢苗诺夫娜过的是非同一般的日子。她觉得自己是

"上流社会的贵妇人",从来不出去工作,但是却要求几个儿子要在社会上取得成就,经常对他们感到不满(我们还记得,她在喀山责备德米特里·谢尔盖耶维奇还是个副博士,而她都已经跟院士塔尔列的姐姐成了好朋友了!)。1953年利哈乔夫被推选为科学院通讯院士,可是后来,让维拉·谢苗诺夫娜甚为不满的是,很长时间不给她儿子院士称号,这中间光讨论表决就经过了三次!……科学界也并非那么公平,也有人会受到委屈!一直等到1970年利哈乔夫才获得了科学院院士称号!维拉·谢苗诺夫娜寿命很长,1971年才去世,因此她如愿以偿地看到儿子当上了院士。

可是利哈乔夫的生活随着年岁的增长并没有变得轻松,反而负担越来越沉重。很明显,他有意把女儿维拉培养成自己科研工作的助手,不料,她出车祸死了。另一个女儿米拉的命运也并不顺利。

1958年米拉和她的女友伊伏吉娜被共青团开除了团籍,按照那些年的规定,大学生要到集体农庄去劳动,她们俩却自作主张离开了农庄(米拉当时在艺术系学习)。利哈乔夫对这件事的反应叫人感到奇怪(看来他在内心深处对苏维埃的一切怀着隐秘的痛恨情绪),他说:"开除团籍?那有什么可怕的!"两个女大学生没有被开除学籍,但是被派到建筑工地参加劳动,"纠正错误",在那个工地上还有一些"犯了错误"、受到共青团惩罚的大学生。正是在这次劳动期间米拉认识了谢尔盖·吉利金凯维奇——这个人在利哈乔夫一家人的历史上做了不少有负面影响的事情。

对于那些事件,不同的人有不同的解释,于是我决定去找一个直接的见证人,他就是尤里·伊万诺维奇·库尔巴托夫,他跟那些事件都有关联。他跟维拉结婚,谢尔盖·谢尔盖耶维奇跟米拉结婚。因此他们的关系十分密切。

谢尔盖跟米拉的关系一开始让两个体面的家庭都有些惶惑不安:他们俩认识得太仓促了,那么快就那样亲密(年轻人对此毫不掩饰)。双方家长刻不容缓地见了面——万幸的是,吉利金凯维奇的家庭也是很好的人家,家长是理工学院的教授,儿子是大学物理系的毕业生。

谢尔盖·吉利金凯维奇个子不高,但很结实,很灵活。尤里·伊万诺维奇笑着描绘他说:"真是个讨人喜欢的铁匠!脸盘很帅气,有知识分子风度。"

不错,他确实遇到过"麻烦",因此被送到乡下参加"惩罚性劳动"……可偏巧米拉也到那里去干活!

年轻人的天性有时候就是反抗陈规陋习。而谢尔盖的"过失"并不特别可怕——以利哈乔夫的眼光看来不值得大惊小怪。谢尔盖总是喜欢赶时髦,因此画了几幅抽象画,在系里展览,被认为是"意识形态的出格举动"。好在当时的处罚并不那么严重。两个年轻人结婚了。1959年生下了他们的女儿维拉。利哈乔夫的母亲维拉·谢苗诺夫娜是唯一一个刚见面就不喜欢谢尔盖的人。尽管她年事已高,可是依然保持着"上流社会的气派"。一般说来她过于看重权势,跟她的几个儿子,跟她的亲戚认识的人,没有一个人喜欢她。据季娜回忆,维拉·谢苗诺夫娜看见谢尔盖穿着那些年人们常穿的"奇装异服",竟然忍不住哈哈大笑。

"好日子过得时间并不长久,"尤里·伊万诺维奇回忆说,"我记得,全家人一起在泽列诺戈尔斯克的列斯特温纳亚街租了别墅。德米特里·谢尔盖耶维奇非常满意,他很高兴。一切都很顺利。两个女儿出嫁了,两个女婿都是体面的、有才华的年轻人……德米特里·谢尔盖耶维奇往往在他的房间里工作时间很长,那时候他在写他的专著《版本校勘学》,很多专家和学者都认为这是他那些重要著作当中最好的一本。

"一家人过得很和睦。我发现,谢尔盖·谢尔盖耶维奇具有惊人的领会能力,反应特别机敏,不过谁也不把这些视为缺点。季娜伊达·亚历山大罗夫娜每天早晨起来为出门上班的人做粥,我记得不知道为什么她做的粥里总有些小疙瘩。谢尔盖·谢尔盖耶维奇吃一勺,忽然用眼睛看一下表,大声喊叫说:'哎呀,我要迟到啦!'——然后拔腿就跑了。这样的举动几乎每天早晨都重复。我呢,总是老老实实地把粥喝完。"

我跟尤里·伊万诺维奇的交谈地点是他在石岛的住所。天花板很高,可是不清楚这房子究竟是新的还是旧的。

尤里·伊万诺维奇是建筑师,谈起建筑史来他是行家,他给了我一个有根有据的解释:

"这是战后在原有楼房的基础上加盖的房子。可是盖这房子的倒是很有名的建筑师——古里耶夫和弗罗姆捷里,那时候他们俩在石岛修建了不少房子。比如,莱金就曾住过17号楼,您知道吗?"

"是的,知道。"

我们又回到了主要的话题。

"吉利金凯维奇是个很独特的人!"尤里·伊万诺维奇接着说。"大开大合,令人惊讶……其中也包含道德层面在内。从那里,"尤里·伊万诺维奇指指天花板,"到这里!"他又指指地板。"包括苏维埃政权在内,他什么都不惧怕,绝对不怕,想怎么做就怎么做。他的才干出类拔萃,而且很全面——别的才能不说,他跟那些有用的人关系处得很融洽。当莫斯科海洋学研究所决定在列宁格勒成立分所的时候,研究所所长毫不犹豫地任命年轻有为的学者谢尔盖·谢尔盖耶维奇·吉利金凯维奇担任分所的所长,知道他具有超强的活动能力。

按照尤里·伊万诺维奇的话说,谢尔盖和米拉的关系渐渐出现了令人不安的苗头:他的生活有不透明的一面,常常不说去什么地方,一去就是好几天……灾难突然降临了——被捕!据侦查人员的说法,吉利金凯维奇和他的副手巴朗古洛夫涉入了利用职权谋私的案件。如果相信对他的起诉,那么,原来还是个"少先队员"的吉利金凯维奇如今变成了"侵吞"科研经费、挥霍无度的罪犯……是啊,现在这几乎就是大企业家和部长们习以为常的生活。吉利金凯维奇极其灵活的头脑让他打开了进入营私舞弊贪腐时代的"未来之门"。不过,那时候对这样的"少先队员"的处罚还是很严厉的,因此不能说吉利金凯维奇打开"未来之门"完全没有风险。他善于谋划计算,几乎是滴水不漏。担任分所副所长的巴朗古洛夫是乌兹别克斯坦党内一个重要官员的儿子。他就是一把"保护伞",巴朗古洛夫有这样的靠山,任何侦查员都不敢过问他的所作所为。不过,当时偏巧开始了一场揭露乌兹别克斯坦领导人的风暴,国家当权者想"抛出"腐败透顶的乌兹别克斯坦官员,显然是为了给自己赢得清廉的名声。大家都记得,当时国内像这样的事件几乎是接连不断。乌兹别克斯坦贪腐案件侦查员伊万诺夫和戈德良名声大噪,他们让所有的电视明星都变得暗淡,甚至连阿拉·布加乔娃①也相形见绌。全国民众凝神屏息盯着电视:真要有什么变化吗?莫非当真要惩罚这个级别的党内高官……即便是在遥远的乌兹别克斯坦?难道果真开始了人们长久期待的变革:揭露滥用权力的贪官,哪怕是从偏远的地方做起?当然,也有人觉得这不是"揭露",恰恰相反,是"清理队伍",不抛出一些人作牺牲品就难以收场。掌权者在这件事当中表现出了做到底的韧劲儿。就这样,在乌兹别克斯坦继续揭露贪官时涉及了巴朗古洛夫的亲属——巴朗古洛夫的儿子和吉利金凯维奇遭到了逮捕。可以说他们碰上了"反贪战役"——当时跟乌兹别克斯坦案件有关的嫌疑人都受到了特别严厉的侦查。当然,执政当局早就对利哈乔夫感到不满,怎么能不利用这个机会呢?对于他们说来,这里有很多可利用的"把柄",因此办起案子来格外卖力。

德米特里·谢尔盖耶维奇原本想尽力摆脱这个有损他名誉的案件,却无论如何也做不到。女儿米拉感到绝望,她一再要求父亲能够积极干预。德米特里·谢尔盖耶维奇找到了市里的主要检察官。据尤里·伊万诺维奇讲述,有个传闻,似乎监察官告诉利哈乔夫说:"您最好想想,您在替什么人说话?"并且给他看了吉利金凯维奇花天酒地"快乐夜晚"的一些照片。利哈乔夫不得不忍受人家的白眼,同时还得继续奔走,因为米拉的状况叫他担心,他不可能对这个案件袖手旁观。当时他还来不及细想,这个案件对他的学术活动和声誉带来了多么大的伤害(院士袒护罪犯!)——他的主要任务原本是捍卫文化,现在却由于案件不得不去跟"当权者打交道",这跟他的日常工作相比,不知要艰难多少倍。"您是不是一下子要求得太多

---

① 阿拉·鲍里索芙娜·布加乔娃,1949年出生,俄罗斯著名歌手。——译者注

了?"他们现在可以这样对他说。"您最好挑选一件事来说!"像这种隐含嘲讽的话他只好忍着性子听。

季娜在她拍摄的献给利哈乔夫的影片《私人大事记》中,提到了外祖父的一封信,信中有这样的字句:"那套家具卖出去了。现在可以请个好律师了。"牵涉到吉利金凯维奇的案子审讯时间很长,有经验的律师雅尔任涅茨很尽力,查阅了所有的卷宗,最后不得不给出的结论是:吉利金凯维奇并不冤枉。当局确实想通过这种办法给无罪的利哈乔夫施加压力,让他知所进退。这种局面使他承受着精神压力,而社会上的进步人士都对他给予理解与支持。揭露当权者的阴谋诡计是当时知识分子一项最重要的活动。必须指出,当权者确实做了很多危害人民利益、让人们不喜欢的事情。局势很严峻。进取的精神像异端邪说一样受到打击。对于所谓的异端邪说,很多人已经给予肯定或认同……如同对待进取心一样。

现在已经是科学院院士的亚历山大·瓦西里耶维奇·拉甫罗夫在他的回忆录中写道:"1981年1月,我和我的朋友与合作者谢尔盖·格列奇施金为我们两个人共同的朋友康斯坦丁·阿扎多夫斯基征集申诉签名,他是著名文学家和翻译家,受到'强力机关'的迫害,遭到逮捕(现在已经平反)……我们也曾请求德米特里·谢尔盖耶维奇签名,但是他婉言谢绝了——完全不是因为胆小怕事。他说:'申诉信有我的签名只会使局面变得更加不利。对于他们说来,我的名字只有一种作用,那就是让他们更加确信,他们的所作所为是正确的。'……海洋分所所长谢尔盖·吉利金凯维奇被捕,被关押,等待审判,罪名是伪造凭证挪用公款,女婿的被捕成了利哈乔夫的一块心病。他认为这是当局以间接方式对他进行打压。"

没收财产的威胁出现了,很有可能牵扯到家庭其他成员的财产,其中包括德米特里·谢尔盖耶维奇收藏的圣像画。按季娜的话说,正是在绝望的忙乱之中,由于害怕被不公正地没收财产,她妈妈急着找车辆运走东西,才出了车祸,倒在汽车下丧了命。可以认为这样的回忆未必客观,不过,回忆从来很难做到客观,因为回忆总是个人的感受和体验,没有必要怀疑回忆者的真诚。

当然,感觉最痛苦的还是米拉。回想那几年艰难的岁月,尤里·伊万诺维奇·库尔巴托夫说道:

"谢尔盖·谢尔盖耶维奇的能力果真让人惊讶:他善于跟随便什么人谈妥条件达成默契。有一天,当他正在乡下服刑(这种惩罚比关在监狱里要轻)的时候,我们家的电话铃响了,一个快乐、好听的声音问道:"现在谢尔盖·谢尔盖耶维奇·吉利金凯维奇在您那里吗?"这莫名其妙的声音让我很惊讶,只好告诉他说,谢尔盖·谢尔盖耶维奇正在服刑期间。那个声音回答说:'这一点我知道!我就是在他服刑的地方打电话跟他达成了协议——把他放走,看来他没有准时到达。他确实不在您那里吗?'我不得不说,对于这些,我毫无所知,接着补充说,或许柳德米拉·德米特里耶夫娜知道什么信息?不妨去问问她……你可以想象她会有怎么样的反应!"

经历了这一连串打击,德米特里·谢尔盖耶维奇自然心情沉重。他特别渴望家里能平静安稳,远离所有的社会风波。一个女儿死了,另一个痛苦不堪。米拉常常忍不住会发脾气。正如俗话说的,一个不幸会引来另一个不幸。米拉的女儿维拉突然要出国,而她是在临走前夕才把这个决定告诉母亲的!显然母女之间的关系已经相当紧张,如果家庭气氛和谐,决不会出现这样的事情。米拉和吉利金凯维奇的女儿维拉,是1959年出生的,她比1966年出生的季娜大七岁。

维拉的决定既给家里的人们带来冲击,也加剧了德米特里·谢尔盖耶维奇与当权者之间的紧张关系。1978年他开始编撰规模宏大的丛书《罗斯古代文学典籍》。他知道,这是他一生当中最重要的事业,其他的事都会带来干扰。他做出了选择——竭尽全力埋头学术研究,决不折衷妥协,无论如何不想再加剧环境的紧张气氛。其实,正是他最亲近的家人造成了这种尴尬的局面——几乎寸步难行!

雅科夫·索罗蒙诺维奇·卢利耶是在普希金之家工作的学者,跟利哈乔夫是同事(从济明事件开始,济明站在利哈乔夫的对立面,雅·索·卢利耶是济明的积极支持者），利哈乔夫的外孙女维拉和她的丈夫弗拉基米尔·托里茨是在卢利耶家里认识的，他们之间的关系非同一般。卢利耶似乎起到了媒人的作用！有一种不怀好意的说法，利哈乔夫为了报复，就把卢利耶赶出了研究室。这当然是一种夸大其词的歪曲，利哈乔夫从来没有进行过类似的报复。然而此事在他的内心里留下了苦恼却是不争的事实。比较公允的见证者对这次事件做了这样的解释：利哈乔夫像只孵蛋的老母鸡一样用翅膀保护自己的"雏鸡"不受各种伤害，或许，某一次"保护"失效，而卢利耶恰巧赶上了计划中的压缩编制，就离开了那个研究室。不过，利哈乔夫在学术界的升迁并没有停止，学术研究中还做了很多事情。严厉的法官们每次都没有做什么坏事（但是也没有做什么好事），他们把这件事归结为利哈乔夫的"过失"。可这些法官具备审判他的资格吗？

相信利哈乔夫肯定劝阻过维拉，不要嫁给托里茨，他并非迎合当权者，而完全是出于个人的担心与忧虑：弗拉基米尔·托里茨比他的外孙女几乎大了二十岁[①]，何况他还是个有名的持不同政见者。利哈乔夫不喜欢他的活动，不喜欢他在"自由"广播电台讲话的口气和语调，更不喜欢他那奇特的人生经历（托里茨在莫斯科的一次车祸中被德国女性开的汽车碾轧受伤，从那时候起瘸了一条腿，由于残疾而获得了数目可观的赔偿金）……所有这些跟利哈乔夫一向倡导的"价值观念"都背道而驰。可是这一切都像专门针对他来的，如同"刀子扎在心上"让他痛苦不堪。

维拉出国——对利哈乔夫是又一次打击。他为米拉担心，他知道，维拉的出走给她造成了多大的伤害——走得那么坚决，像示威一样，似乎有意挑起一场冲突。往轻里说，这有损昔日"囚徒"利哈乔夫的名誉，当局从来就不把他看作"真正的苏联公民"，维拉出国只对当权者有好处。利哈乔夫曾经劝说维拉不要出国——她的出国会让利哈乔夫生活中很多美好的东西遭受损害，会打乱他已经开始的许多学术研究项目，

[①] 维拉·吉利金凯维奇 1959 年出生，弗拉基米尔·托里茨 1944 年出生，他比维拉大十五岁。——译者注

但是她拒不听从劝告。当然，当时的政治气候也起了很大的作用：二十世纪七十到八十年代，对当权者的厌恶几乎成了全社会的共识——掌权者为此也感到烦恼。只要我们回想一下 1968 年苏联对捷克斯洛伐克的武装干涉就足够了。冷酷、僵硬的意识形态让所有的人感到绝望。尽管当局采取了种种措施打击压制异端思想，异端思想还是畅行无阻地传播。实际上只有几个领导人表面上相信国家的未来是光明的——绝大多数居民对当权者和社会制度感到极其厌恶。流传着很多这方面的笑话、俏皮话和顺口溜。"冬天过去，夏天来到，为此感谢党的领导！"因此年轻的维拉·吉利金凯维奇对现实不满、持批评心态是一点也不奇怪的。不过，要离开这个国家，当时有这种决断的人数还很少。很多人都知道，这样做必定给家属亲人的生活带来打击，他们有可能被开除公职，失去工作，被打入另册，成为有"黑籍证"身份的人。即便是"出行者"本人，也有可能被定罪为持不同政见者，或者别的罪名，让他去不了西方，而是流放到遥远的北方。促使维拉绝望地决定出国还有个家庭环境的因素：父亲坐牢，母亲变得难以相处，外祖父劝她留下来——似乎更多的是害怕影响他的升迁以及他"伟大的事业"！

170　　维拉最终还是出国走了。这给了米拉很大的打击，无论心态，还是在正式工作方面，都造成了严重的伤害，德米特里·谢尔盖耶维奇也受到了牵连。那时候，出国人的亲属都会受到党委会的严厉斥责，留下来的人要做什么事都会遇到种种麻烦！德米特里·谢尔盖耶维奇的处境变得岌岌可危，经常受到批评指责，甚至可能出现意想不到的严重后果——轻则可能中断他耗费了多年心血的重要研究，"老爷的愤怒"若难以遏制，他们能够让利哈乔夫的研究工作全部瘫痪：他们采取行动有多种方法，正如我们见过的，手法多种多样，我不得不说，他们不受任何限制——直到让人"突然死亡"。随着戈尔巴乔夫执政和他开始改革，利哈乔夫才得到了救助。

但在利哈乔夫的家庭生活中却没有出现任何光明。吉利金凯维奇从关押中获得释放，依然像过去那样精力充沛——带着被判刑入狱不太好的名声,他到了国外:那时候这种被报刊炒作过的经历是获取名望利益的跳板。

吉利金凯维奇没有带着米拉一起出国,可也没有跟她离婚,看来他觉得继续做利哈乔夫的女婿更有好处。

米拉的痛苦,如果说没有加重的话,那么丝毫也没有减轻。她的烦躁愤懑经常发泄到季娜的头上。在这种情况下,尤里·伊万诺维奇回忆说,幸亏季娜是个体贴、善良的好姑娘,遇到姨妈冲她发脾气的时候,她就尽力做件好事来缓解紧张的气氛。

尤里·伊万诺维奇想起来一件事,有天家里来了个大家都认识的女人,她在商场做售货员,突然从背包里掏出一条考究的裤子,正好适合尤里·伊万诺维奇穿。全家人都不说话,因为知道米拉的脾气。如果说这是给尤里买的裤子,害怕引起她的恼怒。想不到米拉忽然说:

"有什么值得多想的呢?裤子很棒,尤拉穿着正合适!"

他回忆道,所有的人都松了一口气。这成了这一家少有的幸福瞬间。

由于这样的欣喜瞬间非常罕见,因此尤里·伊万诺维奇对另一件开心的事印象鲜明。有一天德米特里·谢尔盖耶维奇送给尤里·伊万诺维奇一本书,翁婿两个人之间的关系特别好,岳父想在新出版的书籍扉页上题词留念。当时要想一想,怎么样把自己的名字写得更好看:那些字母排列在一起要像一幅图画。通常他会把最重要的字母写得很大,几乎占满整页纸,然后在字母中间再用艺术化的字体填写上小写字母。他已经写上了开头的大写字母"Д"——就在那个节骨眼上,尤里·伊万诺维奇回忆说,米拉走进了房间,德米特里·谢尔盖耶维奇手里拿着笔忽然呆住了。

"你怎么啦?"她说,"你就写'给亲爱的'(Дорогому)吧!"

像这样的和谐气氛在这个家庭里已经久违了。

做事果断的维拉跟托里茨起初住在布拉格,后来到了慕尼黑,开始在"自由"广播电台工作,托里茨就在那里任职。维拉在电台研究部门上班,选择了一个很窄的方向——苏联科学院历史研究。

我曾去慕尼黑参加一个题为"巴伐利亚博览群书"的国际文学会议,

在那里我有个朋友,他叫伊戈尔·帕夫洛维奇·斯米尔诺夫,是语言学家,他的妻子是德国人,名字叫莱纳特。斯米尔诺夫在那里教书,我到他家里做客的时候,碰巧见到了维拉。伊戈尔邀请了很多在德国生活的同乡来聚会。我记得那天特别开心,无拘无束地交谈,所有的人,包括我在内,说起话来都显示出绝对大胆、无所忌讳的勇气,那时候我已经准备回国,没想到却赶上了这样一次让人陶醉、期待已久的"自由放任的节日"。我记得,年轻的客人当中就有维拉,伊戈尔介绍到她的时候,用尊重的口吻强调说:利哈乔夫的外孙女!灯光明亮刺眼,让我很不习惯(在我们国内也有类似的定期聚会,叫做"幽暗中的俄罗斯"),我记住了她好看的面庞。假如当时知道我会写这本传记,真该跟她说说话,并且把谈话内容记下来。人总是想一下子得到很多东西。第二天,我们到侨民画家伊戈尔·罗斯家里聚会,他是个快活乐观的人,原本生活在列宁格勒,他接待我们的时候身穿一件画着几只孔雀的长衫,用芳香的家酿梨酒款待客人。后来,我们到了他的"即兴创作室":吊起来的汽油桶从窟窿里往外流水,哗啦哗啦流进盆子里,慕尼黑贵族和有钱人怀着敬意来这里观赏,随后聆听这位大胆的彼得堡画家讲述他如何逃脱精神折磨,投奔自由的国度,他的高谈阔论不时有惊人之语,让那些听众感到震撼。在这之后,我跟随伊戈尔·斯米尔诺夫穿过半个德国,到位于德国和瑞士边界的一所大学去,他在那里授课……一路上不断违犯"交通规则"。这种大胆放肆的生活让我感到陶醉。这里汇集了一些狂妄的年轻人。

1981年维拉和托里茨的儿子出生了,起名叫谢尔盖,他是利哈乔夫的重外孙。外孙女维拉,跟外祖父很聪明地利用这个时机恢复了良好的关系,不再提彼此之间的怨恨与委屈。利哈乔夫曾经到慕尼黑去看望外孙女,见到了重外孙,在维拉家里会见了不少原本是同胞的侨民朋友,其中就有他的研究生伊戈尔·斯米尔诺夫。伊戈尔回忆说,当时的交流非常自由,无话不谈。愉快地讨论了最近的新闻,提到了来自侨民生活、来自彼得堡和莫斯科同行的各种笑话。

伊戈尔说，当时还提到了杰出的学者亚历山大·潘琴科，那时候他跟利哈乔夫的关系已经弄僵了——或许，一部分原因是，跟利哈乔夫一样，潘琴科也开始经常上电视，到处讲话，取得了不少成就，尽管有些严谨的语言学家认为，他的著作存在着缺陷和硬伤。在这里有人把潘琴科叫做"伪德米特里·谢尔盖耶维奇"，这个笑话让利哈乔夫很开心，他不由得笑了起来。

利哈乔夫对外孙女"奇怪的婚姻"的担心还是应验了，维拉和托里茨的关系维持得并不太久。

随后她迁居到英国的曼彻斯特去生活，有段时间感到孤独苦闷，后来嫁给了姚拉姆·戈尔利茨基，也是个苏联问题专家。维拉跟外祖父利哈乔夫一家人一直保持联系，她还带着丈夫，甚至带着婆婆回到列宁格勒探亲，他们跟德米特里·谢尔盖耶维奇见了面，觉得非常亲切。

1982年利哈乔夫的《园林诗学：探寻园林风格的内涵》出版，这是他最有名的著作之一。同一年，他被法国波尔多大学授予荣誉博士称号。1983年他被推选为苏联科学院普希金学术研究委员会主席。1984年苏联天文学家把他们发现的第2877号小行星以利哈乔夫的名字命名。显然，利哈乔夫的名字写上星球并非当局下的命令，而是天文学家们决定以这种方式表达全体人民对德米特里·谢尔盖耶维奇的敬爱之情。

谢尔盖·谢尔盖耶维奇·吉利金凯维奇现在是赫尔辛基大学的名誉教授，是国际学术会议和国际合作项目的组织者、参与者，他的厚重的学术著作得到了学界同行的赞誉。他以及他的学生的著作，侧重研究海洋云、雾、浪的变化规律以及其他有关海洋的自然现象，这些都是飞行员和航海者最需要的科研成果。多年前的那段丑闻已经无人再提，即便在因特网上也没有踪迹。他如今已经是众所周知的学者、专家——谢尔盖·谢尔盖耶维奇·吉利金凯维奇，其余的一切，不过是生活琐事，是令人厌恶的社会主义的陈年往事。现在，那段历史值得让人回味的只有对利哈乔夫的记忆。

"不知通过什么途径，他还获得了一个封号'冯'。现在他是'冯·吉利金凯维奇'。"尤里·伊万诺维奇就这样结束了有关这位亲属的故事。

但是发生在他们家里的这些故事,使得利哈乔夫跟当权者之间原本就很复杂的关系,变得更加紧张和尖锐,于是"老爷的愤怒"便以更加猛烈的力度发泄到利哈乔夫的头上。

老爷的愤怒

凡是经历过那些年代的人都会记得可怕的风习——苏联时期,节日很多,每个节日前夕,临街楼房正面所有窗户都会被大幅的红布遮蔽,最大的布幅往往遮住两层楼。

在这些大红布上画着我们政治领袖们的巨幅画像——他们都是苏联共产党中央委员会政治局的委员。吹过的风使他们的面孔增加了皱纹,仿佛他们对我们这些民众很不满意。那些被遮蔽的住宅房间里光线幽暗,他们不能打开窗户朝街道上看,即便街道上过节时非常热闹,他们也无法观看。除了"党的路线",那时候很少有什么事情值得关注。这样的画像或标语有时候也悬挂在机关大楼,遮蔽了窗户,我们就开玩笑说:"他们可怎么来监视我们呢?"

那些巨幅画像上的面孔有些是人们熟悉的——比如阿纳斯塔斯·米高扬,他似乎永远不老,几十年牢牢地把握着权力。其他领导人情况比较复杂。似乎他们之间进行着斗争,有时候会出现一些新面孔,他们好像代表着某些派别的利益,每个人背后都有靠山,不过,平民百姓对这些不感兴趣。约瑟夫·布罗茨基说过一个笑话流传很广,他望着遮蔽他们家墙壁的姆热瓦纳泽的画像,问多甫拉托夫说:"这是谁呀?这个人长得像威廉·布莱克①。"

但是那时候有一张面孔给人留下了强烈的印象。

其他领袖的画像甚至让人觉得面相和善。画家们当然会尽力把那些大人物画得高尚英俊。但是跟其他领袖画像相比,画家总也画不好一个人——格里高利·瓦西里耶维奇·罗曼诺夫。无论以什么样的形式描绘,他的个性一下子就暴露出来——贪恋权力、妄自尊大,圆圆的眼睛微微前凸,目光里充满了对我们这些草民的蔑视。他的出现意味着二十世纪六十年代短暂的"解冻时期"的结束。

我的一个朋友在"列宁格勒电影制片厂"工作,他说,有一次他们约请罗曼诺夫做一部影片的顾问,这位党的领导人很痛快地答应了。大概是因为这部影片依照那个时代的精神,表现一位党的领导人以他的聪明才智纠正了运河挖掘过程中的错误。罗曼诺夫提出的修改意见既准确又非常具体:"你们影片里第二书记戴着卡拉库利羊皮帽。这不符合事实:只有第一书记才能戴这种样式的帽子。你们影片里第三书记办公室里摆着冰箱。这也不符合实情——配置冰箱是从第二书记那一级开始的。"罗曼诺夫对于我们国家哪一级官员该配备什么,了解得十分精确。如果有什么人突然想打破这种严格而考虑周密的秩序,谈何容易!一个教授应该干的是在尘封的书堆里去翻找资料做学问,连党员都不是,却出头露面想给当权者指手划脚。该干什么不该干什么,已经告诫过他几次了,可是他记不住,仍然坚持做他想做的事!

的确是这样——利哈乔夫跟这个时代有些格格不入。在他的卧室里挂着被布尔什维克杀死的沙皇之子阿列克谢的画像(利哈乔夫小时候长得很像这位皇太子,尤其是他穿着水手衫的那张照片)。在他的办公室玻璃板下面摆放着一些图片和照片——其中有哲学家迈耶尔、作家阿斯塔菲耶夫、索尔仁尼琴、帕斯捷尔纳克、他的哥哥米哈伊尔、妈妈维拉·谢苗诺夫娜的照片,桌面上立着父亲谢尔盖·米哈伊洛维奇的照片。

---

① 威廉·布莱克(1757—1827),英国诗人、画家。——译者注

他衣着考究，戴着契诃夫式的夹鼻眼镜，他的优裕生活被革命打乱了。"印刷所"的首席工程师，打牌输掉了沙皇赐予的礼品，跟穷工人一块儿喝酒，怕他们对他发泄"阶级的不满"，他们已经有过这样的表示。由于生活中这样的变化，他的妻子维拉·谢苗诺夫娜常常跟她争吵，有时候甚至不让他吃晚饭。利哈乔夫非常同情他的父亲。

利哈乔夫不承认革命，几乎从来都不说这个词，要说就说"在灾难之前"。他从来不骂沙皇，要骂就骂拉斯普金。当他领着女儿和外孙女在城里游览的时候，会告诉她们说："我的老师阿尼奇科夫曾经住在这里，我在施帕列尔监狱坐过牢。"

他痛恨影片《恰巴耶夫》①，不止一次说过，那个人喜欢用机关枪扫射被俘虏的白军军官。

尽管他取得了重大的学术成就，可是苏维埃政权明显地不喜欢他，利用一切机会贬低他。利哈乔夫对他的朋友伊利亚·扎哈洛维奇·谢尔曼教授说过一段令人惊讶的经历。有一次他在斯莫尔尼宫遇见了列宁格勒市党委会第三书记克鲁格洛瓦娅，就向她提了一个问题："为什么我收到邀请，却不让我去参加国际学术会议？"书记回答得很奇怪："我们为您担心！万一他们给您打了毒针，您又不想说，那就糟了！"利哈乔夫吃惊地又问："既然这样，我能不能把这件事告诉所有的人呢？"得到的回答让人惊叹："当然可以啦！"

利哈乔夫跟当权者关系不和，起初双方都有意掩饰，现在逐渐表面化了。

必须指出，主动出击的是利哈乔夫本人。社会上明显地能感受到对执政者普遍的不满情绪，所有的人都累积了不少怨恨，只不过常常需要有勇气的人，把大家的愤懑表达出来，利哈乔夫恰恰成了这样的关键人物。早在1964年，他曾在电视上发表讲话，题目是保护历史园林，表面看属于中

---

① 瓦西里·伊万诺维奇·恰巴耶夫（1887—1919），红军指挥官，电影片《恰巴耶夫》依据福尔曼诺夫的小说拍摄，中文译作《夏伯阳》。——译者注

性发言，语调温和，可是利哈乔夫用他那平静、有节制、有学识的声音，第一次触及了当权官僚的失职放纵，指出了他们对于俄罗斯文化的冷漠与忽视。这次"平静的"转播产生了爆炸性的效果。电视片编辑伊·穆拉维约夫和电视部主任鲍里斯·菲尔索夫双双被解职，后者原来曾担任过捷尔任斯基区党委会书记，以后领导列宁格勒电视创作室，在作品中渗透了新的思想，成了我们这座城市非常有声望的进步人士、著名的哲学博士。时代在变化，人们的思维方式也在变化，相继出现了一些崭新的、有勇气的学者。我记得，著名的进步人士社会学家雅多夫、柯恩发表演讲的时候，礼堂里总是爆满，他们的思想与"党的教导"总是针锋相对。

在那些年代里，利哈乔夫取得的成就给人印象深刻。

1961 至 1962 年利哈乔夫的荣誉乘风破浪，他被推选为列宁格勒市苏维埃代表。

1962 年他的著作《版本校勘：以十至十七世纪罗斯文学作品为例》出版，这是最受他的同事们赞赏的学术著作。

1963 年他当选保加利亚科学院外籍院士。在索菲亚第五届国际斯拉夫学者研讨会上被授予保加利亚基里尔和梅福季一级勋章。同一年，他受苏联科学院委派，赴奥地利举办学术讲座。单从文件上看，似乎很好，可是那几年的实际情况却一点儿也不平静。

亚历山大·鲁巴什金对我讲述了 1963 年他在雅尔塔跟利哈乔夫见面的情景。

在利哈乔夫到来前夕，鲁巴什金顺路到创作之家负责人办公室去了一趟，只见他的办公桌上放着一封电报："我近日来，梅拉赫教授。"这位教授来自列宁格勒，他的名声并非无可挑剔，他在科马罗沃的二层楼别墅的大门口就曾悬挂过一张帖子，上面打印着："一条恶狗"，有人接着用手写了一句"没有原则的狗"。但是，他特别善于伪装成大学者或高官的样子。他的电报产生了作用，管理部门为他做了周到的安排。

利哈乔夫带着家人同一天来到这里，没有给工作人员增添任何麻烦。

鲁巴什金在住宿登记册上看到，利哈乔夫一家被安排到几乎是条件最差的房间，那里幽暗又潮湿。于是他跟负责人说："您知道哪个是真正的大学者和高尚的人吗？利哈乔夫！"他说的话还真管用。利哈乔夫一家被调整到条件优越的房间。当天傍晚，利哈乔夫十分温和地走到鲁巴什金跟前感谢他说："我听说了，是您替我们张罗的。谢谢您！"他们逐渐成了好朋友。鲁巴什金的妹妹当时也在雅尔塔休养，她是医生，利哈乔夫就向她咨询，他去奥地利参加学术会议期间，胃溃疡加重了，这样到国外出差居然没有补贴。这就是生活的真实：荣誉写在纸面上——卑微存在大地上。

利哈乔夫与当权者的矛盾越来越尖锐。他对这个政权毫不宽容，最难忘的就是曾遭监禁服苦役。他要尝试恢复这个政权的"可耻的历史"——尽管存在着尖锐的抗议声，执政者还是为他们的历届领袖歌功颂德，彼此之间不停地互相颁奖授勋，开展庆祝活动等等。科尔涅伊·楚科夫斯基的孙子，纪录片电影导演德米特里·尼古拉耶维奇·楚科夫斯基回忆说，他跟利哈乔夫一起收集资料，研究和保护国家的历史古迹，有一天进入了城市红色电影档案馆，看到了1929年索洛韦茨基集中营的电影胶片。

德·尼·楚科夫斯基写道："经过了半个世纪，又看到自己曾度过几年牢狱生活的地方，德米特里·谢尔盖耶维奇连续工作，丝毫也不流露内心的激动……等我们回到莫斯科以后，他才尽情地回忆当年的苦难。又过了几年，那次看档案资料的经历促使我们拍摄了第一部有关苏联集中营的纪录片《索洛韦茨基的权力》。

这次拍摄引出了另一部影片：《德米特里·利哈乔夫。我回忆》，是由彼得堡杰出的纪录片导演弗拉基米尔·维诺格拉多夫拍摄的。他写道："拍摄这部影片的时候，利哈乔夫亲自在运河里划船，为了让我们看到当年索洛韦茨基岛单人囚室的悲惨(单人牢房是令人恐怖的地方。——瓦·波按)。后来我们沿着陡峭的木制阶梯爬上了山顶。"

那时候利哈乔夫对维诺格拉多夫说："电影要拍摄成这样，让人们看到，我没有背叛当年那些难友。"

利哈乔夫并不孤单,还有几个杰出的人物,人们怀着期望注视他们,学习他们的无所畏惧与坚强。

奥·维·潘琴科是利哈乔夫的学生,也是保护古迹协会的同事,他回忆说:

"……德米特里·谢尔盖耶维奇说过,通常他都是跟日尔蒙斯基一起去看望阿赫马托娃。诗人在科马罗沃接待他们,她坐在紧挨着窗户的书桌旁边,书桌左侧有个小书架,上面放着她的诗集。阿赫马托娃不用站起来,伸手就能抽出一本诗集,然后就开始谈论诗歌……用德米特里·谢尔盖耶维奇的话说,这是令人惊喜的节日,他听诗人讲述诗歌,总有一种感觉,仿佛回到了另一个已经消逝的时代。"

社会选择偶像,愿意跟随他们。利哈乔夫是偶像之一。

1964年他荣获波兰尼古拉·科别尔尼克大学的荣誉博士称号。

1965年他赴丹麦参加联合国教育、科学与文化组织举办的《南方与北方》国际学术研讨会。

1965至1966年他成为全俄罗斯社会保卫历史与文化古迹组织委员会委员。

1966年为祝贺他六十寿辰,颁发给他红旗劳动勋章。但对于著名的学者说来——获奖并不意味着最高声誉。

1967年他出版了《罗斯古代文学的诗学》,这一著作获得1969年度国家奖金。1967年他被牛津大学授予荣誉博士称号,应邀赴英国进行学术讲座。

1970年他当选科学院院士,成为苏联科学院执行委员会委员。

1971年他当选塞尔维亚艺术科学院外籍院士。获得爱丁堡大学荣誉博士称号。同年出版著作《罗斯古代艺术遗产与现代性》(与维拉·利哈乔娃合作)。

1971至1999年他成为苏联科学院出版社《文学典籍》丛书编辑委员会主席,为此付出了大量的辛劳。

1973年他当选匈牙利科学院外籍院士。出版著作《十至十七世纪俄罗斯文学的发展：时代与风格》，这本书于1975年荣获苏联国民经济展览会颁发的金质奖章。

1975年他出版著作《伟大的遗产：古代罗斯经典文学作品》。

当权者心里明白，持不同政见者在社会上赢得了越来越高的声望。有时候当局想要进行对话，但更多的时候认为采用蛮横粗鲁的压制手段更有效。

有一次利哈乔夫当面质问罗曼诺夫："为什么您一再阻挠我的事业和出国参加学术会议？"罗曼诺夫直截了当地回答："因为您的朋友都在西方——那是我们的敌人！"

党的领导人托尔斯基科大，无视社会的反对，不顾莫斯科发来的电报，炸毁了干草广场上的教堂，他对自己手下的人员说："我没有看见莫斯科发来的任何电报！"利哈乔夫面对这种野蛮的破坏行径，愤怒地喊叫说："从1914年战争开始，对俄罗斯文化的持续破坏一直就没有间断。"

同样在1975年，发生了一个著名的事件：利哈乔夫公开声明，对国内发生的一件事持不同见解。苏联科学院文学和语言学学部秘书米·鲍·赫拉普琴科给利哈乔夫打电话，说科学院主席团成员拟定了一封信，反对物理学家萨哈罗夫院士，建议把他从科学院开除出去。赫拉普琴科暗示说，在信上签名能得到一大笔钱，不过，话说得不是很露骨："签名后会解除对您的一切怀疑与追究。"他说的话相当含糊。不过，利哈乔夫甚至没有深究建议的内容，当即就表示拒绝。他说："我不能签名，更不想看这封信！"赫拉普琴科说："喏，说不行，就没法商量了！"

事后有人问利哈乔夫："听说您当着很多人的面，把赫拉普琴科的信撕得粉碎，这是真的吗？""大家应该了解，建议是在电话里说的。况且，"利哈乔夫面带温和的微笑说道，"撕信不是我做事的风格。"

的确——激情迸发，并非他的风格，莫不如说，他的天性中更喜欢嘲笑，正因为这一点，他受到民众的爱戴，在他看来，那些激情澎湃的人物大多是虚伪的,很快就让人感到厌恶。他以同样的嘲讽口吻讲述了另一次遭遇——在拒绝了书信签名之后,一场陷害朝他袭来。

一个矮胖结实的家伙,化装贴着胡须,戴着帽子,在楼梯上突然跳到利哈乔夫跟前,冲他的肚子打了几拳,幸亏双层的厚呢子新大衣减缓了打击的力度,后来那家伙又攥着拳头打他的胸口,偏巧那里有文件夹挡着,里面是有关《伊戈尔远征记》的报告,使他得到了保护。"《远征记》救了我!"利哈乔夫开玩笑说,可是那一次他断了一根肋骨,不过他还是参加了会议,出色地做了报告,会后才去找医生治疗。

接下来还有一次袭击。这次发生在利哈乔夫的住处。这次突然袭击无疑跟索尔仁尼琴的《古拉格群岛》有关,1974年这套书在西方出版,其中引用了利哈乔夫提供的有关索洛韦茨基集中营的资料。这是一次勇敢的步骤。日记的作者很容易查清楚——尽管索尔仁尼琴没有说出他的名字,可是他使用的密码有利哈乔夫的"代号",很容易就能破译。

制度濒临死亡,按照二十世纪七十至八十年代某些历史学家的说法,其标志是连续发生了戏剧性的事件。生活中的各个领域都在爆发"战斗"。"新艺术"派遭遇了推土机,正是由于这样的原因,新形式主义画家们的一次画展被破坏。1976年发生过几次画家的画室被人纵火焚毁,这些遭殃的画家都是当局的眼中钉。其中一次这样的火灾烧死了画家叶甫盖尼·鲁欣,他已经相当有名,他的画很受欢迎,关键是他利用国外的订单需求,敢于跟"意识形态相对抗"。

这种打击迫害的手段也用到了利哈乔夫身上。

尤里·伊万诺维奇·库尔巴托夫说,有一天他从别墅开着汽车回家,还在街道上就看见凉台上的门敞开着,房间里的枝形吊灯亮着——可那个时候应该是没有人在家。他急忙上楼,闻到一股强烈的臭味,他发现房门和靠门的墙上被涂抹得很脏。这时来了一个邻居,他是尤里·伊万诺维奇的好朋友。邻居告诉他说,昨天傍晚忽然听见"报警器"的响声——那声音是从利哈乔夫住宅里传出来的。当所有的门都打开的时候,发现有几个人顺着楼梯往下跑。

不久来了个警察大尉,他解释说,房门是他带领临时警备队打开的,因为听到了报警器的响声。他说,从种种情况判断,有人准备放火烧毁住宅。现场发现了一桶点火用的汽油和橡皮管,看来是想通过管子把汽油输送到住宅里,然后放火。不料门是铁制的,罪犯想撬开一道门缝,从房门破裂处塞进导管,恰恰在这个节骨眼上报警器响了,他们根本没有想到会响起警报。看来,放火的人做得明目张胆,因为他们相信没有报警器。这不免使人想到,放火的人事先跟负责警卫的机关通过气,他们得知住宅里没有报警装置。实际上,警察机关的报警装置登记册上确实没有利哈乔夫的名字——正是这一点造成了放火者(还有他们的幕后指使者)的误判。简而言之,习以为常的涣散和准备不足,导致了这场阴谋的败露。原来住宅的警戒装置上报到警察机关,登记的是尤里·伊万诺维奇·库尔巴托夫的名字,利哈乔夫让他安装了报警设备。但是在这之前,"密探"并不了解这一点——因此陷害人的计划破产了。草率行事的又一个事例!不过,受到的致命威胁却让人感到后怕。执政当局几乎是公开地把"这个案子搁置了下来"。汽油桶忽然不见了踪影,什么牌子的汽油也查不清楚,留在墙上的许多手印儿,居然也引不起侦查人员的兴趣……所有这种种迹象不免让人们猜想,放火者就是"机关"派来的,除此之外,也是他们迫使那些刑事犯去放火。当局痛恨利哈乔夫的独立思想,不会轻易放他过去。

利哈乔夫本人对于这一点了解得清楚而准确:"5月这把火——是冲我来的,因为我撰写了有关索罗韦茨基岛那一章的草稿,被收入了《古拉格群岛》一书。"

利哈乔夫的声望与日俱增。当他成为电视"主宰者"的短暂瞬间,那是他的名声飞速传播的高峰时刻。只要有一个像他这样的人物出现在电视屏幕上——受人敬重、散发着往日风范,讲的是"革命之前"的优雅语言,这已经是对苏联政权无可抑制的冲击,是对所有"敌对声音"的巨大鼓舞。他的一举一动都在重复说明:"看,就应该这样!而不是像你们所做的那样!"毫无疑问,苏联主管意识形态的官员对此有所察觉。那几年在圆柱大厅组织名人与公众见面访谈的节目向全国播放,很受欢迎。时代在变化,一些新的人物开始出现在电视节目上,这种在圆柱大厅的会见,通常邀请的不仅是有个性的名人,而且是进步人士,他们对以前的停滞不前的社会风气敢于提出批评。

那些会见的组织者和主持人塔吉雅娜·捷姆斯科娃回忆说,他们早在1984年就在圆柱大厅组织过对利哈乔夫的第一次访谈节目。利哈乔夫在社会上尤其在知识分子中威望极高。天文学家发现了一颗小行星,就用利哈乔夫的名字为它命名——找不到另外的"竞争者"。德米特里·谢尔盖耶维奇第一次面对这么多的受众讲话——人们迫不及待地渴望听到他的声音。圆柱大厅转播现场的门票很快就销售一空。那时候人们都渴望改革,期待变化,因此对利哈乔夫寄予很高的期望。不料,就在1984年那个时候,尽管门票都已经卖出去了(或许,正是由于这样的原因),当时主持电台和电视广播的负责人拉宾却突然下了一道命令:"不能让利哈乔夫出现在电视上!"没有任何解释的理由。所有的人立刻就明白了是什么原因。

那时候我们国家喜欢折腾的领导人想出了一个新的、规模非常宏大的计划方案——让北方的河流拐弯改道。如果有什么人曾经站在叶尼塞河岸边,见识过它的滔滔河水汹涌奔腾,那么他肯定能够明白,要截断这样的河流,而且还要让它掉过头来往回流,究竟意味着什么。但是,对于苏联政权、对于它的意识形态说来,恰恰需要这样的宏伟方案:既然普通的事情做不好,不能让国人丰衣足食,那就做非凡的大事,令世界震惊:节衣缩食,开垦荒原,在荒无人烟的地方建立贝加尔—阿穆尔州干线工程(不久就发现,用途有限)……还能再做什么呢?让北方的汹涌河流改道!目的何在?我们找到了依据。比如——为了唤醒荒原,把荒原变成花园!……

但是在1986年(那时候生活变化得非常快)利哈乔夫在圆柱大厅的演讲实现了向全国的转播。这在当年引发了极度的亢奋:"居然能够这样做!

这是新事物取得的胜利！"

"怎么能使北方的河流改道呢？"利哈乔夫在圆柱大厅的讲台上说，"如果要这样做，我们俄罗斯的古代城市，我们的历史，北方的珍珠——卡尔戈波尔、托季马就会消失！……"

看到整个大厅为利哈乔夫热烈鼓掌，然后人们都站了起来。当权者屈服了，撤销了河流改道的指令。北方得到了拯救。得到拯救的不仅仅是北方。在整个极权主义统治时期，个人战胜体制——大概这是第一次。就从这一天开始，利哈乔夫获得的不仅仅是学术界的名声，而且是全民的荣耀！因此也发挥了他的真正力量。只有利哈乔夫，此外再没有任何人能凭借自己的发言不仅影响平民百姓，而且能取消政府已经通过的决议！

这个谦逊、怀旧、思想开朗、满头白发、仪表英俊的老人，只在荧屏上出现了一次，他的言谈明显区别于官员做派，区别于那种"严厉"、阴沉，同时又很蛮横的举止作派。而赢得人心的——是他。在蓝色的荧屏上目睹了利哈乔夫的风采，所有的人一下子都恍然大悟："哦，原来该这样生活！该这样说话！"于是我们的生活发生了彻底的转变。人们觉得，对于千百万电视观众说来，这个人远比电视台"烹饪"的其他节目更有价值，更亲切。

利哈乔夫成了众人崇拜的偶像。现在举国上下都认识了他的面容，不仅认识，而且给予称道和赞美。

当然，也出现了心怀嫉妒的人，他们认为利哈乔夫剥夺了他们的荣誉，其实他名不副实，指责他为了出名，专门做容易引起反响的事。流传着一种说法：政府特意让河流改道，以便让利哈乔夫出面纠正。这当然是带有恶意的玩笑。利哈乔夫与当权者的关系从来就没有和谐一致的时候。他向我们显示了真正的坚定性。他从来没有改变过自己的科学态度，没有背叛过公民立场，为捍卫文化古迹一直在顽强地工作，他提出了修复干草广场救世教堂和原坐落在罗加特卡中街的普杰沃伊宫的方案，保护了穆里纳的圣叶卡捷琳娜教堂，反对在皇村园林里砍伐树木，反对涅瓦大街的改建装修工程。

182　　利哈乔夫写道:"把我在报刊上写的文章拉个清单,就能明白,学术界的争执以及为保护俄罗斯文化占用了我多少精力和时间。"

　　利哈乔夫经受了"老爷的愤怒",也克服了"老爷的愤怒"——他没有迷失方向,做了自己该做的事情。接下来他将体验同样不简单的"老爷的关爱"。

"老爷的关爱"

首先注意到利哈乔夫的是拉伊萨·马克西莫夫娜·戈尔巴乔娃,她非常喜欢利哈乔夫写的《善与美书简》。很快,国家机要信使就出现在利哈乔夫的别墅门前,这不免引起人们的惊讶,信使郑重其事地把拉伊萨·马克西莫夫娜的书信交给了利哈乔夫。利哈乔夫看了这封对他满是称颂的书信,自然感到高兴,但是没有做任何"评论",就把来信放到了一边。当时在场的德·尼·楚科夫斯基对利哈乔夫解释说,国家的头面人物不会由于一时感情冲动,轻易写信并派机要信使送达,很有可能国家当权者跟利哈乔夫的关系会出现非常重大的转折,看起来是朝好的方向变化。

《善与美书简》这本书在利哈乔夫的生活中发挥了极其重要的作用——书中包含了写给青少年的四十六封书信,作者思考的问题是怎么样能使人生活幸福。每封书信的题目都很吸引人:《细微处见高远》、《青春与毕生》、《生命——最宝贵》、《人生意义何在》、《目标与自我评价》、《要开朗乐观,不要浅薄可笑》、《什么时候该生气?》、《荣誉有真有假》、《谈升迁之道》、《人应该有知识》、《跃出误区的艺术》、《怎样谈吐?》、《怎样演讲?》、《怎样写作?》等等。也就是说,并非高高在上的说教,而是可以实践的劝告,是见多识广、有成就者的切身经历。利哈乔夫平静而明智地讲解,怎么样做首先不会危害自身,怎么样成为一个有成就、受人敬重、有威望的人,怎么样在艰难的生活历练中不丧失自我。就是在这本书里,他写到了"文化生态学",触及的不仅是人道主义,而且关联到生存环境——涉及科学与物质生产。他谈到,在精确的科学与生产当中,不允许存在虚伪,什么场合出现虚伪——为获取短暂利益的虚伪——可能带来巨大的危害,使虚伪者在科学研究或生活当中陷入绝境。利哈乔夫写道:"所有重要的精神价值获得的都是品格,而不是数量。"

183　　利哈乔夫强调,科学与良心之间应当有紧密的联系。"生活中必须有服务意识……"他一再嘱咐,"……要让善良在我们周围不断增长。"

现在转换到对利哈乔夫说来非常重要的一个话题——艺术论,他对时髦的说法"艺术非道德主义"持否定态度,强调指出,善与美应当永远相伴相随。利哈乔夫不怕以年老体衰、非时尚的面貌出现——那个时期风行的恰恰是鼓吹"自由艺术",所谓的新潮理论家主张艺术要摆脱任何道义的束缚,遑论提什么"服务"观念了——无论什么执政党、国家、道德及其他的清规戒律,凡是束缚艺术自由的条条框框统统都要打碎与抛弃。

就在这个当口,利哈乔夫竟然敢出面谈论他的道德!更何况此后不久他居然逐步向"宫廷"靠拢!

而当时另外有些学者却投身于时髦的潮流。他们与潮水般汹涌的"先进"理论相呼应,采用"阉割篡改普希金"的手法,拼凑出所谓最神奇的诗歌……他们蔑视利哈乔夫的"说教",以傲慢的态度给予嘲讽:"……软心肠的老爷子!"

有时候真想跟利哈乔夫展开争论:难道完美与善果真存在不可分割的联系吗?莱蒙托夫笔下的恶魔不是很美吗?可他是罪恶的天才,"我这个人从来无人爱惜,我以全部的未来起誓。"

我记得,我也参加过一次时髦的辩论,记得我也捍卫"艺术中需要恶"的主张……怎么能回避恶呢?我们在苏维埃学校里已经厌烦了高尚的道德教育!打倒说教!

记得我引用过一个例子：年轻的姑娘坐在长椅上，站起身来的时候，她的背后从腿弯以上留下了长椅条板整齐的一道道粉红色印痕……怎么办呢？——难道画家、作家对这样的情景都不能看，不能写吗？难道要把视线移开？不！！艺术家不必移动自己的视线，没有什么需要避讳，各种情景都能发现美——无论是符合道德的，还是违背道德的！但是，利哈乔夫宣扬的只有纯洁、神圣。他爱引用的词句是："不要为自己积攒财宝在地上……""只要积攒财宝在天上，天上没有虫子咬，不能锈坏……"①"要特别珍爱自己的亲人，就像爱自己一样……"。要特别珍爱？只爱那几个人？

我想，我喜欢的诗行，他会怎么看呢？比如："战斗中蕴藏着希望，即便在阴暗深渊之旁……"又如，我更喜欢，也更可怕的诗句："瑞典人、俄国人——猛刺、猛砍、狠杀。"②这又怎么样？难道不是艺术?！可利哈乔夫呼吁我们趋向平和、温顺。

然而这符合领导人的心意——起初是拉伊萨·马克西莫夫娜喜欢，随后米哈伊尔·谢尔盖耶维奇也喜欢。他们这样做也是可以理解的：这个国家已经道德沦丧、几近疯狂、"动荡不已"，他们需要让国人回复理智。他们需要想办法熄灭时时爆发的民族之间相互冲突的火苗。现在，我们可以猜想：利哈乔夫有意识地迈出这"不受欢迎"的一步，可能并非为了迎合当权者的喜好，而是想教育逐渐野蛮化的民众？这时候利哈乔夫和他宣扬的善与良心，对当时的需求是再合适不过的了。或许，人们会听从他的劝告？附带说，当时"得到松绑"的报刊，缺乏耐心和善意，他们感兴趣的是肮脏的内幕，热衷"爆炒"新闻事件……或许利哈乔夫提倡美好追求，有助于新闻报刊冷静下来？……戈尔巴乔夫把很高的希望寄托在利哈乔夫身上。利哈乔夫能够满足他的这些期望么？

德米特里·谢尔盖耶维奇发觉他陷进了罗网，但是他心里明白，对话是不可避免的……他想要做的事情太多了，离开了当权者的支持，很多难

---

① 见《圣经》马太福音。——译者注
② 这里引用的诗句出自普希金的长诗《波尔塔瓦》。——译者注

题解决不了。

当时利哈乔夫想做的一件好事——是保护和恢复茨维塔耶娃的故居。茨维塔耶娃的房子最后一个住户叫娜杰日达·伊万诺夫娜·卡塔耶娃—雷特金娜，据她回忆说，那座楼房面临拆除的威胁，"1985年春天，德米特里·谢尔盖耶维奇·利哈乔夫院士'无缘无故'来察看莫斯科鲍里斯格列勃巷的一座楼房，临街的墙面上已经出现许多裂缝……这座楼里只住着一户人家。院士的光临——是出人意料的喜事，这种事非常少见！"

几个茨维塔耶娃的崇拜者聚集在这座楼房保存完好的一间房子里，其中一个女人欢呼道："真盼望院士到来！"说完哈哈大笑——这时门铃响了。卡塔耶娃—雷特金娜打开门，门口果然站着苏联科学院院士德米特里·谢尔盖耶维奇·利哈乔夫。

"人们成群结队地来看这座房子，大家都觉得轻松愉快。玛丽娜·茨维塔耶娃1914到1922年间住在这座楼房里。她生前出版的十五本诗集有十一本是在这座房子里创作的——在俄罗斯创作的都是最出色的作品……在苏维埃时代楼房曾用隔板分出一些房间，但原有的独特结构还是保存了下来。国内战争后没有进行过装修，房子里依然是带雕刻花纹的白门，天花板上仍然有奇妙弯曲的装饰线，有一部分橡木护墙板得以保存，壁炉的大理石和瓷砖砌的火炉已经毁坏。正面白色楼梯上方原有的彩色装饰玻璃已经破损，仍然闪闪发亮……德米特里·谢尔盖耶维奇天生善于把人们吸引到自己身边，他给他们解释，跟他们进行对话。德米特里·谢尔盖耶维奇说：'这里要成为纪念馆。我来帮助你们！……'这座楼房能成为研究白银时代文学的中心，那就太好了，莫斯科的文化精英适合在这里举办创作晚会。"

多亏德米特里·谢尔盖耶维奇·利哈乔夫的努力，这一切都变成了现实。我记得2005年我也有幸来到这座楼房里，接受《新世界》杂志颁发的年度奖，当时汇集了不少出色的听众。在那天的晚会上还颁发了以尤里·卡扎科夫命名的文学奖……出席颁奖晚会的都是赫赫有名的人物！

能够做到这一点只能归功于利哈乔夫，是他在1986年领导成立了文化基金会。

文化基金会是利哈乔夫与戈尔巴乔夫相互协商的产物，米哈伊尔·谢尔盖耶维奇·戈尔巴乔夫对此曾回忆道："我跟德米特里·谢尔盖耶维奇·利哈乔夫结识，刚开始的时候没有见过面。在克里米亚休养的时候，偶然读了他写的一本书，接着读另外一本，从那时候起尽力不放过他的著作……我给德米特里·谢尔盖耶维奇写了一封信。不久我们未曾谋面的相识变成了当面会晤。1986年成立了苏联文化基金会。我们请德·谢·利哈乔夫来领导这个组织。为了让我们国家的文化得到切实的发展，他投入了很多精力。拉伊萨·马克西莫夫娜也进入了执行委员会。从那个时候开始，我们之间的私人交往或多或少步入了正轨。"

从戈尔巴乔夫的回忆中不难发现，文化基金会似乎是"老爷的恩典"，赏赐给利哈乔夫的礼物，是"开明政治"的结果。不过这些远非一蹴而就，文化基金会的成立在很多方面归功于利哈乔夫的顽强坚持和志同道合者的帮助。在戈尔巴乔夫执政"回暖"的最初几年，利哈乔夫关于保护某处文化古迹的方案，都寄给戈尔巴乔夫，所有这些书信都下达给办事机构处理，寄回来的有回文通知。

一切都取决于偶然性，更确切地说——主动性来自下层，要"善于捕捉"机遇。德·尼·楚科夫斯基的一个朋友鲁斯捷姆·哈伊罗夫，当时担任莫斯科苏联科学院管理问题研究所实验室主任，他有超强的沟通能力。在作家中央大厦一次文学晚会上，哈伊罗夫请来了利哈乔夫，似乎是让他来休息散心，当时担任苏联作家协会秘书的是神通广大的马尔科夫，在他的秘书办公室，哈伊罗夫拿起了带"徽章"的专用电话，给戈尔巴乔夫秘书处负责人亚历山德罗夫打电话说，利哈乔夫在这里，他想把一封书信转交给苏共中央总书记戈尔巴乔夫。所有在场的人都惊呆了……但是要阻止已经来不及了。书信早已写好，很快国家事务机要信使来了，他把书信带走了。

有关基金会的设想迅速得到了落实。

1986年11月12日苏联文化基金会正式成立。基金会位于果戈理街心花园6号，那是原属于谢尔盖·特列齐亚科夫的一栋独立楼房。那段岁月当然是令人惊讶的时期。放到现在，在"发达的资本主义"时代，把一栋古老的独立楼房送给一家文化机构——简直是连想也不敢想的事情……德米特里·谢尔盖耶维奇在基金会里的坚强支柱是他邀请来的多位科学院院士、教授、博物馆馆员、图书馆和档案馆职员、大学教师、画家、演员、导演、宗教界代表人士、干练的办事人员。成立了基金会执行委员会和主席团。例会在橡树大厅举行。在较为朴素的阿穆尔大厅商讨各种事务、会见客人，这里曾经接待过很多外国来宾和更多的来自外省的人员。

起初，德米特里·谢尔盖耶维奇为这一成就感到格外自豪，甚至带着夫人季娜伊达·亚历山大罗夫娜和女儿柳德米拉到基金会来看看。他特别喜欢在那里听古典音乐演奏会。那时候他的脸上会浮现出幸福的微笑。似乎他所有的理想，都变成了现实。

1986年是利哈乔夫的八十寿辰，他荣获了社会主义劳动英雄称号。在戈尔巴乔夫看来，似乎有了利哈乔夫这根擎天柱，我们国家的文化事业就可以步入正轨了。

实际情况是，摩擦与矛盾从基金会成立之初就出现了。利哈乔夫坚持要求："不发薪酬，不设职务，只依靠社会捐助。基金会编制只从技术人员中挑选。"但是，事务已经被官员之手牢牢控制。他们有内部编制，报酬相当丰厚。拒绝领薪酬的其实只有德米特里·谢尔盖耶维奇·利哈乔夫一个人。

利哈乔夫带领基金会工作人员到处去查看被遗弃的文化古迹，他感到非常绝望，原因不仅仅是许多古迹成了废墟……在莫斯科郊区的维雅杰姆斯基庄园奥斯塔菲耶沃，卡拉姆津曾经在那里寄居，在那里撰写《俄罗斯国家通史》，现在那里是俄罗斯联邦部长会议疗养所，官僚们把卡拉姆津的书房改建成了配备高档设施的豪华居室。利哈乔夫怒不可遏地冲向他们!……那些官员仿佛明白了,答应"纠正疏忽"。利哈乔夫很少发脾气——可他发起脾气来确实叫人害怕。

但是发生冲突碰撞的不仅仅在"上层"。离开奥斯塔菲耶沃庄园,他顺路去了杜勃罗维察村,那里在修复一座有名的教堂,工期拖延了很长时间,那座教堂是莫斯科一带典型的巴洛克建筑,非常罕见。在那里,很多信徒把他团团围住,纷纷问他:究竟到底什么时候才能修复教堂,开始祭祀祈祷?对于这些问题,他应该给予回答——但是他的答复往往不能叫人满意。这一次他严肃地回答那些信徒说,教堂里保存着珍贵的古代木雕圣像,为了妥善保护这些文物,需要特殊的保温措施——可惜呀,这跟每天的祈祷活动存在矛盾。可以想象信徒们的反应,但是利哈乔夫表示他愿承担这份沉重的责任,这样的局面他也得忍受!当基金会与东正教教会发生冲突,利哈乔夫也不得不介入——比如,因教堂的瑰宝归属问题产生了争执,瑰宝该归教会还是归基金会所有?利哈乔夫总是站在基金会一边,因此甚至跟无所不能的莫斯科市长卢日科夫发生争吵,按照惯例,卢日科夫总是支持教会。

按照当时通行的做法,无党派的利哈乔夫身边必须有个党员做主席,德米特里·谢尔盖耶维奇有足够多的经验,他担心安排人选不当,整个事业就毁了。的确,戈尔巴乔夫的夫人拉伊萨·马克西莫夫娜,作为"监护者",拥有强大的影响力,对文化事业也比较热心,她赋予了德米特里·谢尔盖耶维奇某种程度自由行动的权力,有些问题他可以自行决断。更确切地说,上级推荐了著名的文物修复专家、活跃的文化界人士萨维里·亚姆希科夫,此人表面上"装出"一副样子,不站在当权者一边;而利哈乔夫却邀请了在苏共奔萨州委员会任第二秘书的格奥尔克·瓦西里耶维奇·缅斯尼科夫做自己的副手。缅斯尼科夫在基金会做了很多有意义的事,而且能够这样做的大概也只有他,因为他拥有广泛的社会关系和丰富的经验……不过,有时候,他的"党员思维"会把利哈乔夫置于绝望的境地。恰巧是那次奥斯塔菲耶沃之行,他看到利哈乔夫在彼得堡与莫斯科之间来往奔波,非常辛苦,他就以"党员的直率"劝说利哈乔夫在莫斯科买套住宅,在莫斯科郊区买座别墅。他说:"正好我们在筹划斯维利多瓦住宅区的方案。"

利哈乔夫生气地回答说:"我在科马罗沃有别墅,以后再不要提这件事!"就这样他仍旧耗费衰弱的体力,在彼得堡和莫斯科之间来回奔波。由此可见,他认为从事恢复俄罗斯文化事业所遵循的不仅有美学的原则,还有伦理的原则。一点儿也不能掺杂私心。

俄罗斯古代文学研究室的同事,利哈乔夫工作的主要助手伊·阿·洛巴科娃曾回忆说,基金会的官员对于利哈乔夫坚持原则感到大惑不解。利哈乔夫指出:"基金会抢救和收集文化瑰宝,其中也包括来自国外的文物,可是这些宝贝不能成为个人的珍藏!文化古迹不可能成为某个人的私有财产。"官员的疑惑是真诚的:"怎么会是这样?那谁还会来呢?……"他们在这里辛勤工作,夜晚不得安眠,究竟是为了什么呢?利哈乔夫没有接近宫廷……他坚持了很久。他的坚持是令人震撼的!我们不妨回忆他经历中的几件事。

……利哈乔夫不止一次讲过普希金之家保护普希金手稿和其他无价瑰宝的条件急需改善,但是当权者总是用书面答复敷衍搪塞。那时候他发表了公开声明,如果上级不采取措施改进保护条件,他就放弃自己的院士称号!这次行动产生了效果,所需经费终于发放下来了,虽然是最低的限额。

一直困扰利哈乔夫的最大难题是国家没有任何保护和发展文化的法规,每次保护这样或者那样的文物古迹都像是重新开始,像第一次行动。于是利哈乔夫暂时放下学术研究,撰写了《文化立法宣言》初稿寄给戈尔巴乔夫过目审阅……可是我们敬爱的戈尔比已经享誉全球,他什么都知道,知道很多人向他提出请求,不可能满足人们所有的心愿——"你会失察失控",于是他面带迷人的微笑,接过利哈乔夫的宣言,转手交给自己的下属机构,让他们"稍作修改",修改以后就不知下落。下属机构熟悉他们的业务,知道该怎么样工作:因为领袖人物的"善意允诺"并非都要逐一落实，应当善于使它们悄悄"熄灭"……为此领导人发给他们酬金，器重他们。然后，领袖人物当然会抱怨"手下官员的拖拖拉拉"……可是，领导人又怎么能离得开他那些下属呢？如果领导人慷慨激昂发言时所做出的许诺都要兑现，他们又该怎么办呢？

利哈乔夫在基金会的工作越来越困难。经验老到的党员官僚，熟练掌握了说空话说套话的艺术，他们在这里也获得了胜利。利哈乔夫的学生叶·戈·沃多拉兹金编写了一本很厚的书回忆他的老师，这里引用其中描写苏联文化基金会执委会开会的一个片段：

利哈乔夫：

"同志们！今天我想谈谈我们工作中的几点不足，因为我们的成就和优点是显而易见的，再重复也没有意义，因为那些方面不需要做任何修正……这几点不足我是从列宁格勒发现的，这里存在相当遥远的距离……我对整体情况不太熟悉，信息不通畅，不了解莫斯科工作的进展如何。这里有些地方需要改进，也许我说得有不对的地方，不过……"

戈尔巴乔娃：

"德米特里·谢尔盖耶维奇，对不起，我没有听清楚。"

利哈乔夫：

"拉伊萨·马克西莫夫娜，是这样，我想说的不是我们的优点，成就明摆着，比如出版了杂志，这是我们生活中的一件大事，它让基金会脸上有光，礼物，我们收下了，措施，我们也拟定出来了……各位部长来访……所有这些毋庸置疑都是我们的成绩，但是我不想多讲那些成就了，因为知道取得的成就很好，没有什么需要纠正的，因此我想主要讲一讲我们基金会里在我看来存在的缺点和失误的地方，有待改进的地方。

"基金会的宗旨——就是提高我们国家的文化水平；基金会的目标——是就这个词的广义而言。这不仅是我们基金会的宗旨，而且是我们有意识的追求，因为这一点现在看来极其重要：离开了提高文化水平，离开了提高人道主义的文化意识，就不会有道德水准的提升，也就谈不到体制的改善，如果一个国家的文化水平达不到足够的高度，那就不可能有行之有效的法令规定，不可能有正确的行动……"

说来叫人奇怪：利哈乔夫本来以口才出众闻名，在这里讲话却断断续续，含混不清，完全不像他在同行面前、在学术会议上发言那样流畅自如，在那种场合他善于准确地驾驭场面、引导听众……在这里，在基金会会场，他好像处于"飘浮状态"——似乎不好意思在这里讲话，似乎心里有什么羞愧。

拉伊萨·马克西莫夫娜不想听他说话……至于他所说的"道德和文化水平"，现在更每况愈下了，没有人想听从他的告诫，道德和文化水平在当今社会"离我们是越来越远了"。

当基金会就筹建当代新兴艺术博物馆进行论证的时候，拉伊萨·马克西莫夫娜·戈尔巴乔娃也来出席会议。德米特里·谢尔盖耶维奇有些激动。他向戈尔巴乔娃说明，有必要尽快筹建新型博物馆，趁很多珍贵的作品还没有被运到国外。他说，很多画家得不到支持，不得不把杰作以低廉的价格出售……拉伊萨·马克西莫夫娜跟利哈乔夫谈话的姿态，跟她丈夫米哈伊尔·谢尔盖耶维奇站在最高苏维埃讲坛上与萨哈罗夫院士说话的姿态有几分相像，打断对方的话，不让人把话说完……德米特里·谢尔盖耶维奇忍无可忍。他想离开。他站起身来，迈着沉重的脚步，向门口走去……走到门边，放慢了脚步，转过身来，又回到自己的座位。

他明白，此刻必须忍耐，因为没有人可以代替他。

跟教会的关系也日趋紧张。他是为保护俄罗斯文化而工作，根本不是为了各级行政机关效力，甚至也不是为教会效力。

一些宗教艺术珍品，如宝贵的圣像画，罕见的刺绣帷幔，在荒废的环境中濒临毁灭，经过利哈乔夫的抢救，都送给文化基金会保存（基金会的收藏品数量越来越多），教会得不到这些珍贵的文物，教会中有权力的人物自然对利哈乔夫大为恼恨。该做的事情做起来非常困难——会遇到种种障碍和阻挠，还有许多"冠冕堂皇的理由"让你做不成！有些人的愚昧笨拙让利哈乔夫特别气愤，更可恼的是有些人明明能做的事情也不想做。他们还常常唱着高调为自己辩解，这更让利哈乔夫感到忍无可忍！

当事情牵涉到保护弗拉基米尔市乌斯宾斯基教堂安德列·鲁勃廖夫的壁画，负责看管教堂的官员，仿照党内首长的架势，忽然说了一句："没有了这些壁画，上帝也无所谓！"这让利哈乔夫气得几乎快要发疯了！"这里怎么会牵涉到上帝？简直是胡搅蛮缠！你闭上眼睛在车来车往的涅瓦大街上走一趟试试——看看是什么结果，到那时你就会知道，上帝是不是愿让你还留在这个世界上了！"

利哈乔夫疲惫不堪！夸夸其谈的人很多——却找不到一个值得信赖又肯做事的人！

他明白，自己陷入了绝境，所有的时间都耗费在没完没了的"协调商议"当中，却什么结果也得不到。官员们最重要的处事原则是："处理任何具体事件在他们看来都有风险。因此——无论如何不涉及具体事务！只是让那些文件——转来传去，往复循环！"我认识一位女官员，原来是斯莫尔尼宫的负责人，她退休以后告诉我说，他们最看重的工作原则可以归结为："石头洞里养螃蟹！"也就是说，待人接物态度要和蔼，然后设置迷魂阵，让来人迷失方向，无论如何达不到目的。如今，这一办事原则得到了充分的发扬。所有的官员都热情高涨——追逐高额的薪俸和去国外办事的美差，他们只盼望上帝保佑，干什么差事都行，千万别碰上处理具体事务。利哈乔夫有个主意，想为保护文化创办一本杂志，好为他们所从事的活动留下一点具体的东西——哪怕是为"正在消逝"的杰作保留一些相片也好！于是他开始寻找能创办杂志的合适人选。这次给他帮助的仍然是那个德·尼·楚科夫斯基，他推荐了叶尼舍尔洛夫。这位叶尼舍尔洛夫当时在《星火》周刊担任编辑，这本周刊发行超过百万册，一旦面世，很快就销售一空。周刊常常刊登一些文章，读者生怕错过了时机再也看不到。我还

191 记得揭露意识形态吃人魔王日丹诺夫的文章,标题为《日丹诺夫的多谋善变》。而在革命之前,"日丹诺夫的多谋善变"被称作阴谋诡计,散发出一股棺材里尸体的臭味儿。

那时候人们被报刊弄得腾云驾雾,晕头转向。"克鲁托夫州的州党委会全体委员一致反对州党委会第一书记鲍·伊·斯卡孔诺夫,斯卡孔诺夫被逼无奈,不得不提出辞职!"谁手里握有这样的报刊,难免会提心吊胆,时时环顾四周,看是否有人窥视权位,想要取而代之。记得大概是一年之前,就因为不够"小心谨慎"……有人就丢失了官职,难道这不是教训吗?岂不像做梦一样?"下波特古兹区党委会第一书记乌·叶·卢比亚金出席全体党委会会议,表达了对党委会的不满,他最后辞去了职务!"……令人兴奋的消息!

弗拉基米尔·叶尼舍尔洛夫把杂志《我们的遗产》办得有声有色——看来,选择无疑是正确的。如今,在这个出版物越来越豪华的时代,你把一本厚重的杂志拿在手里,不由得心情激动:"贵族庄园、皇家餐具的照片多么精美啊!这些杰出的作者真聪明,真有教养啊!"精美的杂志!即便是现在,读这样的杂志也十分有益!……怎么,说"现在"难道不合适吗?"即便现在",尤其需要——当再次遭遇"文化危机","闪光的玻璃屏幕"无处不在,难道不是这样吗?当叶尼舍尔洛夫创办这本杂志的时候,学校里学生们的笔记本已经消失,更不用说教科书了,难道这不是事实吗?他创办了杂志!……当然,他得到了利哈乔夫不懈的支持,凭借着他极高的影响与威望,这有助于为正义的事业铺平道路。

从利哈乔夫给叶尼舍尔洛夫的通信中可以看出他的目光有多么锐利,工作有多么紧张。从这些书信中还可以发现利哈乔夫的心灵怎么样受到伤害,他对基金会有多么失望,让他最不满意的是某些人把好事变成了隆重的表演,处处显示他们的傲慢自负!

有些人"随心所欲,不负责任"让他格外疼心,"任意进行破坏","时髦的虚无主义分子"人数越来越多,他被迫无奈,只得出面跟他们进行斗争,却往往觉得力不从心。而让他感到特别难过的是——他还不得不面对笨拙的"进步人士",跟他们进行争辩。请看下面他写的一封书信:

给弗·彼·叶尼舍尔洛夫,91年6月18日。

尊敬的弗拉基米尔·彼特罗维奇!

我给您写信,事关格里高利·波梅朗茨的文章,自负而轻浮,无论如何不能刊用(文章涉及对"三位一体"的解释。——瓦·波按)……它会让很多读者疏远我们的杂志(尤其是侨民读者,它所引起的反应可能类似于西尼雅夫斯基的著作《陪普希金散步》)。

这封短函,对于您说来,具有文件一样的性质。在适当时机,您可以把我的信公之于众。

6月28日离开"白夜"旅馆,去科马罗沃。

8月5日我将去莫斯科,宣布世界拜占庭学者代表大会开幕。但不会在莫斯科一直待到会议结束,因为外孙女从慕尼黑回国探亲……

又遇到了一个神经质的人。决心进行抨击,可惜理由不充分。奥列克·沃尔科夫(贵族出身,纳博科夫的同班同学,曾遭受清洗却得以幸存。——瓦·波按)我指出了他回忆录中的几处谬误,他就在《我们同时代人》第四期发表文章进行反驳,给我以回击……

在那些岁月,利哈乔夫精力充沛,能做很多事情,主要力量投入哪个方向,他都看得清清楚楚。1986年夏天,弗·彼·叶尼舍尔洛夫和德·尼·楚科夫斯基在"俄罗斯"宾馆访问了德米特里·谢尔盖耶维奇,作为苏联作家协会第八届代表大会的代表,他跟其他代表都住在那里。有些从来没有见过面的人,从人群中认出了他,也向他问好,甚至走到他身边,就某些事情向他求教。后来,德米特里·谢尔盖耶维奇请弗·彼·叶尼舍尔洛夫和德·尼·楚科夫斯基到自己下榻的房间坐坐。利哈乔夫心情很好,看得出来,他乐意跟他所敬重的人士交谈。他的房间位于宾馆上层,视野开阔,看得见红场和克里姆林宫。利哈乔夫很健谈,他指着克里姆林宫宫墙上的雉堞说道，有些人把它们比喻为"燕尾"是错误的，实际上这些雉堞是仿照意大利王宫宫墙上的雉堞修建的，其含义是雄鹰震颤的翅膀。他回顾了一些历史细节，照说所有的人都应该牢牢记住。当莫斯科被宣称为第三罗马，邀请了意大利建筑师菲奥拉旺蒂来修建克里姆林宫，他在克里姆林宫宫墙雉堞的设计上留下了自己的标记。利哈乔夫对克里姆林宫教堂广场景色表示赞赏，那里是莫斯科公国的圣地——乌斯宾斯基教堂里埋葬着历代的莫斯科都主教。楚科夫斯基在他的回忆录中特别指出，利哈乔夫的这次谈话，仿佛是一次短暂的学术讲座，他的语调洒脱又从容，没有丝毫的训诫口吻与傲慢，像朋友之间促膝谈心，待人亲切平和，充分显示了院士的风采。

随后德米特里·谢尔盖耶维奇开始跟两位客人商量他的发言稿，他准备在即将召开的作家代表大会上发言。

那时候，就在 1986 年，他第一个决定在发言中要求出版以前遭禁作家的作品，这些作家有：古米廖夫、普拉东诺夫、曼德尔施坦姆、阿赫马托娃、帕斯捷尔纳克、左琴科、霍达谢维奇、纳博科夫等。两个客人感到震惊。当然，所有的人都感觉到，执政当局要给人们一点儿自由——但究竟给到多大限度，谁也说不清楚，因此都害怕冒风险，可是利哈乔夫立刻就决定争取更多的进展。因为他已经成了人们心目中的领袖。

他的讲话得到了热烈喝彩。在这之前，没有一个人敢像他这样大胆地讲话。他开始公开地谴责那些有罪的人，他们在几十年间毁坏了俄罗斯，毁坏了俄罗斯的文化和声誉。下面是他讲话的片段：

"……那些人得了可怕的健忘症，他们炸毁了波罗季诺战场上的巴格拉季昂公爵的坟墓，炸毁了人们集资建造的纪念战胜拿破仑的基督救世主大教堂；他们禁止阅读阿赫马托娃、茨维塔耶娃、古米廖夫、帕斯捷尔纳克、普拉东诺夫、左琴科、霍达谢维奇、克留耶夫、纳博科夫等诗人和作家的作品……现在还没有彻底肃清他们给我们国家的文化、给我们的道德、我们的爱国主义所造成的恶劣影响！"

响起了暴风雨般的掌声,尽管可以看到,并非所有的主席团成员都鼓掌。

利哈乔夫的发言很成功,可是他以素有的谦逊礼貌向朋友们致谢,他曾经征求过他们的意见,他给叶尼舍尔洛夫写信说:"……谢谢您的提醒——我在发言中借用了您的几点说法。"

由于利哈乔夫勇敢的公民立场——他的声望与日俱增。在公开化的时代,在对过去制度危害进行揭露的时代,在集中营受过磨难的利哈乔夫根本就不打算保持沉默。

玛丽娜·科尔多夫斯卡娅拍摄的影片《索洛韦茨基的权力》的上映对社会产生了巨大的影响。它让我们第一次目睹了苏维埃政权野蛮的兽性,其实它所执行的一直就是"索洛韦茨基集中营"的权力。当然,影片产生巨大的反响,还由于利哈乔夫亲自参加了拍摄。从他口中道出的谴责对于民众说来更具有说服力,甚至帮助那些摇摆犹豫者看清了真相,他们一直不知道"究竟谁说的是真理"。附带说,在那几年那场较量谁能获得胜利远还没有解决。人们随时可能被贴上标签、戴上"头套"——利哈乔夫比任何人都能更加敏感地意识到危险之所在,但是他做出了自己的抉择,无所畏惧地投入了行动。

利哈乔夫的国际声誉大概也是随着这部影片的上映而与日俱增。在伦敦,格奥尔基·弗拉基米罗维奇·戈里岑公爵在他的豪华宅邸观看了影片,他邀请了导演科尔多夫斯卡娅和利哈乔夫到他府上做客。出席电影首映会的都是俄罗斯侨民界的精英,其中有格奥尔基·瓦西里奇科夫公爵,当时负有盛名的侨民作家亚历山大·季诺维耶夫,甚至还有迈克尔·肯茨基王子,他是尼古拉二世的侄孙子。

获得良好声誉的不仅仅是影片,还有利哈乔夫本人,他写的文章,他的风度、谈吐征服了所有的人。他成了新俄罗斯的全权代表,所有的人都给予他完全的信任。

利哈乔夫不仅与各界的杰出人物交往,还完成了他的使命。他向侨民界呼吁：捐献古籍手稿，分享珍贵的回忆——所有这些文物都有极高的文化价值，也是国家所需要的。他得到了信任与回应。这样一来就在莫斯科玛丽娜·茨维塔耶娃故居纪念馆成立了非常出色的俄罗斯国外档案部，收藏了数以百计无价的"珍贵藏品"。

由利哈乔夫领导的文化基金会，一个主要的任务就是收集流落到国外的文化瑰宝。当他发现某些文物对国家说来很重要，必须要让文物回归的时候，尽管他有知识分子克制忍耐的风度，但他表现出来的顽强意志和行动的果断还是叫人赞叹。

比如，必须让屠格涅夫长篇小说《父与子》的草稿回归国内。这部底稿当时在伦敦帕尔穆尔勋爵手里，他是有名的收藏家，是旧书商和古玩商。他报出了出让的价格，文化部的官员认为高得过分，拒绝支付。但是利哈乔夫一心实现他的计划，不想做任何让步。他给当时的国家领导人尼古拉·伊万诺维奇·雷日科夫打电话，简短地说明了必须赎买这件文物的道理。过了一段时间，机要信使来见利哈乔夫，把一个深蓝色的卷宗交到他手上，里面装的就是梦寐以求的手稿。

由于他的威望和热心奔走，不久之后，基金会里就出现了其他极其珍贵的文献：季娜伊达·吉皮乌斯的日记本，以前不知道的普希金的书信，列米佐夫的书信等。毫无疑问，所有这些珍贵的手稿或文物原来都属于私人收藏，是收藏者某种收藏系列的一部分，让他们出让自己的藏品，并非轻易就能得到收藏者的应允。这需要大量的资金投入——而这样的资金能够筹措到位。既然人们都知道，我们有大量的资金被"侵吞"，这么多的资金交给任何人恐怕都难以信任。能得到信任的唯独大公无私的利哈乔夫。

……你可以想象，莫斯科特列齐雅科夫宅邸里"上流社会"的那次晚会，盛装出席的女士光彩照人，华丽的阿穆尔大厅该有何等辉煌！

二十世纪九十年代初，南非国际钻石开采公司"德·比尔斯"莫斯科代办处在文化基金会举办了"回归珍藏文物"展，绝大多数"回归"文物都是由该公司出资协助购买的。世界上最强大的钻石王国决心帮助俄罗斯实现文物"回归"计划。除了利哈乔夫，他们不可能帮助任何人——他是个绝对无可挑剔的人。

展览橱窗里陈列着极其珍贵的展品——茨维塔耶娃、布宁、列米佐夫的书信，马尔克·阿尔达诺夫的档案资料，现在十分罕见的成套的珍贵期刊《当代纪事》、《数目》，文学丛刊《空中之路》，还有歌唱家夏里亚宾、芭蕾舞演员帕甫洛娃和克舍辛斯卡娅等文化名人带签名的照片等等。利哈乔夫带领"德·比尔斯"钻石王国的首领——上了年纪的加利·奥本海默观看一个又一个展览橱窗。富有的人们，跟通常的看法相左，常常受过良好的教育，就像熟悉生意一样，对于艺术也有很深的造诣。奥本海默这次来访送给了文化基金会一份列夫·托尔斯泰致莫罕达斯·甘地书信的复印件，原件保存在约翰内斯堡他的私人图书馆里，他对利哈乔夫十分敬重与信任，他说："将来您到南非来我家做客，我把这封书信的原件通过您送给俄罗斯。"

在参观结束的时候，奥本海默更加理解了利哈乔夫使用赞助资金是多么精心，对文物的理解多么深刻，他说："我们明白了，俄罗斯保持了诚实与尊严！"

利哈乔夫为俄罗斯挽回了名誉。他成了我们国家最重要的"文化使者"——正是凭借自己的声望、独一无二的仪表、渊博的学识、优雅的贵族气质、与社会名流的交往，他才成就了令人叹服的事业。

继承了大批贵重财产的莉季娅·保利索夫娜·瓦尔萨诺（未出嫁时姓诺基娜）非常推崇德米特里·谢尔盖耶维奇，由于得到她的支持，利哈乔夫才可能研究最珍贵的文物资料和藏品，并作出判断是否由基金会收藏。有一张精彩的照片——莉季娅·瓦尔萨诺与利哈乔夫在威尼斯，拍摄于1993年。德米特里·谢尔盖耶维奇仪表堂堂，庄重优雅，高尚和善，他的气质跟他需要完成的崇高使命高度吻合。

正是凭借良好的名声，利哈乔夫才得以拜访著名的收藏家亚历山大·雅科夫列维奇·波隆斯基，这位收藏家为他拿出了藏品中的珍珠——

普希金亲笔写的《在格鲁吉亚山冈上》手稿。利哈乔夫仔细观赏了手稿，对它的妥善保存表达了由衷的赞叹（正如他所言：爱惜手稿，需要阅读，需要珍惜，不然就会毁坏），不过，他并没有购买这份手稿。对于基金会资金的使用，他小心谨慎，具有很强的责任心。那份手稿价格昂贵，普希金之家已经收藏了普希金这首诗的另一份手迹。但是他购买了一些侨民出版社出版的文集和巴黎出版社出版的俄罗斯作家的作品，并把它们交给了玛丽娜·茨维塔耶娃故居纪念馆国外俄罗斯作品收藏部，那时候这些书刊很少见，即便在专门收集侨民著作的图书馆也找不到。

1991年在伦敦，宫廷女官的后代尼古拉·瓦西里耶维奇·维鲁博夫，把捐献给文化基金会的珍藏版画交给利哈乔夫。在这次捐赠仪式上，利哈乔夫头戴牛津大学的博士帽，身穿牛津大学的博士服。

……或许——收集到无价的珍藏文物就是利哈乔夫在基金会的工作价值？

利哈乔夫从1986年到1993年领导了文化基金会，然而最后他无奈地退出了这个机构。究其原因，所谓"发展进步"的历史道路并没有把国家引向利哈乔夫所期待的逐步净化，而是相反，陷入了违法与卑劣狷獝横行的时代。叶尼舍尔洛夫是《我们的遗产》杂志的主编，也是利哈乔夫在基金会里最喜欢的"孩子"，利哈乔夫在给他的一封书信中写道：

94年1月5日

请通知格奥尔基·伊拉利昂诺维奇（瓦西里奇科夫——公爵，文学家、史学家，当时担任俄罗斯"德-比尔斯"国际珠宝贸易公司的顾问。——瓦·波按）我现在跟俄罗斯文化基金会已经没有任何关系（我难以跟格拉祖诺夫之流一道工作），因此我跟奥本海默签订的合同在这种情况下不能生效。

看来，在基金会所有的建树中，只有《我们的遗产》杂志始终让利哈乔夫感到欣慰。在他去世之后，为纪念他诞生一百周年，《我们的遗产》杂志推出了利哈乔夫百年纪念专号,其中有很多特别珍贵的文章与资料。

1995年6月5日,利哈乔夫给弗·彼·叶尼舍尔洛夫写信说:

……您非常重视外省的文化,并把这样的兴趣跟重视知识分子阶层结合起来,这样做很好……出版社答应再过一个月出版我的《回忆录》……我很感谢您,在那段时间带我去看莫斯科附近的纪念馆:去沙赫马托沃、谢列德尼科沃、穆拉诺沃。现在对我来说,是让我真心喜爱的重要经历。

……这已经像跟基金会告别了。利哈乔夫在他的社会活动中得到了米哈伊尔·谢尔盖耶维奇和拉伊萨·马克西莫夫娜的大力支持,与此同时却没有形成相互理解、相互沟通的良好关系,也不可能形成那样的关系——因为他们是差别很大的两种人,生活经验彼此不同,生活目标不同,达到生活目标的方式方法也不同。起初是跟"党的纪律观念"产生的碰撞,是跟戈尔巴乔夫夫妇流露出来的上层傲慢意识的矛盾,到了后来,恰恰相反,是跟社会上开始泛滥的"自由主义潮流",跟肆无忌惮的商业利益的冲突。艺术家难以接受"老爷式的关爱"。摩擦不可避免。我们还记得,尼古拉一世怎么样责怪莱蒙托夫,原因是《当代英雄》写的不是沙皇……但是,利哈乔夫有效地利用了"老爷的关爱"。那段时间,力所能及地做了有益的事情,同时又没有违背他的原则立场。

……不过,接下来的岁月已经不再"属于他"了。国家抛弃了文化基金会,如同丢开一件玩腻了的玩具,为了基金会的生存不得不四处寻找资金的支持——而利哈乔夫并非这方面的高手。官员们害怕将来发不了薪酬,经过表决把候选人尼基塔·谢尔盖耶维奇·米哈尔科夫推上了基金会主席的岗位……他呢,口头上不允许基金会陷入困境,具有诱惑力的国外出差却接连不断!利哈乔夫成了形同虚设的"荣誉主席",即便这样他还是不止一次就原则性问题跟米哈尔科夫进行激烈的争辩……

下面是给叶尼舍尔洛夫的书信片段:

现在一切都毁坏了……尼基塔·谢尔盖耶维奇不知出于什么原因把藏书（指俄罗斯侨民文学档案。——瓦·波按）从茨维塔耶娃故居纪念馆搬走，他自己所在的基金会，那地方并不适合成为文化中心（特别不恰当的是把一部分场所租给了与文化无关的单位，这样一来就失去了让人们感到舒适亲切的氛围）。

……经过了长时间的反复争论，藏书仍然留在了玛丽娜·茨维塔耶娃故居纪念馆——这或许是利哈乔夫在文化基金会的最后一次胜利！在利哈乔夫大量的书信当中，曾经冒出这样一句话："……有时候，可爱的婴儿会变成妖魔鬼怪！"

从戈尔巴乔夫到叶利钦

利哈乔夫与戈尔巴乔夫,是那个时代两个关键性的人物。

戈尔巴乔夫挽救了利哈乔夫:如果没有他,原来的当权者想方设法会整治这个不让他们喜欢的利哈乔夫——这样的尝试已经不止一次了。可是戈尔巴乔夫从无数人当中"挑选"了利哈乔夫——而利哈乔夫感激戈尔巴乔夫对他事业上的支持。就像力图改变生活的两个巨人,他们不可能不相互影响,不过,他们所走的道路并不相同。

1987年,利哈乔夫收到了邀请函,让他到斯莫尔尼宫跟其他市民代表一道欢迎戈尔巴乔夫。按照鲍里斯·费奥多罗维奇·叶果罗夫教授的说法,利哈乔夫曾跟他交谈过参加会见的印象,事情经过是这样的:

恪守时间的利哈乔夫提前半个小时到了斯莫尔尼宫,但让人心烦的是警卫要核对名单上的每个名字,他们寻找名字花费了很长时间。等候入场的人排起了很长的队伍。等进了门爬上楼,发现大厅里已经坐满了人。

利哈乔夫坐在倒数第四排,离门口很近。戈尔巴乔夫出现在讲台上,他讲话讲了很长时间。当他说到列宁格勒知识分子的时候,所有的摄像机都掉转过来对准了利哈乔夫。

以前领导人讲话结束,会走进舞台上的小门退场,戈尔巴乔夫却不是这样，他讲完话有意识地穿过大厅，从座位中间的通道上走过。没有人敢走到这条通道上去，都怕妨碍他的行动。有些人从座位上站起来向戈尔巴乔夫问好，戈尔巴乔夫也向他们问好，但一直没有停下脚步。到了利哈乔夫身边，他站住了。戈尔巴乔夫说从主席团名单上看到了他的名字。利哈乔夫躬身致意。稍微想了想，戈尔巴乔夫询问，他是否愿意参加儿童基金会的工作。利哈乔夫有些犹豫，看来他好像没有听明白戈尔巴乔夫说话的意思。这时候拉伊萨·马克西莫夫娜帮忙解释了，她在文化基金会跟利哈乔夫时有交往。她面带笑容说，德米特里·谢尔盖耶维奇的负担已经够重的了。戈尔巴乔夫很宽容地点点头，然后继续朝外走。这次短暂的会见，让所有在场的人看到，戈尔巴乔夫做出了自己的选择。那时候有很多人都在极力争取让戈尔巴乔夫站在他们那一边。民间流传着黑色百人团写给戈尔巴乔夫的一封信，他们自命为"真正的爱国者"，把"爱国"视为自己的天职，如果他们认为哪些人不像他们那样"爱国"，就会往那些人头上泼脏水，诽谤陷害；如果什么人说自己爱国，却又不属于他们那一伙，他们也会起而攻击。在那份书信里提到利哈乔夫的名字，污蔑他不爱俄罗斯，原因是他认为夏加尔①属于俄罗斯大师级的画家。大概戈尔巴乔夫知道那封信(可能一些有影响的作家对这件事很关注)，因此，他要当着大庭广众有意识地向利哈乔夫表示友好，他断定这个隐忍而有涵养的人不可能铤而走险，而且他的威望可以影响知识分子的情绪以及他们的走向。

199　　利哈乔夫的社会地位开始迅速提升。

1987年2月23日在克里姆林宫召开了"为无核世界、为人类生存"代表大会，利哈乔夫出席了这次会议，鲍·费·叶果罗夫在普希金之家转述了利哈乔夫所说的话：

参加会议的人很多。玛丽娜·弗拉狄每天都换新装，头一天穿白

---

① 马克·夏加尔（1887—1985），俄罗斯画家，出生于犹太人家庭，1923年流亡国外。——译者注

色衣服，去给维索茨基扫过墓，然后就穿鲜艳的服装，主要基调是——红色。叶甫盖尼·叶夫图申科一身红色西装，格莱姆·格林，彼杰尔·乌斯季诺夫，来自卢森堡的法里茨韦因男爵，……说一口流利的俄语，他是俄罗斯的贵宾（由于母系艾潘琴的传承）。宾馆里的女服务员称呼他为"男爵同志!"这让他感到惊奇。……男爵答应帮助查询荷兰王国的机密档案，其中有尼古拉一世关于驱逐凯克伦①出境的书信……克里姆林宫接见，大部分客人乘坐大轿车。乘坐"海鸥"轿车的有格林（这正流露出对西方的崇拜），坐轿车的还有利哈乔夫，还有肯利赫·博罗维克，这是苏联的显赫贵族!

由于写这本书的原因，我记得，正是那段日子我有事在莫斯科逗留。当时处境很糟糕。因为戈尔巴乔夫宣布了"经济自由化"，所有老的国家出版社相继倒闭，而新筹建的出版社"自主经营"，运作漫不经心。没有钱——就没有饭吃，没有酒喝。再说酒和食品也都消失不见了。记得我跟两个莫斯科同行在冷冷清清的莫斯科游荡，浑身都湿透了，特别是两条腿都发软了。那时候差不多每条街道都悬挂着横幅标语：欢迎"为无核世界、为人类生存"代表大会召开。看来，他们以为这样的举措能够唤起我们的激动心情：那些重要的大人物正在办大事，他们为重大的谋划付出了宝贵的时间！但是，我记得，这些标语口号只让我们感到郁闷。哈，安排好了！谁不知道呼唤"为和平而斗争"的口号从来就是执政者为自己捞取好处的惯用伎俩?"向西方开放"，只会对他们自己有利。原来受读者喜爱的一些作家，比如康斯坦丁·西蒙诺夫、伊利亚·爱伦堡、尼古拉·吉洪诺夫等，忽然出现在我们那些娇生惯养的"和平战士"行列里，他们背上了十字架，从此不再被视为作家。我们这些娇生惯养的人，却不得不为了鱼子酱和白兰地而"斗争"，不得不跟那些宾馆的警卫"斗智斗勇"。我记得，我们当中

---

① 此处指荷兰公使凯克伦的义子丹特士·凯克伦（1812—1895），普希金与他决斗受伤致死。——译者注

的一位伙伴，忽然想起来他有个好朋友参加这次大会，在一个委员会工作，如果能找到他，我们就应有尽有啦！在经常举行会议的"宇宙"宾馆，我们被揪着领子轰了出来。那些警卫堪称天才：他们总能够准确无误地区分真正的"和平战士"和那些冒牌伪装者。我们只来得及看了一眼，诱人的氛围中"获得殊荣者"悠闲地在那儿游来荡去。利哈乔夫在那里也被看作"自己人"，在我们看来，这件事一点儿也不会为他增光。我担心，如果那时候他看见了我们，即便认识，恐怕也会装作"不认识"，高高在上——就什么都视而不见了。对于一个诚实的人说来，最好是遭遇"老爷的愤怒"，而不是得到"老爷的关爱"。

下面是利哈乔夫讲述的有关大会的故事（由鲍·费·叶果罗夫转述）：

> 克里姆林宫的晚餐：政府官员到处碰杯敬酒（少见的幸运！），叶·库·利加乔夫（当时主要负责意识形态的书记）走到利哈乔夫身边问道："现在有什么不满意的地方吗？""对诺夫哥罗德不满！"利哈乔夫回答说（那里正在修建一座联合化工工厂，对有文化价值的古典建筑很危险）。利加乔夫说，撤换了州第一书记，现在诺夫哥罗德得救了……与会者都在等待戈尔巴乔夫。有的人装模作样地把双手插在腋下说："我决不鼓掌！"——但是等戈尔巴乔夫在身边随从官员、外交官簇拥之下刚一出现，立刻掌声雷动，说不鼓掌的人，也开始鼓起掌来。"掌声变成了欢呼"——这是有传染性的仪式。

"老爷的关爱"对利哈乔夫有什么样的影响呢？1986年他被授予社会主义劳动英雄的称号。这种奖赏丝毫没有让利哈乔夫变得"驯服"，像过去一样，什么地方发生了最严重的事件，他认为自己就有责任出现在那里。1988年春天，弗拉基米尔教堂对面，爆发了一次群众示威事件，利哈乔夫严厉的祖父就曾住在教堂对面，利哈乔夫小时候常在祖父家里玩，从家里的窗口能看到教堂前发生的一切。一连好几天未经批准人们连续在那里聚会。提出来的借口是保护杰里维格的老房子，说它具有历史意义，当局想利用修建"陀思妥耶夫斯基"地铁站的机会拆除杰里维格的房子(陀思妥耶夫斯基会不会预见到这样的场面呢?)。但实际上这是不服从上级指令的群众聚会,不服从国家法令的集会,国家的法令正日趋削弱。人们都知道,利哈乔夫对群众聚会表示支持。这使得聚会的群众更加受到鼓舞。显然,当权者根本不想让类似的活动受到纵容。答应给人们自由,"公开性",这是戈尔巴乔夫向人们提出的口号,当权者却万万没有料到会出现这样的结果。没有人注意警车——可是警车突然出现了。有些参加群众集会的人后来回忆说,他们的遭遇可能会很悲惨,出面拯救他们的是利哈乔夫,他直接去见戈尔巴乔夫,为这些参加集会的人说话。戈尔巴乔夫听从了他的意见。参加游行示威的人们被从关押的地方放了出来,杰里维格的房子保住了。这是一场胜利。

必须指出,那些活动是借保护城市、保护城市历史和文化的口号进行的,这多少减轻了利哈乔夫完成任务的压力。他出面支持"保护文化遗存",当局很难表示反对。在利哈乔夫的协助下,保护"安格列杰尔"宾馆的群众示威也取得了胜利,因为那座宾馆也曾面临被拆除的威胁。就这样,利哈乔夫的威望日益巩固——他成了维护社会公正、对抗当局的领袖人物,在富有叛逆精神的青年当中也名声大震,就像当年陀思妥耶夫斯基或者涅克拉索夫在青年中受到欢迎一样。

1989年,利哈乔夫同意参加苏联最高苏维埃代表的选举,由于他的崇高威望顺利当选。人们对他寄予了很高的期望,但有些期望实际上并不现实:比如有人说:"既然利哈乔夫参加了最高苏维埃,一个公正的生活时代开始了。"

现在,他去参加会议的时候,他的车厢里总是聚集了求他申诉或求助的人群——他们提出的请求,只有"利哈乔夫一个人"能够解决。很多请求确实跟他"关注的问题"有关系,他就尽力帮助解决。他的负担大大增加了。他笑着说,有一次他在澡堂洗澡光着身子,在休息的单间里看见一个陌生人,那个人忽然请求他给予帮助,而且是"难以推托的一件事"。第一届人民代表大会工作的那几年是让人们充满了期望的年代。那还用说吗？代表当中聚集了那么多让全体民众爱戴与敬重的人——米哈伊尔·乌里扬诺夫、基利尔·拉甫罗夫、奥列克·巴西拉什维利、罗兰·贝科夫、谢尔盖·扎雷金、维克多·阿斯塔菲耶夫、德米特里·利哈乔夫！

奥列克·巴西拉什维利回忆说：

> 有些人被我们称之为第一浪潮的民主人士，这些人给予德米特里·谢尔盖耶维奇极高的评价……在人民代表大会上出现了僵持的局面，需要有人出面说出有分量的话，能够压倒我们的对手共产党人的蛊惑煽动。在这种情况下我们总是力求得到德米特里·谢尔盖耶维奇的支持帮助，我们知道他从来不会拒绝。老人家已经年事很高，出席各种各样的会议，代表大会，把他的科研工作推到了一边。他觉得自己肩负着唤起俄罗斯和知识分子良知的义务。

有很多令人敬重的人士，对党性表示厌恶，他们从来不参加共产党，没有人请他们参加，他们自己也不申请加入，这样一来他们对当权者的态度以及当权者对他们的态度就是很明确的了。可利哈乔夫跟这些人士不同，因此他在最高苏维埃所持的反对立场在那些年代的影响非常巨大，也很顽强（这种现象以后不可能再次出现）。他的发言在很多问题上与持民主观点的代表保持一致。俄罗斯文化是他关注的要点，在第一届和第二届人民代表大会上他谈论最多的就是这个议题。他一再重复说："文化——从某种意义上说来，就是在上帝面前申明民族生存的权力。"他在各种会议上的发言，在代表大会的讲台上，在各种委员会为代表大会召开的预备会议上，在科学院委员会上，在文化基金会上，他都把自己认为最重要的议题讲出来，并非笼统的泛泛议论，而是涉及具体的议案：比如有关涅瓦大街面临的威胁、索洛韦茨基城堡濒临危机、莫斯科郊区沙赫马托沃庄园与穆拉诺沃庄园的保护、诺夫哥罗德市涅列季察救世主教堂的抢救、阿卢普卡市沃隆佐夫宫的维修、彼得戈夫公园、普希金城公园、加特契纳宫殿花园、巴甫洛夫斯克行宫苑林、维堡区园林等公园的保护,以及贝加尔湖的保护等重要议题。

必须投入巨大的精力,克服重重障碍,他所看重的作品才能出版发行,不然就没有机会问世:《文学典籍》中刊发了"保皇党分子"亚历山大·伯努瓦的回忆录《拜占庭圣徒传》,国家文学出版社出版了《日瓦格医生》。尽管劳累疲惫,可是他明白:假如他离开这个社会舞台,没有人能够代替他做这些事情。

前面提到的那个最高苏维埃是个独一无二的会议。在那里可以遇见一些非常杰出的人物,若不是在这样的场合,由于他们出奇的忙碌,很难有机会碰面,而在这里,他们肩并肩坐在一起,试图同心协力做些事情……起码可以互相表达好感和敬意。而这样的交流在生活中相当重要。从事写作的人往往很孤独,像德米特里·利哈乔夫和维克多·阿斯塔菲耶夫差别很大的两个人,换一种场合很难碰到一起。可是在这里,他们俩就见面了。

阿斯塔菲耶夫写道:"……德米特里·谢尔盖耶维奇向我问了声好,从我身边走了过去,然后又返回来,拉着我的手说:'维克多·彼得罗维奇,天气太坏了,是不是?心里很难受,对空话连篇的谈论都厌倦了,厌倦了叫嚷,厌倦了愚弄,厌倦了人们的奸诈狡猾,是不是?'我点点头,肯定了院士的推测。他拉着我往后边走,带着我在克里姆林宫的院子里散步,一边走一边说,历史上俄罗斯有过更糟糕、更可怕的时期,千万不要灰心丧气……最后院士坚持要把一副羊毛绒线手套送给我,这让我非常感动。我猜想,手套大概是女儿为他织的,不幸那个女儿出车祸死了,这么珍贵厚重的礼物,无论如何我不敢接受,于是就婉言谢绝了。"

在最高苏维埃的"空谈"中,那些有经验的官员很明显地在玩弄摆布那些好人,利哈乔夫却要在其中灌注善良真诚的精神,发表正直的言论……对于那几年的很多代表(其中也包括阿斯塔菲耶夫)来说,利哈乔夫的所作所为是唯一留给他们的良好印象。

203 　　一切都在分化瓦解。分裂先从政权开始。戈尔巴乔夫上台就成了全民拥护的领袖——知识分子喜欢他，全体民众也都喜欢他。电视屏幕上经常重复这样一句话：他——总是和蔼可亲，面带微笑，跟从前那些皱着眉头的领导人完全不同。他站在民众面前，人群里发出欢呼声："走近一点，再走近一点！"戈尔巴乔夫迈出一步，两步。"再近一点！"戈尔巴乔夫面带平和而迷人的笑容说道："没办法再近了！"那是幸运的一段时光，双方都充满了喜悦，戈尔巴乔夫无所畏惧地走向民众……难怪负责保卫他个人安全的卫队军官后来在有关他的回忆录中抱怨说，戈尔巴乔夫不重视警卫工作！反观勃列日涅夫——他就深知警卫的重要，像对待家人一样重视卫队。因此他在他的位子上待的时间很长久。可戈尔巴乔夫呢，不明白卫队的重要！导致卫队最后对他进行了报复。

　　弗谢沃洛德·维亚切斯拉沃维奇·伊万诺夫在他的回忆录中写道，利哈乔夫并不掩饰他对戈尔巴乔夫的好感，他讲述了怎么样到他们家里做客。对于伊万诺夫提出的问题，戈尔巴乔夫究竟是个什么样的人，德米特里·谢尔盖耶维奇沉思了片刻，他的回答完全出乎意料："他很孤独！"

　　与其他领袖人物不同，戈尔巴乔夫在党内没有很深的根基，他没有跟什么人关系特别紧密，让对方深信不疑。他外表随和，其实为人极为小心谨慎，在上层没有关系特别近的知己："这个人会拖后腿……那一个正相反，过于莽撞，还没有看清道路，就一直朝前闯！"因此，他在党内没有建立起自己的"近卫军团队"，大多数党员，甚至最初支持他的那些党员，都认为他的道路是不明智的，是走不通的，最终会丧失党内的领导权。他主张裁军，削减军备，在裁军的过程中逐步压缩军队的"装备"，包括减少物资供应与保障，这当然受到军人们的一致仇视与痛恨。一些有远见的将军告诉他，美国与俄国不同，他们并不急于裁减军备。但是戈尔巴乔夫指望在国际上取得成就，得到全世界对自己的拥戴，颂扬他消灭了"罪恶帝国"，哪怕是消灭一个类似的帝国。我们的知识分子（百分之九十的科技知识分子）热烈支持戈尔巴乔夫反对军工企业集团所采取的行动，不料他们忽然惊讶地发现，随着军工企业的崩溃瓦解，他们所喜爱的研究所也都瓦解消失了，他们在科研机构里的舒适生活和大声呼叫随意批评的日子也都随风飘逝一去而不复返了。与此同时各种产品供应日趋紧张，开始了四处奔波"抢购物品"的艰难时期。

在戈尔巴乔夫发布禁酒令改革之后，普通老百姓也从拥护而转向痛恨他。跟勃列日涅夫不同，戈尔巴乔夫对于酗酒现象难以容忍，实际上，他的做法并没有错：酗酒已经变成了祸害。在工厂里、研究所里，甚至在医疗所里（那里能弄到酒精！）——每个工作日几乎都以喝得烂醉结束。让人似乎有种感觉，没有一个人能够头脑清醒地回家！我还记得傍晚时分涅瓦大街横躺竖卧的醉汉。有些回不了家的人，就在醒酒所里过夜，转天早晨醒过来，出了门又去找酒喝。禁酒令改革，限制数量和使用票证导致更多的人抢购，导致逆反心理的酗酒，许多人占用上班时间去排长队买酒。在禁酒令执行期间捞到好处的只有醉鬼醉汉：由于以前跟卖酒的售货员一直很熟悉，他们就变成了"私下倒卖的酒贩子"，就像在美国一样，他们在社会上的身价反而大大地提升了①。知识分子们对领袖大失所望："何苦要砍掉葡萄园呢？……这么笨的脑袋瓜子跟那些醉汉简直是一路货色啦！"

戈尔巴乔夫本人对自己的做法也很失望："唯恐天下不乱的那些人"利用这样的时机大肆鼓吹自由！是该出手打击的时刻了！在维尔纽斯和第比利斯，对酗酒闹事者进行了武力镇压，经过这样的流血事件，戈尔巴乔夫的星光渐趋暗淡。然而一颗政治新星却冉冉升起，他就是列宁格勒首任民选市长阿纳托利·索布恰克，他精辟深刻地剖析了第比利斯事件中"党所扮演的不光彩的角色"。

在这样的时刻，"卫队"嗅到了"他们的时机"！正如领袖教导他们的：今天早，明天晚……动手的时刻到了！

于是——爆发了骚乱。很多人走向街头捍卫自由，捍卫每个人出现在

---

① 美国在1920至1930年期间发布过禁酒法令，出现过大量私下倒买倒卖的地下酒贩子。——译者注

心中的个人尊严,这跟捍卫戈尔巴乔夫毫无关系。再者说对于他的立场,对于他把握时局的能力也有不同的解释——他未必真正"了解实情"!——还有一种说法,是他亲自请求军队"镇压民众",就像在维尔纽斯和第比利斯所做的那样。

这样看来,人们走上街头不是"为戈尔巴乔夫",他们是为了自己!在那段日子里,利哈乔夫的立场跟戈尔巴乔夫的立场显然不同,他是积极的,也是坚定的。当他刚刚得知骚乱的消息,立刻让女儿米拉往斯莫尔尼宫打电话,他指望那里必定有官员值班。在那些动荡的日子,坦克已经出现在莫斯科,驶向政府大楼,叶利钦和他的支持者就坚守在那里,还有传闻说,坦克也向列宁格勒开来——利哈乔夫决定对市民发表讲话,反对动乱,反对参与动乱的歹徒。他以个人名义提出的唯一请求:不要上街——人们可以不听,但最好待在一个地方。等到跟上边取得了联系,才发现需要在露天讲话,在宫廷广场,市民纷纷朝那里聚集。利哈乔夫顾不得身体衰弱,顾不得年事已高,赶到了聚会的地方,跟索布恰克站在一起,他讲了话,也耐心倾听。如果说原来有些人怀疑,那么现在不再怀疑了:"利哈乔夫跟我们在一起!"

我们胜利了,而戈尔巴乔夫——失败了。记得他在屏幕上,从飞机的舷梯上走下来,神情恍惚,一副失魂落魄的样子,穿着件平时在家里穿的上衣。

叶利钦出来发表讲话了,他就站在那辆著名坦克的装甲钢板上发表演说。

总结自己跟利哈乔夫一起工作,戈尔巴乔夫为文集《利哈乔夫和他的时代》写了这样一段话:

"……我不想说假话,我们的关系并非总是晴朗无云。在某些时刻,尤其是在事关俄罗斯命运的危机时刻,有传闻说我们相互之间失去了信任。但是,无论过去,还是现在,我一直认为,德米特里·谢尔盖耶维奇为俄罗斯文化建立了丰功伟绩。他的贡献得到了同时代人的高度评价,我相信,我们的后代也不会忘记。"

那么,"相互之间失去了信任"究竟意味着什么呢?为什么戈尔巴乔夫不愿意展开来细说其中的秘密呢?利哈乔夫有时候的举动异常激烈,一个"受人尊重的老年人"会这样做,大大出乎某些人的意料。他似乎受伊万雷帝的某些影响,因为经过长时间研究他透彻了解这位沙皇的性格……

当叶利钦在别拉维扎密林区会议上宣告苏联"解体",各加盟共和国首脑声明退出苏联,标志着苏联的末日,已经失去"立足之地"的戈尔巴乔夫热切地盼望得到战友们的支持,其中当然包括在知识界最有影响的利哈乔夫的支持,他和这位院士一道做了那么多好事,戈尔巴乔夫觉得他的道德操守想必不同于那些"见风使舵的两面派"……戈尔巴乔夫等待支持,期待信件。在国内,除了利哈乔夫,维护道德和荣誉的旗手,还有谁能站出来演讲呢?他曾经发表演说反对骚乱!……此刻不就是骚乱吗?要知道不久前举行全民公决,绝大多数苏联公民都支持联盟的存在!……当合法的总统实际上已经被推翻的时候,利哈乔夫在什么地方呢?戈尔巴乔夫要是知道了,肯定会怒不可遏!他在叶利钦的接待室里。他在那里耐心地坐了几个小时,等待他的接见!为什么事情!?为了尽快改变苏联文化基金会的名字……改成俄罗斯文化基金会!的确——利哈乔夫有时候很果断,很机敏,行动很迅速。从他最重要的事业这一角度着眼——他做得绝对正确。在苏联解体之后,苏联文化基金会失去了官方地位,失去了依托,它可能崩溃瓦解——利哈乔夫当机立断迅速调整了他的方向!……戈尔巴乔夫当然会大为恼火:"从'苏联'轮船上逃走,连声'再见'也不说!"

可是,从本质上说来,利哈乔夫的见解无疑是正确的:总统来去匆匆,可文化总要保存下来!

不过,利哈乔夫跟很多人不同,戈尔巴乔夫下台后,他没有事后谴责戈尔巴乔夫和他的夫人。戈尔巴乔夫夫妇陷入了人生低谷,利哈乔夫像个真正的绅士,依然保持了对他们原有的尊重,他给拉伊萨·马克西莫夫娜写了一封充满温情的信函,请她向米哈伊尔·谢尔盖耶维奇转致亲切的问候。

……利哈乔夫和叶利钦的关系不像跟戈尔巴乔夫夫妇那样富有温情，带有私人交往的性质。的确，利哈乔夫不屑于追求"老爷的关爱"，他知道，继"关爱"之后到来的必然是贬斥。不过，他还是愿意跟叶利钦一道工作。

1997年鲍里斯·叶利钦在俄罗斯博物馆接见彼得堡的作家和学者，我至今还记得那不同寻常的电视转播画面。附带说，这次会见原定邀请了几个苏联时期有权势的人物，可是他们到来的时候，在博物馆周围负责警戒的警官说，来宾名单上没有他们的名字。

那次会见（相信电视不会说谎）德米特里·利哈乔夫坐在鲍里斯·叶利钦右侧，基利尔·拉甫罗夫坐在他的左侧。他们像平常日子平静地交谈。忽然，利哈乔夫对叶利钦说出了意想不到的一些话——我的耳朵立刻竖了起来："我想，应该在彼得堡筹建几家价格便宜的餐厅，让人们能在干净的、有文化气息的环境里饮酒吃饭。"叶利钦的身体颤抖了一下，话题引起了他的兴趣。"在我看来，这样的餐厅不是已经有了吗？"叶利钦说话带有几分犹豫。利哈乔夫温和地笑了笑，摇摇头表示并非如此……我第二次竖起了耳朵，听见叶利钦说："我想在彼得堡开辟一条专用的电视频道，直播文化节目，不要这些广告！"他用手指在空气中划了一道弧线。利哈乔夫支持他的想法。很可能这是来自他的主意，随后转告给了叶利钦。"那么我们就行动起来吧！"叶利钦用他那略带嘶哑的声音说。利哈乔夫点了点头。只有这件事我们觉得应该归功于叶利钦。多亏他的支持，才出现了最好的——至今仍然是最好的！——电视频道。叫人丧气的是：这个频道不在彼得堡。

当萨哈罗夫院士最终成功地逃离了流放地高尔基城，他来到了科学院主席团，在大厅里只遇见了利哈乔夫一个人，他来参加会议总是比所有的人到得都早。他们两个人交谈。利哈乔夫关切地问，萨哈罗夫怎么样对待那些迫害过他,在反对他的信件上签过名的人。萨哈罗夫说:"我可怜他们,我替他们感到羞愧。"

叶利钦约请利哈乔夫参加萨哈罗夫追悼会时,对他说了一句意味深长的话:"您务必要来参加,您是唯一没有污点的人。"尽管在主席台上站着很多名望很高的人。

园　林

利哈乔夫对俄罗斯文化重大贡献之一,是在英国王储威尔士亲王、查尔斯王子的支持之下,促成了普希金创作笔记真迹复制本的出版。叶·戈·沃多拉兹金在他编著的《德米特里·谢尔盖耶维奇和他的时代》一书当中引用了查尔斯王子个人回忆片段:

在我的国家,很多人都知道德米特里·谢尔盖耶维奇是个杰出的学者。在俄罗斯,像利哈乔夫这样的学者翻译成英语通常会使用一个名词"知识分子"。尽管这个术语包含了涵养的概念,但它的意义却超出了唯理智论的范畴,意味着特殊的生活方式——有教养的、高尚的人生方式。

……我们是在1994年5月认识的,那时候我访问了彼得堡。我们曾经几次会晤,其中包括在普希金之家的会见,我知道那是世界上研究俄罗斯文学的中心,是最有权威的学术机构。在会晤的过程中我们探讨了一个设想:如何以复制真迹版的形式出版普希金的创作笔记。在我看来,这样的仿真版本极为重要,不仅有利于对俄罗斯最伟大的诗人普希金创作更加广泛深入的研究,而且有利于保存珍贵档案的普希金之家收集最急需的资料。

……原来德米特里·谢尔盖耶维奇对建筑学和城市修建史很感兴趣。得知他读过我写的《透视不列颠》，我甚感欣慰。利哈乔夫告诉我，跟伦敦一样，古老的彼得堡在很多方面遭遇了损坏。

……作为一个出生在彼得堡的人，利哈乔夫非常热爱他的城市。他讲述的有关修建彼得堡的故事让我感动。照利哈乔夫的见解，彼得堡是有多重地平线的城市。第一条界线——是水面线（这座城市有丰沛的水源！）。第二条界线——是河岸线，因为彼得堡有很多条运河，形成了很多沿河街道。第三条界线——是"空中的界线"，穿透它的只有教堂的圆形拱顶和高高的尖刺，它们让城市建筑自然形成的那条曲线愈发分明。

由于利哈乔夫的坚定立场，即便在苏联时期，也没有建筑高层楼房破坏"空中的界线"。但是，利哈乔夫去世之后，我们痛苦地发现，破坏城市景观的现象频频出现，没有人再听从利哈乔夫的告诫。他在世的时候，曾反对修建"列宁格勒"宾馆，并为此进行了长期的斗争；可是在他离去后，开始了一个酒神节似的狂欢时代，文明城市的"空中界限"就像"跳舞"似的不断变化，如今再看"列宁格勒"宾馆，已经显得相形见绌了，两座丑陋的摩天大楼拔地而起——"阿芙乐尔"与"蒙勃朗"，它们破坏的不仅仅是"空中的界线"，而且还败坏了良好的审美趣味。

而利哈乔夫终其一生，热情捍卫他的城市不受恶俗风气的影响。还在二十世纪六十年代，他反对涅瓦大街的改建装修，反对把沿街楼房第一层统一规划修葺。现在，看到可怕的建筑物一再出现，我们只能叹口气无奈地说："要是利哈乔夫还活着，他绝不会允许这样做！"

多亏查尔斯王子的地位名望以及他提供资金支持，普希金创作笔记真迹复制本得以出版，并且达到了国际出版业的最高水平。由于当时俄罗斯还不具备那么先进的印刷技术条件，普希金笔记是在意大利印刷出版的，使用了最先进的设备，保证了印刷本与原作最大限度的仿真性。当然，仿真版本的印刷出版都有普希金之家学者们的认真准备与全程陪伴。

那时候担任普希金之家领导的是尼古拉·尼古拉耶维奇·斯卡托夫所长，他在《我们的遗产》杂志上写道："很高兴英'王国'出版普希金笔记——已经出版了八卷，第九卷尚未从意大利寄来。王子答应还要出版诗集《波罗季诺的秋天》。"

利哈乔夫与查尔斯王子的关系并不局限于出版普希金笔记。王子对利哈乔夫1982年出版的著作《园林诗学：探寻园林风格的内涵》表现出特殊的兴趣。这个题目与王子对园林的观点非常接近——探讨这个题目的历史也很悠久，从古希腊时代就开始了深入的研究。园林——是生命繁衍的地方，时空在园林里不停地分割变化。这在俄罗斯民间文学作品里有所体现："花园屹立，花园里分为十二个区域，每个区有四条垄沟，每垄栽种着七棵卷心菜。"利哈乔夫的书包含很多有趣的故事，介绍园林在不同时代的不同含义，讲解园林与思想文化之间的联系，园林与诗歌的一致性。

尽管这本书很有独到见解，同时也具有现实意义，但是它并没有立刻得到应有的回应。在相当长的时间内，没有任何人为它写评论。显然，利哈乔夫的"轻举妄动"让那些严肃的评论家感到担心，他突发灵感写出来的这本书并非他终生钻研的古代文学，是他的专业研究给他带来了崇高声望。当然，他并没有失去名望，不过，他是拿着名望冒险。痴迷于"纯学术研究"的人，现在可以指责利哈乔夫了，背地里说他贪大求全，迷恋写普及读物，一知半解就敢下笔写作等等，不一而足。对此没有任何人正式发表评论，保持了很长时间的沉默。实际上利哈乔夫这本书内容既扎实又丰富。只有他才敢于离开自己熟悉的学术领域，高瞻远瞩，发现狭窄的"语言学"与使用语言的诸多领域之间活生生的联系，甚至证实这些联系之间的必要性。

这本书的第一篇评论《〈园林诗学〉与当代景观艺术》是尤·伊·库尔巴托夫撰写的，当时他已经是俄罗斯建筑科学院通讯院士，建筑学博士。正是他强调指出了利哈乔夫这本书对于当代生活的重要意义，当建筑师们

（也不仅仅是建筑师！）致力于追求绝对的创新，与过去时代的文化产生了断裂，这导致了建筑艺术语言的贫乏，隐喻、暗示、象征等艺术手段的缺失——这些都是独特文化与精神内涵不可剥夺的艺术因素。利哈乔夫的书籍不仅关系到建筑景观，它还涉及到生活各个领域文化含量是否充分这样的重要问题！

尤·伊·库尔巴托夫写道："这样一来，有意或无意之间就涉及到了超越文化的问题——以园林问题为例探讨智力活动模式（内容）与形式的相互关系问题。"

因此，什么地方没有内容——那里就贫乏，就丧失形式。到处都需要"思想内容"，尽管粗俗的人们对此已难以理解，他们会说：弄个普通的小公园，盖个房子跟"思想内容"有什么关系呢？实际上思想内容是必需的，思想内容越丰富，越不一般，盖的房子就越好看，相应的生活也就越有情趣。

"有时候，"利哈乔夫写道，"'园林思想'会跨越界线，第一次进入诗歌与绘画领域，也可能进入哲学、物理学甚至政治学的领域。"

"风景优美的公园，"利哈乔夫写道，"是英国自由主义的反映。"

"对于所有的艺术说来，"利哈乔夫在这本书里强调指出，"存在着共同的文化田野和共同的影响。"

库尔巴托夫写过一篇文章，特别强调了一点，"在忍受缺乏人性的'技术至上潮流'冲击的处境中，注重自然景观的建筑获得了重大意义，设计理念更注重功能以及更适合于人与自然的特殊性。"

"基于这样的原因，"库尔巴托夫强调说，"利哈乔夫这部著作也有益于二十一世纪。"

让我们从《园林诗学》这本书里引用几个片段，以历史上的园林为例子，从中能感受到生活中思想充盈的必要性：

"新时期的园林都有隐含着象征意义的建筑物。凡尔赛公园里三条放射光线的结构很有名……阿波罗雕像竖立在小广场上，从那里开始的林荫道象征着阳光——还有的解释说,不仅象征着太阳,更象征着十四世纪的'太阳王'路易。"

"中世纪修道院里面的花园以十字交叉的林荫道把花园分为四块绿地,林荫道交叉的中心(也就是十字架的中心)会挖掘一口井,或者修建一座喷泉,或者种一棵树(象征永恒的生命),或者栽种象征圣母的一丛玫瑰花。"

"直到十九世纪中期的欧洲园林里,都会修建迷宫……最初的迷宫修建成围墙的样式,它是矛盾的象征,没有被圣书之光照耀的人,即便聪明也会陷入迷茫。后来用马赛克在教堂地板上镶嵌出迷宫的图案(比如沙特尔大教堂1225年修建的迷宫,兰斯大教堂1250年修建的迷宫),朝圣者跪在地上按照迷宫迂回曲折的路线爬行,以此象征朝圣路途的遥远。最后,仿照教堂里迷宫的样式,公园里也开始建造迷宫,因为在一个相对说来不太大的空间里可以让游客游览更多的地点。彼得一世在彼得堡比较有名的公园里都建造了迷宫。彼得喜欢带领他的客人去公园,让他们进入迷宫,自己从里面走出来……在十七世纪之前,罗斯的园林里还没有迷宫。"

"……从语义学角度考察,埃尔米塔日这个词原来有各种各样的涵义,但现在常用的语义已经跟它的本意相距甚远——隐逸者藏身之地……在彼得堡近郊的皇村有两个隐居所,一个是建筑师拉斯特雷利建造的埃尔米塔日,另一个是格罗特洞穴。"

"在中世纪,花园常常被视同为书籍,而书籍(尤其是文集)往往叫做'书苑'、'文丛'、'书林画苑'。园林应当像书一样去解读,从中得到教益和启迪。中世纪在西方,作家的写作常常类比为栽培鲜花的园丁的劳作。柏拉图在《斐德罗篇》也把文学作品比喻为花园。苏格拉底则说到'字母与词汇的花园'。"

"俄罗斯修道院院墙之内的花园当中,有关雅罗斯拉夫斯克的托尔格斯基修道院雪松林的资料有幸得以保存下来……雪松林当中一棵高大的雪松上悬挂着一个像钟楼一样的小房子,里面安放着托尔格斯基圣母像……

按照传说,这幅神奇的圣母像就是在这棵雪松旁边发现的。"

"中世纪晚期,西方出现了'爱情公园',为情侣提供谈情说爱的幽静场所,也便于躲避宫廷生活的达官贵人来此休憩。在这里可以弹奏乐器、讲各种故事、读书、跳舞、下棋……《十日谈》第三天的故事里对中世纪晚期的花园描述极为精彩。"

"文艺复兴时代……园林常常跟学校或书院结合在一起(比如牛津大学和剑桥大学著名的'学园')。"

"对于浪漫主义说来,最典型的转变是从喜悦转为悲伤或者从悲伤转为喜悦……从十八世纪中期开始出现了对自然环境中墓碑的崇拜。园林中出现了名人的纪念碑,还有可爱的狗与马的石雕像。"

"园林应当总是让人想象到宇宙的丰富。西欧中世纪的园林里出现了农民从近东运来的鲜花,而在文艺复兴时代巴洛克风格迷恋奇花异草达到了狂热的程度……"

"在中世纪城堡花园里,为了美化或取其象征意义,既栽培药草,也种植有毒的草……种香草得到特别的重视。其中一个原因是由于医疗条件恶劣,要塞和城市里充满了臭烘烘的气味。"

"虽然夏尔·波德莱尔的《恶之花》是按照'园林书'的传统写的,检察官不喜欢'病态之花'的气味,1857年作者被法庭判处犯有'伤风败俗'罪(检察官要求判处他犯有'亵渎宗教'罪),并被处以三百法郎罚金。在这座花园里有很多跟以前花园相重复的建构——描写精确,却从反面着笔。这里有喷泉,但喷涌出来的是血(《血泉》)。这里听得到祈祷,但祈求的是撒旦……这是一座应该从中逃脱的花园,就像逃离女妖的花园一样,'免得变成畜生'。"……

利哈乔夫仿佛天赐良机——突然离开了以往学术研究的单调轨道,接触到一个视野更开阔的有趣课题,它与专门人员研究的狭窄领域无关。并非每个人,甚至很有能力的学者,具备这种跨越领域的天分,利哈乔夫却有这样的才华。因此他的名声才广为人知。他擅长不脱离学术范畴,以自己一本又一本著作引起广泛、浓厚的兴趣。

查尔斯王子赞赏利哈乔夫这本《园林诗学》，邀请他访问英国，由他的女儿柳德米拉陪伴，王子想让利哈乔夫参观他多年经管、投入很多心血的园林。查尔斯王子是勤勉的英国人，他谦虚而不傲慢，是个良好的对话伙伴，交谈具体而专注。英国人很多优良的生活准则让利哈乔夫觉得出奇的亲近，他回国以后，多次谈到访问英国的感受：他更接近英国人的生活方式。1995年7月14日，他在给自己的老朋友席古尔德·奥托维奇·施密特的一封信中写道：

"……在查尔斯王子那里做客很有意思。他赠送了一本很厚重的书，写他的园林与管理。他陪我们去了英国西部的海普洛乌德，参观他的农场，他致力于土地不使用肥料，保持环境的清洁……查尔斯有意访问波罗季诺，还有尼日尼、雅罗斯拉夫尔等地。在英国，他以喜欢俄国闻名。他给我留下了很好的印象，应当说他是个谦逊的、有很高文化修养的人。"

这些优良品德受到了利哈乔夫的好评，可惜在俄罗斯"生活的主人"、"人民的朋友"等称呼，被戏谑地用在作为俄罗斯领袖的那些或新或旧的人物身上，这位王子却看不到这样的高贵品格。

具有象征意义的是，"介绍"利哈乔夫认识查尔斯王子的普希金，同样以格外细腻的情感把握了诗歌与园林之间的联系，从少年岁月开始，"在皇村花园里我无忧无虑如花绽放"，还有在《皇村的回忆》一诗中写道："在你圣洁的黄昏，我低下头走进美丽的园林……"，接下来还有以下诗行：

　　……交织着痛苦的愧疚、不祥的预感，
　　我思念你，想象这优美的园林
　　芳香馥郁的界限。

也有整首诗都献给园林的作品……这是多么完美的诗篇啊！

　　那是我姐姐家的花园，
　　花园之所在幽深僻静；

> 泉水清清自山岩涌出，
> 汩汩流淌，时刻不停。
> 我手里捧着累累果实，
> 鲜艳水灵，金光闪烁；
> 我面前一条潺潺小溪，
> 水流清澈，欢快活泼、
> 甘松、芦荟还有月桂，
> 花草树木有芬芳气息，
> 只要一阵阵寒风吹拂，
> 满园的馨香不绝如缕。

是的，花园——是生活的模式，是生活的反映。《园林诗学》这本书就"映射出"利哈乔夫生活中的重要事件——恰恰与普希金的园林有关，那就是"皇村花园"。

当时有人主张要砍伐叶卡捷琳娜宫前面茂盛的树木，利哈乔夫出面保护了这些树不受伤害。他对保护历史的理解很广泛：树木的生长——这也是历史。虽然主张砍树的那些人表面看来是有道理的，因为叶卡捷琳娜宫前面的花园最初是法兰西式的，要定期修剪，树木不能太高大，以免遮蔽前方的景物。

利哈乔夫写了一篇文章，寄给那些年发行量最大的报纸《列宁格勒真理报》。这篇文章不是针对少数专家写的，而是面向广大的群众。这篇文章一改过去克制拘谨的风格，大胆地抒发情感。他写到"树木的记忆"，它们见证了那么多的历史事件，面对宫殿的窗户，它们是"叶卡捷琳娜的见证者"！他写到伟大的卫国战争期间在这里发生的战斗，写到枪弹留在树干上的伤痕……我们和你们的历史难道是可以任意锯开截断的吗？

利哈乔夫具有战士的气质，社会活动家的激情，他的言论不仅仅能影响学术委员里的委员。文章的言词尽管很尖锐，但主编库尔德宁喜欢，因此他决定发表这篇文章。利哈乔夫站在讲台上发言，总是情绪饱满，诚心诚意，谈的都是很多人感兴趣的紧迫问题，因而往往能引起广泛而强烈的共鸣。

利哈乔夫应邀参加了城市建设委员会的一次会议，会议讨论的内容将决定公园未来的命运。从现有的回忆录来看，利哈乔夫在这次会议上的发言较为谨慎。要说服那些进入城市建设委员会的专家，必须有科学文献为依据。利哈乔夫谈到了时代的变化，他说，皇家定期修剪的园林已经跟那个曾经有沙皇、有园丁的时代一起消失了。人为地恢复原貌，或者依然保持那个时代的风貌——这是不可取的，也没有那种必要。他的依据并没有说服任何人。在每个学术领域，都有他们的权威，当非专业的人士闯进他们的领域时，他们就觉得自己受到了羞辱。利哈乔夫非常温和地指出，有些事情他不会干预，如果他不是那个领域的专家的话。

可是，有时利哈乔夫针对某个很窄的学术领域存在问题的讲话，却会引起社会震荡，成为政治事件。

他的文章发表以后，在普希金城甚至出现了"民众的骚动"，那里的市民成群结队到公园里去捍卫他们喜爱的树木。利哈乔夫，几乎像布加乔夫一样，播散了社会动乱的种子。

当权者对于利哈乔夫新的"狂妄冒犯"自然感到愤怒。除此之外，他们喜欢把树木疯长的园林恢复成原来的样子：成为一个管理有序的花园，秩序——是当权者希望看到的理想模式，而任由树木生长不加修理的公园，则象征着自由、民主、人民性。平民百姓也领悟到了这一点，他们为此而斗争。当局采取了措施，避开了"跟民众对话"的方式，动用了军队。工兵营进入了公园，锯掉了他们决定锯掉的树木，不过只在夜晚偷偷地行动。

这么严重的事件，不可能不受惩罚。库尔德宁被撤销了主编的职务，受到了党内的一系列批评和处罚。园林，如同当局所希望的（这也符合城市建设委员会的主张），修整成了"过去定期修剪的样子"，叶卡捷琳娜宫前树龄超过百年的高大树木被锯掉了。利哈乔夫遭遇了失败。他再次成了

"万夫所指"的另类,处于被"冷风吹袭"的尴尬境地,不知多少次遭遇当权者和某些同行的谴责与嘲讽:想必利哈乔夫觉得科学界圈子太小,居然想插手政治——结果得到了什么呢?反正那些树木还是被砍伐了。库尔德宁本来是个不错的主编,有时候还敢作敢当,这回倒吃了苦头遭了殃……这时候利哈乔夫该做什么呢?为自己辩解?那样做只能越来越糟,再说也不是他历来做事的风格。他依然采用往常的做法——冷静从容的利哈乔夫方式。他不想向任何人进行报复,也没有心思继续争论。他决定做自己想做的事情:这次经历了一场风波,首先要做的是写一本书,内容就是景观建筑!他面对的任务并不轻松——他并非这方面的专家,必须顽强地钻研这门学问。这期间尤里·库尔巴托夫给了他大力的支持,正好那时候他从英国带回来一本特别有用的书《人类景观》①。利哈乔夫的女儿米拉帮助他选择收集插图。就这样一部辉煌的巨著《园林诗学》问世了,它给利哈乔夫带来了最广泛的声誉。这部著作已经多次再版,有各种各样的外文版本,有非常豪华的装帧,有高度艺术性的封面设计,有精彩的插图和特别清晰的照片,还有根据这本书的主题拍摄的出色的影视资料。这部著作,像利哈乔夫其他书籍常有的经历那样,书的内容原本只涉及一个狭窄的领域,不料却引起了社会上的强烈反响,而且不仅仅是俄罗斯的反响。利哈乔夫又一次以超前的预见性一举命中了靶心:整个世界在各个生活领域正悄悄开始一场重要转折,推崇实用性功能的潮流已经走到了头,陷入困境,开始转向追求精神满足,转向早已被忘却的那些价值、深刻的思想及其象征,这些变化在建筑和文学作品中都得到了反映。因此,利哈乔夫这部有关园林涵义的著作符合了世界文化总的趋向,从而引起了巨大反响。利哈乔夫不仅具有学术研究的深厚造诣、强烈的社会责任感,而且有文学和艺术气质与天赋,因此他的读者不限于文学爱好者、旅游风光爱好者,还有最广泛的读者大众:他们的兴趣根本不在专业,而是出于关注全人类的一种情

---

① 《人类景观》,1975年出版,是英国景观规划设计领域的先驱杰弗瑞·杰里柯(1900—1996)的著作。——译者注

怀。利哈乔夫的才能不受狭窄命题的束缚，他的才华是多方面的，因而他的知名度也更加广阔。《园林诗学》的写作经历再次验证了利哈乔夫的性格，他是个善于把失败转化为胜利的人。

德米特里·谢尔盖耶维奇以他写的《园林诗学》这本书来怀念自己的女儿维拉·德米特里耶夫娜，她于1981年9月11日因遭遇车祸而罹难。

伟大的受难者

尽管利哈乔夫取得了那么多成就、荣誉、勋章，为国家建树了那么多功绩，可是有多少打击、迫害、羞辱、诽谤落到他的头上啊！任何时候总会有一些人，对他进行责难、批驳，有时候甚至攻击他痴迷于升官晋爵。可是除了那些存放在桌子抽屉里，他并不特别看重的一堆奖章、勋章，他在生活中并没有受到多少优待——何况追求享乐并不符合他的天性。

科学院以合作修建方式在科马罗沃修筑了成排的木结构两层楼别墅，利哈乔夫得到了其中的一幢，跟卫国战争胜利后为科学院院士修建的斯大林式别墅相比，无论是建筑面积、舒适程度，还是附属园地的大小，都相差甚远。

除此之外，与其他院士的别墅坐落在干爽的山坡上不同，这里成排的别墅位于一片洼地。不远处是肖斯塔科维奇、阿菲奥罗夫两家的住所，那是带围墙的单独院落。利哈乔夫的别墅一面朝向野生的灌木林，给人一种渴望独立的感觉。房子前面有片小小的园地，大约一百平方米，种植着花草树木，精心地加以呵护。利哈乔夫是《园林诗学》的作者，不可能忽视这片园地。

厨房、客厅在一层。据外孙女季娜讲述，德米特里·利哈乔夫喜欢用印象派画家莫迪利亚尼的作品来装饰墙壁，遗憾的是并非原作，而是从《星火》画报上剪下来的图片。楼梯通向二层的书房。尽管这里的陈设十分简朴，利哈乔夫很喜欢这座别墅，甚至以它的简朴为荣，经常在这里接见客人。

然而利哈乔夫在这里并没有得到安适平静。其他许多院士过着养尊处优、井井有条的生活，他跟人家却不一样。他讨厌给领导献殷勤，厌烦各种各样毫无意义的活动，也不喜欢迎来送往、不愿意参加宴会。可是他难得有平静的时候，过他自己渴望过的那种生活。虽然他的工作时间（也包括休息时间）被视为神圣不可侵犯，孩子们即便在邻居家的院子里也不许吵闹叫嚷。让他忧心焦虑的事跟别墅里的日常生活毫无关联。那是天下大事！首先是——俄罗斯，是俄罗斯的往昔、现在和未来。而他一直"沉浸于历史"中，力图纠正社会意识中频频发生的"偏差"——有时候甚至不惜甘冒风险，不怕丧失"无可指责的崇高"威望。

曾经有很长时期，对于我们的国家不能说一句坏话。后来时代发生了惊人的变化：从二十世纪六十到九十年代，在那些"体面的人们"中间，为我们的国家哪怕只说一句好话，也会受到冷嘲热讽。当然，当权者为这种局面"做了很多铺垫"，导致所有的人深深的失望，甚至痛恨。当时流传着四句顺口溜："你看，一把镰刀加一柄铁锤，这就是我们的苏联国徽。愿打铁就打，愿收割就割。干不干，反正有你的收获！……"

这就是为什么爱国主义已不再受欢迎。在从事创作或者做技术工作的知识分子中间，对于"俄罗斯"这个词的态度，尤其觉得尴尬。原因是在生活当中，我们根本看不见"俄罗斯"，看得见的只有——苏联。

爱国主义的概念，在政治斗争紧张的二十世纪八十年代，被共产党员们"操控"了，他们突然之间都变成了崇拜基督的信徒（他们忘了，是谁抛弃了十字架）。因此把自己跟爱国主义连在一起——就意味着跟那个年代不受欢迎的一类人连在一起。苏联已经走到了自己的末日，很少人担心俄罗斯会跟苏联一道埋进坟墓。为此感到忧虑的只有明智、有洞察力、有勇气的利哈乔夫。

1981年，社会进步人士渴望变革，他们对苏联（那些年月俄罗斯与它难以分割）怀有强烈的反感情绪，《新世界》杂志上刊登了德·谢·利哈乔夫的文章《关于俄罗斯人的札记》。字里行间是对俄罗斯、对俄罗斯人的颂扬赞美……在许多社会上层分子看来，这篇文章极其不合时宜。于是攻击、斥责从四面八方袭来。

恰恰在1981年利哈乔夫心爱的女儿维拉遭遇车祸身亡。就是在这非同寻常的一年，他提出了在当时不受欢迎的俄罗斯爱国主义的口号……他的心没有在沉痛中冻结。他似乎受到了尊重！可是为了达到只有他自己看清的目标，他再次以自己的生命，以自己的声望承担风险。利哈乔夫谈到自己的心情时说："我不是典型的科学院院士，我不够高傲。"这就是说，有什么事情让他看不惯，让他生气、激动，感到难以容忍。使他难以容忍的是一种潮流，否定俄罗斯、否定俄罗斯历史的潮流——认为俄罗斯的历史令人厌恶，俄罗斯人最不幸，道德最败坏，俄罗斯人当中似乎只有两种类型："有的人辛劳，有的人坐享清闲。"我记得，所有的人都怀着痛苦的希望重复这句话。不料——利哈乔夫突然站出来给予反驳！只有他一个人在那个关键时刻能够这样做，按照谢尔盖·阿维林采夫的说法，当时的社会急剧分裂成相互对立的两派："民主派"与"爱国者"，利哈乔夫公然宣布自己是爱国者！这样一来民主派似乎永远失去了他，可是那些所谓"爱国者的头面人物"却不接受他，他们说："他不是我们的人。"他"引来了两方面的人朝他开火"——尽管立刻腹背受敌，受到两面夹击，但是他毫不畏惧。他这样做是公开的，甚至带有示威的性质——他的文章刊登在《新世界》杂志上，一下子吸引了公众的目光。

阿维林采夫就那些事件写了文章，满怀敬意地称呼利哈乔夫是"光明磊落的爱国者"。但是这种称呼激起了更大的愤懑：众所周知，利哈乔夫关在集中营里受过很多苦难，怎么突然之间就被捧上了荣耀的巅峰呢？这究竟是什么原因？是凭借老年人的固执？是不是他身体不好，已经"住院治疗"？或者情况更糟——甘愿为当局效劳，以便进一步获取荣誉称号和奖赏？机会出现了，此前利哈乔夫无可指责，现在该遭受责骂了，很多人不会轻易放过这个机会："无可挑剔的"利哈乔夫已不复存在，现在是他们无可挑剔，是他们向民众讲出难堪的真相的时候了！当时名闻遐迩的政论家列·巴特金在他的文章中指责利哈乔夫的作品"华而不实"——谢天谢地，没有说他"投机取巧"。但是利哈乔夫并不后悔，他对待这"一帮"反对者，态度平静而威严，他知道真理在他这一边。利哈乔夫的好朋友鲍里斯·费奥多罗维奇·叶果罗夫，在所有的争论中几乎总站在他这一边，是可靠的同盟者，对于围绕利哈乔夫的争论，他写道："……文章的有些篇幅非常可贵。很久以来我就对俄罗斯人的民族性格感兴趣，利哈乔夫的许多观点让我认同。不过，整篇文章笼罩着理性主义和赞美，仿佛蒙上了一层玫瑰色丝绸，让人只看到俄罗斯人胸襟博大、善良的一面，而其他的方面则匆匆带过，语焉不详。完全回避了它的悲剧性、愚昧、疯狂和诸如此类的种种恶劣习气和弱点。"

当然，无论如何不能避开愚昧、疯狂，只字不提。不过，当时揭露这类民族性格弱点的文章很多，尤其是"地下出版物"和"国外出版物"，必须指出，这些出版物对我们头脑的影响远远超过官方报刊，我们正是从这些出版物大量吸取被官方隐瞒和遮蔽的各种信息与资料。因此，揭示我们生活中的悲剧性、愚昧、卑鄙、疯狂的文章，我们当时看到的并不少。大概是为了调节我们的隐秘阅读不致过于偏颇，让它趋向平衡，利哈乔夫才从另一个极端撰写了那篇文章。甚至冒着在"广大的知识分子阶层"失去名声的风险。敢于采取这种做法的只有利哈乔夫一个人。当他出面反对"共产党"的时候——所有的人（在内心里）为他鼓掌。可现在利哈乔夫忽然变成了——"爱国主义者"！是要出面反对"自己人"吗？有一位"时时处处进行揭发"的严厉人士居然把利哈乔夫称呼为"狡猾的民粹主义者"。利哈乔夫对于这样的"揭发者甚至不屑于理睬与争辩"。

利哈乔夫给他所尊敬的朋友叶果罗夫教授写信这样说："……这样做是

有意识的，因为我们的敌人妄图把俄罗斯民族说成是侵略性的、残忍的，跟这种说法针锋相对很有必要。"

利哈乔夫毅然决然地站到了"另一侧的甲板上"，以便保持航船的平衡，这条航船已经倾斜，甚至有颠覆沉没的危险。只有伟大的人物才能行动如此果断，一个人跟所有的人抗衡，顽强地承受各种各样的艰难凶险，在抗争中变得愈发坚强。

但是，并非所有的人都指责他，最有远见的人给予他完全不同的评价。利哈乔夫的学生伊戈尔·斯米尔诺夫，由于跟苏联当局发生冲突，不得不流亡国外，现在他是斯拉夫学教授，侨居德国，下面是他写的一段文字：

> 在最艰难的年代，或许，对于德谢（指德·谢·利哈乔夫——瓦·波按）说来，比在索洛韦茨基岛的时候还要艰难，他写了题为《关于俄罗斯人的札记》这篇文章……我很清楚，很多人不喜欢利哈乔夫执意肯定的这种善良的俄罗斯人，因为这种人早就受到过陀思妥耶夫斯基的愤怒批判，在这位作家的心目中，俄罗斯是个无底深渊，善与恶就在其中进行较量。
>
> 我发现，西方人评判俄罗斯主要依据陀思妥耶夫斯基的观点……
>
> ……我并不认同德谢这篇文章的主要论点。但是，我跟我的一些朋友的观点也不尽相同，对于这篇文章，我不想停留在简单的否定。利哈乔夫以这种宣传鼓动的姿态，把知识分子理想化，我想他的目的在于让那些生不逢时的文化人振作起来……

利哈乔夫——是战士。用不了多久他就会取得胜利——他会让所有的人信服，其中包括西方对他持批评态度的人。他仿佛特意挑起了这次战斗，为的是再一次以理服人，再一次取得胜利。

那些年，我们国家在世界上的声誉并不太好。法国著名斯拉夫学者乔治·尼瓦为俄罗斯文化和俄罗斯做了很多有益的事，与我国保持着血肉般的良好联系，他写道："……法国的苏联报刊读者成了意识形态文本的附庸，俄罗斯本身从这些读者的意识中已经消失了。"

另一个杰出的斯拉夫学者弗朗索瓦·列苏尔持有类似的观点："民族情感的任何流露，即便是被德·谢·利哈乔夫所指称的'爱国主义'，必定会被贴上'反动的标签'。"

乔治·尼瓦回忆了他跟利哈乔夫在日本一次国际学术会议上见面的情景：

"德米特里·谢尔盖耶维奇表里如一，思想深刻得令人惊讶。听他讲话，所有的人都相信，仍然存在神秘的'骑士团的骑士'，俄罗斯的知识分子将会挽救俄罗斯，挽救美与和平……利哈乔夫让人惊讶的还有他身体的虚弱与信念的顽强。整个会议的讨论归结为两个问题：一个民族的过去有什么会留存到未来？随着全球的西方化与一体化进程，各民族文化的差异还会留下什么？"

那时候在我们这里，在俄罗斯，西方化的感触尤其强烈。

利哈乔夫依然是有活力的、纯洁的、自由的，他从俄罗斯的历史当中为大众找到了"活的源泉"。尼瓦继续他的回忆：

"德米特里·谢尔盖耶维奇心目中往昔的俄罗斯，首先具有某种精神之美。他提到了'菲洛费伊和第三罗马'……他提醒人们不要忘记伊万三世邀请意大利建筑师来俄罗斯修筑城堡。在我们看来，融入了俄罗斯文化的菲奥拉旺蒂成了欧洲的象征。意大利风格的克里姆林宫城堡展示了三个罗马相传承的综合性特点。提出俄罗斯向何处发展的问题是轻浮可笑的。他以平和的口吻和语调谈论未来的俄罗斯：国家政权不应当过度意识形态化，但是也不能太软弱！"

"俄罗斯从来就不是东方，"利哈乔夫在他的著作中多次强调说，"俄罗斯的道路是'从瓦兰人走向希腊人'，从瓦兰人的社会结构走向接受拜占庭的正教信仰。但是，拜占庭落入了异教徒之手，落入了'佛罗伦萨式的宗教合并'，宣布正教与天主教联合，莫斯科不想自称为'第二君士坦丁堡'。"利哈乔夫着重指出，那时候普斯科夫尚未臣服于莫斯科，那里的长者菲拉费伊提出了"莫斯科是第三罗马!"的见解。这一见解得到了果戈理的支持,伟大的哲学家列昂季耶夫和别尔嘉耶夫发展了这一思想。利哈乔夫痛斥了有关俄罗斯没有法治、与其他国家不同,因而极其落后的观点。他认为所有这些说法都是彼得大帝为了推行他的改革而凭空杜撰出来的。利哈乔夫强调说,农奴制并没有坏到致命的地步。比如,在保罗一世时期,农奴为农奴主服劳役(在贵族老爷家的地里干活)一周不超过三天。亚历山大一世就有了解放农奴的想法,亚历山大二世解放了农奴,比美国废除农奴制要早得多。利哈乔夫指出,俄罗斯从来不是"精神监狱",各种宗教信仰,从伊斯兰教到犹太教和佛教,都有他们的教堂或寺院⋯⋯只要想一想首都彼得堡,尤其是涅瓦大街就够了,那里仿佛在展览一样修建了路德教派的新教教堂、天主教教堂、东正教教堂、亚美尼亚教堂⋯⋯城市里的伊斯兰教堂和犹太教堂也处于显著的位置。对于俄罗斯没有法制,各民族遭受"压迫"的说法,利哈乔夫也给予批驳,他认为,在俄罗斯很久以来就执行了欧洲最先进的民法:在波兰王国长时间继续推行拿破仑法典,在波尔塔瓦省和切尔尼戈夫省执行立陶宛法,波罗的海沿岸各省执行马哥德堡城市法典,在喀山和亚洲普遍采用地方法规进行管理⋯⋯

俄罗斯文化落后吗?简直是胡说!——利哈乔夫在他的著作当中亮明了自己的观点。俄罗斯的文化程度在欧洲的平均水平之上,诺夫哥罗德普通手艺人写在桦树皮上的文字证明了这一点⋯⋯利哈乔夫全部著作致力于表达的主要思想归结到一点——俄罗斯存在前文艺复兴时期,对于这一见解,包括他的同行在内,很多人大概都难以接受:在我们的学术界,也不仅仅在学术界,怀疑论比单纯的乐观受到更多人的推崇。

利哈乔夫谴责了俄罗斯人的某些性格缺憾,这些负面性格往往导致不幸:倾向于极端的偏执——再加上过分轻信⋯⋯恨不得摆脱国家的束缚奔向草原,渴望冒险,轻易相信外国人,又恨外国人,想入非非,耽于空谈——从而给安定造成伤害。俄罗斯究竟患了什么病症?为什么她的命运特殊,充满了悲剧性?

"难道负有特殊使命?"利哈乔夫这样推测,"莫非上帝用这样一个'实验场'对人类进行考验?"

利哈乔夫经历了当代所有的恐怖与磨难,然而他断然否定对于未来的可怕预言,那时候那些时髦的社会学家特别喜欢做这样的预测,他们已在鼓吹俄罗斯行将毁灭,与此同时,他们又荒唐可笑地宣扬他们国家的优越:他们有理由躲避开所有人的"末日"。而利哈乔夫宣扬乐观主义,还有责任心。他强调说:"正因为我们有责任心,我们才是自由的。如果我们能保护好自己的文化,我们将在世界上占据一个引领者的地位。"

利哈乔夫说这些话的那几年,我们所做的事情都是盼望动摇这个国家的根基,大家说,这样的说教谁还顾得上听呢?

乔治·尼瓦继续回忆道:"当然,在一个严酷和混乱无序的国家里,生活并不轻松,对自己的孩子也难以悉心照料。利哈乔夫研究的课题,让人觉得古怪离奇,他单纯、固执、博学,他所讲述的俄罗斯跟社会公认的观点针锋相对,他描述可爱的俄罗斯形象,谢尔盖·拉多涅日斯基的罗斯,尼尔·索尔斯基的罗斯……西方流行的观点认为俄罗斯是残忍的国家,俄罗斯人的性格爱走'极端',这样的看法在俄罗斯境内也很普遍,利哈乔夫以其镇静的声音反驳这样的观念。他的论断强调的恰恰相反——是俄罗斯的善良。俄罗斯大自然的善良,俄罗斯民族性格的善良,俄罗斯人民对被侮辱被损害者、对'傻瓜'、对'白痴'、对伤残者的博爱……"

接下来继续写道:

"这当然是高瞻远瞩的立场。这是在残酷的意识形态堡垒下面挖掘通道的工程。利哈乔夫喜爱的思想是——文化生态学,其主旨归结到一点就是:如何挽救和医治俄罗斯。的确,他是又一个卡拉姆津[①]。"

谢·谢·阿维林采夫写道:"现在经常听到嘲讽谴责的声音:在他身上

[①] 尼古拉·米哈伊洛维奇·卡拉姆津(1766—1826),俄国作家、史学家,著有十二卷本的《俄罗斯国家通史》。——译者注

'民族意识'和自由观点怎么会水乳交融结合到一起了呢?"

利哈乔夫本人对这一点解释得最为精辟。谈到这一话题时他的声音并不"低沉"。法国《新观察》周刊是发行量很大、很受欢迎的杂志,利哈乔夫发表在这家周刊上的文章能说明很多问题。费·列苏尔对这件事解释说:

"《第三种类型的知识分子》——这样的文章标题……立刻引起了关注,法国人对俄罗斯的传统看法所形成的框框,用来界定利哈乔夫的个性显然并不适用:很久以来醉心于保护国家的文化遗产,经常站在苏联当权者的对立面,做过集中营苦役犯的利哈乔夫,明确地指出,所谓的改革这种社会现象,在人们深层次的意识当中,早就酝酿成熟了……他把自己叫做'缺乏远见的人'。"

……列·巴特金认为利哈乔夫的"梦想"是一幅"天真的蓝图"。可是,利哈乔夫身边忽然出现了不少坚定的拥护者,其中有的人大大出乎意料,比如,以演唱"俄罗斯疯狂"出名的天才流行歌手尤里·舍夫丘克,他这样形容利哈乔夫:"有大智慧的人,时刻关注国家生活中大大小小的事件和冲突,他跟我所熟悉的当下的知识分子都不相同,不同于尊崇后现代主义、主张世界一体化的所谓思想家,提到'俄罗斯'、'政治'、'人民',他们以怪诞的声调表示轻蔑。利哈乔夫反复思考与感悟千年的历史,他比那些人要年轻得多,也诚实得多。在我看来,利哈乔夫为反对蛮横、愚昧和自私所进行的斗争跟过去相比,达到了很高的水平。他非常准确地指明了丧失理想信念的人们趋向野蛮的原因和天性。"

这里能够补充的只有利哈乔夫论述阿瓦库姆时所说的话:"他面带微笑看着折磨他的那些人徒劳无益的凶狠!"

"不受欢迎的爱国主义者",在我们这里有失去良好名声的风险,而在世界上却成了我们国家最受欢迎的人物——正是由于他"光明磊落的爱国主义",欧洲所有的大学争先恐后地纷纷邀请他去讲学。

但是利哈乔夫的痛苦并没有减少。你们都记得,还在1985年就出版了他的《善与美书简》,戈尔巴乔夫夫妇很喜欢这本书,不料却引起了自诩先进的知识分子们的嘲讽……这时候不由得再次想起了阿瓦库姆和他妻子的对话,妻子问他,他们还要多长时间忍受苦难,阿瓦库姆回答说:"一直到死呀,老太婆,一直到死!"

对"最后一个光明磊落的斯拉夫主义者"(这是阿维林采夫对利哈乔夫的尊称)发起攻击的人很多,有些就来自"爱国主义真正的嫉妒者",这次进行抨击的缘由恰恰是忌恨他"过分的光明磊落"。这样的反对者有不少就出现在普希金之家。利哈乔夫在世界上取得的成就让他们恼怒:"世界主义分子!出卖俄罗斯!"

这样的人被他们视为眼中钉,最好能跟他们一个样:乱蓬蓬的胡子,长长的头发总也不洗,放肆地否定一切非同寻常的新观点,目光中充满了狂热的激情。附带说,他们之间经常互相争吵:看谁是最"坚定"、最"本质"的爱国者,即便他并不那么光明正大!他们的特点是爱大喊大叫,对他们不懂的东西大肆攻击,他们跟真正的斯拉夫主义者(比如像阿克萨科夫)毫无关系。他们痛恨利哈乔夫:为什么认为他是俄罗斯文学研究的领袖,而不是"我们"这些俄罗斯文学的"真正捍卫者"?为什么不跟"我们"共事?是不是看不起?很多人想进俄罗斯古代文学研究室工作,可利哈乔夫不挑选那些冲撞过他的人,只挑选那些顺从他的人,说他们是优秀的专门人才,而别的人全都不放在眼里。利哈乔夫的反对者有时候把他们自己说成是"同道",说他们也爱古代罗斯,但是他们是以凶狠的方式爱罗斯,而利哈乔夫则迫使他们趋向疯狂,他自己有条不紊地展示才华,研究俄罗斯历史,从远古时代开始研究俄罗斯文学,居然能做到那么完美的地步,看上去那么优雅,平心静气地说话,不到处招惹事端,不仇视任何人!可是他们除了惹是生非却一事无成。他们就有这样的想法——为神圣的罗斯而战斗,把那些胆敢闯进俄罗斯文化圣地的形形色色的竞争者一举歼灭!不料利哈乔夫却在那里像帝王一样巍然而立!研究所里的人际关系相当复杂。那些站在利哈乔夫对立面,对他充满敌意的人,被人称呼为耶稣会教士,自吹自擂的人。单凭这样的名号就知道他们是什么货色!

当然，在研究所里也有一些杰出的学者，很体面的人士，由于这样或那样的原因站在了利哈乔夫的"对立面"。这样的人往往会遇到麻烦。

毋须隐瞒——研究所里还有一帮属于塔尔图学派的人，他们自视甚高，不把任何人放在眼里。利哈乔夫对所有的人都一视同仁，以礼相待——他的这种态度反倒给对手施加了很大的压力。

俄罗斯文学研究所所长尼古拉·尼古拉耶维奇·斯卡托夫，仿佛是利哈乔夫的竞争对手——这种说法是可以理解的。很多次上级建议利哈乔夫担任研究所所长。就他的成就，就他的声望，就他当前积极的活动能力而论，这是再合适不过的了。可是，利哈乔夫委婉地谢绝，借口是年纪老了，身体不好，不过，对那些他真正感兴趣的事，他却表现出极大的坚韧、耐心和能力。因此大家心里都明白，尽管研究所确实存在一个所长，然而最重要的人却是——利哈乔夫！如果有必要——他能够推翻所长做出的决定！

所有的人都知道：如果某件事情特别重要，需要得到利哈乔夫的支持，那就必须穿过幽暗的楼梯上三楼，到他那间"简朴的办公室"，向他鞠躬求援。我认识的普希金之家的工作人员记得，公开的碰撞——只发生过一次……即便是那一次冲突也带有"利哈乔夫克制忍让的行事风格"……大概这让那些忌恨他的人气得几乎要发疯。

尼古拉·尼古拉耶维奇·斯卡托夫基于自己的学术兴趣，在"斯拉夫学"研究方面投入了更多的精力，为了庆祝某个周年纪念日，他决定对所长办公室进行一番装修改造，让它更符合俄罗斯文学研究所的名义，更富有俄罗斯风格。设想增添带雕花的长椅，还有天平等装饰性物品。

这件事差不多就算定下来了，已经有了草图和平面设计。研究所很多同事认为这是浪费资源，再说也缺乏审美趣味——研究所原本是海关大楼，跟办公室改建的风格完全不一样。但是要劝说所长改变主意，只有一个人，于是——代表团去见利哈乔夫。听完陈述，他立刻站起身来，平静地（没有听见任何喊叫的声音）跟所长交换了意见——于是以所谓俄罗斯风格重新装修所长办公室的主意就悄无声息地丢进了忘川。

当然，这样一来，反对利哈乔夫的人就更多了："凭什么一切总是他说了算？"利哈乔夫对于违背他的信念、违背他的道德规范的任何行为，都感到难以容忍。那时候有些所谓"真正的爱国分子"还很活跃，有些穿黑色法衣的神甫常常到研究所里来，他们的"追随者"趾高气扬地陪伴着他们（似乎在说：不信教的人，让你们看看！真正的信仰与我们同在！）——谁也没有想到，献身于古代文化和教会手稿的德米特里·谢尔盖耶维奇忽然拍案而起，感到愤怒了。他对一个同事说："我们落到了什么地步！神甫竟然在走廊里摇来晃去！"

利哈乔夫在一封书信中写道："在彼得城让我开心的是俄罗斯古代文学研究室。那些令人厌恶的人都离开我们走了，留下来的年轻人很出色。渴望在我的有生之年能够出版二十卷本的《俄罗斯古代文学文库》。

"实现这一目标的前提条件都已具备，等到书库出版，人们就会明白，俄罗斯文化并非处于边缘的渺小文化，她是一个积淀非常丰厚的文化强国。"

但是，四面八方的打击相继袭来。本来以为遭受打击的时候，利哈乔夫能得到研究室同事的信任与支持，因为是他帮助他们当中的很多人找到了自己的"人生道路"……不料，这里也有人竟然对他发起攻击！

德米特里·布拉宁——是深受利哈乔夫器重的学生之一，利哈乔夫七十五周岁的时候，他为老师的纪念文集编写了出色的参考文献索引，还准备了其他必要的资料……但是后来情况出现了变化……或许，有的人不愿意长期生活在别人的"羽翼"之下，那不是总处在阴影当中吗？

临近九十周岁生日，"德高望重的长者"通常都会等待着乏味的颂词，就像现在例行的周年纪念活动本身一样无聊。然而利哈乔夫临近九十周岁，却一点儿也不消沉，丝毫没有退出"活动舞台"的意思——看来，这种姿态妨碍了某些人升迁的志向，让他们觉得"直不起腰来"。他早该安享晚年了，怎么那么多人还为他歌功颂德!？正是基于这样的想法……深受利哈乔夫器重的学生德米特里·布拉宁在老师九十岁生日的时候为他准备了一份意想不到的礼物，跟献给老师七十五周岁的礼物完全不同。《俄罗斯文学》杂志 1997 年第 1 期刊登了布拉宁一篇文章，他把这篇文章献给三个人——自己，研究室的同事奥·特沃罗果夫，还有……利哈乔夫。文章标题是《俄罗斯知识分子历史的尾声》，它让所有的人惊讶不已，当然也包括利哈乔夫本人。布拉宁写道，现在知识分子占据了神甫、训导者的位置，可惜还达不到法规制订者的高度。

布拉宁指出："知识分子是所处社会的仲裁者，他保持独立、公正的精神，目前只有在道德仲裁范畴，他的仲裁权得到承认。"按照布拉宁的见解，在我们这个时代，知识分子分化成了不同的阶层。其中一部分依然为了维护其道德观念而斗争。另一部分则沉溺于荒诞古怪的幻想，在想象中改造世界。

布拉宁提示说，知识分子的自以为是、虚伪、怯懦，已经不止一次受到公正的谴责。但是——知识分子的精英仍然享有很高的声誉。

布拉宁写道："民族自觉性承认利哈乔夫是生活的导师，因为俄罗斯知识分子站在他的背后，那是历史文化的根基。知识分子不想把俄罗斯文化交给第三阶层随意玩弄，他们还没有沦落为玩偶。"……但是——

布拉宁认为："告别科学与缪斯的时代到来了。取代它们的是伪科学——管理学、政治学，而这些学说充其量不过是掩饰欺骗的各种各样的方法和手段。"

布拉宁的论述无疑是正确的、有说服力的，不料他话锋一转，出人意外地写道：利哈乔夫已经多年不再从事科学研究，只是在进行说教。

……鲍·费·叶果罗夫在《星》杂志上发表了反驳布拉宁的文章，站出来为利哈乔夫进行辩护。他在文章中写道，刚刚出版的《编年纪事》里面的注释就是利哈乔夫撰写的，说明他仍在继续进行科学研究！不料，利哈乔夫的对手人数突然增多了，立刻有人指出新的注释出自米·鲍·斯维尔德洛夫的手笔，利哈乔夫的注释仍然是 1950 年写的。利哈乔夫承受了这样的打击，而且来自他器重的弟子，这让他十分懊恼。这就是"生活的教训"！利哈乔夫在同一家杂志《俄罗斯文学》发表答辩文章，字里行间流露出罕见的愤怒："我撰写的所有文章目的都不是说教，而是为了保护文化进行斗争的必要步骤。"

有谁像利哈乔夫，临近九十高龄还受人指责，这种事起码是有失公正。换成其他人，接近六十岁创作精力便渐趋枯竭，会被认为是正常现象。反观利哈乔夫，在接近九十岁时写出了他一生中最富有艺术性的作品——《回忆录》，记忆的精确，情感的生动，都令人赞叹，毫无疑问，这是利哈乔夫所有著作中最为引人入胜的著述。这样看来，在弟子与老师的这场较量中，最终败下阵来的是布拉宁。

不过想对"衰老的狮子"下手的猎人还不少，在这之前他们还犹豫不决，现在看准了时机才突发冷箭。

利哈乔夫受到这些"猎手"抨击最多的是他的成就和崇高的地位，这是可以预料的，他们嘲讽他善于跟当代的强者相处，获取需要的名声。重新评价利哈乔夫的时候到了，他们认为利哈乔夫善于钻营，甚至是个骑墙的两面派。

司祭格里高利（瓦·米·卢利耶）批判利哈乔夫的文章大概最为犀利尖锐。

……对于利哈乔夫近期的著作他只承认《园林诗学》，而且还说"在语文学者看来这本书了然无趣"。瓦·米·卢利耶起初不是司祭，他在文章开头以感激的口吻回忆了1988年街头动乱时期利哈乔夫所发挥的历史作用，起因是保护杰里维格的故居，后来衍变为与当权者的抗争。严厉的镇压已准备就绪——危急时刻是利哈乔夫的出面干预才挽救了民众。瓦·米·卢利耶认为，苏联知识分子分为两种类型：自由主义知识分子和民族主义知识分子，利哈乔夫却不属于这两种类型。在他看来，利哈乔夫是特立独行的人物。他在十九世纪著名哲学家和国务活动家康·列昂季耶夫的著作中找到了一个词，认为用它来界定利哈乔夫最为贴切，而按照苏联意识形态的说法，康·列昂季耶夫则是"反革命分子"，甚至是"蒙昧主义者"。谁又能料到，这个人的名字也成了时髦词汇，或者说，他来得正当其时。卢利耶把他在列昂季耶夫著作中找到的那个定语略加补充，用来形容利哈乔夫，这个词语就是"俄罗斯知识分子的米列特-巴什①"。土耳其人和希腊人在历史上曾发生战争，希腊人被土耳其人征服，被称呼为希腊顺民，"米列特-巴什"是希腊顺民的首脑，负责维持土耳其政权与希腊人之间的联系，因此成了土耳其人和希腊人都需要的一个人。卢利耶把这样一个术语套用在利哈乔夫头上，他写道，利哈乔夫有时候所采取的一些做法，在知识分子看来，他不能算是"自己人"。

……当我们看到"显赫的"利哈乔夫在"主席团"行列里跟党的首脑们坐成一排，或者在"重要的会议"受到卫队保护，当彼得堡平民百姓好不容易才领取到票证的时候，他们却在享用鱼子酱，难免会感到心里不舒服。大概就是在那样的时刻产生了反感。的确，有时候他似乎不是"自己人"，成了"脱离群体的人"。即便在这种情况下，作者写道，他依然是唯一能够帮助知识分子的人，另一个知识分子想以这样的方式帮助别人却是做不到的，借用卢利耶的话说就是："……从应付克格勃的纠缠到调解跟国际反社会主义组织有关的案件，他几乎无所不能。"

卢利耶写道："米列特-巴什，团体的首领，他代表这个团体向苏丹负责……首领利哈乔夫的'团体'就是俄罗斯知识分子。要知道苏联知识分子——也就是俄罗斯知识分子，虽然它并非处于最好的阶段。"

看到这样议论自己的文章，利哈乔夫的心情必定很沉重，更何况是在他的暮年！这些言辞当中有些话说得尖锐准确。他确实是知识分子与当权者的中介……不过，解决问题的时候他总是尽力维护知识分子的利益。

然后，严厉的卢利耶开始动手摇晃另一根支撑利哈乔夫生命与名望的支柱……这种拆台的事过去就曾发生过。他指责利哈乔夫开创了《伊戈尔远征记》的崇拜——这部作品在古代实际上没有受到那样高度的重视。卢

---

① 米列特-巴什，奥斯曼术语，相当于希腊语的"行省总督"，"巴什"是首领的意思，"米列特"指团体或民众。——原注

利耶强调说:"在《远征记》所处时代的世界文学中,其他国家存在更优秀的作品(比如,绍塔·鲁斯塔维里的《虎皮武士》),但是它们受到的重视程度远不如教会的编年纪事。只是到了十八世纪《伊戈尔远征记》才成了有名的作品,即便它创作于古代,但古代典籍对它并无记载,它也没起任何作用,它被利哈乔夫说成是'精品中的精品','颠倒时序''硬塞进了'那个时代。"

利哈乔夫的主要著作被指责缺乏客观依据,利哈乔夫本人也受到责备,说他篡改古代文学史以满足个人的傲慢野心,更严厉的抨击是——迎合当代国家的要求,应和"官方的爱国主义"。显然,这个司祭居心叵测!

不过,同样的话布拉宁说过,其他的怀疑论者也说过。在利哈乔夫的最后岁月,他们质疑利哈乔夫所领导的"俄罗斯古代文学研究室"全部研究工作的风格……而在那里工作的都是利哈乔夫最为心爱的弟子!

在研究俄罗斯古代手稿的历史进程中过分强调了利哈乔夫的"个人"作用,注释附加有太多的目的性,随意强加给古代文献一种它们原本不存在的涵义。利哈乔夫的工作风格扩展并影响了整个研究室,批评者以嘲笑的口吻称之为"浪漫主义风格"(这个术语的发明权属于布拉宁)。

总括而论,利哈乔夫的文学研究风格与所谓的"纯批评"学术研究,即不带任何个人偏见的文学研究,两者之间的冲突由来已久。"纯批评"来自西方,在利哈乔夫所处的时代逐渐成为时髦,这种批评不仅否定手稿研究当中任何"个人见解"的痕迹,而且不允许对文本研究有任何时代的影响。甚至弄到了荒谬的地步:希腊文本的译文堪称典型(毕竟还是能够翻译的),译文中存在大量的模糊不清、难以解释的词句,当然,这种地方无论如何也难做出注释。在这种情况之下,"纯批评"——不受任何外力的干扰,自然也不会受到任何影响!现在,捍卫"纯批评"的斗士们妄想否定利哈乔夫倾注毕生心血的宏伟著作,他们要"声讨"他,指责他的"主观主义"……而他已经没有余力反驳。利哈乔夫的全部著作,毫无疑问带有他的个性印痕,他的才华,他的体温。"纯学术"的追随者天生不具备这样的材质和热情,因此,他们就千方百计地进行否定:他们不允许其他人不跟随顺从。为此目的,他们所要做的就是一味"抹杀"利哈乔夫——他过分光彩夺目,他的"个性鲜明"的学术成就让他们片刻不得安宁。这些爬行的批评者,五官模糊,灰头土脸,甚至"自我界定"——称呼自己是"后现代主义",这大概是注定的结局。利哈乔夫是横亘在他们道路上的第一座风景独特的高山,那些乌合之众群起而攻之,力图除去障碍而后快。不料,这遭到否定的鲜明个性,这科学界与文学界的心灵,还要长时间居于主导地位——心有余而力不足的利哈乔夫对此也心知肚明。临近生命终点——一切都不再计较!这并非他们一伙的胜利,莫如说是居心叵测。不过,这种所谓的新科学,以荒诞的形式否定文学研究中个性的作用,否定艺术性,只承认机械式的"文本",无论如何得不到利哈乔夫的首肯,他也决不会这样做——因为在他的词典里没有这样的词汇。

还有比这更不堪的理论。学术界许多批论家都认为存在利哈乔夫时代,甚至说它是主观主义的、浪漫主义的,更有甚者,在这个"解构主义"风行的时代,某些解构主义记者为所欲为,信口开河。有一个记者居然说利哈乔夫是"当权者指定的最重要的知识分子——仿佛是宫廷御医"。利哈乔夫当年倡导的许多原则——包括他所说的爱国主义,仿佛不配真正的知识分子,全都遭到了唾弃,不再时髦……而这一切嘲讽污蔑都倾泻到白发苍苍、疲惫的老人头上。不再是纷纷扬扬的玫瑰花瓣,而是撒落的灰烬!

纵然利哈乔夫并不完美,即便他的研究风格具有"浪漫主义"色彩,并非总是那么客观,但是他创造了自己的时代。他——毕竟是胜利者。什么人又能够取代他?他是光明磊落的,他是不可重复再现的人物!

彼得堡为利哈乔夫隆重庆祝九十寿辰,毫无疑问证实了他受到民众的普遍推崇与爱戴。(那些幸灾乐祸者对此能有什么办法阻止吗?)所有的人都想参加这样的祝寿会,每个人都对利哈乔夫心怀感激:因为是他从污泥浊水中拯救了我们的灵魂,清洗了它的污垢!承认利哈乔夫成就的人——原来……竟然是绝大多数!

……当然，这中间也包括了那些想给人们留下好印象的人，为此目的，"利哈乔夫在场"的那几天，一定要出头露面。

请看吧——有关那些日子的信息：

请柬

1996年12月2日中午12点俄罗斯科学院俄罗斯文学研究所（普希金之家）为我九十诞辰在普希金之家大厅举办庆祝会，我荣幸地邀请您届时光临。此致

敬礼……

所有的请柬都由他亲自签名（他认为这是绝对必要的）。

然后在科学院会议大厅还要召开人数更多的庆祝会。人们纷纷向利哈乔夫祝贺，受到尊敬的人，都会得到这样的礼遇。

圣彼得堡大学校长柳德米拉·维尔比茨卡娅带来了鲜花和礼物。作家丹尼尔·格拉宁前来祝贺。诗人亚历山大·库什涅尔朗诵了诗歌。前来祝贺的还有弗拉基米尔·雅科甫列夫、阿纳托利·丘拜斯和莫斯科其他贵宾。所有的来宾都真诚祝贺，给予赞美……在利哈乔夫面前，每个人"都不想丢脸"，都想说出心中最美好的语言。在利哈乔夫面前，只能成为"高尚的人"！

随后在尤苏波夫宫举行了隆重的晚宴——宴会保持古老的风格，一切都按老规矩，气派又体面，这些都是利哈乔夫所珍视的。德米特里·谢尔盖耶维奇坐在首席，旁边是他的夫人季娜伊达·亚历山大罗夫娜，还有他的女儿和两个外孙女……圣彼得堡的都主教和拉多加的弗拉基米尔为利哈乔夫诵读了赞美诗。参加宴会的人都很出色！作家法基里·伊斯康捷尔向利哈乔夫祝贺，他说："看到这个令人惊讶的大厅，可能会想，发生了革命，取得胜利的是——知识分子！"

知识分子确实取得了胜利——然而并非在停滞不前的计划中，而是在跳动的、生机勃勃的心灵中取得了胜利。文学批评家瓦·索·巴耶夫斯基

告诉鲍·费·叶果罗夫说,有一天他坐出租车说出了自己的职业,司机听了很兴奋,盯着他大声说:"那您一定认识利哈乔夫吧?!"

作为出生在彼得堡的人,我也参加了利哈乔夫九十寿辰的庆祝会,我记得它给我和很多人留下了强烈的印象。在普希金之家的祝寿会上,著名演员叶甫盖尼·列别杰夫在他的发言末尾,忽然唱起了豪迈的歌曲《哎吆,我们欢呼!》——利哈乔夫镜片后面的眼睛忽然泪光闪闪,他跟随着轻轻哼唱,整个大厅里的人逐渐都跟着唱起来,热情洋溢地直唱到歌曲终了。

沙皇案件

231　　看起来，利哈乔夫如愿以偿——得到公认的伟大学者，在社会上享有广泛而崇高的声誉……他的年龄也到了在尊崇者的拥戴中安享暮年的时候……然而他依然觉得，还有该做的事情没有做完！于是他再一次凭借自己的意志力投入了白热化的争执，围绕着这场争执发生了最重要、最尖锐的事件。他的荣耀也是他遭受诅咒的借口——所有的人都习以为常：只有利哈乔夫能以最出色的方式解决最重大、最复杂的难题——此外再没有第二个人。所有的人都在寻找他，所有的人都向他提出请求。

　　自发势力汹涌翻腾，利哈乔夫(已经九十高龄!)有一次像上紧了发条一样，"一猛子"扎进了滔天巨浪！事件的发展再次惹起了社会的不满。戈尔巴乔夫倡导的那场改革，发展到连他自己都害怕的地步，结果是叶利钦时代取代了改革，这个时代一开始也像暴风雨一样——整个社会一致反对阴谋家的暴乱，叶利钦以其威猛和勇敢的行动粉碎了他们的阴谋，他得到了全民拥戴，人们胜利狂欢。但是很多事情引起了人们的警觉。

　　1992年举行了第一届知识分子代表大会，叶利钦受到了不少批评，尤其是自由报刊的组织者之一叶果尔·雅科甫列夫的解职，更使他遭受非议。在鲍里斯·尼古拉耶维奇身边忽然谜一般出现了一个强大的寡头集团，叶利钦家人的影响不断增长，这让很多人感到不安。取代意识形态权力的是金融寡头权力，众目睽睽之下那些自私自利的干部得到了重新任用，不合时宜的"民众信息沟通会"受到了压制……提交给第一届知识分子代表大会的问题依然找不到答案。于是人们的目光再次转向了利哈乔夫：怎么办？

谢尔盖·亚历山大罗维奇·菲拉托夫是知识分子代表大会的组织者之一，那时候他担任叶利钦总统办公室主任，他和叶利钦一起经历了艰难曲折的道路，现在发现了"停滞"的苗头，因而感到困惑。菲拉托夫的见解得到了来自彼得堡与会代表的积极支持，正如他准确判断的那样，彼得堡的知识分子"与执政者保持着距离，具有特殊的精神状态"。1997年菲拉托夫专程来到圣彼得堡，会见有独到见解的知识界朋友。他写道："在圣彼得堡综合人文大学校长亚·谢·扎别索茨基陪伴下，我走进会议厅，会晤的参加者围着一张圆桌落座。他们是丹尼尔·格拉宁、安德列·彼得罗夫、基里尔·拉甫罗夫……"

应当指出，"非官方的"学者，原来当权者不喜欢的作家，没有一个人应约来这里开会。很多人看待这次电视转播的隆重活动就像看其他的电视转播一样，抱着苦涩的怀疑态度。当然，没有人怀疑几位与会者的才华与人品，不过，恰似过去坐在这样的大厅里参加各种各样的会议，他们都会发表一番在那个时刻正确无误的言论。这伙人似乎在任何政权之下都坚定不移，以他们适度的大胆言辞博得所有观众的欢心。

我的一个同行面带苦笑调侃说："各位朋友，无论诸位的座次怎么安排，我们对这样的'电视秀'都毫无兴趣。"

谢·菲拉托夫接着回忆说："……德米特里·谢尔盖耶维奇·利哈乔夫坐在那里，就像在克里姆林宫等待接见，躬背弯腰，陷入了自己的沉思。"

或许，会有这样一种猜测，这同样是"重复"，是"表演"——或许他们需要这样安排，一定要让一个（不能再多）德高望重的老人坐在其中，因为他是"民族的良心"，需要他躬背弯腰，坐在那里"陷入自己的沉思"……

菲拉托夫继续说:"我有点紧张,等待着,看他对我们的想法会说些什么。他的评价可能是决定性的,也是最出乎意料的。"

"出人预料"的话语从利哈乔夫的口中说了出来:"代表大会——通常都是调停各种观点趋向一致的会议,这已经为历史所证明。"……菲拉托夫接着写道:"我想,我也是这样的看法。不过,利哈乔夫大声说了出来。"随后他阐明了自己的观点:"知识分子——向来是由单独的个体构成的。"不料,接着补充说:"知识分子负有团结起来的使命,要捍卫民主,捍卫民主价值。"

菲拉托夫写道:"德米特里·谢尔盖耶维奇在掌声中结束了他的讲话。我明白了,很多与会者的怀疑已经让位于举办这次代表大会的决定。会见临近结束,我走到德米特里·谢尔盖耶维奇面前对他说,如果他不能出席这次大会,就请他在摄像机前面发言。"

要知道利哈乔夫当时已经九十一岁高龄了。

"德米特里·谢尔盖耶维奇递给我一封写给鲍·尼·叶利钦的书信,建议举行仪式埋葬沙皇一家的遗骸,希望总统由始至终参加这次活动。"

也就是说,九十一岁的利哈乔夫不去参加那些会议,不想享受那些光环的荣耀,虽然说他有这样的权力,年龄也允许……但是那封书信——说的不是他自己的事。他总是带着坚定的苦笑,仿佛在身后拖拉着沉重的"车辆",艰难地行进——可是对于很多人说来,这是非常重要的事情。这一次事关"沙皇"一家人,要求埋葬他们的遗骸——这件事对于叶利钦说来尤其艰难、棘手,因为很多人都知道,他在担任斯维德洛夫斯克州领导人期间,下令(的确是遵照上边的命令)"拆除"了让整个苏联震惊的伊巴基耶夫的房子,正是在那座房子里沙皇一家人统统被枪决。当然,叶利钦忏悔了,他也呼吁所有的人进行忏悔,甚至主张取消共产党……但是利哈乔夫了解他的个性喜怒无常,非常暴躁,又很自尊,因而再次提醒他埋葬沙皇一家的遗骸,也只有利哈乔夫一个人敢这样做。我们国家只有他一个是这样的人,他自己也明白这一点,因而一再踏上艰难的道路,有时是可怕的险途……不过，这些都是必要的。

纳伊娜·约西芬娜·叶利钦娜回忆说：

"我是在英国女王伊丽莎白二世访问圣彼得堡的时候，在她的游艇上认识了德米特里·谢尔盖耶维奇。

"利哈乔夫一个人坐在船头，轻轻地咳嗽。当时天气很冷。我走到他跟前，建议他喝一杯热茶，当然，近距离接触这样一位声名赫赫的大学者，心里不免有点儿忐忑不安。但是他天生具有无限的亲和力，那么平易近人，很快我们就像认识多年的老朋友一样相互交谈了。他的身上释放出让人喜悦的光芒！他说出的话语质朴简明，声音很轻、很温和……正是他说服了鲍里斯·尼古拉耶维奇出席沙皇一家遗骸下葬的仪式……"

1998年利哈乔夫给叶利钦写信，劝说俄罗斯总统参加沙皇一家遗骸下葬仪式，这封书信被人们称为"呼吁国民悔过书"。这件事当时面临着尖锐的矛盾。东正教教会反对这些遗骸下葬，认为遗骸的真实性缺乏足够的证据。

我有个表哥叫尤里·亚历山大罗维奇·涅克留多夫，他是医学教授，担任法医，了解遗骸真实性的调查过程，他认为这些遗骸是真实可信的。沙皇一家被枪决以后，经过了几十年，突然发现了他们的遗骸，而且是在一个"奇怪的"、"难以置信的"地点，实际上就埋在一条道路旁边，路上人来车往，难免会引起一片质疑的声浪。许多人觉得这简直是不可信的：沙皇一家人的遗骸——受到如此的亵渎，怎么可能呢？！

其实，这正是杀人凶手所要达到的目的——他们一切都做得"灭绝人性"。对这些凶手哪里还谈得上"人性"呢？他们行凶以后仓促地掩埋尸体，就是想埋在一个让谁都找不到的地方……

后来这些遗骨存放在一个犯罪学实验室里，跟其他遗骨放在一起，没有得到特别的保护，只是等到有人提出来要把遗骨在彼得罗巴甫洛夫斯克教堂下葬，跟彼得大帝和其他沙皇安葬在一起的时候，才开始对这些遗骨进行认真的研究。遗传学比较分析是必不可少的。为了进行对比，必须找到包含尼古拉二世遗传基因确凿无疑的医学证据。事情已经过去了几十年，人们非但不想记住沙皇，而是极力泯灭有关沙皇的记忆，在这种情况下，还能找到什么东西呢？但是，久经历练的法医具有极其丰富的侦查经验，他们具有坚持不懈的探寻精神，最终找到了他们所需要的证据。法医要具备多方面的知识，其中包括历史、艺术和其他各个领域：只要在那里能够发现必要的证据。这一次，证据——远在日本！在那个岛国，年轻的尼古拉，那时候还是皇太子，环游世界到了日本，却遭遇了一次谋杀，日本民粹分子用弯刀劈砍了尼古拉的头。幸亏护卫的阻挡让弯刀稍稍偏离，尼古拉受了伤，伤口不深。抢救时使用了绷带。就这样突然想到了采用遗迹鉴定的方法，他们想到了：绷带上保留着皇太子的血迹，那条绷带保存在日本的一个贮藏室里。日本人了解到这条绷带是件宝贝，就要很高的价钱。这个问题很长时间难以解决——直到大提琴家穆斯季斯拉夫·罗斯特罗波维奇出手赞助。他知道了这件事的重要性，就出了一笔巨款购买了有沙皇血迹的绷带，然后交给了鉴定人员。带血迹的绷带一部分寄往伦敦，另一部分寄往叶卡捷琳堡。两边分头进行鉴定，英国和俄罗斯的遗传专家和法医鉴定专家（其中包括我当法医的表哥）各自经过鉴定分析，得出了一致的结论：遗传鉴定分析证明，这些遗骨确实属于罗曼诺夫家族！

但是教会不承认这样的鉴定，认为不足凭信，拒绝为遗骸下葬进行祈祷，反对把遗骸安葬在彼得罗巴甫洛夫斯克教堂，并跟其他沙皇安葬在一起。叶利钦完全有理由认同教会的说法，并以此为借口改变安葬地点，或者不出席葬礼。毫无疑问他的良心让他坐立不安，假如他比较灵活（这就意味着他是个没有良心的政客），他会寻找推诿的口实……不过，叶利钦毕竟是个有灵魂的人。

跟葬礼相关，还有一个复杂的问题：不清楚罗曼诺夫家族后裔的生存状况，应该邀请他们参加葬礼吗？还是不邀请更稳妥？对那些可敬的好人说："诸位不是皇室后裔，诸位不必参与！"什么人适合做这件事——还要做得心怀敬重，同时又毫不犹豫？利哈乔夫自告奋勇承担这个艰巨的使命。

叶尼舍尔洛夫给他写信说:"我读了您的文章,其中写到冒名沙皇和年幼的霍亨索伦。"

原来事情是这样的:在沙皇一家遗骸下葬之前,列昂尼达·罗曼诺娃公爵夫人经常到俄罗斯来,未出嫁时她姓巴格拉季昂—穆赫朗斯卡娅,出嫁后改姓罗曼诺娃。她的女儿玛莉娅嫁给了霍亨索伦公爵,因此列昂尼达的孙子格奥尔基·霍亨索伦不能被认为是罗曼诺夫家族的直系亲属。正是由于利哈乔夫的坚持,这家人未能获得"皇族后裔的特殊身份"。倘若他们出席沙皇一家遗骸安葬仪式,可能会引起皇室后裔各支脉的不满,甚至造成混乱,而且这样做也是对安葬本身的大不敬。利哈乔夫承担了阻止冒名皇室后裔者参加葬礼这样的重任,他妥善处理了这件事,列昂尼达·罗曼诺娃公爵夫人一家没有露面。

弗拉基米尔·基里洛维奇大公一家妄图登上王位,他的企图遭到了利哈乔夫强烈的、有理有据的反驳。

难怪某些敬重他的人(或者不怀好意的人)称呼利哈乔夫为"大臣"。很多重要的国家事务,只有他出面才能解决——甚至处理有关沙皇家族的大事。

葬礼的组织者们(事情很不简单,需要投入的资金也很多)一直担心——万一总统不来参加可怎么办?假如叶利钦不出席这场葬礼,俄罗斯就会在世界面前丢脸。所有的目光又投向利哈乔夫:普天下只有他一个人能够挽救危急的局面,能够想办法让俄罗斯避免再次受辱,最终躲避开"罪恶王国"的绰号;隆重的遗骸安葬仪式要举行,一定要让总统参加,不然的话,"国家的忏悔"就会落空。正是利哈乔夫(谁还能这样做呢?)给叶利钦写了信,明确表达了自己的看法,认为安葬沙皇遗骸——是以实际行动表示忏悔和赎罪。利哈乔夫告诉叶尼舍尔洛夫:"我感到满意的是,回应了我的书信,给我打电话,交谈得很愉快。这让我的自尊心感到满足,电视节目展示了那封书信。附带说,信是手写的。"

1998年7月17日举行了下葬仪式。

"在教堂里举行的下葬仪式拖的时间很久，利哈乔夫一直就站在那里（他已经九十二岁了！——瓦·波按）。如果坐着，按照仪式程序要求需要站起来的时候，他都是第一个站起来，在他站起来以后，过了一段时间，总统才站起来。我相信，总统出席这个葬礼仪式，在很大程度上是听从了利哈乔夫的劝告。因为利哈乔夫曾经三次(！)给总统写信(这是我了解的事实)。听说最后一天他还给总统打过电话。在这件事情上没有人能比利哈乔夫了解得更深入，没有人能像他那样有充足的理由说服总统出席这次下葬仪式……'民族的良心'——平民百姓这样称赞利哈乔夫过人的智慧，只有他能在最艰难的时刻，在即将爆发冲突的局势下，向当权者说出真知灼见，并且让他们信服。"

利哈乔夫给叶尼舍尔洛夫写信说：

"……我们都在教堂里站着，最后一分钟，总统终于出现了……好在玛丽娅和格奥尔基不想来，几位州长也不愿出席。幸亏没有筹集到多少钱，不至于把葬礼变成一场'演出'。没有人穿老式服装，但是有几个穿苏格兰裙的吹笛手(尼古拉当年一度担任过苏格兰军团的指挥官)。"

宫廷亲属出席的有伐里茨韦因男爵(他母亲属于叶潘钦家族)。罗曼诺夫家族和叶潘钦家族源自一个共同的祖先。

葬礼仪式后拍摄的一张照片保存了下来，叶利钦握着利哈乔夫的手向他表示感谢。利哈乔夫的微笑显得有几分苦涩，叶利钦的目光——流露出威严、自信，同时还有几分询问的意味儿……"既然我已经跟利哈乔夫本人握手——这是不是意味着我跟知识分子的关系大致还算正常？"

按照叶利钦的评价，利哈乔夫的使命极其重要：1998年10月利哈乔夫被授予俄罗斯的最高奖——圣徒安德列一级勋章。

外国文学图书馆馆长叶卡捷琳娜·尤里耶夫娜·盖尼耶娃觉得，葬礼仪式与利哈乔夫原来的想法以及他本人的精神面貌并不完全吻合：

> 举行葬礼仪式的时候，克里姆林宫内部修复刚刚结束不久，才对外开放。我记得，难以想象的耀眼的金光给我留下了多少沉重的印象。

德米特里·谢尔盖耶维奇和鲍里斯·尼古拉耶维奇关起门来谈了很长时间。他们从房间里出来,走向聚集的人群……我发现德米特里·谢尔盖耶维奇面容肃穆,跟克里姆林宫的富丽堂皇很难谐调。德米特里·谢尔盖耶维奇衣着简朴,拄着一根手杖,他以自己的表情和姿态似乎在谴责这金碧辉煌与豪华骄奢。"

鲍里斯·尼古拉耶维奇授予利哈乔夫一枚精美的勋章,这是一枚专门制作的集中了诸多徽章设计专家智慧的勋章。

当我们陪着他离开了克里姆林宫,谈话间不知怎么说到了一些事情,用德米特里·谢尔盖耶维奇的说法就是"趁我还活着",希望亲眼看到这些事能够做成功……一些小型博物馆、小城市、小图书馆遇到的困难问题,让他感到深为忧虑。这次谈话中,他还对同行流露出充满人情味的关注,无论这个人是埃尔米塔什博物馆馆长、俄罗斯博物馆馆长,还是小城镇梅什季诺图书馆馆长:在他看来这些人都是绝对平等的。

……我们来到了外国文学图书馆,上楼到了馆长室,随便吃了点东西。他说:"我想看看你们的图书馆。"……我们走进了一个阅览室,在那里看书的大学生特别多,我给德米特里·谢尔盖耶维奇介绍我们看到的情景,说话的声音比平时略微大了一点儿。我忽然明白了,大学生们刹那间意识到,站在他们前面的是依然健在的德米特里·谢尔盖耶维奇·利哈乔夫……在瞬间宁静之后,整个大厅里的学生全都站了起来,开始为德米特里·谢尔盖耶维奇热烈鼓掌……我看到德米特里·谢尔盖耶维奇的眼睛湿润了,在镜片后面闪着柔和的光,那一瞬间我的嗓子里突然产生了哽咽的感觉。他小声说:"谢谢!"我心里想,对于德米特里·谢尔盖耶维奇来说,他在这里受到的感动,决不亚于他在克里姆林宫那隆重仪式上得到的承认。

据外孙女季娜回忆,利哈乔夫对待自己无数次得到的奖赏总是态度平静,甚至带点嘲讽的意味儿,他从来没有数过,究竟有多少荣誉证书和奖章。那些勋章、奖章随随便便放在桌子抽屉里。有一天，临近一个隆重的节日庆典，他们找了很长时间，怎么也找不到那枚劳动英雄金星勋章。不得已只好求助于制作纪念品的工匠，他们能在很短的时间内复制出一枚奖章……在所有奖赏当中，德米特里·谢尔盖耶维奇最珍视的是"保卫列宁格勒"奖章，那是1942年他站在普希金之家房顶上扑灭炮弹引发的大火而获得的奖励。

他引以为荣的还有获得了第一个"列宁格勒荣誉公民"的称号，其中有个特殊的原因，那就是他的祖辈也有人获得这样的称号，他可以回忆"家族的荣耀"。还有一件事让他高兴，那就是城市恢复了古老的名称。他说："无论如何没有料到，我出生在彼得堡，如今又在彼得堡生活了！"这是他一生当中最开心的事情之一。

提到那些奖章……季娜回忆说，外祖父跟她说过，坐火车的时候，有专门的人负责保护他的圣安德列一级勋章。利哈乔夫笑着说："他保护的是勋章，而不是保护我！"……不久之后，他把那枚勋章交给了埃尔米塔什博物馆保存。

最后的岁月

九十二岁高龄的利哈乔夫,在回顾自己跟官方、跟莫斯科的关系时写道:"最近几年我只到莫斯科去过一次,卑鄙放纵和了无情趣让我吃惊。诚然,彼得堡跟随莫斯科一样的胆小怯懦。"

研究所里所有重要的会议他都尽力参加,他每次出席都给与会者留下强烈的印象,而那些他不知道或者违背他意愿的会议,也逃不过他威严的目光:他什么都不会忘记,他对所有的事都要尽到监督的责任。但是——他的体力逐渐衰弱。1997 年他给叶尼舍尔洛夫写信说:

"以后我不再出国,前不久到尼斯去了四天,他们为我的《园林诗学》颁奖,在那里我发现了一条主要街道,恢复了它古老的名字,用皇后大街取代了斯大林大街的名称,这里的皇后指的是尼古拉一世的遗孀科罗列娃·维克多里娅。

"有格尔拉(勒内·格尔拉,法国著名斯拉夫学者,俄罗斯侨民文学艺术研究的重要专家——瓦·波按)陪同,很有好处,从他那里我知道了很多有趣的事情……很多人不喜欢他语言尖刻,可是我觉得他的判断(和谴责)是公正的。很难不认同他的评价……您看,我的笔体有多么陈旧,而这种笔体是很难改变的。"

利哈乔夫的老朋友席古尔特·奥托维奇·施密特 1997 年收到了他如下一封书信：

"……我不能为您的文集写文章了。送给您一本再版的《善与美书简》吧……

"到意大利去了十天。坐着带滑轮的安乐椅。我已经以这种方式乘飞机了。意大利为我的《园林诗学》颁奖，给我的陪护人员（外孙女季娜）支付旅费。"

但是利哈乔夫在家里的状态就没有那么好了。外孙女季娜的妈妈已经去世，她非常详细地回忆了她在外祖父家里的生活，留下了感情丰富、细节翔实的回忆笔录。她能近距离观察德米特里·谢尔盖耶维奇，一个疲惫的老人，"并非最佳状况"，他在讲台上，在研究室，面对电视采访的摄像机，总是精神矍铄，在家里就看不见那种神态，脱下了"世界院士当中的院士"那身礼服，再不需要面对公众时的庄严肃穆。这些印象当然有别于"众所周知的形象"。当堂吉诃德脱去他的"盔甲"，就会变成一个脾气古怪、感到疲倦的老头儿。在公众场合，他会拼尽最后的气力，保持辉煌的闪光……可在这里，在家人中间——"不再演戏"，"摘去了面具"，跟"在舞台上"的形象完全不同。外孙女季娜写道："我跟外祖父生活了那么多年，可是对他的性格并不完全了解！……人们常说：'对德谢轻轻说出的话语也该侧耳倾听。'可谁知道他会突然大声吼叫，震得勺子簌簌颤抖。一般都认为，他'思路清晰，作风民主'，可旁观者看得更清楚。对于所有的人来说，他绝对是个自我封闭的人！……他以难以想象的意志力来压制情感……我从三岁到三十三岁都害怕外公。从他的瞳仁深处流露出可怕的逼视别人的目光。时常会暴怒，大发脾气……他在家里完全是另一个人。生活让外公变得多疑、内向，遇到任何一件事，总是先往坏处想。曾经做过校对员，他对自己的全部生活进行监视：这个英俊的少年似乎没有浪漫的爱情经历！在死亡面前似乎也毫不畏惧！"

德米特里·谢尔盖耶维奇自己做出了选择：以全部力量服务于社会。

既然做出了这样一种选择——对于另外的事情就没有余力了。忍耐、友善、关切以及其他的高尚品德,为他带来了荣誉,他要艰难地维护这一名人形象——再也没有什么力气留给家庭了。

有个我认识的记者讲过他访问德米特里·谢尔盖耶维奇,再次感到惊讶,佩服他学识渊博,对比巧妙,结论高明,头脑机敏,喏,当然还有平易随和,说话通俗易懂,待人宽厚友好……他为这次极其成功的采访表示了感谢,起身告辞,而德米特里·谢尔盖耶维奇也尽力做到符合礼节,把大衣递给客人,就在这个节骨眼上,德米特里·谢尔盖耶维奇的夫人季娜伊达·亚历山大罗夫娜突然出现了,她说:

"您不要这么快就急着走!你们俩谈得那么有兴致!"

"这样的谈话您不是每天都能听到么!"记者真心实意地回答。

"不,并非每天,并非每天都能听到!"季娜伊达·亚历山大罗夫娜大声说,说话时她的眼睛不看记者,却盯着她的丈夫,明显流露出对他的抱怨。记者感到这场面有些尴尬,就赶快离开了。

的确,德米特里·谢尔盖耶维奇的全部力量都献给了"社会",在"家里"他几乎没有什么力气了。

我有位熟悉的朋友,长期为德米特里·谢尔盖耶维奇拍照,他常常大声说:

"快点!含笑的眼神难以持久!"

是的——在生活当中,"含笑的眼神"难以持久。忍耐——对自己的家人,德米特里·谢尔盖耶维奇有时候也做不到。他的妈妈维拉·谢苗诺夫娜还活着的时候,常常跟一些不太熟悉的人说话,话题涉及对苏维埃不满的内容,德米特里·谢尔盖耶维奇经常会喊叫着说:"妈妈,打住吧!……"

他的内心里一直有恐惧感,每天都要克服这种害怕的感觉绝非一件易事……人的很多优点"不断增长",有时会转化为缺点。公众看到的德米特里·谢尔盖耶维奇那种高昂的公民激情,在家里有时候会转变为暴躁,让亲人难以忍受。"他们一点儿也不支持我，甚至什么都不想了解，只会要钱！"

季娜的外祖母有时候埋怨说："你一点儿也不爱我，你不愿意跟我说说话！"从前他们俩不仅一起去剧院看戏，还一起去参加学术会议，外祖母兴奋地说："他那么英俊，他穿着蓝色衣服很合身！"现在他们一起出门的时候很少见了。

随着德米特里·谢尔盖耶维奇的"社会活动越来越繁忙"，他留给季娜伊达·亚历山大罗夫娜的时间和关切就越来越少了。她明显地"落后"了，跟不上光彩四射的丈夫，对于他那些复杂的社会争论难以理解，更不用说学术上的矛盾与冲突了；而他在工作中累积的郁闷，倒是常常带回到家里来。有一天，他居然把一只鞋子投向季娜的外婆。他从家里赶走了老伴的两个外甥女儿，季娜伊达·亚历山大罗夫娜特别喜爱这两个晚辈……因为离开她们，就再也没有什么人陪伴她了！

利哈乔夫把亲戚从家里轰出去，表面上的原因是，一个外甥女的丈夫阿雷莫夫，是个建筑师，跟一件轰动一时的闹剧有关，起义者广场上修了座胜利纪念碑，民间把它戏称为"凿子"……利哈乔夫的公民立场坚定不移！这本来是可以理解的，但是有必要在家里做出这种戏剧性的反应吗？

外孙女季娜很同情被赶走的两个姨妈，因为她们在这里的时候，更有温暖的家庭气氛，可以跟她们聊天，说说凉拌菜，谈谈帽子，都是女人们爱说的话题——自从她们走了以后，家里笼罩着"科学院的寂静"。"外公在休息！"一切都必须保持死一般的"肃静"……看电视是很危险的。有一天院士忍不住了，大声吼叫说："我现在就砸了这电视机！他们吵吵闹闹，声音乱哄哄的，简直是缺乏文化教养！"他难以容忍苏联电影，季娜要想看电影，只能趁外公不在家的时候。

后来，建筑师阿雷莫夫死了，姨妈妮娜和加丽娅又回来了，仍然一起居住，毕竟是很近的亲戚……季娜写的札记当中提到外公有这样一句话："跟我们家的人都不一样！"

利哈乔夫家里的主要"裂痕"出现在他女儿柳德米拉·德米特里耶夫娜跟他的外孙女季娜之间。按照季娜的说法,姨妈米拉跟利哈乔夫家的其他成员都不一样,甚至存在着一种传闻,似乎她是在围困期间被收养来的!季娜从来没有写过这个姨妈有什么可爱之处,她妈妈去世以后,姨妈对她不但不同情,反倒比以前更加冷淡了。失去母亲的孩子往往都很敏感⋯⋯外祖父在这场纠葛当中采取了不干预的立场(这让季娜特别委屈)。其实,他已经没有了干预的力气,所有的力量都奉献给社会了——显然,这是很有成效的投入:利哈乔夫的声望与日俱增。他为社会带来了巨大的利益!⋯⋯而与家庭的精神联系却日趋淡漠。这让季娜特别心疼——回想以前,外公是那么疼爱她。她忘不了,在她很小的时候,外公对她特别好,用打字机给她写信,署名比利亚·彭斯,或者作家利利亚·布列尔,季娜就给外公画画儿。患骨结核病住院的时候,条件恶劣,她很痛苦,外公来看望她,怀里还抱着她心爱的玩具熊米什卡。

后来关系就变了,越来越紧张。

季娜忍不住痛苦地埋怨说:"⋯⋯他爱小孩子,但再长大一点儿就不喜欢了。"

当然,他对外孙女是关切的——不过,更多的时候是不满意。或许,他一直把她跟自己心爱的女儿维拉,也就是季娜已经去世的妈妈相比较,心里感到难过(外孙女和女儿的外貌非常相像),他把自己的绝望(女儿再也回不来了),发泄在外孙女身上,在他看来,外孙女的才华和成就远逊于她的母亲。虽然季娜学习轻松,成绩也不错,外祖父却经常挑错,提出一些过高的、根本就达不到的要求。看到季娜手里拿着网球拍,他就不满地喊叫说:"一条道——进体院的料!"(指列宁格勒体育学院——瓦·波按)。这些当然让季娜感到委屈,她觉得自己在家里不受人待见⋯⋯

他对外孙女的教育很严格,打电话只能谈正事,而且时间不能超过十分钟!⋯⋯这样做无疑是理智的。但是这怎么谈得上幸福,谈得上家庭的温暖与舒适?他爱提一些古怪的问题,比如:"你读过《'帕拉达号'

巡洋舰》①吗？什么时候看的？"

季娜在回忆录中写道，外祖父为了防止窃听，一直用枕头压着电话机。他总是往坏处猜测。有一天来了个新保姆，玛丽娅·亚历山大罗夫娜，外祖父忽然指责她是被某"机关"派来的：因为她总是用报纸遮着自己的脸，偷偷地听人说话。

季娜写道："事情都怨外公出奇的多疑。"不止季娜自己……两个季娜都觉得自己在这个家里越来越被疏远，越来越受到冷遇——因此她们俩感觉越来越亲近，季娜在回忆录当中把最温暖的词句都献给了跟她同名的外祖母。外孙女认为，共同的名字决定了相似的命运——两个人都早早失去了母亲，失去了温暖。在相当长的时间里，"两个季娜"在家里最亲密——伟大的科学院院士没有给妻子留下什么回忆文字，倒是外孙女用发自内心的语言，详尽地回忆了她的外祖母：从她很小很小，还跟在外婆身边蹒跚学步的时候起，外婆就不允许她过早地去抓油腻的肉饼，外祖母是操持家务的一把好手，她做的饭菜特别好吃，开饭也总是非常准时。

季娜还清楚地记得外婆年轻时候的样子，在姆林斯基第二大道的住宅里有个很大的衣橱，有很多很多的衣服，夏天戴的帽子、冬天戴的帽子——外婆穿着很漂亮，好看的衣服都是找裁缝伊丽娜·亚历山大罗夫娜做的，帽子是请另一个有名的裁缝马季利达制作的。外祖母出门的时候必定戴帽子。季娜还记得她那身"让人惊艳"的服装：淡黄色上衣，配上长长的披巾。

随着岁月的推移，她把更多的精力放在了家务事上，整天打交道的就是那些装果酱的瓶瓶罐罐，由于烦闷无聊，脾气变得越来越不好。季娜记得，有一天外祖母拿出果酱来招待客人——马克西莫夫院士，不料那果酱里竟然有蚂蚁。不过，她把家里的经济大权紧紧地握在手里，有个小小的手提包她总是随身携带，里面装着钱和重要证件，任何时候都不轻易松手。

---

① 《"帕拉达号"巡洋舰》是俄国作家冈察洛夫（1812—1891）写的环球游记，他是第一个到中国旅行的俄国作家。——译者注

季娜小时候喜欢"轻松的玩意儿":弹吉他,唱歌。只有外祖母赞赏她这种爱好,特别喜欢让她弹奏那时候流行很广的"白卫军"歌曲《戈里岑中尉》。

当然,德米特里·谢尔盖耶维奇难以容忍这种"俗气"的习性,他发脾气的时候很可怕——因此外祖母和外孙女这两个好朋友隐瞒着她们的爱好,不让外祖父知道。

尽管利哈乔夫在家里很严厉,但是也并不拒绝人生的享受。他喜欢好吃的饭菜(说起烹饪手艺,很少人能比得上季娜伊达·亚历山大罗夫娜),不过,他看不起暴饮暴食缺乏教养的样子。他在家里大部分时间依然是在工作。他的书桌抽屉里总是塞满了东西,放在那里的物件丢失了不少——从急需的文件到政府颁发的奖章,他的烦恼常常不让家里亲人知道,而且跟她们聊天沟通的时间越来越少。他几乎把最后的力气都投入了他最重要的事业,他离不开这些事情,而且这些事也只有他一个人能做。丹尼尔·亚历山大洛维奇·格拉宁也住在科马罗沃,他跟利哈乔夫关系密切,经常来往。这位作家在他的回忆录中这样描述利哈乔夫:"他很疲惫,抱怨图书馆的馆长们卖了珍本书籍,说是'用那些钱帮助研究员'。各个地方的人都来找他,请求帮助:'请您阻止野蛮人的破坏!古建筑要被拆除!需要资金!公园遭到砍伐!'各种各样的请求申诉如同汹涌的浪涛几乎要把他淹没。他像西西弗斯①一样不停地推动巨石。谁也不能给他帮忙,对他近乎绝望的努力,只能给予同情。"有时候他对我说:"当身处绝境,四周一片喑哑,没人听你说话,你也要说出自己的见解。不要沉默无声,要说话。我强迫自己说话,哪怕只有一点微弱的声音。好让人们知道,有一个人在反抗,并非所有的人都甘于屈服。"

他在继续说话,他的发言涉及许多重要的文化问题,他的话一直被人们引用,他的形象仿佛是"被政权赦免的罪人":看吧,大概我们的文化还

---

① 西西弗斯,希腊神话人物,科林斯国王,由于触犯众神,遭受惩罚,把一块巨石推上山顶,由于巨石沉重,每当快到山顶就翻滚下来,前功尽弃,他不得不重复劳而无功的苦役。——译者注

不是太糟糕,既然还有个利哈乔夫,他对文化非常关心!

季娜伊达·亚历山大罗夫娜对于丈夫的荣誉有时候有一种嫉妒心理(在她看来,荣誉使得丈夫离她越来越远),他总是不断地跟人通信,有时候她读了那些信,心里觉得委屈。她觉得丈夫想到她的时候越来越少。有一天,她读一封书信,利哈乔夫在信里回忆围困期间的艰苦岁月,看来对某些细节考虑不够周到,他说很多时间用来排队购买面包……季娜伊达·亚历山大罗夫娜看到这里很伤心,她说:"说得不对——去排队的总是我一个人!"

开始的时候是"三个家庭"生活在同一个屋檐下,德米特里·谢尔盖耶维奇老两口,米拉和她丈夫谢尔盖以及女儿维拉,季娜和她爸爸——利哈乔夫和女儿、女婿都会准时把收入的工资交给季娜伊达·亚历山大罗夫娜,由她来严格地安排支配。即便德米特里·谢尔盖耶维本人也会常常向她要点钱应付日常的花销:"在研究室里喝茶","在小卖部买面包"。现在大家庭分家了。

失去了妈妈的季娜没有特别好看的衣服,很长时间一直穿着牛仔裤和很久以前妈妈给买的上衣。至今她忘不了上九年级的时候,外祖母给了她十卢布,买了一双闪闪发亮的漆皮鞋。

季娜想到外祖父在家里很少流露感情,心里不免有些酸楚,可是他在外面,面对"所有的人"却精神饱满,像演出一样——"久久站在一所小房子前面,若有所思,穿着他那件有名的半大皮上衣,在雪地上漫步,向着科马罗沃墓地走去"……

季娜认为,家里的很多事做得漫不经心,像摆样子给人看似的:过复活节必定要做圆柱形大甜面包,虽然并不吃斋;家里挂了很多圣像,可是除了季娜伊达·亚历山大罗夫娜,谁也不怀着虔诚的敬意去亲吻圣像,进门的时候,也不画十字。碗橱里有贵重的老式餐具,有象牙杯,可这些只有"隆重的节日"或者尊贵的客人光临时才会拿出来,平时吃饭使用的是瓦盆和粗瓷碗,有裂纹和缺口的碟子,从来不说要买新的……有一天季娜发现食品柜里有巧克力,但是外祖父不给她吃:"那是为客人准备的。"

家里保留着某些旧礼仪教派的规矩:不养狗,没有人抽烟。外祖父似乎有商人遗传的基因,比如忽然会掏出十个卢布,送给出租车司机或者送水的工人做"茶钱"(尽管他们未必喜欢喝茶)……

外孙女季娜说,当德米特里·谢尔盖耶维奇发觉家庭生活快要毁了的时候,他很绝望:家里发生的一切都受到监视,甚至雇来的保姆也不听他的,做的饭菜也不是他认为有营养的,不是他喜欢吃的。

在德米特里·谢尔盖耶维奇的晚年,几乎所有的亲人都陆续搬走了。季娜结婚了,但是在家里觉得不方便,就离开家跟丈夫住到一起,虽然当时他只有一个半地下室的房间:她的丈夫在美术学院学习,同时在那里当电工,这个房间也是他的"工作室"。

维拉去世以后,尤里·伊万诺维奇·库尔巴托夫起初几年仍然跟大家在一起生活,因为他的女儿季娜中学还没有毕业。等到季娜出嫁以后,他在勇士大道成立了自己的建筑合作社,就搬走了。季娜生了女儿维拉,她和丈夫还有孩子都搬到父亲住的地方,跟他一起生活。

季娜回忆了德米特里·谢尔盖耶维奇第一次来看望他们的情景。他走近摇篮(在这之前他没有见过重外孙女),很仔细地看那个婴儿,看了很长时间,然后转回身来就走出去了,什么话也没有说。季娜写道:"他经常这样,一句话不说,突然就走出门去。"

吉利金凯维奇一家人搬走得更早——谢尔盖·谢尔盖耶维奇刚刚当上海洋研究所列宁格勒分所的主任,立刻就参加了作家协会的建筑合作社,我记得,要参加那个组织很不容易。必须承认,吉利金凯维奇是个能力非凡的人。据库尔巴托夫回忆,那幢楼房按照新的思路设计得相当成功——出人意料的是,吉利金凯维奇能让他预定的住房设计更加完美。他在顶层得到了两个相邻的单元,不仅把两个单元合二为一,更叫人惊讶的是,他能做到在苏联时代难以想象的事情,当建筑设计方案已经确定,经过了监理部门的检查,也有种种条规禁令,而他居然跟建筑队秘密商量好——他们把他住宅的墙加高，比普通住宅高两层砖！这样做通过了层层关口：所有设计人员认可，设计机关加盖公章给予确认，通过了反盗窃社会主义财产和投机行为局和人民监察委员会的检查！他摆平了所有的人，成为最后的赢家！

后来，据说他特别精明的"进取心"逃过了惩罚，不久之后以受到政权迫害的名义出国定居了。

利哈乔夫一家没有大团圆的结局。女儿米拉处于心理失衡、喜怒无常的状态——丈夫一直在国外，女儿也在国外，他们抛弃了她，她陷入绝望的处境。她有时候住在新俄罗斯街的住宅里，有时候住在父母家里。德米特里·谢尔盖耶维奇对她的暴躁脾气已经心生畏惧，她要求他做的事都尽力去做。季娜跟她的姨妈难以相处，从家里搬走了，偶尔来看看外祖母和外祖父。老伴儿季娜伊达·亚历山大罗夫娜，原本是利哈乔夫的精神支柱，可是她得了重病，神志不清，经常说糊涂话，手脚也不听使唤。德米特里·谢尔盖耶维奇已经得不到任何亲人的安慰和帮助，他用尽最后的气力只求家里起码能保持一点儿安静。然而这一点心愿也难以实现。这个老年人面临着一个让人心痛的尖锐问题，那就是写遗嘱。按照外孙女季娜的话说，米拉姨妈强迫德米特里·谢尔盖耶维奇改写遗嘱，他害怕她的暴躁冲动，因此就屈服了。令人沉痛的结局！……可是，难道结局有快乐的吗？

即便有这种种折磨与坎坷——利哈乔夫还是坚韧地活着！尤其是面对众人的时候。他去普希金之家时，尽力不使用手杖。轻易不戴帽子，还有点可笑地让别人相信，"在巴黎只有上了年纪的人才戴礼帽。"他以开玩笑的口吻说到自己"令人敬重的年龄"，总是显得很有尊严，为所有的人树立了榜样。而最主要的是：直到临终他一直领导着研究室的工作，所有的事情都记得，没有出过任何差错。

在他去世前两个半月，答应了去意大利参加普希金国际学术会议，提出的问题精确，头脑清晰，什么也没有忘记。

不料——疾病让他躺倒了。在莫里斯·托列兹路科学院诊疗所，医生发现了利哈乔夫腹部有个肿瘤，诊断结果是恶性肿瘤。米拉和季娜伊达·亚历山大罗夫娜开始说："那是个坏医生！"在她们俩看来科学院诊疗所的诊断不准确。家里人决定："一定要找好医生！"他们认识一个很有经验的耳鼻喉科医生，那个医生找她的同行商量，她的同行在加斯杰洛路医院工作。人们都说那家医院是特权阶层医院，外国人常在那里看病治疗。就这样那家医院的内科主治大夫科兹洛夫成了利哈乔夫的"家庭医生"。他尽力为利哈乔夫治疗，最大限度地让他感到舒适，不让他乘车跑很远的路到医院就诊。医生亲自上门出诊，在各个方面顺从大名鼎鼎的院士的意愿，他尽量运用"宽容的"，而不是痛苦的方法进行治疗，他甚至为德米特里·谢尔盖耶维奇在家里输血，其实这样做医院是不允许的。这样做好还是不好？一开始德米特里·谢尔盖耶维奇感到满意：因为他能够继续工作，虽然躺在床上，所有的书籍资料就在身边。或许是荣誉和强烈的工作欲望跟他开了个恶意的玩笑？如果他像普通的患者去医院看病——可能医生会早一点把病情的严重性告诉他，也许他还有救？这些只能属于猜测了。

外孙女季娜还记得，有一次他们带着女儿维拉去看外祖父，像往常一样，也是个星期六——外祖父的病情已经很严重了。

他被送到了加斯杰洛路医院，做了很复杂的腹腔肠道手术。可是没有苏醒过来——他死了，那是1999年9月30日，几乎是世纪的末尾，那个世纪被人们称呼为"利哈乔夫的世纪"。跟他告别时，人们都说："一个世纪结束了，再也没有那样杰出的人物了。"

他不是信教的人。他去教堂多半是在国外，更像是"文化学的考察"，是"礼节性的拜访"……临终之前没有领圣餐。弥留之际反复叨念说："不要强制我做什么，见鬼去吧！"快咽气的时候一再喊叫："季娜！季娜！"

不过，利哈乔夫的同事奥·阿·潘琴科对于他的宗教信仰却另有见解。他说：

"……我发现，在他的几个笔记本里，记录的几个日期都跟宗教日历有关。我认为，1999年9月30日，他在这个日子离去绝非偶然。德米特里·谢尔盖耶维奇是第二个千年的最后一年走的,那一天是忍受苦难的圣女维拉、娜杰日达、柳波芙以及她们的母亲索菲亚的纪念日。在那一天利哈乔夫总是怀念他的两个亲人——母亲维拉·谢苗诺夫娜和女儿维拉。利哈乔夫——是俄罗斯千年文化的捍卫者,他似乎用自己的离世为这个国家历史上最具有悲剧性的一个世纪做了总结。"

248 在下葬的头一天晚上,他的研究室同事通宵达旦守在他的灵柩旁边朗诵《圣经》。

席古尔德·奥托维奇·施密特回忆道:

"跟利哈乔夫告别的仪式隆重、庄严。在塔弗利切斯基宫大厅甚至有军人担任警戒。这种做法让有些人觉得心烦,我跟德米特里·谢尔盖耶维奇,跟他一家人都很亲近,我觉得这种做法有违他一生谦逊平和的知识分子风度。不过,作为一个研究历史的学者,我知道,强权——是我们国家观念的基础,我感到满意的是,现在的官方终于给予俄罗斯首屈一指的知识分子以应有的尊重,他除了担任科学院研究所一个研究室主任之外,没有担任过任何更高的职务。"

大司祭弗拉基米尔·索罗金在利哈乔夫灵柩旁边说道:

"您——是时代光明的象征。"

根据外孙女季娜的回忆,葬礼进行得令人感到可怕。"到科马罗沃墓地来了大量的'官方面孔',他们很看重在屏幕上露面,因此不惜把利哈乔夫的所有亲人都挤到旁边,距离坟墓很远。亲人当中只有一个人处在显要位置,"外孙女季娜回忆道,"他就是谢尔盖·谢尔盖耶维奇·吉利金凯维奇。"

丈夫去世不久,季娜伊达·亚历山大罗夫娜也死了。外孙女季娜写道:"外祖母非常虔诚,从年轻的时候就去教堂,甚至有一次从台阶上赶走了一个宣传无神论的女共青团员。她祷告的时候声音很大。家庭里出现纷争的时候,她会祈祷上帝让她赶快死去。最后一年她坐在餐厅里贴近十字架又哭又叫,那声音传出来非常可怕。她从体面、威严的院士夫人变成了一个收拾台布的可怜的老太婆。"

她死了不久,她的女儿米拉很快也死了——她一生的痛苦结束了。

如今在这块墓地里并排躺着德米特里·谢尔盖耶维奇、季娜伊达·亚历山大罗夫娜、他们的女儿维拉,还有另一个女儿米拉。

外孙女季娜在她的回忆录中写道:"……有的时候人们会给我提出这样一个问题,外祖父是不是背叛了外祖母?这种心理实在卑鄙!"

遗产继承人

利哈乔夫的遗产问题解决起来很紧张——因为遗产继承人相互之间的关系并不那么简单。德米特里·谢尔盖耶维奇去世以后，他的全部遗产传给了他的女儿柳德米拉，柳德米拉去世后——传给了柳德米拉的女儿维拉。可是她常年生活在国外。偏偏利哈乔夫的最后几年陪伴和照顾他更多的是另外一个外孙女季娜，她就生活在外祖父母身边。大概，遗产的处理让季娜感到很委屈。季娜说，有两份遗嘱。第一份遗嘱写明，遗产要平均分为两份儿，留给两个外孙女。按照她的说法，后来由于柳德米拉施加了压力，身体虚弱的德米特里·谢尔盖耶维奇重新写了遗嘱。柳德米拉的做法，当然不是出于贪婪，而是关心她那一直在国外生活的女儿维拉。

不能说外孙女季娜是个特别倒霉的人，外祖父帮助她在科马罗沃盖了房子，还把姆林斯基第二大街空出来的住宅也留给了她。她感到委屈的主要原因是——全部精神财富都没有她的份儿，再版利哈乔夫书籍的著作权，还有外祖父书房里那些珍贵的文物、有纪念意义的东西，全部都成了米拉的私人财产，以后又归她女儿维拉所有。

利哈乔夫的所有图书、文物交给圣彼得堡市历史博物馆保存。季娜的父亲尤里·伊万诺维奇·库尔巴托夫回忆说，他发现了利哈乔夫的一盒子唱片，趁运东西的汽车还没启动，连忙带着盒子下楼，送给他们带走。后来才弄清楚了，博物馆不会特意举办利哈乔夫文物陈列或展览，因此人们无缘见到他的东西。只有到了2006年2月14日，俄罗斯联邦总统签署了命令，"庆祝德·谢·利哈乔夫院士诞辰一百周年"，与此相关，宣布2006年为俄罗斯人文科学、文化、教育年——德·谢·利哈乔夫院士年。周年诞辰纪念活动的首倡者为圣彼得堡行政当局和德·谢·利哈乔夫基金会。有名的展览"利哈乔夫院士，与20世纪对话"得以举办。共同策划与筹办这个展览的有下列单位：国立圣彼得堡历史博物馆、德·谢·利哈乔夫国际慈善基金会、文学研究所（普希金之家）、俄罗斯政治历史博物馆、"纪念碑"协会、查理·迈伊学校历史纪念馆等。

透过照片、实物和文献，利哈乔夫卓越而漫长的一生，充满了苦难，事业屡屡取得辉煌成果的一生，再次展现在我们面前：从他中学时期的作业，以后的经历，从他在集中营"索洛韦茨基岛"集刊第一次发表的作品，经过了长久的岁月——到很多荣誉证书、奖章、勋章、许多大学的荣誉博士称号、外国科学院授予的荣誉院士称号。保留下来的有很多令人惊讶、触动心灵的物件，比如说："索洛韦茨基岛的石头（从大石头上取下的小块石头）。提供者：季·尤·库尔巴托娃"。或者：破损的"利哈乔夫笔记本。1979年。提供者：维拉·谢尔盖耶夫娜·吉利金凯维奇"。

2006年纪念利哈乔夫百年诞辰的节日成了全世界关注的事件。参加这一庆典活动的有很多国外来宾。我记得在尤苏波夫宫的戏剧大厅举行了隆重的大会，我居然坐在了乔治·尼瓦身边。一个接一个登台发言的都是科学界、文化界、政治界最为著名的人物。

整座城市庆祝这个节日。请看几份庆祝会的海报：

"2006年11月28日
世界书籍文化慈善基金会
国立圣彼得堡大学，
新闻系

德米特里·谢尔盖耶维奇·利哈乔夫纪念节"。

"2006 年 11 月 28 日
圣彼得堡大学，以德·谢·利哈乔夫命名的第四十七中学
利哈乔夫纪念晚会"。

"2006 年 11 月 29 日
国立圣彼得堡尼·安·里姆斯基-科萨科夫国立音乐学院，
亚·康·格拉祖诺夫音乐大厅
利哈乔夫纪念晚会"。

"2006 年 11 月 30 日
圣彼得堡文化委员会，
尼·安·里姆斯基-科萨科夫国立音乐学院，
圣彼得堡作曲家协会
授奖执行委员会有幸邀请诸位光临
国际竞赛获奖者
'天才星座'音乐会，
献给德米特里·谢尔盖耶维奇·利哈乔夫百年诞辰"。

2006 年 11 月 22 日为纪念德·谢·利哈乔夫百年诞辰，在莫斯科新帕里莫夫巷 1 号举办了纪念牌揭牌仪式，纪念牌上镌刻着如下文字："1987 年德·谢·利哈乔夫院士从彼得堡来到本市，在这座楼房里指导《我们的遗产》杂志筹建工作。"

在纪念牌揭牌仪式上先后讲话的有联邦委员会主席、兼《我们的遗产》杂志编辑委员会主席谢·米·米罗诺夫，《我们的遗产》杂志主编弗·彼·叶尼舍尔洛夫，以德·谢·利哈乔夫命名的文化与自然遗产研究所所长尤·亚·韦杰宁，"新名"国际慈善基金会主席伊·尼·沃罗诺娃，出版与信息交流联邦代办处负责人米·瓦·谢斯拉文斯基，俄罗斯建筑科学院

主席库德里雅夫采夫,席·奥·施密特院士,莫斯科文化遗产委员会主席,雕塑家戈·瓦·伏朗古良,尤·弗·马恩博士,萨拉比亚诺夫院士,马雅可夫斯基剧院艺术总监谢·尼·阿尔齐巴舍夫……然后,利哈乔夫的外孙女季娜指着电视屏幕介绍了有利哈乔夫浮雕头像的纪念牌说道,"只有耳朵不像",重要的是精神状态……

利哈乔夫的荣耀年复一年地增长,跟他的名字相关的各种活动层出不穷。普希金之家,扎别索茨基领导的圣彼得堡联合人文大学,经常举办利哈乔夫学术研讨会。利哈乔夫基金会开展工作,支持学术著作的出版,如利哈乔夫依然健在,大概也会支持出版这些书籍。他去世后的这几年,他的形象并没有离开,恰恰相反,变得越来越重要了。

当然,利哈乔夫最重要的遗产——是他的著作。

准备写这本书的时候,我阅读了他很多著作,这些著述所包含的旺盛精力、勇气、大胆的推论,都让我感到震惊。甚至仅仅这种精神就值得我们所有人学习,在生活的艰难跋涉中不要忘记。"逻各斯"出版社在出版其他许多书籍的同时,反复再版德·谢·利哈乔夫的著作——有平装的、精装的,也有豪华版的。利哈乔夫的故事仍在继续,谁也不愿意跟他说"再见",在这本书即将结束的时候,我渴望还会有所发现!

要想"见到"利哈乔夫其实并不难——很多有关他的影片都保存了下来,其中有他外孙女季娜·库尔巴托娃拍摄的几部影片,季娜成了著名的新闻工作者,她有很多献给外祖父的作品。最近的一部影片是《私人记录》,讲述了家庭里非同一般的复杂关系。重新注视利哈乔夫(借助计算机监控器),聆听他的话音,如果你听懂了他的话,就会感到焦虑不安:他留给我们的不仅是有关往昔岁月的沉重回忆,对于可怕的未来他同样预先提出了警告!

利哈乔夫从荧屏上告诫我们说:"由于失去了尊严,我们未来的生活,会像泔水沟上的沙鸥。令人惊恐……可怕的并非行话、俚语俗话流行,而是语言贫乏,这跟生活的贫乏紧密地联系在一起。彬彬有礼消失了。不再看重名声了(当今典型的特点!),机器越来越多地取代脑力劳动,最简单的手术、联系与总结,不动脑子就能做。就连动物也出现了恶性变化,变得越来越凶猛——凶猛的海鸥已经朝大陆飞来。"

这样的警告是多么及时啊!他指出的危机一再变成现实,利哈乔夫已经离开了我们,可提前为我们发出警报的毕竟是利哈乔夫。

看,监视器荧屏上出现了纪录片《偶像逐渐离去》的镜头。起初由季娜·库尔巴托娃讲述,随后讲话的是利哈乔夫最亲密的一个同事——弗·布达拉庚。接下来讲话的是利哈乔夫的另一个同事(不知为什么荧屏上没有出现姓名),瘦削的面孔,颧骨较高,有点儿像东方人,留着尖细的花白胡子。他回忆利哈乔夫,讲述他怎么样教给他们在"恶劣的气候条件下飞行"。再次出现了——飞鸟的形象。看起来,利哈乔夫在索洛韦茨基岛上仔细地观察过海鸥。讲话的人结束了他的发言。大概他说的这些都是对的!……不过,必须经过核实。

季娜伊达·尤里耶夫娜·库尔巴托娃对我说,一定要访问格利安·普罗霍罗夫,他是利哈乔夫最为亲近的同事之一,因为德米特里·谢尔盖耶维奇当年搭救过他,那时候他偷偷地跟索尔仁尼琴通信,被当局发现,要取消他的国籍,把他驱逐出境……可是该怎么样去见一个陌生人呢?我给普希金之家的负责人弗谢沃洛德·叶夫盖尼耶维奇·巴格诺打电话,我遇到难办的事常常求助于他……

"记一下电话号码。"

"谢谢!请问他的父名怎么称呼?"

"格利安·米哈伊洛维奇。"

弟　子

电话铃的声音沉闷而无望：每部电话都有独特的铃声，这声音会引发某种预感……

"请说话！"话筒突然传来了声音。

我提出了请求。

"我不知道该怎么样帮助您。我知道的，都已经写过了。"

"您知道，有关德米特里·谢尔盖耶维奇的材料差不多都梳理过了……可是我渴望听生动的故事！"

"……今天我有课，得去历史系。"

"明天可以吗？"

"明天有宗教课讲座……不过，好吧——您下午3点过来吧。请记一下地址。"

路是熟悉的：我常去瓦西里耶夫岛上的第六条步行街。那里有著名的安德列耶夫教堂。也有"二手货商店"、"性用品商店"——现代生活的"招牌与点缀"。

翼楼的入口在院子里。老式的楼梯又窄又陡。小小的平台。屏住呼吸，按响了门铃……片刻寂静，随后门闩响动。主人打开了房门。身材魁梧，威武有力……微微皱着眉头……我是不是惊扰了他的午休呢？

"请进。"

一排小房间，统统装满了书籍，书柜、书橱里都是书，柜子里装不下的书堆在旁边。朝向院子里的窗户都很小，很暗，不过到处悬挂着色彩鲜明、有节日气氛的风景画。主人发现了我注视的目光，用手指着说：

"……埃里温……巴黎……蓝色海岸。去参加学术会议画的。记得画过一座塞纳河上新建的桥。一个法国人走过来看了看说：'不错，这一天没有白过！'"

这也是一幅色彩很明亮的风景——河流里行驶着拖船，河对岸是老式的红砖货栈。

"这是巴黎?!"

"彼得堡。从我们研究室窗口能看见这样的风景。"

他开始回忆他在研究室里画的那些风景画：他们乘坐汽车愉快的旅行，还有利哈乔夫的肖像，像禁欲主义的修道士，类似圣像画，跟立体派画风又有点相像。

"很美。"我说。

他自信地点点头，无意反驳这句赞许的话。我们俩在他的办公桌旁边坐下，彼此有点儿拥挤，两个男人都相当笨拙，我侧着身子坐在一个小凳子上面。

"喏，作为谈话的开始，请允许我先记下您的所有职称……"

"看吧。"他平静地把一张小纸片放在我面前。

语文学博士，圣彼得堡国立大学历史系西欧史与俄罗斯文化教研室教授，俄罗斯科学院俄罗斯文学研究所高级研究员，罗斯古代文学和拜占庭文学专家，文集《罗斯古代文学典籍》荣获国家奖金，学术著作三百多部，功勋科学活动家……

我直起身来，喘了一口气。

"您多大年纪？"他突然问了一句。

"您呢?"

"七十五!"他的语气里不乏自豪感。

皮肤干燥,看得清暗红的脉络。尖尖的、隆起的鼻子。脑门上斜着一绺灰白的头发。目光快乐,甚至透着热切。

他的职称和著作很多,我写完了长长的一份清单。

"您做的事情很多……很早就开始写作了吗?"

"不是的。起初上的是莫扎伊斯基航空学院,当时年轻人都渴望进入那所学院。不料在一年级我被共青团开除了,什么原因,自己也不清楚,以后被押送到惩戒营进行'悔过自新'……'那时免不了胡思乱想',附带说,其实根本不愿意多想,在那里只要有空,我就阅读历史书籍。后来,腿受了伤——一根原木滚动,我摔倒了。医务委员会出具了病休证明。我已经明白了:一定要上大学。我带着文件去申请。人家跟我说:'您看过自己的鉴定吗?''怎么啦?''您读一遍!'我念道:'……不理解党和政府的政策。'因此又去建筑工地劳动了一年。我在工地最后请求做个鉴定,他们跟我说:'你自己写吧!'这倒好,我就写了:'理解党和政府的政策。'就这样走过了劳动的道路。能认识列夫·尼古拉耶维奇·古米廖夫,是一件非常奇妙的事!他请我去他家里做客,我按照地址找到了莫斯科大街的一处房子,我一看:'嘿,太巧啦!这房子正好是我参加修建的!'古米廖夫说:'我平反回来,原来是你们给我盖好了房子。'我给他看了一张照片,正好是在他的房间里,那时还没有完工,我跟工人们在一起照的。这真是想不到的奇迹!在大学里,我也选择了跟他一样的专业。后来我跟随他去做学术考察,挖掘可萨汗国都城,在杰尔滨特市附近,戴着面罩和氧气瓶下潜到里海,在那里发现了可萨国为港口修筑的围墙!"

我跟格利安·米哈伊洛维奇的交谈越来越热烈,何况我们俩还稍稍喝了一点白兰地。

"是的,我也记得列夫·尼古拉耶维奇在作家之家作报告的情景……讲的是民族起源。您是不是受到了他的影响?"

"那还用说吗！"普罗霍罗夫大声说，"多亏了他，我成了一个有信仰的人！俄罗斯民族的形成受到了东正教的哺育。在这之前还只是分散的部落。所谓民族起源，就是由部落逐渐组成民族——这是伟大的奇迹！怎么能不承认基督教呢，既然它塑造了俄罗斯民族，塑造了我和您！正像神圣的长老所说的：'不畅想天空的民族，不配生活在大地！'古米廖夫扫除了荒谬的奇谈怪论！他在宗教的乐曲声中巍然屹立！因此我产生了一种感觉：既然这么有修养的人都信奉上帝，那么这当中一定有某种道理！您看，现在我就在宗教讲习班上课。附带说，我在那里买了一瓶非常好的蜂蜜。请您来尝尝吧！"

"谢谢……您跟利哈乔夫是怎么相识的呢？"

"我在列宁格勒大学读的是历史系，学习拜占庭与俄罗斯关系史。为此要选修希腊语，我还特意从语文系聘请了一位教希腊语的女教师。从二年级开始，我常去见利哈乔夫，去俄罗斯古代文学研究室，开始想得很简单，只不过为了了解俄罗斯古代文学，对其中从希腊语翻译成俄语的拜占庭资料尤其感兴趣……结果真出乎意料，进入了利哈乔夫的研究室，一辈子再也没有离开。德米特里·谢尔盖耶维奇具有特殊的吸引力！我喜欢他的讲座，任何人，不论职位高低，都可以争论、发表意见。让我惊奇的是，利哈乔夫对讲习班的态度是那么柔和，充满了善意。看起来我也有某些地方让他喜欢。他不断地用各种方法吸引学员，让他们经常去研究室找他咨询求教……比如娜塔莎·帕内尔克、米拉·罗日杰斯特文斯卡娅、季马·布拉宁。我以优异成绩大学毕业，他建议我读他的研究生。他说：'如果您能按时答辩，我就把您留在研究室！'"

"好吧，拼尽全力，用功学习……参加答辩，说实话，是在期限的最后一天！"普罗霍洛夫说着笑了起来，"我果然被留了下来，一开始，算作科学技术人员。大概他们想到了，我曾经当过一段工程师吧……"

"……您跟德米特里·谢尔盖耶维奇在一起工作吗？那是不是意味着研究同一个课题？"

"为什么呢？绝对不是。我们研究室没有这样的做法，所有的人都是自由选择课题。我倒是享有挑选课题的优先权。看吧，这是我的一份访谈录，"他在桌子上翻出一份报纸，随手递给了我，"我喜欢的题目是十四世纪。"

"……十四世纪？"我感到惊讶。

"对呀！我认为，这是俄罗斯全部历史当中最伟大的世纪！安德列·鲁勃廖夫！谢尔盖·拉多涅日斯基！基里尔·别洛泽尔斯基——圣徒和伟大的自然主义学者。我翻译、整理了他的著作：《圣基里尔·别洛泽尔斯基文集》——十四至十五世纪修道院长真正的百科全书……他写云，写云的天性，他写风，写冰雹！他的部分手稿保存在基里尔·别洛泽尔斯基修道院，我曾去过那里。德米特里·谢尔盖耶维奇一直想在有历史意义的地方买所'写作小屋'，我找到了这样的小房子。一开始以德米特里·谢尔盖耶维奇的名义，两人合伙出钱买了下来……后来，他发觉去不了那个地方，就写了一份证明，归我所有。每年夏天我都去那里。常去修道院看看。读书，写作。"

"能不能讲个有趣的故事……跟您和德米特里·谢尔盖耶维奇有关的经历。"

普罗霍洛夫想了想，后来他笑了：

"好吧，我跟您说一件事……那时候德米特里·谢尔盖耶维奇已经不在了。"

"……请说吧。"

"他去世以后……季娜伊达·亚历山大罗夫娜不在了，米拉也走了……他家里一个人也没有留下。就连亚历山大·米海洛维奇·潘琴科也死了。"

普罗霍罗夫陷入了沉默。

"……后来，我们郑重其事地悼念了潘琴科。他热爱这项事业。"

"……是的，显然，德米特里·谢尔盖耶维奇去世后，这优良传统也没有中断。"我心里想。

"喏，我决定去利哈乔夫家里看看，"普罗霍洛夫接着说，"应当去收拾整理那些文件。我开开门，没有人。我在这里跟德米特里·谢尔盖耶维奇交谈，聊天，记不清曾经有多少次！心里郁闷，我躺在长沙发上，不知不觉睡着了。等我醒过来，一看表：七点！天呀，我想，都早晨七点啦！睡了一宿！于是坐下来，开始工作。忽然觉得有点奇怪——天不是越来越亮，反倒是越来越暗了！难道是世界末日？随后才醒悟过来，不是早晨七点，而是晚上七点！出乎意料，当四周陷入一片昏暗的时候，我觉得特别忧伤，意识到德米特里·谢尔盖耶维奇确实已经不在了……是他救过我的命！他公开发言反对克格勃，反对区委会。他巍然屹立。几乎为我们每个人都做过好事！"

"可是，并非所有的人都感激他。"不经意间，我这句话脱口而出。

"您是不是指的季马·布拉宁？的确，谁也想不到，他会突然攻击德米特里·谢尔盖耶维奇！那是什么时候呀?！他已经九十高龄！可是我们所有的人对此都做出了适当的反应。德米特里·谢尔盖耶维奇逝世后，所长尼古拉·尼古拉耶维奇·斯卡托夫把我们叫到他的办公室，季马·布拉宁也在场，斯卡托夫向我们介绍说：'这是你们研究室新的负责人！'——我们所有的人不约而同地回答：'不！'我们这样说，也这样坚持。最后的结果是特沃罗果夫当了我们研究室的主任。"

"他现在在什么地方？"

"季马·布拉宁？大出版商。不过，仍然在我们研究室挂着个名字。有时来看看。依然坚持与众不同的观点……"

交谈一时陷入了停顿。怎么？难道该告别了吗？再不能了解德米特里·谢尔盖耶维奇什么情况了吗？必须鼓足勇气解决一个重要问题，不然的话，这本书就难以刹尾。而解决问题，此刻正是时机——要不然，什么时候还能再碰到这位大学者，德米特里·谢尔盖耶维奇的弟子，况且他这个人思想如此活跃……

"……我读了德米特里·谢尔盖耶维奇的一些著作……关于《伊戈尔远征记》……创作年代确实在十二世纪吗?"

"的确是这样!正教传入的时间是十世纪——此后产生了文字,为了传布道义。喏——大约过了两个世纪,开始记录口头传说和壮士歌,这些歌谣以前都是口口相传,在公爵宴会时歌唱。"

"……还有,他对瓦良格人的发现也让我感到震惊。有人说,留里克和留里克王朝根本就不存在,是编年史作者涅斯托尔杜撰出来,写进了《编年史》,为的是让俄罗斯脱离拜占庭的影响,因为那种影响过于强大,需要朝斯堪的纳维亚那一边靠拢。"

普罗霍罗夫身体往后一仰,宽宏大量地笑了。

"喏,德米特里·谢尔盖耶维奇是出了名的幻想家!留里克王朝当然存在过。古代罗斯有很多瑞典词语。'罗斯'这个词就来自瑞典语!……德米特里·谢尔盖耶维奇喜欢一般人不相信的理论……就像他的老师,沙赫马托夫院士。"

"……他是院士?"

"那还用说吗!跟德米特里·谢尔盖耶维奇一样,都是院士!永远读他的著作!……并跟他争论。"

是的,我终于明白了——历史、语文学,都是创造性的科学,那里不存在什么终极真理。不然的话,对于这两门科学的兴趣早就断绝了。在这些学术领域所进行的斗争,并非真理的斗争,而是天才人物的争论。哪里有天才——那里就有真理。因此探索求真的兴致永不萎缩。基于此,天才人物——精力永不枯竭!

没有人能够证明天使的存在,但是画面上的天使形象非常优美,因此——他们是真实的。德米特里·谢尔盖耶维奇碰到的是类似的处境——现在有关他的神话,好多人都深信不疑:他手执光闪闪的宝剑站在门口,不让任何黑暗进门。

即便在去世以后,利哈乔夫依然挽救了圣彼得堡涅瓦河畔一座有三百年历史的古代塔楼,这座塔楼能使我们的城市变成小矮人的城市。利哈乔夫的名望响彻四方,哪里需要捍卫美,哪里就需要他的名字。不久前我参加一个与城市历史有关的例行学术会议,一扭身忽然听见有人说:

"……普希金故居修缮的时候,利哈乔夫一再嘱咐:'千万别刮掉墙皮!它们吸收了普希金的声音,科学日新月异,说不定什么时候,能把那声音复制出来!'"

我想,这是不是有关利哈乔夫的又一个传说?很有可能。一个人能被人们不断地编写传奇故事,他一定会存在很长很长时间。

"重要的是,"格利安·米哈伊洛维奇说道,"他一生始终保持了体面。他把研究室主持得很好。他答应过的事,从来不会忘记,该做的事情,一定做到!喏,当然,他一生当中最重要的事,是一千五百种学术著作!"

"好啦,谢谢您!"我对格利安·米哈伊洛维奇说,"我可以送给您一本书吗?!"

"那么我也回赠您一本!"他说。从书架上取出一本,顺势翻开……他的签名类似图画,跟利哈乔夫一样,然后写上了日期……

"正好明天是德米特里·谢尔盖耶维奇的生日——11月28日!"

"你们组织纪念活动吗?"

"怎么能不纪念呢!我们研究室全体成员,先坐汽车去墓地扫墓,缅怀悼念,然后找个地方吃顿饭。以后几天连续举办学术研讨会。这样做可以了吧!我们还要看季娜·库尔巴托娃的新电影《诚实的记录》……"

我打开他的书,顺手翻阅,看到了格利·米哈伊洛维奇(他的同事都这样称呼他)年轻时的一张照片,只见他站立在一条船上,背后背着潜水用的氧气瓶——身体健壮,留着海盗式的小胡子。这张照片下面写着:在杰尔滨特市附近,潜水寻找可萨国的城墙。

告别时我想起来了一件事,就问他:

"是不是您说过,利哈乔夫曾教您'飞翔'?"

"确实教过!他说:'应当像鸟儿一样!顺着风势,展开翅膀,忽高、忽低'，"普罗霍洛夫伸开双臂，做出飞行的姿态，"不过，一定要按自己选择的方向飞翔！"

"谢谢您！再见！"

"喏，祝您写作顺利！"

我走到街上。跟往常一样，瓦西里耶夫岛上总是风势强劲，于是我伸展开两条臂膀，尝试飞行。

德·谢·利哈乔夫生平与活动年表[①]

1906年11月28日——德米特里·谢尔盖耶维奇出生于圣彼得堡一知识分子家庭,父亲谢尔盖·米哈伊洛维奇·利哈乔夫是电机工程师,母亲是维拉·谢苗诺夫娜·利哈乔娃。

1914—1923年——帝国博爱协会附属学校学生,查·伊·迈伊实科学校学生,苏维埃劳动学校(以前的列·德·林托夫学校)学生。

1923年——进入列宁格勒国立大学社会学系语言学与文学专业攻读德语、斯拉夫语和俄语。

1928年——列宁格勒国立大学毕业。

2月8日由于参加大学生"宇宙科研小组",被判刑五年,罪名是"从事反革命活动"。

11月被关进索洛韦茨基岛上的集中营。

1930年——在集刊《索洛韦茨基岛》上发表德·谢·利哈乔夫的第一篇学术论文《囚犯的纸牌游戏》。

1932年——刑期未满提前获得释放,返回列宁格勒。在国家出版社列宁格勒分社担任文学编辑。

[①] 年表编写参照阿·谢·扎别索茨基所著《俄罗斯文化大师德米特里·利哈乔夫》(圣彼得堡,2007)。

1933 年——在共产国际列宁格勒印刷厂担任外语校对员。

1934 年——在苏联科学院出版社列宁格勒分社担任学术校对员、文学编辑、社会科学部编辑（至 1938 年）。

1935 年——与季娜伊达·亚历山大罗夫娜·马卡罗娃结婚。

1937 年——双胞胎女儿维拉和柳德米拉出生。

1938 年——在苏联科学院俄罗斯文学研究所（普希金之家）担任助理研究员。

1941 年——担任普希金之家高级研究员（至 1945 年）。

6 月 11 日，副博士论文答辩，论文题目为《十二世纪诺夫哥罗德往年史汇编》。

同年秋天与家人陷入列宁格勒被包围的困境。

1942 年春——与吉哈诺娃合著的《俄罗斯古代城市的防御体系》出版，这是利哈乔夫的第一本书。

6 月带领一家人离开被包围的列宁格勒，疏散到喀山。

1945 年——《古代罗斯的民族自觉》、《伟大的诺夫哥罗德》、《俄罗斯民族国家形成时期（十四世纪末至十六世纪初）的罗斯文化》等著作出版。

1946 年——获得"1941 至 1945 年伟大的卫国战争期间英勇劳动"奖章。晋升列宁格勒国立大学副教授。

1947 年——语文学博士学位论文答辩，论文题目为《十一至十六世纪罗斯编年史文学形式历史演变概观》。著作《罗斯编年史及其文化历史价值》出版。

1948 年——任苏联（俄罗斯）科学院俄罗斯文学研究所学术委员会委员（至 1999 年）

1950 年——德·谢·利哈乔夫翻译并注释的《伊戈尔远征记》，由他注释并与鲍·阿·罗曼诺夫合作翻译的《往年纪事》，列入《文献典籍》丛书出版。发表论文《〈伊戈尔远征记〉作者的历史视野与政治眼光》、

《〈伊戈尔远征记〉艺术体系的民间口语来源》。

1951年——晋升列宁格勒大学教授。在历史系讲授《俄罗斯编年史的历史》、《古文字学》、《古代罗斯文化史》等课程（至1953年）。

1952年——由于主持集体编撰《古代俄罗斯文化史》第二卷获得斯大林一等奖。著作《俄罗斯文学的诞生》出版。任苏联科学院出版《文献典籍》丛书编辑委员会成员（至1971年）。

1953年——当选苏联科学院通讯院士。发表论文《古代罗斯早期封建国家（十至十一世纪）民间诗歌创作的繁荣期》、《鞑靼蒙古人进犯之前、罗斯封建割据时代（十二世纪初至十三世纪）的民间诗歌创作》，收入集体著作《俄罗斯民间诗歌创作》。

1954年——由于著作《俄罗斯文学的诞生》获得苏联科学院主席团奖。领导古代俄罗斯文学研究组（从1986年起成为研究室）。

1955年——第一次在报刊为捍卫古代文献发表文章（《文学报》1955年1月15日）。任苏联（俄罗斯）科学院文学语言委员会委员（至1999年）。

1956年——任苏联（俄罗斯）作家协会会员（批评委员会委员，至1999年）、科学院古文献学委员会委员。

1958年——第一次出国去保加利亚，应约参与古代文献手稿保护工作。参加第四届国际斯拉夫学者研讨会，作学术报告，题为《研究南斯拉夫对俄罗斯文学第二次影响的几个任务》。出版著作《罗斯古代文学中的人》。任国际南斯拉夫学者委员会常设版本文献委员会副主席（至1973年）。

1959年——担任以安德列·鲁勃廖夫命名的俄罗斯古代艺术博物馆学术委员会委员。外孙女维拉出生，她是柳德米拉·德米特里耶夫娜的女儿。

1960年——参加第一届国际诗学研讨会（波兰）。任国立俄罗斯博物馆学术委员会委员（至1999年）、苏联（俄罗斯）斯拉夫学者委员会委员。

1961年——参加第二届国际诗学研讨会（波兰）。任列宁格勒市劳动者代表委员会代表（至1962年）、《苏联科学院学报·文学语言部》杂志编辑委员会成员。

1962年——著作《版本校勘：以十至十七世纪罗斯文学作品为例》、《安德列·鲁勃廖夫和智者叶皮凡尼时代（十四世纪末十五世纪初）的罗斯文学》。

1963年——当选保加利亚科学院外籍院士。参加第五届国际斯拉夫学者研讨会（索菲亚）。被授予保加利亚基里尔和梅福季一级勋章。在奥地利举办学术讲座。任列宁格勒第二届电影创作协会艺术委员会委员（至1969年）、苏联科学院出版社《科普文学》丛书编辑委员会委员。

1964年——获得托伦尼古拉·科别尔尼克大学（波兰）荣誉博士称号。赴匈牙利，在匈牙利科学院宣读学术报告。赴南斯拉夫参加乌科·卡拉吉奇著作国际学术研讨会，协商古代文献手稿保护工作。

1965年——赴波兰讲课，做学术报告。赴捷克斯洛伐克参加版本文献委员会会议。赴丹麦参加联合国教育、科学与文化组织举办的《南方与北方》国际学术研讨会。任全俄罗斯社会保卫历史与文化古迹组织委员会委员（至1966年）、俄罗斯联邦艺术家协会捍卫文化古迹委员会委员（至1975年）。

1966年——被授予红旗劳动勋章，以表彰他为苏联语文学发展所建立的功绩，并祝贺他的六十寿辰。因学术研究工作赴保加利亚。赴德国参加版本文献委员会会议。外孙女季娜出生，她是维拉·德米特里耶夫娜的女儿。

1967年——当选牛津大学荣誉博士（大不列颠）。赴大不列颠进行学术讲座。赴罗马尼亚参加联合国教育、科学与文化组织大会和历史与哲学委员会学术研讨会。出版著作《罗斯古代文学的诗学》。任苏联科学院苏联历史研究所列宁格勒分部学术委员会委员（至1986年）、全俄罗斯社会保卫历史与文化古迹委员会列宁格勒市分委员会委员、全俄罗斯社会保卫历史与文化古迹中央委员会委员。

1968年——当选奥地利科学院通讯院士。参加第四届国际斯拉夫学者代表大会（布拉格）。

1969年——因学术著作《罗斯古代文学的诗学》，荣获苏联国家奖金。参加史诗国际学术研讨会（意大利）。当选苏联科学院"世界文化史"综合问题学术委员会委员。

1970年——当选苏联科学院执行委员。当选苏联科学院"世界文化史"综合问题学术委员会执委会委员。

1971年——当选塞尔维亚艺术科学院外籍院士。获得爱丁堡大学（大不列颠）荣誉博士称号。出版著作《古代罗斯艺术遗产与现代性》（与维拉·利哈乔娃合作）。母亲维拉·谢苗诺夫娜·利哈乔娃去世。任《简明文学百科辞典》编辑委员会成员（至1978年）、苏联科学院出版社《文学典籍》丛书编辑委员会主席（至1999年）。

1972年——任苏联科学院档案馆列宁格勒分馆古代文献小组领导人（至1999年）。

1973年——当选匈牙利科学院外籍院士。参加第七届国际斯拉夫学者代表大会（华沙），报告题为《罗斯古代文学体裁的产生与发展》。出版著作《十至十七世纪俄罗斯文学的发展：时代与风格》。任列宁格勒戏剧、音乐、电影研究所学术委员会委员（至1976年）。

1974年——任苏联科学院古代文献委员会执委会成员（至1999年）、《文化典籍：新发现》年鉴编辑委员会主席、苏联科学院《世界文化史》综合问题学术委员会主席。

1975年——因出版学术专著《十至十七世纪俄罗斯文学的发展：时代与风格》而荣获苏联国民经济展览会颁发的金质奖章。发表言论抗议苏联科学院开除安·德·萨哈罗夫。

参加俄语与比较文学教学国际联合会学术会议（保加利亚）。出版著作《伟大的遗产：古代罗斯经典文学作品集》。任苏联科学院苏联历史研究所列宁格勒分所《辅助历史学科》编辑委员会成员。

1976年——参加《特尔诺夫斯基学派——叶夫菲米·特尔诺夫斯基的弟子和追随者》学术研讨会（保加利亚）。当选不列颠科学院通讯院士。出版著作《古代罗斯的"笑世界"》（与亚·米·潘琴科合作）。

1977年——荣获第二枚基里尔和梅福季一级勋章。被保加利亚科学院主席团授予基里尔和梅福季奖金。

1978年——参加《特尔诺夫斯基艺术学派和十二至十五世纪斯拉夫-拜占庭艺术》国际学术研讨会（保加利亚），在保加利亚科学院保加利亚文学研究所和保加利亚语言文化中心做学术报告。赴民主德国参加版本文献委员会会议。出版著作《〈伊戈尔远征记〉和它所处时代的文化》。国家文学出版社出版《罗斯古代文学典籍》（12卷，1978—1989），利哈乔夫是首倡者、编辑、丛书序言作者，列·亚·德米特里耶夫是合作者，这套书后来获得了1993年度的国家奖。

1979年——鉴于在发展古代保加利亚语言文化和斯拉夫语言文化、钻研和普及基里尔和梅福季兄弟的业绩所作出的卓越贡献，成为以基里尔和梅福季兄弟命名的保加利亚国际奖获得者。发表论文《文化生态学》。

1980年——赴保加利亚，在索菲亚大学做学术报告。

1981年——获得以叶夫菲米·特尔诺夫斯基命名的国际奖，参加纪念保加利亚建国1300周年国际学术会议（索菲亚）。出版著作《文学——现实——文学》和《关于俄罗斯的随笔》。任俄罗斯全社会保护历史文化古迹丛书《祖国的名胜古迹》编辑委员会成员（至1998年）。外孙女维拉·托尔茨的儿子谢尔盖出生，他是利哈乔夫的重外孙。

9月11日，利哈乔夫的女儿维拉因车祸罹难。

1982年——任俄罗斯全社会保护历史文化古迹中央委员会主席团成员。被法国波尔多大学授予荣誉博士称号。在保加利亚做学术报告。出版著作《园林诗学：探寻园林风格的内涵》。

1983年——鉴于为教师撰写了《伊戈尔远征记》参考书，被苏联国民经济成就展览会授予荣誉证书。被苏黎世大学授予荣誉博士称号（瑞士）。第九届国际斯拉夫学者代表大会筹备组织委员会成员（基辅）。为学生撰写的著作《亲爱的土地》出版。任苏联科学院普希金委员会委员（至1999年）。

1984年——被苏联天文学家发现的第2877号小行星以德·谢·利哈乔夫的名字命名。任苏联科学院列宁格勒科学中心成员（至1999年）。

1985年——因《〈伊戈尔远征记〉及其所处时代的文化》一书荣获别林斯基奖。被匈牙利布达佩斯洛朗德·埃特韦什大学授予荣誉博士称号。出版著作《过去告诉未来：文章与随笔》和《善与美书简》。

1986年——八十寿辰，荣获社会主义劳动英雄称号，被授予列宁勋章和"镰与锤"金质奖章。荣获保加利亚人民共和国最高奖赏和格奥尔基·季米特洛夫勋章。被推举为陀思妥耶夫斯基文学创作国际研究会（IDS）荣誉主席。参加苏、美、意三国"文学：传统与价值"学术研讨会（意大利）。参加《伊戈尔远征记》国际学术研讨会（波兰）。出版著作《罗斯古代文学研究》。任苏联文化基金会（从1991至1993年改称俄罗斯文化基金会）管理委员会主席。

1987年——因1985年列宁格勒电影制片厂拍摄的电影《园林诗学》获荣誉证书。当选帕斯捷尔纳克文学遗产委员会委员。当选林琴民族科学院外籍院士（意大利）。参加《为无核世界，为人类生存》国际代表大会（莫斯科）。赴法国参加苏法两国常设双边文化学术交流委员会会议。应不列颠科学院和格拉斯哥大学邀请访问大不列颠，做学术报告，并就文化史问题解答咨询。出访意大利，为筹备建立"核战争条件下争取人类生存"基金，参加非官方倡议者小组会议。出版著作《伟大的道路：十一至十七世纪罗斯文学之形成》、《著作选集》三卷。任《新世界》杂志编辑委员会成员（至1996年）。

1988年——会见国外友人，参与筹建"人类生存与发展国际基金会"。被索菲亚大学授予荣誉博士称号（保加利亚）。格丁根科学院通讯院士

（联邦德国）。出访芬兰，参加"变革时代，1905—1930（俄罗斯先锋派）"展览会开幕式。出访丹麦，参加"俄罗斯与苏维埃艺术家作品汇展，1905—1930年"展览会开幕式。出访大不列颠，推荐第一期《我们的遗产》杂志。外曾孙女维拉出生，她是外孙女季娜·库尔巴托娃的女儿。

1989年——为表彰其文化活动，被授予欧洲奖（一等），颁发以古·莫代纳（意大利）命名的国际文学新闻奖，表彰他为发展和推广文化所作出的贡献。与其他文化活动家一道发表言论，欢迎东正教索洛韦茨基修道院和瓦拉姆修道院恢复宗教活动。参加在法国举行的欧洲国家文化部长会议。任笔会苏联（后来为俄罗斯）分会会员。出版著作《评论与观察：历年札记摘抄》和《论语文学》。由苏联文化基金会推举为最高苏维埃人民代表（至1991年）。

1990年——任重建亚历山大图书馆国际委员会委员。全苏（自1991年底改为全俄）普希金学会荣誉主席。编辑出版英文版《普希金全集》国际编辑委员会成员。意大利菲乌吉市国际奖获得者。

1991年——由于研究与公布俄罗斯文学与文化典籍，获得亚·彼·卡尔宾斯基奖（汉堡）。

布拉格卡尔洛夫大学授予荣誉博士称号。当选（南斯拉夫）塞尔维亚社荣誉社员。当选德国普希金学会荣誉会员。出版著作《我常常回想》、《思危集：回忆、文章、谈话》、《沉思集》。

1992年——当选美国哲学学会外籍会员。被意大利锡耶纳大学授予荣誉博士称号。参与《崭新的名字》国际慈善纲要的编撰。纪念圣谢尔吉诞辰600周年筹备委员会主席。出版著作《俄罗斯艺术——从古代到先锋派》。

1993年——由于在人文科学领域取得杰出成就，荣获以米·瓦·罗蒙诺索夫命名的大金质奖章。由于丛书《罗斯古代文学典籍》而获得俄罗斯联邦国家奖。当选美国科学与艺术科学院外籍院士。荣获圣彼得堡"第一荣誉市民"称号。获得圣彼得堡联合人文大学荣誉博士称号。

1994年——任普希金周年纪念全国委员会主席（庆祝普希金诞生二百周年）。出版书籍《伟大的罗斯：十至十七世纪艺术文化史》（合作者有格·卡·瓦格涅尔、格·伊·乌兹多尔诺夫、鲁·格·斯克雷尼科夫）。

1995年——在圣彼得堡联合人文大学提出《文化权利宣言》草案。荣获保加利亚"马达尔骑士"一级奖章。出版《回忆录》。

1996年——鉴于为国家做出的杰出功绩，为文化发展的巨大贡献，荣获"为国立功"二级勋章。荣获保加利亚"斯塔尔·普拉宁"勋章。出版书籍《艺术创作哲学概论》和《缺失证据》。

1997年——荣获俄罗斯联邦文学艺术界总统奖。荣获国际文学基金会颁发的"杰出人才荣誉奖"。荣获圣康斯坦丁大帝勋章（骑士勋章）。出版著作《论知识分子》。外孙女维拉·托尔茨的女儿安娜出生，她是利哈乔夫的重外孙女。科学出版社出版《罗斯古代文学作品文库》丛书，利哈乔夫是编辑、序言作者，合作者有列·亚·德米特里耶夫、阿·阿·阿列克谢耶夫、帕内尔科。

1998年——鉴于为发展祖国文化所作出的贡献，被授予圣徒安德列"信仰与忠诚于祖国"一级勋章（首位获奖者）。荣获国际银质纪念奖章《和平的燕子》（意大利）。出版书籍《〈伊戈尔远征记〉及其所处时代的文化：近几年的工作》。

1999年——"彼得堡知识分子代表大会"首倡者之一（倡议者还有饶·阿菲奥罗夫、丹·格拉宁、阿·扎别索茨基、基·拉甫罗夫、安·彼得罗夫、米·彼奥特罗夫斯基等）。

出版著作《思考俄罗斯》、《诺夫哥罗德纪念册》。

9月30日德米特里·谢尔盖耶维奇·利哈乔夫逝世于圣彼得堡。埋葬于科马罗沃墓地。

参考书目

1. 叶·戈·沃多拉兹金编,《德米特里·利哈乔夫和他的时代:回忆、评论、文献、照片》,圣彼得堡,逻各斯出版社,2006年。

2. 亚·谢·扎别索茨基,《俄罗斯文化大师——德米特里·利哈乔夫》,圣彼得堡国立师范大学出版社,2007年。

莉·维·索科洛娃编,《关于〈伊戈尔远征记〉真伪的争论史》(摘自德·谢·利哈乔夫院士书信),《俄罗斯文学》杂志,1994年第2、第3期。

3.《德·谢·利哈乔夫院士:与二十世纪对话》展览目录,圣彼得堡历史博物馆,2006年。

4.《德·谢·利哈乔夫文集:回忆录》,塔·施玛科夫编,圣彼得堡,逻各斯出版社,2000年。

5.《德·谢·利哈乔夫选集》三卷,列宁格勒,国家文学出版社,1987年。

6.《我们的遗产》,2006年第79和第80期(纪念德·谢·利哈乔夫百年诞辰专刊)。

7.《古代罗斯手稿遗存:依据普希金之家资料汇编》,列宁格勒,科学出版社,1972年。

德·谢·利哈乔夫院士主要著作和文集

1.《缺失证据》,俄罗斯科学院,俄罗斯文学研究所,圣彼得堡,闪电出版社,1996年。

2.《古代罗斯文学典籍导读》,责任编辑席·奥·施密特,亚·弗·托贝奇卡诺夫编,莫斯科,俄罗斯道路出版社,2004年。

3.《伟大的罗斯:十至十七世纪艺术文化史》(德·谢·利哈乔夫主编,合作者格·卡·瓦格涅尔、格·伊·乌兹多尔诺夫、鲁·格·斯克雷尼科夫),莫斯科,艺术出版社,1994年。

4.《伟大的道路:十一至十七世纪罗斯文学之形成》,莫斯科,现代人出版社,1987年。

5.《伟大的遗产:古代罗斯经典文学作品集》,莫斯科,现代人出版社,1975年出版,1980、1987、1997年再版。

6.《古代罗斯的军事艺术》,《星》杂志,1943年第1期。

7.《俄罗斯文学的诞生》,莫斯科,列宁格勒,苏联科学院出版社,1952年。

8.《利哈乔夫回忆录,书信集》,亚·米·克留科夫和谢·谢·列斯涅夫斯基编,列·阿·奥泽罗夫序言,阿·玛·克留科娃注释。莫斯科,苏联作家出版社,1990年。

9.《利哈乔夫回忆录》,圣彼得堡,逻各斯出版社,1995年出版,1997、1999、2001年再版。

10.《利哈乔夫回忆录选集》,塔·施玛科夫编。圣彼得堡,逻各斯出版社,1997年。

11.《文化立法宣言》,《二十一世纪之交的科学、文化、教育》,全俄罗斯科学实践代表大会文件(10月4至6日),俄罗斯联邦文化部、俄罗斯联邦教育部、俄罗斯教育科学院、俄罗斯文化工作者创作联盟。圣彼得堡,1995年。

12.《关于昨天、今天与明天的对话》,莫斯科,苏维埃俄罗斯,1988年,利哈乔夫访谈录,尼·格·萨姆维良提问。

13.《评论与观察——历年札记摘抄》,列宁格勒,苏联作家出版社,1989年。

14.《关于俄罗斯人的札记》,《新世界》杂志,1980年第3期,莫斯科,苏维埃俄罗斯出版社,1981年出版,1984、1987年再版。

15.《关于艺术起源的札记》,语境出版社,1985年,文学理论研究出版社,莫斯科,1986年。

16.《亲爱的土地——中学生读本》,莫斯科,教育出版社,1983年。

17.《作家伊万雷帝——伊万雷帝书信选》,德·谢·利哈乔夫和雅·索·卢利耶编选,雅·索·卢利耶翻译与注释,瓦·帕·阿德里阿诺娃-别列特茨责编,莫斯科,列宁格勒,1951年。

18.《文集》(古代罗斯文学作品集),德·谢·利哈乔夫和列·亚·德米特里耶夫编选,莫斯科,1969年,世界文学书库,第1辑第15卷。

19.《〈伊戈尔远征记〉研究与它的真实性问题》,载《〈伊戈尔远征记〉——十二世纪的文学经典》(文集),莫斯科,列宁格勒,1962年。

20.《古代罗斯文学研究》,责任编辑奥·维·特沃罗果夫,列宁格勒,科学出版社,1986年。

21.《〈伊戈尔远征记〉作者的历史与政治视野》,载《〈伊戈尔远征记〉研究论文集》，瓦·帕·阿德里阿诺娃-别列特茨责编，莫斯科，圣彼得堡，1950年。

22.《十一至十七世纪罗斯文学史》（师范学院教科书），与其他作者合编，莫斯科，教育出版社，1980年。

23.《我们这样活下来》，《涅瓦》杂志，1991年第1期。

24.《思危集：回忆、文章、谈话》，格·阿·杜布罗夫斯卡娅编，莫斯科，新闻出版社，1991年。

25.《安德列·鲁勃廖夫和智者叶皮凡尼时代（十四世纪末十五世纪初）的罗斯文学》，莫斯科，列宁格勒，苏联科学院出版社，1962年。

26.《俄罗斯民族国家形成时期（十四世纪末十六世纪初）的罗斯文化》，列宁格勒，国家政治出版社，1946年。

27.《十世纪至十七世纪俄罗斯民族文化》，莫斯科，圣彼得堡，苏联科学院出版社，1961年。

28.《文学——现实——文学》，列宁格勒，苏联作家出版社，1981年出版，1984、1987年再版。

29.《十一至十三世纪文学》，载《古代罗斯文化史》第二卷，蒙古侵犯之前时期，第二部分，《社会结构与精神文化》，尼·尼·沃罗宁和米·康·卡尔格尔责编，莫斯科，列宁格勒，1951年。

30.《古代罗斯文学选读》，列·亚·德米特里耶夫选编，德·谢·利哈乔夫责编，圣彼得堡，科学院规划选题，1997年。

31.《古代罗斯的民族自觉：十一至十七世纪文学领域浏览》，莫斯科，列宁格勒，苏联科学院出版社，1945年。

32.《从涅瓦河看城市空中轮廓》（回忆文集），圣彼得堡，银列出版社，2000年。

33.《伟大的诺夫哥罗德——十一至十七世纪诺夫哥罗德文化简史》，列宁格勒，国家政治出版社，1945年出版，莫斯科，苏维埃俄罗斯出版社，1959年再版。

34.《诺夫哥罗德纪念册》，圣彼得堡，闪电出版社，1999年。

35.《论语文学》，列·亚·德米特里耶夫作序，莫斯科，高校出版社，1989年。

36.《论知识分子》，俄罗斯科学院，俄罗斯文学研究所，《节日前夕》丛刊第2辑附录，圣彼得堡，1997年。

37.《俄罗斯古代城市的防御体系》(与玛·阿·吉哈诺娃合著)，列宁格勒，国家政治出版社，1942年。

38.《艺术创作哲学概论》，俄罗斯科学院，俄罗斯文学研究所，圣彼得堡，闪电出版社，1996年出版，1999年再版。

39.《神圣的历史记忆》，莫斯科，真理出版社，1986年。

40.《善与美书简》，叶·布·别洛杜布罗夫斯卡娅责编，儿童文学出版社，1985年出版，1988、1989、1990、1994、1999年多次再版。

41.《论善书简》，圣彼得堡，诺塔别涅出版社，1994年。

42.《往年纪事》，翻译、注释，第1、2部分，莫斯科，列宁格勒，1950年出版，圣彼得堡，科学出版社，1996年再版。

43.《园林诗学：探寻园林风格的内涵》，列宁格勒，科学出版社，1982年出版，1991、1998年再版。

44.《古代罗斯文学的诗学》，列宁格勒，科学出版社，1967年，1971、1979、1987年再版。

45.《过去告诉未来：文章与随笔集》，列宁格勒，科学出版社，1985年。

46.《十至十七世纪俄罗斯文学的发展：时代与风格》，列宁格勒，科学出版社，1973年出版，1987、1998年再版。

47.《沉思集》，格·阿·杜布罗夫斯卡娅选编，莫斯科，儿童文学出版社，1991年。

48.《思考俄罗斯》(文集)，圣彼得堡，逻各斯出版社，1999年。

49.《俄罗斯文化》(选集)，莫斯科，艺术出版社，2000年。

50.《罗斯编年史及其文化历史价值》,莫斯科,列宁格勒,苏联科学院出版社,1947年出版,1966、1986年再版。

51.《俄罗斯艺术——从古代到先锋派》,莫斯科,艺术出版社,1992年。

52.《皇村园林》,载《普希金:研究与资料汇编》,列宁格勒,1979年。

53.《古代罗斯文学的独特性》,载《古代罗斯艺术遗产与现代性》(与维·德·利哈乔娃合作),列宁格勒,科学出版社,1971年。

54.《神圣的罗斯》,《十至二十世纪俄罗斯大地名人传记》,莫斯科,莫斯科工人出版社,1992年。

55.《伊戈尔远征记》(撰写序言、翻译与注释),列宁格勒,苏联作家出版社,1949年出版,1953年再版。

56.《伊戈尔远征记——俄罗斯文学的英雄序幕》,莫斯科,列宁格勒,国家文学出版社,1961年。

57.《伊戈尔远征记:历史文学概观》,莫斯科,教育出版社,1976年。

58.《斯维雅托斯拉夫之子、奥列格之孙,伊戈尔出征记》(译自古俄语),载《阿·穆辛-普希金、瓦·茹科夫斯基、阿·迈科夫、伊·诺维科夫及其他人的〈伊戈尔远征记〉译本》(跟列·德米特里耶夫和奥·特沃罗果夫合编,莫斯科,现代人出版社,1975年。

59.《〈伊戈尔远征记〉和它所处时代的文化》,列宁格勒,艺术文学出版社,1978年出版,1985年再版。

60.《古代罗斯的"笑世界"》(与亚·米·潘琴科合作),文章《作为"世界观"的笑》出自德·谢·利哈乔夫的手笔,列宁格勒,科学出版社,1976年。

61.《俄罗斯文化史上的夜莺》,载《索洛韦茨基群岛上的建筑艺术古迹》,莫斯科,1980年。

62.《版本校勘:以十至十七世纪罗斯文学作品为例》,莫斯科,列宁格勒，苏联科学院出版社，1962年出版，1983、2001年再版（阿·阿·阿列克谢耶夫和亚·格·鲍布罗夫参与修订）。

63.《〈伊戈尔远征记〉艺术体系的口头起源》，载《〈伊戈尔远征记〉研究论文集》，瓦·帕·阿德里阿诺娃-别列特茨责编，莫斯科，圣彼得堡，1950年。

64.《古代罗斯艺术遗产与现代性》，列宁格勒，科学出版社，1971年。

65.《罗斯古代文学中的人》，莫斯科，圣彼得堡，苏联科学院出版社，1958年出版，1970、1987年再版。

66.《穿过混乱走向和谐》，《俄罗斯文学》，圣彼得堡，1996年第1期。

67.《小偷语言特点初探》，《语言与思维》杂志，莫斯科，列宁格勒，1935年，卷3—4。

68.《司祭长约翰的第六日与弗拉基米尔·莫诺马赫的〈训诫录〉》，载《语言理论与历史问题》，列宁格勒，1963年。

69.《瓦西里耶夫岛上的学校》（教师用书），跟尼·弗·布拉格沃和叶·布·别洛杜布罗夫斯基合作，莫斯科，教育出版社，1990年。

70.《文化生态学》，莫斯科，1979年，第7期。

71.《我常常回想》，尼·格·萨姆维良写序，莫斯科，进步出版社，1991年。

人名索引

Аба́ев Васи́лий Ива́нович(1900—2001),瓦西里·伊万诺维奇·阿巴耶夫,语言学家,39*

Абрамо́вич Дми́трий Ива́нович(1873—1955),德米特里·伊万诺维奇·阿勃拉莫维奇,通讯院士,22

Авва́кума Пе́трович(1620—1682),阿瓦库姆·彼得罗维奇,分裂教派思想家,大祭司,作家,108

Аве́ринцев Серге́й Серге́евич(1937—2004),谢尔盖·谢尔盖耶维奇·阿维林采夫,学者,217

Адриа́нова-Пе́ретц Варва́ра Па́вловна(1888—1972),瓦尔瓦拉·帕甫洛夫娜·阿德里阿诺娃-别列特茨,86

Азадовский Марк Константинович(1888—1954),马尔科·康斯坦丁诺维奇·阿扎多夫斯基,67

Азадо́вский Константи́н Ма́ркович(1941—   ),康斯坦丁·马尔科维奇·阿扎多夫斯基,文学家,167

Айвазо́вский Ива́н Константи́нович(1817—1900),伊万·康斯坦丁诺维奇·艾瓦佐夫斯基,画家,75

Аксако́в Ива́н Серге́евич(1823—1886),伊万·谢尔盖耶维奇·阿克萨科夫,斯拉夫派思想家,223

Алда́нов Марк(1886—1957),马尔克·阿尔达诺夫,侨民作家,擅长历史小说,195

Александр I Павлович Благословенный(1777—1825),亚历山大一世,俄罗斯沙皇,220

---

* 此处数字为该人名在俄文原著中第一次出现的页码（本书置于译文左右）。下同。

Алекса́ндр II Никола́евич（1818—1881），亚历山大二世，俄罗斯沙皇，220

Алекса́ндров - Аге́нтов Андре́й Миха́йлович（1918—1993），安德列·米哈伊洛维奇，亚历山德罗夫-阿肯托夫，185

Алексе́ев, Анато́лий Алексе́евич（1941— ），阿纳托里·阿列克谢耶维奇·阿列克谢耶夫，语文学者，265

Алексе́ев Михаи́л Па́влович（1896—1981），米哈伊尔·帕甫洛维奇·阿列克谢耶夫，文艺学家，院士，73

Алпа́тов Михаи́л Влади́мирович（1902—1986），米哈伊尔·弗拉基米罗维奇·阿尔帕托夫，史学家，39

Алфёров Жоре́с Ива́нович（1930— ），饶列斯·伊万诺维奇·阿菲奥罗夫，物理学家，诺贝尔奖获得者，216

Андре́ев Лео́нид Никола́евич（1871—1919），列昂尼德·比古拉耶维奇·安德列耶夫，作家，11

Андре́евский Ива́н Миха́йлович（1894—1976），伊万·米哈伊洛维奇·安德列耶夫斯基，医生，30

Андре́й Бе́лый（1880—1934），安德列·别雷，诗人、作家，84

Ани́чков И́горь Евге́ньевич（1897—1978），伊戈尔·叶甫盖尼耶维奇·阿尼奇科夫，语言学家，24

Анци́феров Никола́й Па́влович（1889—1958），尼古拉·帕夫洛维奇·安齐费罗夫，史学家，25

Артамо́нов Михаи́л Илларио́нович（1898—1972），米哈伊尔·伊拉廖诺维奇·阿尔塔莫诺夫，博物馆馆长，153

Арциба́шев Серге́й Никола́евич（1951— ），谢尔盖·尼古拉耶维奇·阿尔齐巴舍夫，导演，251

Арцихо́вский Арте́мий Влади́мирович（1902—1978），阿尔杰米·弗拉基米罗维奇·阿尔齐霍夫斯基，史学家，125

Андре́евскийИва́н Миха́йлович（1894—1976），伊万·米哈伊洛维奇·安德列耶夫斯基，24

А́нна Андре́евнаАхма́това（1889—1966），安娜·安德列耶夫娜·阿赫马托娃，176

Аско́льдов Серге́й Алексе́евич（1871—1945），谢尔盖·阿列克谢耶维奇·阿斯科尔多夫，哲学家，24

Аста́фьев Ви́ктор Петро́вич（1924—2001），维克托·彼得罗维奇·阿斯塔菲耶夫，作家，201

Астафьев Петр Евгеньевич(1846—1893)，彼得·叶甫盖尼耶维奇·阿斯塔菲耶夫，哲学家，174

Ахма́това А́нна Андре́евна(1889—1966)，安娜·安德列耶夫娜·阿赫玛托娃，诗人，59

Ахмадулина Бела Ахатовна(1937—　)，贝拉·阿哈托夫娜·阿赫玛杜林娜，诗人，150

Багно Всеволод Евгеньевич(1951—　)，弗谢沃洛德·叶甫盖尼耶维奇·巴格诺，翻译家，4

Багратион Пётр Иванович(1765—1812)，彼得·伊万诺维奇·巴格拉季昂，公爵，上将，193

Баевский Вадим Соломонович(1929—　)，瓦吉姆·索洛莫诺维奇·巴耶夫斯基，批评家，230

Банк А́лиса Влади́мировна，阿丽萨·弗拉基米罗夫娜·邦克，153

Ба́рдин Анто́н Ива́нович(约1841—?)　安东·伊万诺维奇·巴尔丁，伪书炮制者，124

Бартенев Игорь Александрович(1911—1985)，伊戈尔·亚历山大罗维奇·巴尔捷涅夫，美术学院副院长，154

База́нов Васи́лий Григо́рьевич(1911—1981)，瓦西里·格里高利耶维奇·巴扎诺夫，83

Базиле́вич Константи́н Васи́льевич(1892—1950)，康斯坦丁·瓦西里耶维奇·巴济列维奇，史学家，64

Барманский，巴尔芒斯基，49

Бартенев Игорь Александрович(1911—1985)，伊戈尔·亚历山大洛维奇·巴尔杰涅夫，建筑史学家，159

Басилашви́ли Оле́г Валериа́нович(1934—　)，奥列克·瓦列里昂诺维奇·巴西拉什维利，105

Басов Михаил Яковлевич(1892—1931)，米哈伊尔·雅可夫列维奇·巴索夫，学者，22

Баткин Леонид Михайлович(1932—　)，列昂尼德·米哈伊洛维奇·巴特金，政论家，218

Бахтин Всеволода Владимирович.(1901—1951)，伏谢沃洛德·弗拉基米罗维奇·巴赫金，史学家，24

Бахтин Михаил Михайлович(1895—1975)，米哈伊尔·米哈伊洛维奇·巴赫金，哲学家，24

Башинджагян Геворк Захарович(1857—1925)，戈沃尔克·扎哈洛维奇·巴申贾吉扬，画家，39

Бели́нский Виссарио́н Григо́рьевич(1811—1848)，维萨利昂·格里高利耶维奇·别林斯基，批评家，263

БелоброваОльга Андреевна.(1925—)，奥尔加·安德列耶夫纳·别洛布罗娃，学者，78

Белозерский Кирилл(1337—1427)，基里洛·别洛泽尔斯基 255

Бельчиков，别里契科夫，上级任命的文学研究所所长，78

Бенуа́ Алекса́ндр Никола́евич(1870—1960)，亚历山大·尼古拉耶维奇·伯努瓦，画家，艺术史家，12

Бенуа́ Лео́нтий Никола́евич(1856—1928)，列昂基·尼古拉耶维奇·伯努瓦，建筑师，16

Бе́рдников Гео́ргий Петро́вич(1915—1996)，格奥尔基·彼得罗维奇·别尔德尼科夫，67

Бе́рдяев Никола́й Алекса́ндрович(1874—1948)，尼古拉·亚历山大罗维奇·别尔嘉耶夫，哲学家，220

Берков Павел Наумович(1896—1969)，帕维尔·纳乌莫维奇·别尔科夫，学者，70

Бешарова Юстина，尤斯季娜·贝莎罗娃，美国学者，研究俄罗斯古代文学，131

Богатырёв Пётр Григо́рьевич(1893—1971)，彼得·格里高利耶维奇·博加特廖夫，73

Бодле́р Шарль Пьер(1821—1867)，夏尔·皮埃尔·波德莱尔，法国诗人，212

Бо́кий Глеб Ива́нович(1879—1937)，格列勃·伊万诺维奇·博基，肃反委员会主席，27

Бокка́ччо Джова́нни(1313—1375)，乔万尼·薄伽丘，意大利诗人，89

Болесла́в Хра́брый(约967—1025)，勇者波列斯拉夫，98

Борис(？—1015)，鲍里斯，罗斯托夫公爵，96

Боянус，Семен Карлович(1871—1952)，谢苗·卡尔洛维奇·博雅努斯，教授，22

Бре́жнев Леони́д Ильи́ч(1906—1982)，列昂尼德·伊里依奇·勃列日涅夫，苏联领导人，203

Бро́дский Ио́сиф Алекса́ндрович(1940—1996)，约瑟夫·亚历山大罗

维奇·布罗茨基, 诗人, 173

Брюсов Валерий Яковлевич (1873—1924), 瓦列里·雅可夫列维奇·勃留索夫, 诗人, 84

Бударагин Владимир Павлович, 弗拉基米尔·帕夫洛维奇·布达拉庚, 89

Буланин Дмитрий Михайлович (1953—), 德米特里·米哈伊洛维奇·布拉宁, 225

Булга́ков Михаи́л Афана́сьевич (1891—1940), 米哈伊尔·阿法纳西耶维奇·布尔加科夫, 作家, 132

Бу́нин Ива́н Алексе́евич (1870—1953), 伊万·阿列克谢耶维奇·布宁, 作家, 195

Бу́рлюк Давид Давидович (1882—1967), 大卫·大卫多维奇·布尔留克, 诗人, 149

Бы́ков Рола́н Анто́нович (1929—1998), 罗兰·安东诺维奇·贝科夫, 演员, 导演, 201

Быховская, Софья Львовна (1887—1942), 索菲娅·利沃夫娜·贝霍夫斯卡娅, 语言学家, 39

Бялый Григорий Абрамович (1905—1987), 格里高利·阿勃拉莫维奇·比亚雷, 教授, 文艺理论家, 70

Ва́гнер Гео́ргий Ка́рлович (1908—1995), 格奥尔基·卡尔洛维奇·瓦格涅尔, 哲学家, 艺术史学家, 160

Василий Великий (约330—379), 巴西尔, 神学家, 105

Васильчиков Георгий Илларионович (1919—2008), 格奥尔基·伊拉里昂诺维奇·瓦西里奇科夫, 公爵 193

Веде́нский Алекса́ндр Ива́нович (1904—1941), 亚历山大·伊万诺维奇·维金斯基, 诗人, 18

Веде́нский Алекса́ндр Ива́нович (1889—1946), 亚历山大·伊万诺维奇·维金斯基, 都主教, 20

Веде́нин Юрий Алекса́ндрович (1937—), 尤里·亚历山大洛维奇·韦杰宁, 251,

Вениамин митрополит (1880—1961), 维尼阿明都主教, 21

Вербицкая Людмила Алексеевна (1936—), 柳德米拉·阿列克谢耶夫娜·维尔比茨卡娅, 大学校长, 230

Весело́вский Алекса́ндр Никола́евич (1838—1906), 亚历山大·尼古拉

耶维奇·维谢洛夫斯基，院士，67

Виногра́дов Ви́ктор Влади́мирович(1895—1969)，维克托·弗拉基米罗维奇·维诺格拉多夫，院士，73

Виноградов Николай Николаевич(1875—1938)，尼古拉·尼古拉耶维奇·维诺格拉多夫，博物馆馆长，32

Виноградов Владимир(1968—)，弗拉基米尔·维诺格拉多夫，电影导演，176

Вла́ди Марина(1938—)，玛丽娜·弗拉狄，演员，维索茨基之妻，199

Вла́димир Пе́рвый(？—1015)，弗拉基米尔一世，99

Водола́зкин Евге́ний Гёрманович(1964—)，叶甫盖尼·戈尔曼诺维奇·沃多拉兹金，作家，4

Вознесенский Андрей Андреевич(1933—2010)，安德列·安德列耶维奇·沃兹涅先斯基，诗人，150

Волков Олег Васильевич(1900—1996)，奥列克·瓦西里耶维奇·沃尔科夫，作家，192

ВолошенМаксимилиа́н Алекса́ндрович(1877—1932)，马克西米利安·亚历山大罗维奇·沃洛申，84

Врангель Николай Николаевич(1880—1915)，尼古拉·尼古拉耶维奇·弗朗盖里，文艺学家，39

Вырубов，Николай Васильевич(1915—2009)，尼古拉·瓦西里耶维奇·维鲁博夫，社会活动家，196

Высо́цкий Влади́мир Семёнович(1938—1980)，弗拉基米尔·谢苗诺维奇·维索茨基，诗人，演员，199

Ганди Махатма(1869—1948)，莫罕达斯·甘地，印度民族解放领袖，195

Гарольд II Годвинсон(约1022—1066)，哈罗德，盎格鲁撒克逊最后一任国王，104

Ге́ни́ева Екатери́на Ю́рьевна(1946—)，叶卡捷琳娜·尤里耶夫娜·盖尼耶娃，图书馆长，236

Георг Леонид Владимирович，列昂尼德·弗拉基米罗维奇·格奥尔克，中学教师，18

Герра́ Рене́(1946—)，勒内·格尔拉，法国斯拉夫学者，238

Гизетти Александр Алексеевич(1888—1938)，亚历山大·阿列克谢耶

维奇·吉捷基，24

Гиппиус Зинаида（1869—1945），季娜伊达·吉皮乌斯，侨民诗人，194

Глазунóв Алексáндр Константúнович（1865—1936），亚历山大·康斯坦丁诺维奇·格拉祖诺夫，作曲家，250

Глеб（？—1015），格列布，东正教会"圣者"，96

Гоголь Николай Васильевич（1809—1852），尼古拉：瓦西里耶维奇·果戈理，作家，94

Голдóвская Марина Евсеевна（1941— ），玛丽娜·叶甫谢耶夫娜·科尔多夫斯卡娅，电影导演，193

Голенúщев-Кутýзов Илья́ Николáевич（1904—1969），伊利亚·尼古拉耶维奇·戈列尼谢夫—库图佐夫，73

Голицын Георгий Владимирович（1916—1992），格奥尔基·弗拉基米罗维奇·戈里岑，公爵，193

Горбачёв Михаúл Сергéевич（1931— ），米哈伊尔·谢尔盖耶维奇·戈尔巴乔夫，苏共总书记，185

Горбачёва Раиса Максúмовна（1932—1999），拉伊萨·马克西莫夫娜·戈尔巴乔娃，戈尔巴乔夫夫人，182

Горлицкий Йорам（1963— ），姚拉姆·戈尔利茨基，苏联问题专家，维拉的第二任丈夫，172

Горький Максим（1868—1936），Пешков Алексей Максимович，马克西姆·高尔基，11

Грабáрь Úгорь Эммануúлович（1871—1960），伊戈尔·艾曼努伊洛维奇·格拉巴里，文艺学家，39

Грáнин Даниúл Алексáндрович（1919— ），丹尼尔·亚历山大洛维奇·格拉宁，作家，4

Греков，格列科夫，史学家，125

Гречишкин Сергей Сергеевич（1948—2009），谢尔盖·谢尔盖耶维奇·格列奇施金，作家，75

Гривнина，格里夫妮娜，160

Грин Грэм，格莱姆·格林，199

Гудзúй Николай Каллиникович（1887—1965），尼古拉·卡里尼科维奇·古德济，史学家，73

Гукóвская（Долинина） Наташа Григорьевна（1928—1979），娜达莎·格里高利耶夫娜·古科夫斯卡娅，69

Гуко́вский Григо́рий Алекса́ндрович(1902—1950), 格里高利·亚历山大洛维奇·古科夫斯基, 67

Гуко́вский Михаи́л Алекса́ндрович(1902—1950), 米哈伊尔·亚历山大洛维奇·古科夫斯基, 69

Гумилёв Лев Никола́евич(1912—1992), 列夫·尼古拉耶维奇·古米廖夫, 阿赫马托娃之子, 254

Гумилёв Никола́й Степа́нович(1886—1921), 尼古拉·斯捷潘诺维奇·古米廖夫, 诗人, 192

Гурьев О. И., 奥·伊·古里耶夫, 建筑师, 165

Да́вид(约公元前1005—前965), 大卫, 犹太国第二任国王, 在位四十年, 105

Да́ев, 达耶夫, 主编, 46

Данéлия Геóргий Николáевич(1930—), 格奥尔基·尼古拉耶维奇·达涅利亚, 电影导演, 88

Да́нте Алигье́ри(1265—1321), 阿利盖利·但丁, 意大利诗人, 20

Дéльвиг Антóн Антóнович(1798—1831), 安东·安东诺维奇·杰里维格, 诗人, 200

Держа́вин Никола́й Севастья́нович(1877—1953), 尼古拉·谢瓦斯基亚诺维奇·杰尔察文, 教授, 22

ДживелеговАлексéй Карпович(1875—1952), 阿列克谢·卡尔波维奇·吉韦列戈夫, 39

Ди́ккенс Ча́рльз Джон Ха́ффем(1812—1870), 查尔斯·约翰·赫芬姆·狄更斯, 英国作家, 20

Ди́рилл(827—869), 基里尔, 96

Дми́триев Лев Александрович(1921—1993), 列夫·亚历山大洛维奇·德米特里耶夫, 学者, 通讯院士, 76

Дми́триева Руфина Петровна(1925—2001), 鲁菲娜·彼得罗夫娜·德米特里耶夫娜, 76

Добросклонский Михоил Васильевич, 米哈伊尔·瓦西里耶维奇·多勃拉斯克朗斯基, 153

Довлатов Сергéй Донатович(1941—1990), 谢尔盖·多纳托维奇·多甫拉托夫, 记者, 173

Довмонт(？—1299), 多夫蒙特, 普斯科夫大公, 97

Долинин Аркадий Семёнович(1883—1968), 阿尔卡基·谢苗诺维

奇·多里宁，教授，69

Долинин Константин Аркадьевич(1928—2009)，康斯坦丁·阿尔卡基耶维奇·多里宁，(科斯佳) 教授，69

Долинина Наталья Григорьевна(1928—1979)，娜塔莉亚·格里高利耶夫娜·多里宁娜，作家，69

Домбро́вский Юрий О́сипович(1909—1978)，尤里·奥西波维奇·多姆博罗夫斯基，作家，135

Донской Дмитрий Ива́нович(1350—1389)，德米特里·伊万诺维奇·顿斯科伊，96

Досифей，陀西费伊，忠实于阿瓦库姆的修道士，109

Достое́вский Фёдор Миха́йлович(1821—1881)，费奥多尔·米哈伊洛维奇·陀思妥耶夫斯基，经典作家，8

Дро́бренкова Н. Ф.，Н. Ф. 德罗布林科娃，利哈乔夫的同事，157

Евгеньев - Максимович Владислав Евгеньевич(1883—1955). 弗·叶·叶甫盖尼耶夫-马克西莫夫，教授，22

Евтушенко Евгений Алекса́ндрович(1933—)，叶甫盖尼·亚历山大罗维奇·叶夫图申科，诗人，150

Его́ров Бори́с Фёдорович(1926—)，鲍里斯·费奥多罗维奇·叶果罗夫，教授，198

Е́льцин Бори́с Никола́евич(1931—2007)，鲍里斯·尼古拉耶维奇·叶利钦，俄罗斯联邦总统，231

Е́льцина Наи́на(Анастаси́я) Ио́сифовна(1932—)，纳伊娜·约西芬娜·叶利钦娜，总统夫人，233

Енише́рлов Влади́мир Петро́вич(1940—)，弗拉基米尔·彼特罗维奇·叶尼舍尔洛夫，作家，190

Епифаний Премудрый(？—1420) 智者叶皮凡尼，修道士，88

Ерёмин И́горь Петро́вич(1904—1964)，伊戈尔·彼得罗维奇·叶廖明，教授，88

Есе́нин Сергей Алекса́ндрович(1895—1925)，谢尔盖·亚历山大洛维奇·叶赛宁，诗人，20

ЖдановАндрей Александрович(1896—1948)，安德烈·亚历山大罗维奇·日丹诺夫，苏共书记，191

Жирму́нский Ви́ктор Макси́мович(1891—1971)，维克托·马克西莫

维奇·日尔蒙斯基，22

Жорж Нива(1935—)，乔治·尼瓦，法国文学史家，斯拉夫学学者，219

Жу́ков Евге́ний Миха́йлович(1907—1980)，叶甫盖尼·米哈伊洛维奇·茹可夫，院士，127

Залы́гин Серге́й Па́влович(1913—2000)，谢尔盖·帕甫洛维奇·扎雷金，作家，201

Заточник Даниил(12 или 13 в.)，丹尼尔·扎托奇尼克，作家，123

Запесоцкий Алекса́ндр Серге́евич(1954—)，亚历山大·谢尔盖耶维奇·扎别索茨基，231

Земскова Татьяна，塔吉雅娜·捷姆斯科娃，180

Зилитинкевич Серге́й Серге́евич，谢尔盖·谢尔盖耶维奇·吉利金凯维奇，米拉的丈夫，245

Зилитинкевич Вера Серге́евна(Тольц, Горлицкая)(1959—)，维拉·谢尔盖耶夫娜·吉利金凯维奇，164

Зими́н Алекса́ндр Алекса́ндрович(1920—1980)，亚历山大·亚历山大罗维奇·济明，史学家，119

Зинина Валентина Григорьевна，瓦列金娜·格里高利耶夫娜·济明娜，济明的妻子，140

Зино́вьев Алекса́ндр Алекса́ндрович(1922—2006)，亚历山大·亚历山大罗维奇·季诺维耶夫，作家，193

Зо́щенко Михаи́л Миха́йлович(1894—1958)，米哈伊尔·米哈伊洛维奇·左琴科，作家，72

Ива́н IV Васильевич Грозный(1530—1584)，伊凡四世·瓦西里耶维奇，号称伊凡雷帝，98

Ива́нов Все́волод Вячесла́вович(1895—1963)，弗谢沃洛德·维亚切斯拉沃维奇·伊万诺夫，作家，72

Ива́нов Вячесла́в Все́володович(1929—)，维亚切斯拉夫·弗谢沃洛多维奇·伊万诺夫，语文学家，72

Иванов Владимир Кириллович，弗拉基米尔·吉利洛维奇·伊万诺夫，中学校长，17

Иванов Евгений Платонович(1884—1967)，叶甫盖尼·普拉东诺维奇·伊万诺夫，作家，24

Изяслав Ярославич(1025—1078)，伊贾斯拉夫，雅罗斯拉维奇，雅罗斯拉夫之子，100

Иларион(11世纪)，伊拉利昂，俄罗斯古代作家，基辅第一个俄籍大主教(1051年起)，91

Ильичёв Леонид Фёдорович(1906—1990)，列昂尼德·费奥多罗维奇·伊利伊乔夫，苏共书记，136

Ильф Илья(1897—1937)，伊利亚·伊利夫，作家，132

Иоиль(Быковский)(1706—1798)，约伊里，大司祭，127

Ионов Илья Ионович(1887—1942)，伊利亚·姚纳维奇·姚诺夫，出版社社长，20

Ипатьев，伊帕契耶夫，96

Искандер Фазиль Абдулович(1929—)，法基里·阿布杜洛维奇·伊斯康捷尔，作家，230

Казаков Юрий Павлович(1927—1982)，尤里·帕夫洛维奇·卡扎科夫，作家，185

Каллистов Дмитрий Павлович(1904—1973)，德米特里·帕甫洛维奇·卡里斯托夫，利哈乔夫的同学，56

Каменский，卡明斯基，建筑师，145

Каменский Ян Амос(1592—1670)，扬·阿莫斯·卡缅斯基，捷克教育家，14

Карамзин Николай Михайлович(1766—1826)，尼古拉·米哈伊洛维奇·卡拉姆津，史学家，121

Карпинский Александр Петрович(1846—1936)，亚历山大·彼得罗维奇·卡尔宾斯基，院士，263

Катков Михаил Никифорович(1817—1887)，米哈伊尔·尼基福罗维奇·卡特科夫，出版家，121

Каченовский Михаил Трофимович(1775—1842)，米哈伊尔·特罗菲莫维奇·卡切诺夫斯基，史学家，121

Каштанов Сергей Михайлович(1932—)，谢尔盖·米哈伊洛维奇·卡什塔诺夫，通讯院士，139

Кентский Майкл(1942—)迈克尔·肯茨基，俄罗斯沙皇后裔，王子，193

Киров Сергей Миронович(1886—1934)，谢尔盖·米罗诺维奇·基洛夫，革命领袖，38

Клю́ев Никола́й Алексе́евич(1884—1937), 尼古拉·阿列克谢耶维奇·克留耶夫，诗人，192

Козако́в Михаи́л Миха́йлович(1934—2011), 米哈伊尔·米哈伊洛维奇·卡扎科夫，演员，70

Колосов Александр Николаевич, 亚历山大·尼古拉耶维奇·科洛索夫，31

Колпакова Наталья Павловна(1902—1994), 娜塔莉娅·帕甫洛夫娜·柯尔帕科娃，59

Комарович Василий Леонидович(1894—1942), 瓦西里·列昂尼多维奇·科马罗维奇，学者，24

Кон И́горь Семёнович(1928—2011), 伊戈尔·谢苗诺维奇·科恩，社会学家，175

Кондра́тьев Кири́лл Я́ковлевич Кондра́тьев(1920—2006), 基里尔·雅科甫列夫·康德拉齐耶夫，院士，161

Кондра́тьев Василий Кириллович(1967—1999), 瓦西里·基里洛维奇·康德拉齐耶夫，诗人，翻译家，161

Корбюзье(1887—1965), 克比尤捷，法国建筑师，146

Коржа́вин Нау́м Моисе́евич(1925—), 纳乌穆·莫伊谢耶维奇·科尔冉宁，作家，135

Короленко Владимир Галактионович(1853—1921), 弗拉基米尔·加拉克焦诺维奇·柯罗连科，作家，33

Короленко Владимир Юлианович(1881—1937), 弗拉基米尔·尤里安诺维奇·柯罗连科，作家的侄子，33

Котляре́вский Не́стор Алекса́ндрович(1863—1925), 涅斯托尔·亚历山大罗维奇·科特利亚列夫斯基，75

Краснобородько Татьяна Ивановна, 塔吉亚娜·伊万诺夫娜·克拉斯诺波罗基科，77

Кржевский, Борис Аполлонович(1887—1954), 鲍里斯·阿波罗诺维奇·克尔热夫斯基，教授，22

Круглова Зинаида Михайловна(род. 1923), 季娜伊达·米哈伊洛夫娜·克鲁格洛瓦娅，党委书记，174

Крыле́нко Никола́й Васи́льевич(1885—1938), 尼古拉·瓦西里耶维奇·克雷连科，人民司法委员会委员，44

Кудрявцев Александр Петрович(1937—), 亚历山大·彼得罗维奇·库德里雅夫采夫，建筑师，251

Кудря́вцев Иван Михайлович (1898—1966), 伊万·米哈伊洛维奇·库德里雅夫采夫, 演员, 64

Курбатов Юрий Иванович (1934—), 尤里·伊万诺维奇·库尔巴托夫, 建筑师, 季娜的父亲, 4

Курбатова Зинаида Юрьевна (1966—), 季娜伊达·尤里耶夫娜·库尔巴托娃, 利哈乔夫的外孙女, 4

Курбский Андрей Миха́йлович (1528—1583), 安德列·米哈伊洛维奇·库尔布斯基, 公爵, 110

Куртынин Михаила Степановича (1911—1976), 米哈伊尔·斯捷潘诺维奇·库尔德宁, 主编, 147

Кушнер Александр Семенович (1936—), 亚历山大·谢苗诺维奇·库什涅尔, 诗人, 230

Кшесинская Мати́льда Фе́ликсовна (1872—1971), 马蒂利达·费利克索夫娜·克舍辛斯卡娅, 芭蕾舞演员, 195

Лавров Александр Васильевич (1949—), 亚历山大·瓦西里耶维奇·拉甫罗夫, 作家, 4

Лавро́в Кири́лл Ю́рьевич (1925—2007), 基利尔·尤里耶维奇·拉甫罗夫, 演员, 201

Ла́зарёв М. С., 米·谢·拉扎廖夫, 教授, 154

Лапин Серге́й Гео́ргиевич (1912—1990), 谢尔盖·格奥尔基耶维奇·拉宾, 180

Лапицкий г., 戈·拉比茨基, 副教授, 71

Леже Рене, 莱内·勒热, 法国斯拉夫学者, 121

Лентовская Л. Д., 列·德·林托夫斯卡娅, 17

Лео́нтьев Константи́н Никола́евич (1831—1891), 康斯坦丁·尼古拉耶维奇·列昂季耶夫, 作家, 政论家, 93

Леско́в Никола́й Семёнович (1831—1895), 尼古拉·谢苗诺维奇·列斯科夫, 作家, 94

Лесур Ф., 费·列苏尔, 法国学者, 222

Лигачёв Его́р Кузьми́ч (1920—), 叶果尔·库兹米奇·利加乔夫, 苏共书记, 200

Лихачёв Дмитрий Сергеевич (1906—1999), 德米特里·谢尔盖耶维奇·利哈乔夫, 俄罗斯文化大师, 1

Лихачёв Иван Алексеевич (1902—1972), 伊万·阿列克谢耶维奇·利

哈乔夫，翻译家，22

Лихачёв Михаил Михаилович，米哈伊尔·米哈伊洛维奇·利哈乔夫，利哈乔夫之祖父，7

Лихачёв Михаил Сергеевич(1901—1987)，米哈伊尔·谢尔盖耶维奇·利哈乔夫，174

Лихачёв Павел Петрович(1764—1841)，巴威尔·彼得罗维奇·利哈乔夫，利哈乔夫的先祖，商人，7

Лихачёв Юрий Сергеевич，尤里·谢尔盖耶维奇·利哈乔夫，62

Лихачёв Сергей Михаилович(1840—1918)，谢尔盖·米哈伊洛维奇·利哈乔夫，利哈乔夫之父，7

Лихачёва Вера Семеновна(？—1971)，维拉·谢苗诺夫娜·利哈乔娃，德米特里·利哈乔夫的母亲，8

Лихачёва(Макарова) Зинаида Александровна，季娜伊达·亚历山大罗夫娜·马卡罗娃，利哈乔夫的妻子，39

Лихачёва Вера Дмитриевна(1937—1981)，利哈乔娃，维拉·德米特里耶夫娜，利哈乔夫的女儿，41

Лихачёва Людмила Дмитриевна(1937—2001)，利哈乔娃，柳德米拉·德米特里耶夫娜，利哈乔夫的女儿，41

Лобакова Ирина Анатольевна，伊丽娜·阿纳托里耶夫娜·洛巴科娃，利哈乔夫的助手，87

Ло́тман Юрий Миха́йлович(1922—1993)，尤里·米哈伊洛维奇·洛特曼，文艺理论家，70

Лужко́в Ю́рий Миха́йлович(1936—)，尤里·米哈伊洛维奇·卢日科夫，莫斯科市长，187

Лукницкий Павел Николаевич(1902—1975)，帕维尔·尼古拉耶维奇·鲁克尼茨基，22

Лунача́рский Анато́лий Васи́льевич(1875—1933)，阿纳托利·瓦西里耶维奇·卢那察尔斯基，20

Лупякин У. Е.，卢比亚金，区委书记，191

Лурье́ Вади́м Миронович(1962—)，瓦吉姆·米朗诺维奇·卢利耶，修士司祭格里高利，227

Лурье́ Я́ков Соломо́нович(1921—1996)，雅科夫·索罗蒙诺维奇·卢利耶，史学家，126

Мазон Андрей(1881—1967)，安德列·马宗，法国斯拉夫学者，121

Май Карл Иванович(1820—1895), 查理·伊万诺维奇·迈伊, 中学校长, 14

Макарий(1482—1563), 马卡里, 都主教, 沙皇的老师, 110

Макиавелли Никколо(1469—1527), 尼克罗·马基雅弗利, 意大利思想家, 89

Макогоненко Георгий Пантелеймонович(1912—1986), 格奥尔基·潘杰列诺莫维奇·马克戈宁卡, 68

Максимов, 马克西莫夫, 院士, 243

Малевич Казимир Северинович(1891—1938), 卡基米尔·谢伟利诺维奇·马列维奇, 画家, 87

Малышев Владимир Иванович(1910—1976), 弗拉基米尔·伊万诺维奇·马雷舍夫, 126

Мандельштам Осип Эмильевич(1891—1938), 奥西普·艾米利耶维奇·曼德尔斯坦姆, 诗人, 155

Манн Юрий Владимирович(1929—), 尤里·弗拉基米罗维奇·马恩, 语文学博士, 251

Мануйлов Виктор Андроникович(1903—1987), 维克托·安德罗尼科维奇·马努伊洛夫, 学者, 60

Марков Георгий Мокеевич(1911—1991), 格奥尔基·马凯耶维奇·马尔科夫, 作家, 作协秘书, 185

Мастыко Екатерина Михайловна, 叶卡捷琳娜·米哈伊洛夫娜·马斯蒂科, 校对员, 44

Маяковский Владимир Владимирович(1893—1930), 弗拉基米尔·弗拉基米罗维奇·马雅可夫斯基, 诗人, 12

Мейер Александр Алексндрович(1875—1939), 亚历山大·亚历山大洛维奇·迈耶尔, 哲学家, 174

Мейлах Борис Соломонович(1909—1987), 鲍里斯·索洛莫诺维奇·梅拉赫, 教授, 71

Меньшиков казанский профессор, 缅什科夫, 教授, 医生, 57

Мережковский Дмитрий Сергеевич(1865—1941), 德米特里·谢尔盖耶维奇·梅列日科夫斯基, 93

Мефодий(815—885), 梅福季, 96

Мещанинов Иван Иванович(1883—1967), 伊万·伊万诺维奇·梅夏宁诺夫, 语言学家, 45

МещерскийНикита Александрович(1906—1987), 尼基塔·亚历山大

罗维奇·梅谢尔斯基，语文学家，73

Мжаванадзе Василий Павлович(1902—1988)，瓦西里·帕甫洛维奇·姆热瓦纳泽，格鲁吉亚第一书记，173

Микоя́н Анастас Иванович(1895—1978)，阿纳斯塔斯·伊万诺维奇·米高扬，政治家，173

Минин и Пожарский，米宁和波察尔斯基，青铜雕像，75

Михаил Васильевич Ломоносов(1711—1765)，米哈伊尔·瓦西里耶维奇·罗蒙诺索夫，伟大的学者，264

Миро́нов Серге́й Миха́йлович(1953—)，谢尔盖·米哈伊洛维奇·米罗诺夫，国务活动家，251

Модзале́вский Бори́с Льво́вич(1874—1928)，鲍里斯·利沃维奇·莫德扎列夫斯基，47

Модилья́ниАмеде́о(1884—1920)，阿·莫迪利亚尼，意大利画家，216

Моисеева Галина Николаевна(1922—1993)，嘉佳丽·尼古拉耶夫娜·娜莫伊谢耶娃，76

Монома́х Влади́мир Все́володович(1053—1125)，弗拉基米尔二世·弗谢沃洛多维奇·莫诺马赫，96

Мордовченко Николай Иванович(1904—1951)，尼古拉·伊万诺维奇·莫尔多夫琴科，68

Моржецкий Н.，尼·莫尔热茨基，博士，24

Муравьев И.，伊·穆拉维约夫，电视台编辑，175

Мура́тов Па́вел Па́влович(1881—1950)，帕维尔·帕甫洛维奇·穆拉托夫，文艺学家，39

Му́син-Пу́шкин Алексе́й Ива́нович(1744—1817)，阿列克谢·伊万诺维奇·穆辛-普希金，伯爵，103

Мю́ллер Влади́мир Ка́рлович(1880—1941)，弗拉基米尔·卡尔洛维奇·缪勒，教授，22

Мяснико́в Гео́рг Васи́льевич(1926—1996)，格奥尔克·瓦西里耶维奇·缅斯尼科夫，史学家，187

Набо́ков Влади́мир Влади́мирович(1899—1977)，弗拉基米尔·弗拉基米诺维奇·纳博科夫，155

Наполео́н Бонапа́рт(1769—1821)，波拿巴·拿破仑，法国皇帝，统帅，193

Невский Алекса́ндр Яросла́вич(1221—1263)，亚历山大·雅罗斯拉维

奇·涅夫斯基,公爵,97

Неклюдов Юрий Александрович(1938—),尤里·亚历山大罗维奇·涅克留多夫,233

Некрасов Николай Алексеевич(1821—1877),尼古拉·阿列克谢耶维奇·涅克拉索夫,诗人,22

Несмеянов Александр Николаевич(1899—1980),亚历山大·尼古拉耶维奇·涅斯缅扬诺夫,化学家,57

Нестор Летописец(ок. 1056—1114),涅斯托尔,古代编年史作者,100

Никитин Афанасий(?—约1475),阿法纳西·尼吉丁,旅行家,作家,97

Николаев В.,伏·尼古拉耶夫,保加利亚侨民学者,126

Никольский Сергей Михайлович(1905—2012),谢尔盖·米哈伊洛维奇·尼科尔斯基,数学家,57

Никон(1605—1681),尼康,俄罗斯东正教牧首,推行教会改革,引起教会分裂,37

Ницше Фридрих Вильгельм(1844—1900),弗里德里希·威廉·尼采,德国哲学家,18

Обнорский Сергей Петрович(1888—1962),谢尔盖·彼得罗维奇·奥布诺尔斯基,22

Оксман Юлиан Григорьевис(1895—1970),尤里安·格里高利耶维奇·奥克斯曼,文研所所长,39

Олег(?—912),奥列格,古罗斯公爵,98

Онегин Александр Фёдорович(1845—1925),亚历山大·费奥多罗维奇·奥涅金,收藏家,46

Оппенгеймер Гарри Фредерик(1908—2000),加利·弗列德里克·奥本海默,南非国际钻石开采公司总经理,195

Орлов Александр Сергеевич(1871—1947),亚历山大·谢尔盖耶维奇·奥尔洛夫,院士,47

Осоргин Георгий Михайлович(1893—1929),格奥尔基·米哈伊洛维奇·奥索尔金,30

Островидов Виктор(1875—1934),维克托·奥斯特洛维多夫,大主教,29

Павел I(1754—1801),保罗一世,俄罗斯沙皇,220

Павлова Анна Павловна(1881—1931),安娜·帕甫洛夫娜·帕甫洛娃,芭蕾舞演员,195

Панченко Александр Михайлович(1937—2002),亚历山大·米海洛维奇·潘琴科,院士,52

Панченко Михаил,米哈伊尔·潘琴科,研究所秘书,亚·潘琴科之父,50

Панченко Олег Викторович,奥列克·维克托罗维奇·潘琴科,77

Парфений Юродивый(16世纪),帕尔费尼(装疯卖傻的修道士),112

Пастернак Борис Леонидович(1890—1960),鲍里斯·列昂尼多维奇·帕斯捷尔纳克,诺贝尔奖获得者,155

Паулюс Фридрих(1890—1957),弗里德里希·保卢斯,德军元帅,111

Перетц Владимир Николаевич(1870—1935),弗拉基米尔·帕甫洛维奇·别列特茨,院士,教授,47

Пётр I Великий(Пётр Алексеевич Романов)(1672—1725),彼得大帝,彼得·阿列克谢耶维奇·罗曼诺夫,210

Петров Андрей Павлович(1930—2006),安德列·帕夫洛维奇·彼得罗夫,作曲家,231

Петров Евгений(1902—1942).叶甫盖尼·彼得罗夫,作家,132

Печерский Феодосий(约1008—1074),费奥多西·佩切尔斯基,修道士,123,

Пиккассо Пабло Руис(1881—1973),巴勃罗·鲁伊斯·毕加索,西班牙画家,93

Пирогов Николай Иванович(1810—1881),尼古拉·伊万诺维奇·比罗果夫,外科医生,146

Пискановский Николай Акимович(1887—1935),尼古拉·阿季莫维奇·彼斯康诺夫斯基,神甫,28

Платон(约前427—前347),柏拉图,古希腊哲学家,211

Платонов Андрей Платонович(1899—1951),安德烈·普拉东诺维奇·普拉东诺夫,作家,192

Платонов Сергей Фёдорович(1860—1933),谢尔盖·费奥多罗维奇·普拉东诺夫,史学家,院士,26

Плоткин Лев А.(1906—1978),列夫·阿·普洛特金,教授,71

Померанц Григорий Соломонович(1918—2013),格里高利·索罗蒙

诺维奇·波梅朗茨，哲学家，190

Понырко Наталья Владимировна.（1946— ），娜塔莉亚·弗拉基米罗夫娜·帕内尔科，语文学者，79

Попóв Валéрий Геóргиевич（1939— ），瓦列里·格奥尔基耶维奇·波波夫，作家，233

Присёлков Михаи́л Дми́триевич（1881—1941），米哈伊尔·德米特里耶维奇·普利肖尔科夫，100

Прокопович Феофан（1681—1736），费奥方·普罗科维奇，作家，国务活动家，20

Пропп Владимир Яковлевич（1895—1970），弗拉基米尔·雅科夫列维奇·普罗普，文艺理论家，73

Прóхоров Гелиáн Михáйлович（1936— ），格利安·米哈伊洛维奇·普罗霍罗夫，语文学者，80

Пугачева Алла Бори́совна（1949— ），阿拉·鲍里索芙娜·布加乔娃，著名歌手，166

Пу́шкин Алексáндр Сергéевич（1799—1837），亚历山大·谢尔盖耶维奇·普希金，18

Радищев Александр Николаевич（1749—1802），亚历山大·尼古拉耶维奇·拉吉舍夫，作家，20

Рáдонежский Сéргий（1314—1392），谢尔盖·拉多涅日斯基，圣三一修道院创建人与院长，96

Рáйкин Аркáдий Исаáкович（1911—1987），阿尔卡基·伊萨科维奇·莱金，名演员，165

Раков Владимир Тихонович（1906—1969），瓦洛佳·拉科夫，利哈乔夫的同学，29

Распу́тин Григóрий Ефи́мович（1869—1916），格奥尔基·叶菲维奇·拉斯普京，沙皇的宠信，174

Растрелли Варфоломей Варфоломеевич（1700—1771），瓦尔伏洛梅·瓦尔伏洛梅耶维奇·拉斯特雷利，94

Растрелли Бартоломео Карло（1675—1744），巴尔托洛梅奥·卡尔洛·拉斯特雷利，意大利建筑师，211

Рéмизов Алексéй Михáйлович（1877—1957），阿列克谢·米哈伊洛维奇·列米佐夫，作家，20

Рéпин Илья́ Ефи́мович（1844—1930），伊利亚·叶菲莫维奇·列宾，

大画家，11

Ре́рих Никола́й Константи́нович(1874—1947)，尼古拉·康斯坦丁诺维奇·廖里赫，画家，14

Ри́мский-Ко́рсаков Никола́й Андре́евич(1844—1908)，尼古拉·安德列耶夫·里姆斯基-科萨科夫，250

Робинсон Андрей Николаевич(1917—1993)，安德列·尼古拉耶维奇·罗宾逊，文学史家，73

Рогне́да Рогволодовна(约960—约1000)，罗格沃洛多夫纳·罗格尼奥达，98

Рождественская Милена Всеволодовна(1946—　)米莲娜·伏谢沃洛多夫那·罗日杰斯特文斯卡娅，77

Розенберг Федя，费佳·罗京贝格，利哈乔夫的同学，29

Романов Бори́с Алекса́ндрович(1889—1957)鲍里斯·亚历山大洛维奇·罗曼诺夫，语言学家，65

Романов，Григорий Васильевич(1923—2008)，格里高利·瓦西里耶维奇·罗曼诺夫，市委第一书记，83

Романова Галина(1893—1988)，嘉丽娜·罗曼诺娃，语言学家，64

Росс Игорь(1947—　)，伊戈尔·罗斯，俄罗斯侨民画家，171

Ростропо́вич Мстисла́в Леопо́льдович(1927—2007)，穆斯季斯拉夫·列昂波利多维奇·罗斯特罗波维奇，234

Рубашкин Алекса́ндр Ильич(1930—　)，亚历山大·伊里伊奇·鲁巴什金，作家，4

Рубинштейн Дмитрий Леонович(1876—1937)，德米特里·列昂诺维奇·鲁宾施坦因，银行家，14

Рублев Андрей(约1370—1428)，安德列·鲁勃廖夫，圣像画家，88

Руссо Жан Жак(1712—1778)，让·雅克·卢梭，68

Руставе́ли Шота́(约1160—1216)，绍塔·鲁斯塔维里，格鲁吉亚作家，228

Рухин Евгений Львович(1943—1976)，叶甫盖尼·利沃维奇·鲁欣，画家，175

Рыбако́в Бори́с Алекса́ндрович(1908—2001)，鲍里斯·亚历山大洛维奇·雷巴科夫，史学家，125

Рыжков，Николай Иванович(1929—　)，尼古拉·伊万诺维奇·雷日科夫，国务活动家，194

Рю́рик(？—879)，留里克，862年起与西涅乌斯和特鲁沃尔任诺夫哥

罗德公，建立留里克王朝，101

Рязáнов Эльдáр Алексáндрович(1927—   )，艾里达尔·亚历山大洛维奇·梁赞诺夫，电影导演，88

Садовников Василий Семенович(1800—1879)，瓦西里·谢苗诺维奇·萨多夫尼科夫，画家，7

Салмина Марина Алексеевна(1927—   )，玛丽娜·阿列克谢耶夫娜·萨尔米娜，88

Салтыков‐Щедрин Михаил Евгррафович(1826—1889)，米哈伊尔·叶夫格拉福维奇·萨尔蒂科夫‐谢德林，117

Сарабьянов Дмитрий Владимирович(1923—2013)，德米特里·弗拉基米罗维奇·萨拉比亚诺夫，251

Сахаров Андрей Дмитриевич(1921—1989)，安德列·德米特里耶维奇·萨哈罗夫，科学院院士，206

Свердлов Михаил Борисович(1939—   )，米哈伊尔·鲍里索维奇·斯维尔德洛夫，120

Святопóлк(Михаи́л) Изясла́вич(1050—1113)，米哈伊尔·伊加斯拉维奇·斯维亚托波尔克，98

Святослáв(？—972)，斯维亚托斯拉夫一世，伊戈尔公之子，99

Святослáвич Олéг(Гориславич)(约1053—1115)，奥列格·斯维亚托斯拉维奇，公爵，104

Серафи́м Сарóвский(1754—1833)，谢拉菲姆·萨洛夫斯基，圣徒，24

Серман Илья Захарович(1913—2010)，伊利亚·扎哈洛维奇·谢尔曼，文学史家，73

Сеслáвинский Михаи́л Вади́мович(1964—   )，米哈伊尔·瓦季莫维奇·谢斯拉文斯基，251

Сигизмунд(1520—1572)，西吉斯孟德二世，波兰国王，110

Сильвестр(？—1566)，西里维斯特，对伊凡雷帝有重大影响的神甫，110

Си́монов Константи́н Миха́йлович(1915—1979)，康斯坦丁·米哈伊洛维奇·西蒙诺夫，诗人、作家，135

Синявский Андрей Донатович(1925—1997)，安德列·多纳托维奇·西尼雅夫斯基，作家，191

Скакунов Б. И.，斯卡孔诺夫，州委书记，191

Скатов Николай Николаевич(1931—),尼古拉·尼古拉耶维奇·斯卡托夫,与文学家,通讯院士,224

Скрипиль Михаил Осипович(1892—1957),米哈伊尔·奥西波维奇·斯科利比里,67

Скрипиль Ю.,尤·斯科利比里,71

Смирнов Александр Александрович(1883—1962),亚历山大·亚历山大罗维奇·斯米尔诺夫,22

Смирно́в И́горь Па́влович(1941—),伊戈尔·帕夫洛维奇·斯米尔诺夫,语言学家,4

Снеговая Ирина Александровна(1922—1975),伊丽娜·亚历山大罗芙娜·斯涅高娃娅,诗人 4

Собчак Анатолий Александрович(1937—2000),阿纳托利·亚历山大罗维奇·索布恰克,204

Соколова Лидия Викторовна(1947—),莉季娅·维克托罗夫娜·索科洛娃,研究员,88

Соколова Лариса Васильевна,拉丽萨·瓦西里耶夫娜·索科洛娃,研究员,90

Сократ(约前469—前399),苏格拉底,古希腊哲学家,211

Солженицын Алекса́ндр Иса́евич(1918—2008),亚历山大·伊萨耶维奇·索尔仁尼琴,82

Соллертинский Иван Иванович(1902—1944),伊万·伊万诺维奇·索列尔金斯基,22

Сологуб Федор Кузмич(1863—1927),费奥多尔·库兹米奇·索洛古勃,诗人,作家,84

Сорокин Владимир Устинович(1939—),弗拉基米尔·乌斯季诺维奇·索罗金,大司祭,248

Сорский Нил(1433—1508),尼尔·索尔斯基,俄国东正教禁欲主义创始人,221

Сосно́ра Ви́ктор Алекса́ндрович(1936—),维克多·亚历山大洛维奇·索斯诺拉,诗人,148

Сперанский Сергей Борисович(1914—1983),谢尔盖·鲍里索维奇·斯佩朗维奇,建筑师,145

Ста́лин Васи́лий Ио́сифович(1921—1962),瓦西里·约瑟夫维奇·斯大林,斯大林之子,58

Ста́лин Ио́сиф Виссарио́нович(1878—1953),约瑟夫·维萨里昂诺维

奇·斯大林，58

Стромин Альберт Робертович(1902—1939)，阿里倍特·罗别尔托维奇·斯特罗明，契卡侦查员，26

Стру́ве Глеб Петро́вич(1898—1985)，格列布·彼得罗维奇·斯特鲁维，诗人，批评家，129

Сулака́дзев Алекса́ндр Ива́нович(1771—1830)，亚历山大·伊万诺维奇·苏拉卡捷夫，伪书制造者，124

Сулейме́нов Олжа́с Ома́рович(1936—   )，奥尔扎斯·奥马罗维奇·苏列伊梅诺夫，哈萨克斯坦诗人，147

Сухов А. П.，亚·彼·苏霍夫，24

Та́рле Евге́ний Ви́кторович(1875—1955)，叶甫盖尼·维克托洛维奇·塔尔列，史学家，院士，26

Твардо́вский Алекса́ндр Три́фонович(1910—1971)，亚历山大·特利丰诺维奇·特瓦尔多夫斯基，诗人，74

Тво́рогов Оле́г Ви́кторович(1928—   )，奥列克·维克托罗维奇·特沃罗果夫，学者，126

Тиханов Никола́й Семенович(1896—1979)，尼古拉·谢苗诺维奇·吉洪诺夫，诗人，199

Тиханова Марина А.，玛丽娜·吉哈诺娃，利哈乔夫的合作者，55

Тихоми́ров Михаи́л Никола́евич(1893—1965)，米哈伊尔·尼古拉耶维奇·吉霍米罗夫，史学家，125

Толстиков Василий Сергеевич(1917—2003)，瓦列里·谢尔盖耶维奇·托尔斯基科夫，列宁格勒第一书记，174

Толсто́й Алексе́й Никола́евич(1882—1945)，阿列克谢·尼古拉耶维奇·托尔斯泰，作家，20

Толсто́й Лев Никола́евич(1828—1910)，列夫·尼古拉耶维奇·托尔斯泰，195

Толсто́йНики́та Ильи́ч(1923—1996)，尼基塔·伊里依奇·托尔斯泰，斯拉夫学者，院士，73

Тольц Соломонович Владимир(1944—   )，弗拉基米尔·索罗蒙诺维奇·托里茨，记者，168

Томашевский Борис Викторович(1890—1957)，鲍里斯·维克托罗维奇·托马舍夫斯基，72

Топоро́в Влади́мир Никола́евич(1928—2005)，弗拉基米尔·尼古拉

耶维奇·托帕罗夫，学者，72

Третьякóв Сергей Михайлович（1834—1892），谢尔盖·米哈伊洛维奇·特列齐亚科夫，企业家，185

Трубачёв Олéг Николáевич（1930—2002），奥列克·尼古拉耶维奇·特鲁巴切夫，学者，72

Тургéнев Ивáн Сергéевич（1818—1883），伊万·谢尔盖耶维奇·屠格涅夫，作家，194

ТуровскийКирилл（Кирилла）（1130—约1182），基里尔·图罗夫斯基，宗教活动家，作家，131

Уайльд Оскар（1854—1900），奥斯卡·王尔德，爱尔兰诗人，作家，18

Удальцóв Ивáн Ивáнович（1918—1995），伊万·伊万诺维奇·乌达里佐夫，135

Ульянов Михаил Александрович（1927—2004），米哈伊尔·亚历山大洛维奇·乌里扬诺夫，演员，导演，201

Ундóльский Вукóл Михáйлович（1816—1864），乌科尔·米哈伊洛维奇·翁多尔斯基，121

Устинов Питер Александр（1921—2004），彼杰尔·亚历山大·乌斯季诺夫，演员，199

Федосéев Пётр Николáевич（1908—1990），彼得·尼古拉耶维奇·费多谢耶夫，127

Филатов Сергей Александрович（1936—   ），谢尔盖·亚历山大罗维奇·菲拉托夫，231

ФилоФей（16世纪），菲洛费伊，修道士，220

Фиораванти Аристотель Рудольфо（1415—1486），阿里斯托杰里·鲁多里夫·菲奥拉旺蒂，意大利建筑师，192

Фирсов Борис Максимович（1929—   ），鲍里斯·马克西莫维奇·菲尔索夫，电视台台长，175

Флоровский Антоний Васильевич（1884—1968），安东尼·瓦西里耶维奇·弗洛罗夫斯基，史学家，73

Фомин Иван Александрович（1872—1936），伊万·亚历山大洛维奇·福明，建筑师，14

Фомичев Сергей Александрович（1937—   ），谢尔盖·亚历山大罗维

奇·伏米切夫, 学者, 77

Франгулян Георгий Вартанович(1945—), 戈奥尔基·瓦尔塔诺维奇·伏朗古良, 雕塑家, 251

Фромзель Виктор Матвеевич(1909—), 维克托·马特维耶维奇·弗罗姆捷里, 建筑师, 165

Фурсенко, Александр Александрович(1927—2008), 亚历山大·亚历山大罗维奇·伏尔先科, 院士, 66

Хаиров Рустем Ибрагимович, 鲁斯捷姆·伊波拉基莫维奇·哈伊罗夫, 185

Хвостов Вениамин Михайлович(1868—1920), 维尼阿明·米哈伊洛维奇·赫沃斯托夫, 史学家, 127

Ходасе́вич Владисла́в Фелициа́нович(1886—1939), 弗拉基斯拉夫·菲里齐阿诺维奇·霍达谢维奇, 192

Храпченко Михаил Борисович(1904—1986), 米哈伊尔·鲍里索维奇·赫拉普琴科, 136

Хрущев Нитита Серге́евич(1894—1971), 尼基塔·谢尔盖耶维奇·赫鲁晓夫, 80

Цветкова Е. А, 叶·阿·茨维特科娃, 4

Цветкова Марина Ивановна(1892—1941), 玛丽娜·伊万诺夫娜·茨维特科娃, 诗人, 155

ЧапаевВаси́лий Ива́нович(1887—1919), 瓦西里·伊万诺维奇·恰巴耶夫, 红军指挥官, 174

Чарльз, принц Уэльский(1948—), 英国王储威尔士亲王查尔斯王子, 207

Черепни́н Лев Влади́мирович(1905—1977), 列夫·弗拉基米罗维奇·切列普宁, 史学家, 125

Чехов Антон Павлович(1892—1941), 安东·巴甫洛维奇·契诃夫, 小说家, 剧作家, 18

Чуба́йс Анато́лий Бори́сович(1955—), 阿纳托利·鲍里索维奇·丘拜斯, 230

Чуко́вский Корне́й Ива́нович(1882—1969), 科尔涅伊·伊万诺维奇·楚科夫斯基, 诗人, 翻译家, 11

Чуковский Дмитрий Николаевич(1943—),德米特里·尼古拉耶维奇·楚科夫斯基，电影导演，176

Шагáл Марк Захáрович(1887—1985)，马尔克·扎哈洛维奇·夏加尔，画家，198

Шайкович А.，阿·沙伊科维奇，塞尔维亚翻译家，把《伊戈尔远征记》译为塞尔维亚语，12

Шаля́пин Фёдор Ивáнович(1873—1938)，非奥多尔·伊万诺维奇·夏里亚宾，歌唱家，36

Шáхматов Алексéй Алексáндрович(1864—1920)，阿列克谢·亚历山大罗维奇·沙赫马托夫，院士，86

Шахнович Михаил Иосифович(1911—1992)，米哈伊尔·约西伏维奇·沙赫诺维奇，批评家，39

Шевчук Валерий Александрович(1939—)，瓦列里·亚历山大罗维奇·舍夫丘克，251

Шевчук Юрий Юлиáнович(1957—)，尤里·尤里安诺维奇·舍夫丘克，歌手，222

Шекспи́р Уи́льям(1564—1616)，威廉·莎士比亚，英国剧作家，20

Шереметевы，15—20世纪俄国贵族，舍列梅捷夫家族，71

Шишмарёв Владимир Фёдорович(1875—1957)，弗拉基米尔·费奥多罗维奇·施什马廖夫，教授，22

Ширяева п.，彼·施里雅耶娃，教授，71

Шлёцер Август Людвиг(1735—1809)，阿福古斯特·柳德维克·施廖采尔，德国学者，121

Шмидт Си́гурд О́ттович(1922—2013)，席古尔德·奥托维奇·施密特，史学家，212

Шостакóвич Дми́трий Дми́триевич(1906—1975)，德米特里·德米特里耶维奇·肖斯塔科维奇，作曲家，216

Шрётер Людвиг Людвигович(1878—1911)，留德维克·留德维戈维奇·施廖杰尔，建筑师，16

Шубин Эдуард，艾杜阿尔德·舒宾，普希金之家学者，75

Щёрба Лев Влади́мирович(1880—1944)，列夫·弗拉基米罗维奇·谢尔巴，院士，语言学家，143

Эйзенштейн Сергей Михайлович(1898—1948), 谢尔盖·米哈伊洛维奇·爱森斯坦, 电影导演, 111

Эйхенбаум Борис Михайлович(1886—1959), 鲍里斯·米哈伊洛维奇·艾亨巴乌姆, 学者, 22

Эйхманс Фёдор Иванович(1897—1938), 费奥多尔·伊万诺维奇·艾赫芒斯, 集中营主管, 32

Эренбу́рг Илья́ Григо́рьевич(1891—1967), 伊利亚·格里高利耶维奇·爱伦堡, 作家, 199

Эткинд Ефим Григорьевич(1918—1999), 叶菲姆·格里高利耶维奇·艾特金德, 教授, 70

Юдина М. В., В. М. 尤金娜, 24

Юзбашьян Карен Нитикин(1927—2009), 卡林·尼基金·尤兹巴施扬, 160

Я́дов Владимир Александрович(1929—), 弗拉基米尔·亚历山大洛维奇·雅多夫, 社会学家, 175

Якобсо́н Рома́н О́сипович(1896—1982), 罗曼·奥西波维奇·雅可布逊, 语言学家, 125

Яковлев Влади́мир Анато́льевич(1944—), 弗拉基米尔·阿纳托利耶维奇·雅科甫列夫, 政治家, 230

ЯковлевЕго́рь Влади́мирович(1930—2005), 叶果尔·弗拉基米罗维奇·雅科甫列夫, 231

Якубинский Лев Петро́вич(1892—1945), 列夫·彼得罗维奇·雅库宾斯基, 教授, 22

Ямщиков Савелий Васильевич(1938—2009), 萨维里·瓦西里耶维奇·亚姆希科夫, 187

Яржинец Георгий Петрович, 格奥尔基·彼得罗维奇·雅尔任涅茨, 律师, 167

Ярослав Му́дрый(约 978—1050), 智者雅罗斯拉夫, 98

Ян Фрчек(1896—?), 扬·伏尔切克, 捷克斯拉夫学者, 122

| 译后记 |

凡去过俄罗斯彼得堡的游人，大概都见过冬宫广场上巍然耸立的亚历山大纪念柱。那是为沙皇歌功颂德的纪念碑，修建于1834年。

两年后，1836年，诗人普希金创作了生前未能发表的抒情诗《纪念碑》，其中有这样的诗行：

  我为自己树立了一座非人工的纪念碑，
  杂草遮不住人们寻访它踩出来的小路，
  它那不甘屈服的头颅挺拔而崔巍，
    足以俯视亚历山大石柱。

在这里，人工修建的纪念碑与非人工的纪念碑形成了鲜明对照。

时光流逝，一个多世纪以后，1961年5月26日，诗人阿赫玛托娃写了随笔《论普希金》，其中有这样的片断：

  人们常常说：普希金时代，普希金的彼得堡。这些话已经与文学没有直接联系，已经完全是另外一回事了。在皇宫大厅里，达官贵人过去曾在那里跳舞，在那里蜚短流长污蔑诗人，现在却挂着诗人的肖像，保存着他的书籍，而那些皇亲国戚朝臣权贵可怜的身影永远受到了驱逐。提起那些豪华的宫殿和私人宅邸，人们会说，普希金来过此地，或者说，普希金没有到过这里。至于其他的情况，人们完全没有兴趣。沙皇尼古拉·巴甫洛维奇穿着雪白的鹿皮裤子，显得威风凛凛，但他的画像挂在普希金纪念馆的墙上，只不过是装饰而已。凡是发现了手稿、日记、信函，只要其中涉及磁石一般的名字"普希金"，立刻变得身价倍增……

有些人以为，几十座人工修建的纪念碑能够取代一座非人工的纪念碑，其实，那不过是痴心妄想罢了。

在一个民族的记忆中，诗人的荣耀，往往让皇冠与权杖黯然失色。

彼得堡有个俄罗斯文学研究所，又叫"普希金之家"，有位学者，几十年在那里工作，长期担任俄罗斯古代文学研究室主任，他就是德米特里·谢尔盖耶维奇·利哈乔夫院士。

利哈乔夫1906年出生，1999年逝世，活了93岁，几乎与20世纪同龄。1928年刚刚大学毕业，就因言获罪，被关进集中营，强制劳动四年，刑满释放后，历经苦难，经历了大清洗、卫国战争、政治解冻、戈尔巴乔夫改革、苏联解体前后的大动荡。

利哈乔夫坚持科学研究，不断取得研究成果，他为俄罗斯找回了七百年的文学史，他翻译注释的《伊戈尔远征记》影响深远，他提倡的"文化生态学"得到学界的认同，其影响逐渐超出了"普希金之家"这座孤岛，超出了学术界。与此同时，他关注国家和民族的命运，坚持真理，维护社会正义，成了民众心目中的精神领袖。他断然拒绝在开除沙哈罗夫院士的书信上签字，他首先提出为遭禁诗人作家恢复名誉，出版他们的作品，呼吁保护历史文化古迹，收集俄罗斯侨民作家的手稿，劝说总统叶利钦参加为沙皇尼古拉二世一家遗骸的下葬仪式。许多事情只能他出面去做，无人可以替代。

有学者认为，正是利哈乔夫继承了贵族传统，维护了俄罗斯的声誉，他积极促进苏俄文化界与国外的学术交流。他被推选为许多外国科学院的外籍院士,他的学术成就得到了许多外国同行的尊重和好评,成为俄罗斯最有国际影响的文化大师。

俄罗斯的二十世纪,被称为利哈乔夫的世纪。他被誉为"俄罗斯知识分子的良心"、"俄罗斯民族的良心"。可以说,利哈乔夫和普希金一样,也为自己树立了一座非人工的纪念碑,成为20世纪俄罗斯众望所归的人物。许多权柄在握、不可一世的大人物,来去匆匆,成了时代的过客,唯独德米特里·利哈乔夫巍然屹立,英名长存。

由此可见,民心,民间口碑,是修建非人工纪念碑的土壤和基石。

俄罗斯著名作家,彼得堡作家协会主席瓦列里·波波夫出于对利哈乔夫院士的敬重,撰写了《利哈乔夫传》,列入俄罗斯《名人传记丛书》,2014年由青年近卫军出版社出版。

这本传记资料丰富翔实,文笔简洁流畅,既写利哈乔夫的辉煌成就,也写他的屡遭苦难,既写他在社会活动中的巨大影响,也写他家庭生活的矛盾与烦恼,因而人物呈现出复杂、立体的个性,既有可信性,又有可读性,堪称一本优秀的传记作品。当我翻译到利哈乔夫痛失爱女维拉,在墓地呼唤女儿的名字时,情不自禁流下了眼泪,在多年的翻译生涯中这还是头一次。

作为小说家,波波夫擅长搜集和使用资料。他熟读了利哈乔夫的大量著作、书信和回忆录,同时多次访问利哈乔夫的亲属、同事、朋友和弟子,交谈记录,尤其是利哈乔夫的女婿库尔巴托夫和外孙女季娜为他提供了传主的许多生活细节,与此同时,他还巧妙地揉进了个人经历,再现当时的社会背景。例如《真理报》公布"医生谋害领袖案"和苏联解体后的社会动荡,都是波波夫个人的亲身体验,这些生动的文字看似游离于传主的生平事迹,其实描绘和烘托了社会背景,作为译者,我对波波夫先生组织剪裁的能力和笔法的高超深表敬佩。

说来幸运,我与利哈乔夫院士还有过一面之缘。1988年12月12日,我在彼得堡"普希金之家"曾拜访过他。那时候我在列宁格勒大学进修,并且翻译过他写给青少年的十几封书信。利哈乔夫把《善与美书简》和他的三卷集送给我,他那别出心裁的签名让我永远铭记在心。

能够翻译这部传记,我要特别感谢俄罗斯文学研究会会长、利哈乔夫奖得主刘文飞先生,是他向我推荐了这部作品,并介绍我认识了瓦列里·波波夫,从而有机会向这位彼得堡作家咨询求教,并请他为中国读者写了简短的序言。

由于利哈乔夫院士是研究俄罗斯古代文学的专家,其著作涉及俄罗斯十一到十七世纪的文学著作,相关引文,简洁深奥。作家波波夫进行了大量采访面谈,这部分内容则具有明显的口语色彩,生动活泼,口吻时带幽默调侃。翻译过程中,译者尽力把握这些语言色彩的变化,尽力贴近原作,再现作家的语言风格。传记当中还有些诗歌、成语、谚语、政治笑话,诙谐风趣的顺口溜,译文也尽力传达其节奏与音韵,再现原作语言的丰富多彩。

译者退休前虽讲授过俄罗斯文学史,对十九世纪俄罗斯文学有所了解,但这本传记涉及的作品主要是俄罗斯古代文学,这无疑是一次艰难的挑战,因此翻译过程中"战战兢兢,如履薄冰",生怕人名、地名、作品情节、历史事件出现误读误译,造成硬伤。一个对策就是寻找相关著作,临时补课。在这一方面,刘文飞研究员和刘雁教授的相关著作给了我很大帮助。比如,利哈乔夫提出一个重要概念和术语,原文是"предвозрождение",我们知道这个词跟历史上的"文艺复兴"有关联,但怎么翻译更确切,我一直没有把握,不敢落笔,后来打电话向刘文飞先生求教,他告诉我应该译作"前文艺复兴",就这样解决了一个难题。

翻译过程中还遇到一些疑难词句,词典和网上都查不到,只能向俄罗斯朋友求助,2008 到 2009 年我在台北中国文化大学担任客座教授一年,在那里认识了淡江大学的俄籍教师娜塔莉亚·布罗夫采娃,她是著名学者阿格诺索夫的研究生,文学造诣很深,我向她求教,总是有问必答,及时回信,帮助我跨越了不少障碍。我在这里感谢布罗夫采娃女士,感谢她的丈夫龚信贤博士。

为这本传记的出版,还有简以宁女士、葛灿红编辑、冯文丹先生付出了辛劳,我在这里向他们致以衷心的谢意。

尽管经过认真校阅,译稿仍可能存在不妥与错讹,诚恳期待专家和读者的批评指正。

谷羽
2016 年 7 月 10 日
于南开大学龙兴里

图书在版编目（CIP）数据

从囚徒到文化大师：利哈乔夫传／（俄罗斯）瓦列里·波波夫著；谷羽译. —北京：新星出版社，2016.8
ISBN 978-7-5133-2222-5

Ⅰ.①从…　Ⅱ.①瓦…②谷…　Ⅲ.①利哈乔夫，D.（1906—1999）—传记
Ⅳ.①K835.125.6

中国版本图书馆 CIP 数据核字（2016）第 154735 号

从囚徒到文化大师：利哈乔夫传

（俄罗斯）瓦列里·波波夫　著；谷羽　译

责任编辑：冯文丹
特约编辑：葛灿红
封面设计：几木艺创

出版发行：	新星出版社
出版人：	谢　刚
社　址：	北京市西城区车公庄大街丙 3 号楼 100044
网　址：	www.newstarpress.com
电　话：	010-88310888
传　真：	010-65270449
法律顾问：	北京市大成律师事务所
读者服务：	010-88310811　　service@newstarpress.com
邮购地址：	北京市西城区车公庄大街丙 3 号楼　　100044
印　刷：	北京京都六环印刷厂
开　本：	660×970　　1/16
印　张：	23.5
字　数：	268 千字
版　次：	2016 年 8 月第一版　2016 年 8 月第一次印刷
书　号：	ISBN 978-7-5133-2222-5
定　价：	58.00 元

版权专有，侵权必究；如有质量问题，请与印刷厂联系调换。